KB214417

대진경교유행중국비
―대진경교문헌석의―

大秦景敎流行中國碑 ― 大秦景敎文獻釋義

Daqin Nestorian Flourishment Chinese Monument ― Daqin Nestorian Document Interpretation

【하】

대진경교유행중국비【하】 ―대진경교문헌석의―

大秦景教流行中國碑 ― 大秦景教文獻釋義

Daqin Nestorian Flourishment Chinese Monument ― Daqin Nestorian Document Interpretation

—

1판 1쇄 인쇄 2023년 9월 5일
1판 1쇄 발행 2023년 9월 12일

—

편주자 | 吳昶興
역주자 | 임영택
발행인 | 이방원
발행처 | 세창출판사
　　　　신고번호 제1990-000013호
　　　　주소 03736 서울시 서대문구 경기대로 58 경기빌딩 602호
　　　　전화 02-723-8660 팩스 02-720-4579
　　　　이메일 edit@sechangpub.co.kr 홈페이지 www.sechangpub.co.kr
　　　　블로그 blog.naver.com/scpc1992 페이스북 fb.me/Sechangofficial 인스타그램 @sechang_official

—

ISBN 979-11-6684-233-7 94230
　　　　979-11-6684-230-6 (세트)

—

이 역주서는 2020년 대한민국 교육부와 한국연구재단의 지원을 받아 수행된 연구임.
(NRF-2020S1A5A7085239)

—

이 책은 한국연구재단의 지원으로 세창출판사가 출판, 유통합니다.
잘못 만들어진 책은 구입하신 서점에서 바꾸어 드립니다.

대진경교유행중국비

─대진경교문헌석의─

大秦景敎流行中國碑 ─ 大秦景敎文獻釋義

Daqin Nestorian Flourishment Chinese Monument ─ Daqin Nestorian
Document Interpretation

【하】

吳昶興 편주

임영택 역주

세창출판사

제3부 경교비 주술(景敎碑 注述)

제2장 경교비문기사고정(景敎碑文紀事考正) _ 양영지(楊榮鋕)

총 차례

편집 범례(編輯 凡例)

1. 본서가 수록한 경교문헌 연구집록의 배열 순서는 '碑, 寫本, 墓誌, 詮解'의 순이며, 각 문헌의 종류별로 다시 시간 순서에 따라 배열한다.

2. 각 부분의 앞에는 「소개」를 두어 관련된 역사적 배경과 개요 및 작자의 생애를 소개한다.

3. 매 작품마다 원서의 규범에 따라 異體字와 分段 사용 방식을 유지한다. 원서에 사용된 異體字는 처음 출현할 때 方括弧 [   ]로써 正體字를 명기한다.

4. 원문의 오탈자는 '□'로 표시하고 각주에 설명을 가하였다.

5. 매 작품마다 현대중국어의 규범에 따라 모두 새로이 標點하였고, 이는 원문에 표점이 없는 '詩, 詞, 銘, 賦'를 포함한다.

6. 본서의 편집자가 첨부한 註解는 모두 脚註로 표시한다.

7. 본서가 인용한 성경 經文 중 따로 명기하지 않은 것은 모두 《和合本》 (1919) 國語 聖經 번역본이다. 만일 성경 經文이 다른 번역본을 인용하였다면, 그 판본의 명칭을 예시함으로써 참고할 수 있도록 하였다.

8. 고대 시리아어는 子音符號만 갖고 있을 뿐이므로, 본서가 표기한 音은 시간적, 공간적 배경을 참고하여 字句를 수정하였으며, 이에 단지 독자에게 참고로 제공한다.

9. 본서는 일반적인 사용 관례에 따라 「猶太」라는 호칭을 사용한다.

경교비문기사고정 권2
(景敎碑文紀事考正卷二)

경교유행중국비(景敎流行中國碑)[327]

景敎者, 乃景宗尼士陀利派[328]大秦國人阿羅本傳景敎入中國之初, 詳定其所傳之敎名之, 所以便稱謂, 亦猶儒, 釋, 道之意焉.

'景敎'란, 즉 경교 종파 네스토리우스 일파 중 大秦國 사람 阿羅本이 경교를 전하러 중국에 들어온 초기에, 그 전하는 종교의 이름을 고찰하여 정한 것이니, 명칭을 편하게 하려는 바로서, 또한 '儒, 釋, 道'의 의미와 같은 것이다.

景之云者, 文取光明之意. 義出本經〈約翰福音傳〉[329]一章, 文云:「元始有道, 道與上帝共在, 道卽上帝. 是道, 元始與上帝共在也. 萬物以道而造, 凡受造者, 無不以之而造, 生在道中. 生也者, 人之光; 光照於暗, 暗者弗識之. 有上帝所遣者名約翰, 其至爲光作證, 使衆以之而信; 約翰非光, 特爲光證耳! 眞光者, 臨世照萬人者也.[330]」又三章十九節文云:「夫光臨世,

---

327 「景敎流行中國碑」: 이 비석은 明 熹宗 天啓 5년(1625) 陝西省(섬서성) 西安에서 발견되었다. 비문에는 주로 네스토리우스 기독교도인 阿羅本 일행이 唐 太宗 貞觀 9년(635)에 중국에 들어와 선교사역을 했던 일들을 기술하고 있다. 唐 德宗 建中 2년(781)에 경교 선교사 伊斯가 출자하여 이 비석을 세웠다.

328 「尼士陀利派」: 音譯한 이름으로서, 본서에서는 「聶斯多留派」(Nestorians)로 쓰기로 한다.

329 「約翰福音傳」: 「現代中文譯本(수정판)」과 「新標點和合本」의 편장 이름이 모두 '約翰福音(요한복음)'으로 되어 있다.

而人作惡, 愛暗過於光, 此其所以定罪也.[331] 作不善者惡光, 而不就光, 恐
所行見責. 循眞理者就光, 以彰其所行, 遵上帝而行之.[332]」又八章十二節
文云:「耶穌語衆曰:『我乃世之光, 從我者不行於暗, 得生之光.』」凡此經
文, 皆阿羅本等定名, 取義之所本也.

　'景'이라 말하는 것은, 문자로써 '광명'의 의미를 취한 것이다. 의미는
신약 〈요한복음전〉 1장에 나오니, 문장에서 가로되:「태초에 말씀이 계
시니라, 이 말씀이 하나님과 함께 계셨으니, 이 말씀은 곧 하나님이시니
라. 그가 태초에 하나님과 함께 계셨고, 만물이 그로 말미암아 지은 바
되었으니, 지은 것이 하나도 그가 없이는 된 것이 없느니라. 그 안에 생
명이 있었으니, 이 생명은 사람들의 빛이라. 빛이 어둠에 비치되, 어둠이
깨닫지 못하더라. 하나님께로부터 보내심을 받은 사람이 있으니, 그의
이름은 요한이라. 그가 증언하러 왔으니, 곧 빛에 대하여 증언하고, 모든
사람이 자기로 말미암아 믿게 하려 함이라. 그는 이 빛이 아니요, 이 빛
에 대해 증언하러 온 자라! 참 빛 곧 세상에 와서, 각 사람에게 비추는 빛
이 있었나니.」또 3장 19절에서 가로되:「곧 빛이 세상에 왔으되, 사람들
이 자기 행위가 악하므로, 빛보다 어두움을 더 사랑한 것이니, 그 정죄가
이것이니라.」또 8장 12절에서 가로되:「예수께서 또 말씀하여 이르되:

---

330 「元始 … 者也」, 上海聖書公會에서 출판한 《文理新舊約聖書》(「委辦譯本, Delegates'
　　Version」) 요한복음傳 1장 1-8절에서 인용하였다. 이 번역본은 1843년부터 시작하여
　　중국에 있는 기독교 개신교 서양 선교사들의 선교적 필요에 따라 번역이 진행되었으
　　며, 委辦譯本委員會가 文言文으로 번역하였다; 신약은 1852년에 출판되었고, 구약은
　　1854년에 출판되었다.
331 「此其所以定罪也」, 「委辦譯本, Delegates' Version」의 요한복음전 3장 19절에는「其」자
　　가 없다.
332 「夫光 … 行之」, 요한복음전 3장 19절에서 인용했을 뿐만 아니라, 이 장 19-21절에서도
　　인용하였다. 「委辦譯本, Delegates' Version」에 의하면「作不…, 見責」은 제20절부터이
　　고;「循眞…, 行之.」는 제21절이다. 그 뒷 문장의 道는 阿羅本에 의하여 지어진 이름이
　　고, 上述한 순서는 阿羅本이 따로 정한 것이다.

『나는 세상의 빛이니, 나를 따르는 자는 어둠에 다니지 아니하고, 생명의 빛을 얻으리라.』」 무릇 이 경문들은, 모두 阿羅本 일행이 이름을 정함에 있어, 그 의미를 취한 근본이 되는 것이다.

教者,[333] 非修道之謂, 乃上帝之論旨, 神跡之啟示, 彰癉[334]之仁明, 賞罰之公法, 赦罪之盟約, 神化之大力, 合爲上帝之敎. 已然者, 爲新舊約書; 現在者, 爲聖神敎會; 將來者, 爲千聖心傳.[335] 久之, 則萬國維新, 道一風同,[336] 在地若天, 本經〈馬太傳〉六章載聖徒祈禱云:「吾父在天, 願爾名聖, 爾國臨格, 爾旨得成, 在地若天.[337]」 又本經〈希伯來書〉一章文云:「伊昔上帝, 以多方托先知,[338] 數諭我祖; 今值季世, 使其子諭我.[339]」子指景尊 上帝以其子肇造天地, 立爲萬物主, 厥[340]子顯其光華, 肖乎其質, 此卽景淨所謂敎也.

---

333 「教者」: '學派의 전통을 갖춘 사람'. 《禮記 · 學記》:「古之**教者**, 家有塾, 黨有庠, 術有序, 國有學.(옛날의 가르침에는, 가정에 塾이 있고, 향리에 庠이 있으며, 術에는 序가 있고, 나라에는 學이라는 교육기관이 있었다.)」

334 「彰癉」: '좋은 것을 선양하고 사악함을 증오하다'. 「癉」, '증오하다'.

335 「心傳」: 불교 용어 중의 「以心傳心」이라 하는데, 禪宗은 '同歸一心'이라 하여, 즉 文字를 세우지 않고 以心傳心에 도달하여 학설을 전수한다고 한다.

336 「道一風同」: 도교 용어이며, 《老子》42장:「道生一, 一生二, 二生三, 三生萬物.(도는 하나를 낳고, 하나는 둘을 낳고, 둘은 셋을 낳고, 셋은 만물을 낳는다.)」의 개념이다. '大道의 처음은 같았고 뒤로 가면서 기운도 같아짐'을 가리키는 것이다.

337 「吾父 … 若天」, 「委辦譯本, Delegates' Version」 마태복음전 6장 9-10절에서 인용; '마태복음전'은 「現代中文譯本(수정판)」이나 「新標點和合本」 등에서는 편명이 '마태복음'으로 되어 있다. 經文 중 「臨格」의 「格」은 여기서 「臨」과 같은 의미로서 모두 '오다, 이르다'의 뜻으로 사용되었다. [宋] 蘇軾, 〈賀時宰啟〉:「歡聲**格**於九天, 乖氣消於萬彙.(기쁨의 소리가 구천으로 올랐고, 이상한 기운은 만물 가운데서 사라졌다.)」

338 「先知」: '인간에게 미리 경고를 보냄으로써 하나님의 뜻을 전할 수 있다'는 의미이다. 성경에 기록된 선지자는 또한 「先見」이라고도 불리는데, 미래의 길흉화복을 예견할 수 있는 사람이다. 가령 사무엘상 9장 9절에 쓰인바:「옛적 이스라엘에 사람이 하나님께 가서 물으려 하면 말하기를:『선견자에게로 가자!』하였으니, 지금『선지자』라 하는 자를 옛적에는『선견자』라 일컬었더라.」

339 「伊昔 … 諭我」, 성경 「委辦譯本」 히브리서 1장 1절에서 인용되었다. 이 중 「季世」의 의미는 '왕조가 쇠망한 시기'를 말한다. 《史記 · 儒林列傳》:「及至秦之**季世**, 焚詩書, 阬術士.(秦나라 말기에 이르자, 〈詩〉, 〈書〉를 불사르고, 술사들을 매장시켰다.)」

'敎'라는 것은, '修道(도를 닦음)'를 말하는 것이 아니라, 하나님의 유지(諭旨)이고, 영험한 흔적의 계시이며, 권선징악의 인애(仁愛)와 명찰(明察)이고, 상벌의 공정한 법이며, 죄 사함의 맹약이고, 神의 교화의 큰 힘이니, 이를 모두 합치면 하나님의 '敎'인 것이다. 과거에 이루어진 것은, 신·구약 성서이고; 현재의 것은 거룩하신 하나님의 교회이며; 장래의 것은, 뭇 성인들이 교리를 전하는 것이다. 오랫동안, 전 세계가 새로워지고, 道의 기운은 하나로 같아지며, 하늘에서와 같이 땅에서도 그러하니, 신약^{(마태복음)6장}에 실린 성도의 기도에서 가로되:「하늘에 계신 우리 아버지여, 이름이 거룩히 여김을 받으시오며, 나라가 임하시오며, 뜻이 하늘에서 이루어진 것같이 땅에서도 이루어지이다.」또 신약^{(히브리서)1장}에서 가로되:「옛적에 선지자들을 통하여, 여러 부분과 여러 모양으로 우리 조상들에게 말씀하신 하나님이; 이 모든 날 마지막에는 아들을 통하여 우리에게 말씀하셨으니.」^{아들은 예수를 가리킴.} 하나님이 천지를 처음 창조하시고, 그 아들로써 만물의 주로 세우셨으며, 그의 아들이 하나님의 영화를 드러내고, 그 품성을 닮았으니, 이것이 즉 景淨이 말한 바의 '敎'이다.

대진사 승 경정 술(大秦寺僧景淨述)

大秦解見篇首.

寺, 顧炎武謂:「自古至今凡三變. 三代以上, 凡言寺者, 皆奄豎³⁴¹之

---

340 「厥」: 대명사로 사용되어「그의」의 의미이며,「其」와 같은 뜻이다. 즉 앞 문장에서 지칭한 '하나님'을 말한다. [漢] 賈誼,《弔屈原文》:「遭世罔極兮, 乃殞**厥**身.(선생은 실로 무도한 세상을 만나 망극하여, 그의 몸을 던져 죽었네.)」

341 「奄豎」, 환관(宦官)을 비하하는 호칭이다.

名」《周禮・寺人》註:「『寺之言侍也』」… 自秦以宦者任外廷之職, 而官舍通謂之寺 … 又變而浮屠之居, 亦謂之寺」《石林燕語》[342]謂: 漢明帝時, 攝摩騰,[343] 竺法蘭[344]自西域以白馬負經至,[345] 舍於鴻臚寺.[346] 僧居稱寺本此.

‘大秦’에 대한 해석은 서두에서 볼 수 있다.

‘寺’는 고염무(顧炎武)가 「예로부터 지금까지 무릇 세 차례의 변화가 있다. 삼대 이상으로는, 무릇 ‘寺’라 함은, 모두 환관을 비하하는 호칭이었다.」라고 말하였다.《周禮・寺人》註에서는:「『寺라 말하는 것은 侍이다.』… 秦 이래로 환관이 외조(外朝)의 직을 담당하였는데, 그들의 관사를 통칭하여 寺라 했다 … 또한 의미가 변하여 승려들의 거처를 일러, 寺라 불렀다」라고 하였다.《石林燕語》에서 이르기를: 漢 明帝 때, 섭마등(攝摩騰)

---

342 「石林燕語」: [宋] 葉夢得, (1077-1148) 편찬, 총 10권.《淸史稿・雜說》의 기록에 의하면, [宋] 宇文紹奕이 이 책을 위해 일찍이《石林燕語考異》10권을 썼다고 한다.

343 「攝摩騰」: ‘섭마등(攝摩騰)’은 古인도의 高僧이며, 漢나라 明帝 때 蔡愔과 秦景 등을 파견하여 佛法을 구하였는데, 그들이《四十二章經》을 구하여 중국에 들어왔으니, 중국에 불교가 들어온 효시로 전해진다. 그 사적이《魏書・釋老志十》에 기록되어 있다:「帝遣郎中蔡愔, 博士弟子秦景等使於天竺, 寫浮圖遺範. 愔乃與沙門**攝摩騰**, 竺法蘭東還洛陽.(황제가 郎中 蔡愔을 파견하였고, 박사 제자 秦景 등을 천축국에 사신으로 보내, 불타를 그려 규범으로 남겼다. 蔡愔이 곧 사문 섭마등, 축법란과 함께 동쪽 낙양으로 귀환하였다.)」

344 「竺法蘭」: 東漢 시기의 古인도 사람(지금의 中印度). 東漢 明帝 永平 연간(58-76)에 攝摩騰과 함께 중국으로 와서 白馬寺에 거하였다.《隋書・卷三五・佛經》:「帝遣郎中蔡愔及秦景使天竺求之, 得佛經四十二章及釋迦立像. 並與沙門攝摩騰, **竺法蘭**東還.(황제가 郎中 蔡愔을 파견하였고, 박사 제자 秦景 등을 천축국에 사신으로 보내, 불타를 그려 규범으로 남겼다. 蔡愔이 곧 사문 섭마등, 축법란과 함께 동쪽 낙양으로 귀환하였다.)」

345 「白馬負經」의 일은 正史인《魏書・釋老志十》에서 볼 수 있다:「愔之還也, 以**白馬負經**而至, 漢因立白馬寺於洛城雍門西. 摩騰, 法蘭咸卒於此寺.(蔡愔이 돌아올 때, 백마가 경전을 싣고 왔으니, 漢 왕조는 洛城 雍門 서쪽에 백마사를 건립하였다. 섭마등과 축법란 모두 이 절에서 생을 마감하였다.)」

346 「鴻臚寺」: 周나라 때에 「大行人」이라는 직책을 두어 외래의 귀빈을 접대하는 일을 담당하였다; 秦나라 때에 「典客」으로 개칭하였고; 北齊 때에는 「鴻臚寺」로 불렸으며, 朝貢과 慶弔, 贊禮의 일을 관장하였다.《舊唐書・職官》:「**鴻臚寺** … 卿之職, 掌賓客及凶儀之事, 領典客, 司儀二署, 以率其官屬, 供其職務.(鴻臚寺는 … 卿의 직위로서, 외국 내빈의 접대 및 흉상 조회의 의절 등을 담당하였으며, 司와 儀 두 부서로서, 그 관속들을 이끌며, 직무를 제공하였다.)」

과 축법란(竺法蘭)이 서역으로부터 백마에 경전을 싣고 도달하여, 홍려사
(鴻臚寺)에 머물렀다. 승려들의 거처를 일러 '寺'라 한 것은 이로부터 시작
된 것이다.

僧者, 非如佛氏三寶:「佛, 法, 僧」之「僧」, 原佛氏以出家爲道, 惟景教
不然. 景尊之訓曰:「造化之主始造男女.」³⁴⁷ 又曰:「離父母懷, 膠漆其妻,
成爲一體.³⁴⁸」又曰:「非姦故而出妻, 是使之有淫行也. 娶所出之妻者, 亦
淫行也.³⁴⁹」文見馬太福音十九章. 是知景尊正夫婦之倫, 與造化主同. 惟
當日聖會初立, 常遭迫害, 流離遷徙, 困苦異常, 諸弟子間有不娶若保羅
者. 然其達哥林多敎會前書³⁵⁰八章內云:「我意今時之災, 惟守我素³⁵¹爲
美. 蓋旣娶勿棄, 未娶勿求.³⁵²」又云:「兄弟乎! 吾言今而後, 窘迫之時也.
故有妻者, 當如無妻.³⁵³」玩其辭義情理, 顯然未有所謂僧也.

---

347 「造化 … 男女」, 「委辦譯本, Delegates' Version」 마태복음전 19장 4절에서 인용. 소위
「景尊」이란 '예수'를 가리키는 말이다. 19장 1-4절에 이르기를:「예수께서 이 말씀을
마치시고 갈릴리를 떠나 … 바리새인들이 예수께 나아와 그를 시험하여 이르되:『사
람이 어떤 이유가 있으면 그 아내를 버리는 것이 옳으니이까?』예수께서 대답하여 이
르시되:『사람을 지으신 이가….』」이 중 제4절 '사람을 지으신 이가'라는 구절부터
시작하여, 제6절과 제8-9절까지 모두가 예수께서 주신 교훈의 말씀이다.
348 「離父 … 一體」, 「委辦譯本, Delegates' Version」 마태복음전 19장 5절에서 인용하였으
나, 「離父母懷(사람이 부모를 떠나서)」이 구절이 경전에는 「懷」 자가 없다.
349 「非姦 … 行也」, 「委辦譯本, Delegates' Version」 마태복음전 19장 9절에서 인용하였다.
그러나 본서가 인용한 두 구절 「非姦故而出妻, 是使之有淫行也(음행한 이유 외에 아내
를 버리는 것은 그로 하여금 음행하게 하는 것이니라)」는 이 譯本과는 약간의 차이가
있어서, 經文 원역에는: 「非以姦故, 出妻而他娶者, 淫行也.(음행한 이유 외에 아내를 버
리고 다른 데 장가드는 자는 음행하는 것이니라.)」로 되어 있다. 본서가 인용한 뒤쪽
두 구절은 이 譯本과 동일하다.
350 「達哥林多敎會前書」, 고린도전서의 편명. 「委辦譯本, Delegates' Version」에는 '사도바
울 고린도전서'로 되어 있고; 「現代中文譯本(수정판)」과 「新標點和合本」 등에는 '고린
도전서'로 표기되어 있다.
351 「守我素」: '자신의 일관된 지향점을 고수함'을 표현한다.
352 「我意 … 勿求」, 「委辦譯本, Delegates' Version」 사도바울 고린도전서 7장 26-27절에서
인용한 것이며, 제8장이 아니다.

'僧'이란, 부처의 삼보(三寶)와는 다르니:「佛, 法, 僧」의「僧」은, 본래 불가에서 출가하여 道를 구하는 것인데, 유독 景敎에서는 그렇지 아니하다. 예수가 가르쳐 말씀하시기를:「사람을 지으신 이가 본래 그들을 남자와 여자로 지으시고.」또 가로되:「그 부모를 떠나서, 아내에게 합하여, 그 둘이 한 몸이 될지니라.」또 가로되:「누구든지 음행한 이유 외에 아내를 버리고 다른 데 장가드는 자는 간음함이니라.」이러한 내용이 마태복음 19장에 보인다. 이것은 메시아가 부부의 윤리를 바로잡음을 알려주는 것이니, 창조주 하나님과 동일하다. 단지 그날 성회가 처음 세워졌는데, 늘 핍박을 받고, 이리저리 떠돌아다니며, 몹시 곤궁하였고, 여러 제자들 가운데 바울과 같이 아직 장가들지 않은 자가 있었다. 고린도전서 8장에서 가로되:「내 생각에는 이것이 좋으니, 곧 임박한 환난을 인하여, 사람이 그냥 지내는 것이 좋으니라.」「네가 아내에게 매였느냐, 놓이기를 구하지 말며, 아내에게서 놓였느냐, 아내를 구하지 말라.」또 이르기를:「형제들아! 내가 이 말을 하노니, 때가 단축하여진 고로, 이후부터 아내 있는 자들은 없는 자같이 하며.」그 글의 의미와 도리를 연구해 보면, 소위 '僧'이라 할 만한 이는 확연히 없는 것이다.

蓋婚不婚由其人之自主, 未聞以爲傳道者之規, 其有定規之明文, 確見于於本經保羅達提摩太前書三章一, 二節云:「欲爲會督, 慕善職也. 誠哉是言! 督者當無間[354]然, 惟一其妻.[355]」是知監督之職, 當一其妻, 不可有

---

353 「兄弟 … 無妻」,「委辦譯本, Delegates' Version」사도바울 고린도전서 7장 29절에서 인용한 것이다. 그러나「窘迫之時也」의「迫」은 委辦譯本에서는「逼」으로 되어 있다. 「迫」은 '강요하다'의 의미이다.《宋史·建炎三年》:「傳等迫帝遜位于皇子魏國公(묘부 等이 황제를 핍박하여 황자 魏國公에게 양위하게 하였다.)」

354 「無間」: '남에게 이간(離間)되지 않는다'는 의미이다. 「間」은 '간극, 틈'. 일단 사람들 사이에 미움의 간극이 생기면 의심을 갖기 쉬우며, 적이 끼어들 기회를 주게 되어 불화하게 된다.

妾耳! 但其後漸有以不婚爲傳道人之最便者, 更有以不婚爲更聖潔者, 變本加厲. 至景教分東西宗時, 已定爲敎規. 凡主敎之人, 例不婚娶; 尼氏分派之後, 亦定監督不娶妻之例. 阿羅本, 景淨等皆不婚之監督, 其在中國, 自然以佛氏僧人之名名之, 而阿羅本, 景淨等, 亦不得不以僧自居矣!

　무릇 혼인을 하든 하지 않든 그 사람 스스로의 판단에 의해 이루어지는 것이니, 전도자의 규율이라는 것을 들어 보지는 못했고, 그렇게 규율로 정해진 명확한 문장은, 신약 바울 디모데전서 3장 1, 2절에서 다음과 같이 말하고 있음을 확실하게 볼 수 있다: 「사람이 감독의 직분을 얻으려 하면, 선한 일을 사모한다 함이로다. 미쁘다 이 말이여! 그러므로 감독은 책망할 것이 없으며, 한 아내의 남편이 되느니라.」 이것은 감독의 직책을 알려 주는 것으로서, 마땅히 그의 한 아내가 되어야 하는 것이지, 첩을 두어서는 안 되는 것이다! 그러나 그 후에 점점 혼인하지 아니함을 전도인의 가장 편한 것으로 하였고, 불혼을 더욱 성결한 것으로 간주하여, 본래보다 더욱 엄중하게 되었다. 경교가 동·서 종파로 나뉘었을 때, 이미 교계의 규율로 정해졌다. 무릇 주교 된 사람은, 예컨대 결혼하지 아니하니; 네스토리우스가 분파된 후에도, 감독은 반드시 아내를 취하지 않는 예가 되었다. 阿羅本, 景淨 등은 모두 결혼하지 않은 감독이었으니, 중국에서는, 자연히 불교 승려의 이름을 따서 명명한 것이고, 그리하여 아라본, 경정 등도, 또한 하는 수 없이 승려로 자처한 것이다!

---

355 「欲爲 … 其妻」, 「委辦譯本, Delegates' Version」 사도 바울 디모데전서에서 인용. 이 중 「會督」은 오늘날 교회의 지도자와 같아서, 가령 홍콩 성공회는 주교를 '會督'이라 한다. 그러나 기독교 개신교, 예를 들어 장로회, 침신회, 루터회, 감리회 등의 성직자들, 가령 주교나 목사 등은 모두 결혼할 수 있다.

오! 영원불변의 참 고요함이시여, 태초보다 앞서 시작도 없는 이시여(粤若常然眞寂, 先先而无元)

昔景淨等欲立碑以紀景教流行中國之盛, 故必先敘明景教所自出之原. 欲推其原, 必自阿羅訶神性始常然, 亙古如斯也. 此言上帝性體自然,[356] 而有永生常在之意, 其義散見景教經中, 不可枚擧, 姑錄數節以明之.

옛날에 景淨 등은 비석을 세워 경교가 중국에서 널리 퍼졌음을 기록하려고 했기 때문에, 반드시 경교가 스스로 나오게 된 근원을 명확히 서술해야만 했다. 그 근원을 미루어 짐작하려면, 하나님의 神性이 반드시 영원불변으로부터 비롯된 것임을 알아야 하고, 이는 예로부터 이와 같다. 이 말은 하나님의 본질이 자연스럽게 생성되었음을 말하는 것이니, 영생하고 항존한다는 뜻이 있는 것이고, 그 의미는 경교 경전에 산재해 있어, 일일이 예를 들 수는 없으며, 잠시 몇 구절을 기록하여 밝히도록 한다.

按出埃及記三章記上帝命摩西救以色列族之時, 「摩西對曰:『若以色列族問我阿羅訶何名, 將奚以對?[357]』上帝曰:『我自有而恆有, 爾當告以色列族曰:「自有者遣我.」又曰:『爾必告以色列族遣爾者, 乃其祖所事之上帝, 卽亞伯拉罕之阿羅訶, 以撒之阿羅訶, 雅各之阿羅訶. 耶和華是此我恆久之名, 歷世爲誌.[358]』」又景本經提摩太前書六章文曰:「惟彼永生, 處於

---

356 「性體自然」: 본질이란 자연적으로 생성되는 것을 말하며, 또한 「自有」의 의미이다. 「性體」는 '본질'을 의미한다. 《舊唐書 · 貞觀四年》: 「雖非**性體**仁明, 亦勵精之主也.(비록 그 본질이 인애하고 명찰하지 아니할지라도, 또한 정신을 진작시켜 일에 힘쓸 수 있는 주인이라.)」

357 「摩西 … 以對」, 「委辦譯本, Delegates' Version」출애굽기 3장 13절에서 인용되었다. 이 번역본에는 다음과 같이 기록되어 있다: 「모세가 하나님께 고하되:『내가 이스라엘 자손에게 가서 이르기를: 너희 조상의 하나님이 나를 너희에게 보내셨다.』그들이 내게 묻기를:『그의 이름이 무엇이냐?』내가 무엇이라고 그들에게 말하리이까?」

光明, 衆不能至, 人所未見, 亦不得見, 願尊榮權力歸之, 永世靡曁.[359]」凡
此經文, 卽景淨所謂常然[360]者, 愼毋作佛典常然解; 緣彼乃空常然, 此乃
實常然. 字同而義異, 景淨無文可用, 故特假借其文耳!

하나님께서 모세에게 이스라엘 민족을 구하라 명하신 때의 출애굽기
3장 기록에 의하면,「모세가 대답하여 가로되:『내가 이스라엘 자손에게
가서 이르기를 너희의 조상의 하나님이 나를 너희에게 보내셨다 하면,
그들이 내게 묻기를 그의 이름이 무엇이냐 하리니, 내가 무엇이라고 그
들에게 말하리이까?』하나님이 모세에게 이르시되:『나는 스스로 있는
자이니라. 또 이르시되 너는 이스라엘 자손에게 이같이 이르기를:「스스
로 있는 자가 나를 너희에게 보내셨다」하라. 하나님이 또 모세에게 이
르시되:『너는 이스라엘 자손에게 이같이 이르기를, 너희 조상의 하나님

---

358 「摩西 … 爲誌」,「委辦譯本, Delegates' Version」출애굽기 3장 14-15절에서 인용되었
다. 이 번역본에서는「又曰:『爾必告以色列族』(또 말씀하시기를: 너는 반드시 이스라
엘 자손에게 알려라)」이라는 구절에「爾」자가 없고; 또 여기서「乃其祖所事之上帝(즉
너희 조상이 섬기는 하나님)」에는「所事」두 글자가 없다. 또한「即亞伯拉罕之阿羅訶,
以撒之阿羅訶, 雅各之阿羅訶(아브라함의 하나님, 이삭의 하나님, 야곱의 하나님)」에서
는, 이 번역본에「即」자가 빠졌으며;「阿羅訶」는 모두「上帝」로 표기하였으니, 이로써
「阿羅訶」는 모두「上帝」를 의미하는 것으로서, 이는 音譯을 한 까닭으로 여러 개의 중
국어 번역 단어를 사용하여 지칭한 것이다.

359 「惟彼 … 靡曁」,「委辦譯本, Delegates' Version」사도바울의 디모데전서 6장 16절을 인
용한 것이다. 단지「願尊榮權力歸之(그에게 존귀와 영원한 권능을 돌릴지어다)」한 구
절은 이 번역본에서「願以尊榮權力歸之」로 표기되어 있다.「靡曁」: '극한이 없다'의 의
미이다.「靡」는 '無'의 의미이다.「曁」; [漢] 許愼의《說文解字》에 그 本義가 기록되어 있
다:「曁, 日頗見也.(해가 비뚤어져 보이다.)」[淸] 段玉裁 注:「頗, 頭偏也. 頭偏則不能全
見其面, 故謂事之略然者曰頗, 日頗見者, 見而不全也.('頗'는 '머리가 비뚤다'이다. 머리가
비뚤어지면 그 면모가 전부 보일 수 없기 때문에, 현상의 대략이 그러할 때 '頗'라 말한
다. 해가 비뚤어지면, 보지만 완전하지는 않다.)」이로써 '제한하다'의 파생의미로 사
용되었다.

360 「常然」: '왜곡할 수 없는 자연상태'.《莊子 · 騈拇》:「天下有常然; 常然者, 曲者不以鉤, 直
者不以繩, 圓者不以規, 方者不以矩.(천하에는 태어날 때부터 정해진 당연한 모습이 있
다; 이 자연스런 본성이란, 굽은 것이라고 갈고리로 만든 것이 아니며, 곧은 것이 먹줄
을 댄 것이 아니고, 둥근 것이라고 둥근 자로 만든 것이 아니며, 네모진 것이라고 곱자
를 대어 만든 것이 아니다.)」

여호와, 곧 아브라함의 하나님, 이삭의 하나님, 야곱의 하나님께서 나를 너희에게 보내셨다 하라. 이는 나의 영원한 이름이요, 대대로 기억할 나의 칭호이니라.』」 또 경교 신약 디모데전서 6장에서 이르되:「오직 그에게만 죽지 아니함이 있고, 가까이 가지 못할 빛에 거하시고, 아무 사람도 보지 못하였고, 또 볼 수 없는 자이시니, 그에게 존귀와 영원한 능력을 돌릴지어다.」 무릇 이 성서 구절은, 즉 景淨이 말한 '常然'을 일컫는 것이니, 신중하여 불교에서 말하는 常然으로 해석해서는 아니 되며; 그들이 말하는 常然은 허상의 것이지만, 이것은 실제적인 常然인 것이다. 글자는 같으나 의미가 다른 것이니, 景淨이 사용할 수 있는 단어가 없었으므로, 특별히 그 단어를 빌려 쓴 것뿐이다!

眞寂者, 景淨假此文以明上帝無形之妙體, 義出古經約伯記二十三章, 文云:「乃趨之於前, 而彼不見; 索之於後, 而彼不在. 意其匿於左, 而不能遇; 意其隱於右, 而不克覯.[361] 我之行爲, 彼實鑒察.[362]」 此卽景淨所謂眞寂者, 原是一位無形無像, 鑒察隱微之神, 莫作佛典妙空觀也.

'眞寂'이란, 景淨이 이 단어을 빌려 하나님의 형체를 무형의 신묘한 것으로 정의한 것이며, 그 의미는 구약 욥기 23장에서, 다음과 같이 말하였다:「그런데 내가 앞으로 가도 그가 아니 계시고; 뒤로 가도 보이지 아니하신다. 그가 왼편에서 일하시나 내가 만날 수 없고; 그가 오른편으로 돌

---

361 「覯」: '조우하다'의 의미. 「遘」 혹은 「逅」와 통한다. [漢] 許慎, 《說文解字》:「覯, 遇見也. (覯는 '조우하다'이다.)」 《淸史稿·康熙六十一年》:「幾暇格物, 豁貫天人, 尤爲古今所未覯.(《幾暇格物》은, 하늘과 인간을 시원하게 꿰뚫으니, 특히 예나 지금이나 만나 보지 못한 것이다.)」

362 「乃趨 … 鑒察」, 「委辦譯本, Delegates' Version」 욥기 23장 8-10절에서 인용. 「彼實鑒察」의 「實」이 이 번역본에서는 「所」로 표기되어 있다. 또한 이 번역본의 편명이 「新標點和合本」과 「現代中文譯本(수정판)」에서는 音譯한 까닭에 모두 '約伯記'로 기록되어 있다.

이키시나 뵐 수 없구나. 나의 가는 길을 오직 그가 아시나니.」이것은 景淨이 말한 眞寂이며, 본래 무형무상의 한 분으로서, 은밀하게 감찰하시는 神이시니, 佛典에 나오는 묘공(妙空)으로 볼 수 없는 것이다.

上「先」, 先後之先; 下「先」, 未始有物之先;「元」, 始也. 義出古經以賽亞書四十三章文曰:「在我之先, 在我之後, 無他上帝. 惟我爲耶和華, 我外無他救主.363」又見古詩篇九十章文曰:「主爲吾人所歸依, 萬古不易兮! 山崗未爲爾所立, 寰宇364未爲爾所造. 自亙古迄叔季,365 爾爲上帝, 無始無終兮!366」此卽景淨之所謂「先先而無元」者.

앞의「先」은 선후의 '先'이고; 뒤의「先」은 아직 사물이 생겨나기 전의 '先'이며;「元」은 '시작'이다. 뜻은 구약 이사야서 43장에서 이르되:「나의 전에 지음을 받은 신이 없었느니라. 나의 후에도 없으리라. 나 곧 나는 여호와라. 나 외에 구원자가 없느니라.」또한 구약 시편 90장에서 이르되:「주여 주는 대대에 우리의 거처가 되셨나이다! 산이 생기기 전, 땅과 세계도 주께서 조성하시기 전 곧 영원부터 영원까지 주는 하나님이시니이다!」이것은 景淨이 말한「태초보다 앞서 시작도 없는 이」인 것이다.

---

363 「在我 … 救主」,「委辦譯本, Delegates' Version」이사야서 43장 10-11절에서 인용되었다.
364 「寰宇」: '우주 전체'의 의미이다.「寰」은 '大地'를 가리키며;「宇」는 '전체 공간'을 지칭할 때 사용한다.《舊唐書 · 哀帝李柷》:「致寰宇之未寧, 覩兵戈之屢起.(우주 전체가 아직 평안하지 못함을 관찰하고, 전쟁이 여러 차례 일어남을 본다.)」
365 「叔季」: '동란으로 쇠망하는 말세'를 가리킨다.《魏書 · 釋老志十》:「叔季之世, 闇君亂主, 莫不眩焉.(말세의 때에는, 속이고 어지럽히는 군주로, 미혹되지 아니함이 없다.)」「闇」은 '속이다'의 의미로 사용되었다.
366 「主爲 … 終兮」, 시편 90편 1-2절에서 인용되었다.

심원한 우주의 본체이시며, 만세 이후까지 존재하시는 無 가운데의 有이시라(窅然靈虛, 後後而妙有)

景淨假此文以明上帝神妙不測, 貫通萬有之意, 實亦不與老, 佛同道也.

景淨은 이 구절을 빌려 하나님의 신묘막측함과 만유를 관통하는 뜻을 밝히고 있으니, 실로 또한 노자, 부처와는 같은 이치가 아닌 것이다.

「窅然[367]」之義, 原出古經約伯記十一章文曰:「大哉! 上帝之智乎! 雖上窮碧落, 下及黃泉, 周行陸地, 徧歷滄海, 亦終莫之能測.[368]」又三十七章文曰:「全能之主, 妙不可測, 巨能至義, 一秉大公, 待人無偏, 雖智者亦有所不知, 故人當寅畏[369]焉.[370]」又古詩篇一百四十五章文曰:「耶和華至大, 神妙莫測, 當讚美不已兮![371]」又本經羅馬書[372]十一章文曰:「奧哉! 上帝何智慧之大乎! 其法不可測, 其踪不可追.[373]」凡此諸經, 卽景淨所謂「窅然」者.

---

367 「窅然」: 글자 자체의 의미로 해석하자면, '심원한 모양'이라는 의미를 나타내지만, 성경에서는 '하나님의 헤아릴 수 없는 심오함'이라는 의미를 뜻한다.

368 「大哉 … 能測」, 「委辦譯本, Delegates' Version」 욥기 11장 8-9절에서 인용. 「遍」은 '어떠한 누락도 없다'의 의미이다. 《元史·志·揚州運河》:「會州縣倉場官, 遍歷巡視集議. (會州縣의 倉場官은, 두루 다니며 모여 의논하는 자리를 순시한다.)」

369 「寅畏」: '경외하다'의 의미. 「寅」은 '공경하다'로 해석한다. 《尙書·周書·無逸》:「嚴恭寅畏, 天命自度.(엄숙하고 공손하며 공경하고 두려워하여, 하늘의 명으로 스스로를 단속하였다.)」

370 「全能 … 畏焉」, 「委辦譯本, Delegates' Version」 욥기 37장 23절에서 인용하였다.

371 「耶和華 … 已兮」, 「委辦譯本, Delegates' Version」 시편 145편 3절에서 인용하였고, 「當讚美不已兮(마땅히 크게 찬양할 것이라)」 이 구절이 이 번역본에서는 「當頌美靡已兮」로 되어 있다.

372 「羅馬書」, 로마서의 편명이며, 「委辦譯本, Delegates' Version」에는 '使徒保羅達羅馬人書(사도바울 로마인서)'로 표기되어 있다. 그러나 「新標點和合本」과 「現代中文譯本(수정판)」 등에는 모두 '羅馬書(로마서)'이다.

373 「奧哉 … 可追」, 「委辦譯本, Delegates' Version」 로마서 11장 33절에서 인용하였다.

'睿然'의 의미는, 본래 구약 욥기 11장에서 나왔다:「크시도다! 하나님의 지혜시여! 위로는 하늘을 두루 찾아다니고, 아래로는 황천에 이를지라도, 육지를 두루 다니시고, 창해를 거침없이 건너시니, 또한 그 도량이 넓어 헤아릴 수 없도다.」또 37장에서 이르되:「전능하신 주는, 신묘함을 예측할 수가 없나니, 크신 권능이 지극히 의로우시며, 항상 공평무사하셔서, 사람을 대함에 치우침이 없으시니, 지혜의 사람이 모르는 바가 있을지라도, 사람은 마땅히 공경하고 경외해야 한다.」또 구약 시편 145편에서 이르되:「여호와는 지극히 위대하셔서, 신묘함을 측량키 어렵나니, 마땅히 크게 찬양할 것이라!」또 신약 로마서 11장에서 이르되:「깊도다! 하나님의 지혜와 지식의 풍성함이여! 그의 판단은 헤아리지 못할 것이며, 그의 길은 찾지 못할 것이로다.」무릇 이 여러 경전들이, 모두 景淨이 말한「睿然」인 것이다.

惟靈,[374] 故無所不知; 惟虛,[375] 故無所不在. 義出詩篇一百三十九篇, 文云:「耶和華兮! 爾監察予兮! 我或坐, 或起, 或寢, 或興, 爾知之稔兮! 念慮未萌, 爾知之久兮! 我之步履, 爾察之詳兮! 耶和華兮! 我之言詞, 爾無不悉兮![376] 在前在後, 違我不遠, 恆撫予兮! 斯道奧妙, 巍巍無上,[377] 我不能

---

374 「靈」: '신묘하다, 기이하다'로 해석한다.
375 「虛」: '방위(方位)'로 해석한다. 《周易 · 繫辭下》:「爲道也屢遷, 變動不居, 周流六虛.(道는 수시로 변하며, 한곳에 머무르지 않고 계속 변화하여 움직이면서, 상하 사방을 돌아다닌다.)」[唐] 孔穎達,《周易正義》疏:「六位言『虛』者, 位本無體, 因爻始見, 故稱『虛』也.(六爻에서 말하는『虛』는, 자리에 본래 형체가 없으며, 爻에서 처음 나오므로,『虛』라 부른다.)」
376 「爾無不知兮」, 이 구절은「委辦譯本, Delegates' Version」에서는「爾無不知悉兮(그대는 모르는 것이 없도다)」로 쓰여져 있다.
377 「巍巍無上」: 즉 '지고무상(至高無上)'의 의미이다. 「巍巍」, '숭고하고 웅대한 모양'. 《後漢書 · 張衡列傳》:「瞻崑崙之巍巍兮, 臨滎河之洋洋.(崑崙의 웅대함을 바라보고, 滎河의 망망함에 조우하노라.)」

及兮! 爾之神無乎不在, 余安能避之? 無乎不有, 余安能逃之兮! 如上升於穹蒼, 爾居於彼, 如長眠於地下, 爾亦在彼兮![378]」 又古經耶利米書二十三章文曰:「我爲上帝, 無間遐邇,[379] 人能退藏於密,[380] 使我不見乎? 我豈不能充塞乎天地哉?[381]」 此卽景淨所謂「靈虛」者.

'靈'은, 모르는 것이 없고; '虛'는 존재하지 않는 곳이 없는 것이다. 이 의미는 시편 139편에서 나왔으니, 이르되:「여호와여! 주께서 나를 감찰하시나이다! 내가 앉거나 서거나 눕거나 흥하거나, 주께서 모두 아시나이다! 생각이 아직 싹트기도 전에, 주께서 아신 지 오래도다! 나의 걸음걸이도, 주께서 자세히 살피시도다! 여호와여! 내 혀의 말을 알지 못하시는 것이 하나도 없으시니이다! 나의 전후를 가까이서 두루시며, 내게 안수하셨나이다! 이 지식이 내게 너무 기이하니 높아서, 내가 능히 미치지 못하나이다! 내가 주의 신을 떠나 어디로 가며, 주의 앞에서 어디로 피하리이까? 주의 신이 계시지 않는 곳이 없으니, 내가 어디로 도망갈 수 있겠나이까! 내가 하늘에 올라갈지라도 거기 계시며, 음부에 내 자리를 펼지라도 거기 계시나이다!」 또 구약 예레미야서 23장에서 이르되:「내가 가까운 곳의 하나님이며, 먼 곳의 하나님은 아닌 줄 아느냐? 사람이 제아

---

378 「耶和華 … 彼兮」,「委辦譯本, Delegates' Version」 시편 139편 1-8절에서 인용.
379 「無間遐邇」: '멀고 가까움을 구분하지 않다'. 「無間」은 '분별하지 않다'의 의미로 해석하고;「遐邇」는 '遠近'의 의미이다. 《清史稿·琉球》:「聲教所綏, 無間遐邇.(명성과 위엄의 교화로 평안하고, 멀고 가까움을 구분하지 않는다.)」
380 「退藏於密」: '만물 속에 깊이 숨어 있어서 그 근원을 알 수 없다'. 출전《周易·繫辭上》:「聖人於此洗心, 退藏於密, 吉凶與民同患.(성인은 이로써 마음을 닦아, 물러나 은밀한 곳에 감추며, 길하고 흉한 일에 백성들과 더불어 함께 걱정한다.)」 [晉] 韓康伯 注曰:「言其道深微, 萬物日用而不能知其原, 故曰『退藏於用』, 猶藏諸用也.(그 道가 깊고 세밀함을 말하는데, 만물을 나날이 쓰면서도 그 근원을 잘 알지 못하니, 이에 말하기를『물러나 은밀함에 저장된다』라고 했으며, 여러 쓰임에 저장됨과 같음이다.)」
381 「我爲 … 地哉」,「委辦譯本, Delegates' Version」 예레미야서 23장 23-24절 인용. 그러나「我豈不能充塞乎天地哉」구절은 이 번역본에「塞」자가 없다.

무리 은밀한 곳에 숨는다고 하여도, 그는 내 눈에서 벗어날 수 없다. 내가 하늘과 땅 어디에나 있는 줄을 모르느냐?」 이것이 즉 景淨이 말한 「靈虛」이다.

　上「後」, 先後之後; 下「後」, 天地萬物旣成之後. 有者, 擧凡天地之間, 有形無形, 有色無色, 有情無情, 凡可以名名之者, 皆曰「有」. 妙者, 異形異性, 異性異宜; 人有官,[382] 物有曲;[383] 水潤下, 火炎上;[384] 風有涼, 日有暄.[385] 無論天地日月, 風雲雷雨, 山川湖海, 金石草木, 飛潛動植,[386] 各有其性, 各呈其才, 燦陳[387]於大氣之中, 其用無窮, 不可思議, 此卽所謂妙也. 原其義之所出, 則古經以賽亞書四十章文云:「夫耶和華永生之上帝, 創造地極者也. 爾豈未之知, 未之聞耶? 其力不疲, 其智莫測.[388]」是其義矣!

　앞의 「後」는 선후의 '後'이고, 뒤의 「後」는 천지 만물이 생성된 '後'를 말한다. '有'라는 것은, 대저 모든 천지간에, 유형과 무형, 유색과 무색, 유정과 무정, 무릇 이름 지을 수 있는 것은, 모두 「有」라 일컫는다. '妙'라는 것은, 모양이 다름에 따라 다른 성질을 갖고, 다른 성질에 따라 적합

382　「人有官」: '인간은 각종 감각 능력이 있다'의 의미. 「官」은 '생물체 내에서 어떤 독립적인 기능을 전문적으로 담당하는 조직'을 가리킨다. 예를 들어, 귀, 눈, 입, 코.

383　「曲」: '곧지 않다'의 의미이다. 《晏子春秋 · 雜上》:「曲刃鉤之, 直兵推之.(굽은 칼로 끌어 베고, 곧은 칼로 찔러 죽인다.)」

384　「水潤下, 火炎上」: '水性은 윤기가 아래로 흐르고, 火性은 뜨거운 열기가 위로 솟아오른다'의 의미이다. '자연의 성질'을 비유하고 있다. 출전 《尙書 · 周書 · 洪範》:「水曰潤下, 火曰炎上.(水는 적시어 내려감을 말하고, 火는 불타 올라감을 말한다.)」

385　「暄」: '따뜻하다'의 의미. 《淸史稿 · 樂章三》:「旌旗柳拂春風暖, 一點葵心傍日暄.(깃발이 버들에 스치니 봄바람 따사하고, 한 점 사모하는 마음이 해에 가까워 따뜻하다.)」

386　「飛潛動植」: '각종 생물'을 통칭하는 것이다. 「飛」, '하늘에 날아다니는 생물'; 「潛」, '물 밑에서 헤엄치는 생물'; 「動」, '동물'을 가리키며; 「植」, '식물'을 의미한다.

387　「燦陳」: '광채의 선명함이 드러난다'는 의미이다. 「陳」, '뚜렷하게 나타내 보이다'의 의미. [唐] 韓愈, 〈愛直贈李君房別〉:「勇不動於氣, 義不陳乎色.(용기는 氣에서 표현되지 않고, 의기는 色에서 드러나지 않는다.)」

388　「夫耶 … 莫測」, 「委辦譯本, Delegates' Version」 이사야서 40장 28절에서 인용.

한 것이 다르다는 것이니; 인간에게는 여러 가지 감각 능력이 있고, 사물에는 굽은 것이 있으며; 水性은 윤기가 아래로 흐르고, 火性은 뜨거운 열기가 위로 솟아오르며; 바람은 차갑고, 해는 따뜻한 것 등이다. 천지의 해와 달, 풍운과 뇌우, 산천과 호수와 바다, 금석과 초목, 나는 새와 물고기 그리고 동식물들을 막론하고, 모두 제각기 다른 성질이 있어서, 각각 그 재능을 나타내며, 대기 속에서 광채를 선명히 드러내고, 그 용도가 무궁무진하며, 불가사의하니, 이것이 소위 '妙'인 것이다. 본래의 뜻이 출현한 것은, 구약 이사야서 40장이며, 이르기를:「무릇 여호와 영생의 하나님께서는, 땅끝까지 창조하신 분이시다. 너는 어찌 알지도 듣지도 못하였느냐? 그는 피곤치 않고, 지칠 줄을 모르시며, 그 지혜가 무궁하신 분이시다.」이것이 그 뜻이로다!

현묘한 이치를 모아 만물을 창조하시었다(摠玄樞而造化)

此文景淨用以發明上帝肇造三才,[389] 宰制萬有, 覆育羣倫之意.

이 구절은 景淨이 하나님께서 '天, 地, 人'을 처음 창조하시고, 만유를 통제하시며, 여러 사람들을 양육하신다는 의미를 분명히 나타내는 데 사용한 것이다.

「摠」, 摠攬玄天樞制動之主也. 天樞,[390] 北辰也. 《論語》:「爲政以德, 譬

---

[389] 「三才」: '天, 地, 人'을 가리킨다. 《周易 · 說卦》:「是以立天之道, 曰陰與陽; 立地之道, 曰柔與剛; 立人之道, 曰仁與義. 兼三才而兩之, 故易六畫而成卦.(이로써 하늘의 道를 세워, 陰과 陽이라 하고; 땅의 道를 세워 柔와 剛이라 하며; 사람의 道를 세워 仁과 義라 한다. 三才를 겸해서 두 번 하기 때문에, 易이 여섯 획으로 卦를 이룬다.)」

如北辰, 居其所, 而衆星共之.³⁹¹」此言上帝摠攬宸綱, 轉坤旋乾之力. 義出古經約百記三十八章, 文云:「誰繫昴³⁹²結, 解參³⁹³帶, 引十二宮³⁹⁴躔度³⁹⁵不差, 轉斗柄,³⁹⁶ 旋衆星乎³⁹⁷!」又二十六章文云:「主陳北極³⁹⁸於清虛,³⁹⁹ 懸大地於無物.⁴⁰⁰」是卽摠玄樞之義矣!

「摠」이란, 심오한 天樞를 장악하고 제동하는 主이다. 天樞星은, 북극성이다. 《論語》:「덕으로 정치하는 것을, 북극성에 비유하자면, 북극성은 제자리에 있고, 뭇 별들이 그것을 따르는 것과 같다.」 이 말은 하나님께

---

390 「天樞」: '북두칠성의 첫 번째 별의 이름'을 가리킨다. 《後漢書·達旨》:「重侯累將, 建天樞, 執斗柄.(子爵과 男爵으로 여러 차례 거느렸고, 천구를 세워, 대권을 잡았다.)」

391 「爲政 … 共之」, 《論語·爲政》편에 나오는 내용이다.

392 「昴」: '묘성(昴星)'을 의미하며, 28星宿 중의 하나이고, 白虎 七宿의 네 번째 宿이다. 《詩經·召南·小星》:「嘒彼小星, 維參與昴.(반짝이는 작은 별이, 參星과 昴星이구나.)」

393 「參」: '參星(삼성)'을 의미하며, 28星宿 중의 하나이고, 白虎 七宿의 끝에 위치한다.

394 「十二宮」: '黃道十二宮(황도십이궁)'을 가리킨다. 매년 태양과 달은 黃道를 따라 한 주기를 운행하는데, 한 주기에 12차례 회합하여 마침내 그 지역을 12단으로 나누고, 각 段이 30도씩 총 합계 360도가 된다.

395 「躔度」: '태양, 달, 별이 운행 궤도 상에서 경과하는 度數'를 의미한다. 《淸史稿·嘉慶四年》:「日月合璧, 五星聯珠. 上曰:『躔度偶逢, 兵戈未息, 何足言瑞?』(해와 달이 합치고, 오성이 연달아 꿰였다. 황상께서 이르시되:『躔度가 우연히 만나, 전쟁이 끊이지 않으니, 어찌 상서롭다 말할 수 있겠는가?』)

396 「斗柄」: 북두칠성의 다섯 번째에서 일곱 번째 별까지는 '국자의 손잡이'처럼 생겼기에 얻어진 이름이다. 사물이 바뀌면 별자리가 이동하듯, 고대인들은 북두칠성 손잡이의 이동 후의 방향에 따라 절기를 판단하였다. [宋] 陸田解, 《鶡冠子·環流》:「斗柄東指, 天下皆春; 斗柄南指, 天下皆夏; 斗柄西指, 天下皆秋; 斗柄北指, 天下皆冬.(북두 자루가 동쪽을 가리키면, 천하는 봄이요; 북두 자루가 남쪽을 가리키면, 천하가 여름이며; 북두 자루가 서쪽을 가리키면, 천하가 가을이고; 북두 자루가 북쪽을 가리키면, 천하가 겨울이다.)」

397 「誰繫 … 星乎」, 「委辦譯本, Delegates' Version」 욥기 38장 31절에서 인용하였다.

398 「北極」: 이것은 '북극성'을 가리키는 것이다. 이 별자리는 작은곰자리 꼬리 부분의 꼭대기에 위치해 있고, 북극에서 가장 가깝다. 과거의 항해자들은 이 별의 위치를 알아보고 그 방향을 결정했다. 「北辰」이라고도 부른다.

399 「淸虛」: '하늘'의 의미이다. [晉] 葛洪(250-330) 《抱朴子·勖學》:「令抱翼之鳳, 奮翮於淸虛; 頊領之駿, 騁跡於千里.(날개의 봉황을 안고, 맑고 맑은 것에 맞서 싸우게 한다; 항령의 준마는, 천 리를 달려 깃든다.)」

400 「主陳 … 無物」, 「委辦譯本, Delegates' Version」 욥기 26장 7절에서 인용하였다.

서 왕의 강령을 장악하시어, 천하의 형세를 일변시키시는 힘을 말하고
있다. 구약 욥기 38장에서, 이르되:「누가 묘성을 매어 묶을 수 있으며,
삼성의 띠를 풀 수 있겠느냐! 황도십이궁을 끌어 도수가 어긋나지 않고,
북두성을 이끌어, 다른 별들에게로 갈 수 있겠느냐!」또 26장에서 이르
되:「주는 북극성을 허공에 펴시며, 땅을 아무것도 없는 곳에 매다신다.」
이것이 '攝玄樞'의 의미이다!

「造」者, 發號施令之謂, 非由無生有也. 此道爲萬世理學之根宗, 最關
緊要, 誠能於此關頭理會淸楚, 自可免諸異端煽惑, 爲幸不淺. 何以言之?
儒者曰:「易有太極, 是生兩儀.[401][402]」是以太極分爲陰陽, 陰陽化爲萬物
也. 佛者曰:「色卽是空, 空卽是色; 色不異空, 空不異色.[403]」是以空幻而
爲色, 色化而爲空, 其實一也.《老子》曰:「天地萬物生於有, 有生於無.[404]」
是道物一體也. 巴比倫, 印度, 波斯, 埃及中古理學之說, 類皆如此, 惟眞
道不然.

「造」는, 교령(敎令)을 명령하고 시행함을 말하는 것이지, 無로부터 有를

---

401 「兩儀」: '天地'의 의미이다.
402 「易有 … 兩儀」, 출전은《周易 · 繫辭上》이다.
403 「色卽 … 異色」, 佛家에서의 의미는 '물질 현상이 곧 空性이고, 空性이 바로 물질 현상
    이니, 양자는 혼연일체'인 것이다. 「色」은 '물질의 각종 현상'을 말한다. 출전《正統道
    藏》第七冊《三天易髓 · 釋曰圓覺 · 心經直指》:「色不異空, 空不異色; 色卽是空, 空卽是色.
    受想行識, 亦復如是. 是諸法空相, 不生不滅.(색은 空과 다르지 않고, 空은 色과 다르지
    않다; 色이 곧 空이며, 空이 즉 色이다. '受 · 想 · 行 · 識', 즉 色을 보고 받아들이는 것,
    받아들인 것을 보고서 긍정과 부정을 가름하는 것, 생각하여 결정을 행동으로 옮겨 실
    천하는 것, 그 행동의 결과로 인하여 생긴 알음알이, 이들이 또한 모두 이와 같다. 이
    모든 法이 空의 외관을 갖고 있으니, 생겨나는 것같이 보이기도 하고 없어지는 것같이
    보이기도 한다.)」
404 「天地 … 於無」, 老子는 「無」를 本體와 爲道로 삼고, '無로부터 有가 생겨나고, 有가 즉
    만물을 낳는다'라고 여긴다. 출전《老子》四十章.「天地萬物生於有(천지만물은 有에서
    생겨난다.)」이 구절 중의 「地」는 原文에서 「下」로 쓰여 있다.

낳음을 의미하지는 않는다. 이 이치는 오랜 세월 동안 理學의 근본 종지가 되었고, 가장 중요한 것은, 이 긴요한 시기에 실로 분명히 깨달을 수 있어서, 여러 이단들의 미혹을 스스로 피할 수 있으니, 다행스러움이 적지 않다. 왜 그렇게 말하는 것인가? 유학자가 가로되:「易에 太極이 있으니, 이것이 하늘과 땅을 낳았다.」 이것은 태극으로 陰과 陽을 나눈 것이며, 陰陽이 화하여 만물이 되는 것이다. 佛門의 제자가 가로되:「色이 곧 空이요, 空이 곧 色이니; 色이 空과 다르지 않고, 空이 色과 다르지 않다.」 이것은 환상이 色이 되며, 色이 화하여 空이 된다는 것과, 사실은 하나인 것이다. 《老子》에서 이르기를:「천지 만물은 有에서 생겨나며, 有는 無에서 나오는 것이다.」 이것은 이치와 사물이 일체임을 말하는 것이다. 바빌론, 인도, 페르시아, 이집트 등의 中古 시기 理學의 설들이, 모두 이와 같지만, 다만 진실은 그렇지 않은 것이다.

昔摩西蒙上帝現示, 尊名曰「耶和華」, 譯華文而爲自有者. 惟自有, 惟能有萬有, 宰萬有, 貫萬有. 則景教傳上帝造物之道, 猶人之胸藏萬卷, 發而爲錦繡[405]文章. 究其實, 人自爲人, 文自爲文, 非若各教之以人化爲文也, 斯義也詳載景古經創世記第一章, 錄其文曰:

옛날 모세가 하나님의 현시를 입고서,「여호와」라 존숭하여 이름하였으니, 중국어로 번역하기를 '스스로 있는 자'라 하였다. 오로지 '스스로 있는 자'만이 만유를 있게 하고, 만유를 주재하며, 만유를 통찰할 수 있는 것이다. 경교가 하나님의 창조의 도리를 전하였으니, 사람의 가슴에 만권을 숨겼다가, 아름다운 문장으로 발산하는 것과 같다. 그 사실을 궁구해 보면, 사람은 스스로 사람이 되고, 글은 스스로 문장이 되는 것이지,

---

405 「錦繡」: '아름다운 사물'을 비유한다.

각 가르침이 사람에 의해 변하여 문장이 되는 것이 아니니, 이 의미 또한 경교 구약 창세기 제1장에 상세히 싣고 있으며, 그 글을 기록하여 가로되:

太初之時, 上帝創造天地, 地乃虛曠. 淵際晦冥,[406] 上帝之神, 煦育[407]乎水面.

上帝曰:『宜有光』, 卽有光. 上帝視光爲善, 遂判光暗, 謂光爲晝, 謂暗爲夜; 有夕有朝, 是乃首日.

태초에, 하나님이 천지를 창조하시니, 땅이 혼돈하고 공허하며, 흑암이 깊음 위에 있고, 하나님의 영은, 수면 위에 운행하시니라.

하나님이 이르시되:『빛이 있으라.』하시니, 빛이 있었다. 빛이 하나님 보시기에 좋았으니, 하나님이 빛과 어둠을 나누사, 빛을 낮이라 부르시고, 어둠을 밤이라 부르시니라; 저녁이 되고 아침이 되니, 이는 첫째 날이니라.

上帝曰:『宜有穹蒼, 使上下之水相隔.』遂作穹蒼, 而上下之水, 截然中斷, 有如此也. 上帝謂穹蒼爲天, 有夕有朝, 是乃二日.

하나님이 이르시되:『물 가운데에 궁창이 있어, 위아래의 물로 나뉘라.』하시고, 하나님이 궁창을 만드사, 궁창 아래의 물과 궁창 위의 물로 나뉘게 하시니, 그대로 되니라. 하나님이 궁창

---

406 「晦冥」: '어두컴컴한 모양'. 「晦」, '어둡다'; 「冥」, '어두컴컴하다'.《後漢書・高帝劉邦紀第一》:「嘗息大澤之陂, 夢與神遇, 是時雷電晦冥.(일찍이 큰 연못가에서 잠이 들었는데, 꿈속에서 신과 만났고, 이때 우레가 치고 어두컴컴해졌다.)」[唐] 顏師古 注曰:「晦冥皆謂暗也.(晦冥은 모두 '어둡다'의 의미이다.)」
407 「煦育」: '따뜻하게 영양을 공급하다'의 의미이다.

을 하늘이라 부르시니라. 저녁이 되고 아침이 되니, 이는 둘째 날이니라.

上帝曰:『天下諸水宜匯一區, 使陸地顯露.』有如此也. 謂陸地爲壤, 謂水匯爲海, 上帝視之爲善. 上帝曰:『地宜生草, 蔬結實, 樹生菓, 菓懷核, 各從其類.』有如此也. 地遂生草, 蔬結實, 樹結[408]菓, 菓懷核, 各從其類, 上帝視之爲善. 有夕有朝, 是乃三日.

하나님이 이르시되:『천하의 물이 한곳으로 모이고, 뭍이 드러나라.』하시니, 그대로 되니라. 하나님이 뭍을 땅이라 부르시고, 모인 물을 바다라 부르시니, 하나님 보시기에 좋았더라. 하나님이 이르시되:『땅은 풀과 씨 맺는 채소와 각기 종류대로 씨 가진 열매 맺는 나무를 내라.』하시니, 그대로 되니라. 땅이 풀과 각기 종류대로 씨 맺는 채소와 각기 종류대로 씨 가진 열매 맺는 나무를 내니, 하나님이 보시기에 좋았더라. 저녁이 되고 아침이 되니, 이는 셋째 날이니라.

上帝曰:『穹蒼宜輝光衆著, 以分晝夜, 以定四時, 以記年日, 光麗於天, 照臨於地.』有如此也. 上帝造二耿光,[409] 大以理晝, 小以理夜; 亦造星辰. 置之穹蒼, 照臨於地, 以理晝夜, 以分明晦, 上帝視之爲善. 有夕有朝, 是乃四日.

하나님이 이르시되:『하늘의 궁창에, 광명체들이 있어, 낮과

---

408 「樹結果」 중의 「結」은 「委辦譯本, Delegates' Version」에서 「生」으로 표기되어 있다.

409 「耿光」: '밝은 광체'. 「耿」, '밝다'. 《舊唐書 · 封禪》: 「斯是天下之介福, 邦家之**耿光**也.(이것은 천하의 큰 복이요, 국가의 밝은 빛이다.)」

밤을 나뉘게 하고, 그것들로 징조와 계절과 날과 해를 이루게
하라, 또 광명체들이 하늘의 궁창에 있어 땅을 비추라.』하시니,
그대로 되니라. 하나님이 두 큰 광명체를 만드사, 큰 광명체로
낮을 주관하게 하시고, 작은 광명체로 밤을 주관하게 하시며;
또 별들을 만드시었다. 하나님이 그것들을 하늘의 궁창에 두어,
땅을 비추게 하시며, 낮과 밤을 주관하게 하시고, 빛과 어둠을
나뉘게 하시니, 하나님이 보시기에 좋았더라. 저녁이 되고 아침
이 되니, 이는 넷째 날이니라.

上帝曰:『水必滋生生物, 鱗蟲[410]畢具, 鳥飛於天, 戾[411]於穹
蒼.』遂造巨魚, 暨水中滋生之物, 鱗蟲畢具, 羽族各從其類, 上帝
視之爲善. 祝之曰:『生育衆多, 充物於海, 禽鳥繁衍於地.』有夕
有朝, 是乃五日.

하나님이 이르시되:『물들은 생물을 번성하게 하라. 땅 위 하
늘의 궁창에는 새가 날아라.』하시고, 하나님이 큰 바다 짐승들
과 물에서 번성하여 움직이는 모든 생물을 그 종류대로, 날개
있는 모든 새를 그 종류대로 창조하시니, 하나님이 보시기에 좋
았더라. 하나님이 그들에게 복을 주시며 이르시되:『생육하고
번성하여 여러 바닷물에 충만하라. 새들도 땅에 번성하라.』하
시니라. 저녁이 되고 아침이 되니, 이는 다섯째 날이니라.

上帝曰:『地宜生物, 六畜, 昆蟲, 走獸, 各從其類.』有如此也.

---

410 「鱗蟲」: '어류와 파충류 등 체외에 비늘이 있는 생물'.
411 「戾」: '도달하다'의 의미이다.《詩經·大雅·旱麓》:「鳶飛戾天, 魚躍於淵.(솔개는 날아
서 하늘에 이르고, 물고기는 연못에서 뛰느니라.)」

遂造獸與畜及蟲, 各從其類, 視之爲善. 上帝曰:『宜造人, 其像
象我儕, 以治海魚, 飛鳥, 六畜, 昆蟲, 亦以治理乎地.』遂造人, 維
肖乎己, 象上帝像, 造男亦造女, 且祝之曰:『生育眾多, 昌熾於
地, 而治理之, 以統轄海魚, 飛鳥, 及地昆蟲.』上帝曰:『予汝所食
者, 地結實之菜蔬, 懷核之樹菓; 亦以草萊予走獸, 飛鳥, 昆蟲,
生物食之.』有如此也. 上帝視所造者盡善, 有夕有朝, 是乃六日.

　　하나님이 이르시되:『땅은 생물을 그 종류대로 내되, 가축과
기는 것과 땅의 짐승을 종류대로 내라.』하시니, 그대로 되니라.
하나님이 땅의 짐승을 그 종류대로, 가축을 그 종류대로, 땅에
기는 모든 것을 그 종류대로 만드시니, 하나님이 보시기에 좋았
더라. 하나님이 이르시되:『우리의 형상을 따라, 우리의 모양대
로 우리가 사람을 만들고, 그들로 바다의 물고기와 하늘의 새와
가축과 온 땅과 땅에 기는 모든 것을 다스리게 하자.』하시고,
하나님이 자기 형상 곧 하나님의 형상대로 사람을 창조하시되,
남자와 여자를 창조하시고, 그들에게 복을 주시며, 이르시되:
『생육하고 번성하여, 땅에 충만하라, 땅을 정복하라, 바다의 물
고기와 하늘의 새와 땅에 움직이는 모든 생물을 다스리라.』하
시니라. 하나님이 이르시되:『내가 온 지면의 씨 맺는 모든 채소
와 씨 가진 열매 맺는 모든 나무를 너희에게 주노니; 또 땅의 모
든 짐승과 하늘의 모든 새와 생명이 있어 땅에 기는 모든 것에
게는 내가 모든 푸른 풀을 먹을 거리로 주노라.』하시니, 그대로
되니라. 하나님이 지으신 그 모든 것을 보시니 보시기에 심히
좋았더라. 저녁이 되고 아침이 되니, 이는 여섯째 날이니라.

天地萬物旣成, 七日上帝工竣憩息. 是日上帝畢其事而安息, 故以七日爲聖日, 而錫嘏焉.

천지와 만물이 다 이루어졌고, 하나님이 그가 하시던 일을 일곱째 날에 마치셨다. 하나님이 그가 하시던 모든 일을 그치시고, 일곱째 날에 안식하시니라. 하나님이 그 일곱째 날을 복되게 하사 거룩하게 하셨으니, 이는 하나님이 그 창조하시며 만드시던 모든 일을 마치시고, 그날에 안식하였음이니라.

右經一章, 乃景教全經之首文, 凡稱上帝曰之「曰」字, 卽上帝道也, 卽發號施令之謂也. 首日, 二日之「日」字, 卽一週, 二週之意,[412] 象上帝像指人之明德; 而言七日爲聖日, 卽今之禮拜日[413]也. 按此經記上帝造物之道明, 明上帝自上帝, 萬物自萬物, 非上帝散而爲天地萬物也. 其與各教之不同者如此, 是則造命者與受命者, 迥不相侔.[414] 若乃貳心於天地六宗,[415] 山

---

412 「日」을 「週」로 삼은 것은 작자의 추측일 뿐, 결코 신학적인 정확한 해석이 아니다. 왜냐하면 성경 베드로후서 3장 8절에: 「사랑하는 자들아 주께는 하루가 천 년 같고 천 년이 하루 같은 이 한 가지를 잊지 말라.」가 있기 때문이다. 전능하신 하나님의 눈에는 순간이 영원이고 영원이 순간이니, 결코 인간의 감각으로 완전히 파악해 낼 수 있는 것이 아니다.

413 「禮拜日」: 하나님께서 제7일에 그 하신 일을 쉬셨기 때문에, 그 자녀들로 하여금 똑같이 본받아 제7일에는 안식하고 주변의 모든 일들을 내려놓고 성일을 지켜야 한다고 명령하셨다.

414 「迥不相侔」: '확연히 달라서 같지 않음'. 「侔」, '서로 같다'는 의미로 해석한다.《魏書·思歸賦》:「而一得一失, 利害相侔.(하나를 얻고 하나를 잃었으니, 이익과 손해가 서로 같다.)」

415 「天地六宗」: 일설에 의하면 '天, 地, 東, 西, 南, 北'을 六宗이라 하고; 또다른 설은 '水, 火, 雷, 風, 山, 澤'을 '六宗'이라 칭한다. 출전《後漢書·建武元年》:「六月己未, 卽皇帝位. 燔燎告天, 禋於六宗.(6월 기미일에, 황제로 즉위하였다. 장작을 태워 제사하며 하늘에 알렸고, 천지 동서남북에 연기를 올렸다.)」唐 李賢 等 注曰:「《續漢志》:『平帝元始中, 謂六宗爲易卦六子之氣, 水, 火, 雷, 風, 山, 澤也. 光武中興, 遵而不改. 至安帝卽位. 初改六宗爲天地四方之宗, 祠於洛陽之北.』(漢나라 平帝 元始 연간에, 六宗을 일러 '易卦六子之氣'라 하였으니, '水, 火, 雷, 風, 山, 澤'이라. 光武 中興 때에도 이를 따랐으므로 고치지 않

川百神, 諸天諸佛, 天尊[416]道祖, 聖母[417]宗徒者, 其是非得失, 不待辨而自明矣!

　오른쪽 경전(*譯者註: 여기서는 윗 문장을 뜻함.) 한 章은, 즉 경교 전체 경전의 첫 문장으로서, 무릇 하나님을 지칭하며 말한 「曰」자는, 즉 하나님의 말씀으로서, 교령(敎令)을 명하고 시행함을 뜻하는 것이다. '首日'과 '二日'의 「日」자는, 즉 '一週', '二週'의 뜻이니, 하나님을 모방하여 마치 사람의 밝은 德을 가리키는 듯하다; 그리고 일곱째 날을 聖日이라 하였으니, 즉 오늘날의 예배일인 것이다. 이 경전의 기록에 의하면 하나님이 만물을 창조하신 말씀이 명확한데, 명백히 하나님은 스스로의 하나님이시고, 만물은 스스로의 만물이니, 하나님이 흩어져서 천지 만물이 되는 것은 아니다. 그것이 각 종교와 다른 점이 이와 같으니, 생명을 지은 자와 생명을 받은 자는, 확연히 달라서 서로 같지 않은 것이다. 만일 천지 육종, 산천백신, 제천 제불, 천존 도조, 성모 사도에 두 생각을 품고 있다면, 그 옳고 그름과 득실은, 분별을 기다릴 필요 없이 자명할 것이다!

　「化」者, 化化無窮之謂, 非化而爲無也. 試卽一菜而論, 其根末吸入之質名「土酸」, 葉面之孔吸入之質爲「炭養氣」;[418] 光熱感二物, 一化而爲棉

　　았다. 安帝가 즉위할 때에 이르러, 처음으로 六宗을 바꾸어 '天地四方之宗'이라 하였고, 洛陽의 북쪽에서 제사를 지냈다.)」

416　「天尊」: 도교에서는 그들이 신봉하는 여러 천신 중에서 가장 존귀한 자를 天尊이라 한다. 예를 들어: 「元始天尊(원시 천존)」.

417　「聖母」: '예수의 모친 마리아'를 지칭한다. 로마公敎會와 동방正敎會에서는 모두 그 공식 신조를 공표하고 있다. 가령 「天主之母(하나님의 어머니)」와 「終身童貞(종신 동정)」 등…. 그러나 개신교(Protestantism)는 종교개혁 시기에 교회의 '聖統, 聖傳, 聖人' 등의 개념을 없애 버렸기 때문에 현재는 남아 있지 않다.

418　「炭養氣」: '이산화탄소(CO_2)'를 가리킨다. 두 개의 산소 원자와 하나의 탄소 원자가 공유 결합으로 연결되어 있다. 봄 여름에 식물의 잎이 공기 중의 이산화탄소를 흡수하여 광합성 작용을 한다.

花或蓪草,⁴¹⁹ 再化而爲小粉, 三化而爲熟漿, 四化而爲糖, 五化而爲酒, 六化而爲醋, 七化而爲油,⁴²⁰ 人以火焚油, 又化爲炭養氣, 氣則無之而不可, 無論何種草木之葉吸之, 卽化成何種草木之枝葉花菓. 其所以然之故, 愚人則以爲自然, 哲人則以爲有造物主宰於其間, 景淨雖不言今日之化理, 然據景古經傳道一章之文云:「萬物運動, 言之不能盡, 睹之不勝睹, 有必復有, 成必再成, 此卽所謂『常化』.⁴²¹」又本經彼得後書三章文云:「當時大聲一呼, 而天爲之崩, 有形色者悉焚燬, 地與所造之物,⁴²² 無不被爇. 百物如將被爇,⁴²³ 爾曹宜如何行善虔敬? 佇望上帝顯日, 其顯則天爇而崩, 有形色者悉焚燬.⁴²⁴ 上帝有命, 天地一新, 義處乎中, 我儕所望, 良朋望此,

---

419 「蓪草」: 두릅나무科 으름나무屬,「通草」라고도 한다. 작은 喬木으로서 줄기와 꽃은 모두 백색을 띠며; 꽃차례는 직립의 원뿔 모양이고; 열매는 둥근 공 모양이며; 꽃가루와 줄기는 모두 약으로 쓸 수 있다.「通脫木」이라고도 부른다.

420 「糖」,「酒」,「醋」,「油」, 모두 자연계 식물의 가지와 잎, 화과에서 추출해 낸 것이긴 하지만, 설탕, 술, 식초, 기름 등은 모두 자연적으로 생성되는 것이 아니라, 일정한 정제과정을 통해 얻어지는 것이다. 그러나 일상생활의 용도로는 그 과정을 알지 못하며, 또한 그 복잡하게 얽혀진 제조과정의 이치도 알 수는 없다. 예를 들어「糖」은 사탕수수, 보리, 쌀, 사탕무 등을 정제하여 추출하는 것이고;「酒」는 쌀, 보리, 과일 등의 발효과정을 거쳐 제조되며;「醋」는 쌀, 보리 혹은 수수 등을 발효시켜 만들고;「油」는 땅콩, 해바라기, 올리브 등과 같은 식물의 씨앗을 압착하여 만들거나 동물성 지방에서 추출해 내는 것이다. 또한「小粉(녹말)」이나「熟漿(숙성된 원액)」은 모두 설탕, 술, 식초, 기름을 제조할 때 가루를 만들거나 발효시켜서 진한 액체를 만드는 과정에서 얻어지는 것을 말하는 것이다.

421 「萬物 … 常化」,「委辦譯本, Delegates' Version」傳道 1장 8-9절 인용. 단지「此所謂『常化』」(이는 소위『常化』)라는 구절은 이 번역본에서「天下之物咸非新創(해 아래에는 새것이 없나니)」으로 되어 있다. 그러나「新標點和合本」과「現代中文譯本(수정판)」등에는 모두 '傳道書'라는 명칭을 사용하였다.

422 「地與所造之物」중의「所造」는「委辦譯本, Delegates' Version」에서「造作」으로 기록되어 있다.

423 「百物如將被爇」중의「被爇」은「委辦譯本, Delegates' Version」에서「消滅」로 되어 있다.「被爇」, '불타다'의 의미이다.「爇」은 '불사르다'.《明史‧周定王橚》:「守者投以火, 賊被爇死, 不可勝計.(지키는 자들이 불을 던져 대니, 도적들은 불타 죽었고, 그 수효가 헤아릴 수 없이 많았다.)」

424 「有形色者悉焚燬」중의「悉焚燬」는「委辦譯本, Delegates' Version」에서「焚而燬」로 기록되어 있다.「有形色者」, 의미는 '형태와 색깔을 갖춘 것', 즉 '유형의 만물'과 같다.《金史‧五行》:「禽鳥萬數形色各異, 或飛或蹲.(수없이 많은 금수들의 모양과 색이 각각

則當黽勉, 無玷無疵, 安然見主.[425]」 如此經文, 卽景淨所謂「大化」[426]矣!

「化」는, '변화 무궁'의 의미로서, 변하여 '無'가 되는 것은 아니다. 시험 삼아 하나의 열매를 가지고 말하자면, 뿌리 끝에서 흡입한 물질은 「土酸(토산)」이고, 잎사귀 면의 구멍으로 흡입된 물질은 「이산화탄소」인데; 빛과 열이 두 물질을 감촉하면, 처음에는 면화나 蓪草(통초)가 되고, 다시 변화하여 녹말이 되고, 그다음 변화하면 숙성된 원액이 되고, 그다음 변화하면 설탕이 되고; 그다음 변화하여 술이 되고, 그다음 변화하면 식초가 되고, 그다음 변화하면 기름이 되는데, 사람이 불로 기름을 태워서, 다시 이산화탄소로 변화시키니, 가스란 그것이 없으면 아니 되므로, 어떠한 초목의 잎이 가스를 흡수하든, 그 초목의 가지와 잎사귀, 꽃, 열매로 변화되는 것이다. 그렇게 되는 까닭에, 어리석은 사람은 스스로 이루어지는 것이라 생각하고, 철인은 조물주가 있어서 그 사이에서 주재하는 것이라고 생각하니, 景淨이 비록 오늘날의 변화의 이치를 말하고 있지는 않으나, 경교 구약 전도서 1장은 그것에 대해 말하고 있다: 「만물의 움직임은, 사람이 말로 다할 수 없나니, 눈은 보아도 족함이 없고, 귀는 들어도 가득 차지 아니하며, 이미 있던 것이 후에 다시 있겠고, 이미 이루어진 일은 후에 다시 해야 하니, 이것을 소위 『常化』라 한다.」 또한 신약 베드로후서 3장에서 이르되: 「그때 큰 소리로 외침이 있어, 하늘이 큰소리로 떠나가고, 모양과 색이 있는 모든 것이 불타서 풀어지고, 땅과 그중에

다르니, 어떤 것은 나는 것이고 어떤 것은 옹크려 앉는 것이다.)」

425 「當時 … 見主」, 「委辦譯本, Delegates' Version」 '사도베드로후서' 3장 10-14절 인용. 그러나 「新標點和合本」과 「現代中文譯本(수정판)」 등에는 '베드로후서'로 기록되어 있다.

426 「大化」: '심원하고 광범위한 교화'. 《漢書 · 董仲舒傳》: 「務以德善化民, 民已大化之後, 天下常亡一人之獄矣.(덕과 선으로 백성을 교화하는 데 힘쓰니, 백성들이 이미 크게 교화된 후, 천하에 한 사람도 감옥에 가는 자가 없게 되었다.)」 「亡」, '無'의 의미로 '없다'이다.

있는 모든 일이 드러났도다. 온갖 사물이 장차 드러나듯, 너희는 마땅히 어떻게 선을 행하고 경건해야 하는가? 하나님의 날이 임하기를 바라보고 간절히 사모하라. 그날에 하늘이 드러나 무너지고, 모양과 색 있는 것들이 모두 뜨거운 불에 녹아지리라. 하나님의 명이 있으니, 천지가 새로워지고, 의가 그 가운데 거하는바, 우리가 바라는 대로, 훌륭한 벗이 이것을 바라고, 마땅히 노력함으로, 주 앞에서 점도 없고 흠도 없이, 평강 가운데서 나타나기를 힘쓰라.」 이러한 경문이, 곧 景淨이 말한 「심원하고 광범위한 교화」로다!

뭇 성인들을 깨우치시는 至高의 존재이시다
(妙衆聖以元尊者)

此文所以著上帝作君, 作師, 大尊無上之意. 「妙」者, 義兼玉成陶鎔,[427] 啟迪化導, 垂誡督責諸意在內, 散見於景經之中, 更僕難數[428]斯道也, 儒書論之頗悉. 今合儒, 景二教之經釋之, 以求詳達.

이 문장에서 하나님을 '君'과 '師'로 쓴 까닭은, '위대하신 최고의 지존'이라는 뜻인 것이다. 「妙」는, '완전무결한 교화', '계발하여 일깨움', '훈계와 감찰'이라는 여러 의미들을 그 안에 겸하고 있으며, 경교 경전의 여러

---

427 「陶鎔」: '도기를 굽고, 주물 제련하다'. '흙을 구워 질그릇을 만들 듯 사람의 품성이나 도덕을 잘 가르치고 기른다'는 의미를 비유한다.

428 「更僕難數」: '손님 맞이하는 사람을 몇 명 교체해도, 여전히 주인과 객의 뜻을 다 말할 수 없다'의 의미이다. '하고 싶은 말이나 인간사가 너무 많아 이루 다 헤아릴 수 없음'을 형용하는 의미이다. 출전 《禮記 · 儒行》:「遽數之不能終其物, 悉數之, 乃留更僕, 未可終也.(급하게 세면 그 사물을 마칠 수 없고, 이것을 다 세자면, 오래 지체되어 지친 일꾼을 교체하더라도, 끝날 수 없을 것이다.)」

곳에서 볼 수 있고, 하고 싶은 말이 많아 다 헤아릴 수 없음이 바로 이 道이니, 유학 경전에서 꽤 상세하게 논하고 있다. 오늘날 유교와 경교의 경전을 합하여 해석하는 것은, 그것을 상세하게 이해하기 위함이다.

若《孟子》「孤臣孼子」一節,「天之將降大任」一節,《書》之「遺大投艱[429]」,「閟閟我成功所[430]」. 舜之家庭, 禹之畢生, 文王囚羑里, 周公辟流言, 孔子不見用之類. 其在景經, 則有若摩西之時, 民逆上帝, 攻摩西; 上帝震怒, 爰降大災; 摩西不敢仇民, 反求上帝赦宥, 以一身調停於二者之間, 其工良苦, 事見古經民數記廿六章.[431] 又如大闢王之興, 酷類湯爲桀所忌, 文爲紂所忌. 其受較湯, 文尤酷,[432] 而報則反以德, 迨非人力所能, 事見撒母耳前書十六章以下, 此皆玉成陶鎔之妙.

《孟子》의 「외로운 신하와 서자」 한 구절과 「하늘이 장차 큰 소임을 내림」 한 구절, 《書經》의 「중대하고 어려운 임무를 맡김」과 「하늘이 몰래 우리의 성공을 알림」과 같은 이야기, '舜의 가정', '禹의 일생', '文王이 羑里(유리)에 갇힘', '周公에 대해 근거 없는 소문을 퍼뜨림', '孔子가 등용되

---

429 「遺大投艱」: '중대하고 어려운 임무를 맡기다'. 출전《尚書·周書·大誥》:「哀哉! 予造天役, 遺大投艱於朕身.(슬프도다! 내가 하는 일은 하늘이 시키신 것이니, 하늘이 내 몸에 중대하고 어려운 일을 내려 주셨도다.)」

430 「閟閟我成功所」: 두 번째 글자는 마땅히 「毖」가 되어야 할 것이며, 의미는 '우리 周나라의 성공을 깊고 신중히 여기다'이다. 「閟」, '신중하다'; 「毖」, '신중하다'의 의미이다. 출전《尚書·周書·大誥》:「天閟毖我成功所, 予不敢不極卒寧王圖事, 肆予大化.(하늘은 몰래 우리가 성공할 것을 알리셨으니, 나는 나라를 편히 하신 임금께서 꾀하시던 일을 감히 끝맺지 않을 수가 없습니다. 이에 저는 크게 깨우치려는 것입니다.)」

431 민수기는 「委辦譯本, Delegates' Version」에서 '民數紀略'이라 부르지만, 「新標點和合本」과 「現代中文譯本(수정판)」에서는 모두 '民數記'로 기록하고 있다. 모세가 하나님 앞에서 이스라엘 백성들을 위해 대신 구하는 부분은 출애굽기 32장과 민수기 14장을 참고하면 된다.

432 「酷」: '정도가 깊음'을 표시하는 의미이다. 「甚」의 의미와 같다. 《明史·馬氏》:「歸五年, 夫死無子, 家酷貧.(귀향한 지 5년, 지아비가 죽고 자식이 없으니, 집이 매우 빈한하다.)」

지 못함' 등과 같은 일들이, 경교 경전에 있으니, 즉 모세의 때에, 백성들이 하나님을 거역하여, 모세를 공격하였고; 하나님께서 진노하셨으므로, 그리하여 큰 재앙을 내리시매; 모세가 백성들을 감히 원망하지 아니하고, 하나님의 사면을 구하여, 혼자 몸으로 하나님과 백성 사이에서 중재하였으니, 그 일이 매우 고생스러웠다. 이 일은 구약 민수기 26장에서 볼 수 있다. 또한 왕조의 흥성을 크게 여기는 일이, 湯王이 桀王에게 시기 받고, 文王이 紂王에 의해 미움을 받은 일과 매우 흡사하다. 그 당함이 湯王과 文王과 비교해 더욱 가혹하였으나, 그것을 덕으로 갚음이, 사람의 능력으로 할 수 있는 바가 아님에 이르렀으니, 이 일은 사무엘전서 16장 이하에서 볼 수 있고, 이는 모두 '완전무결한 교화(玉成陶鎔)'라 할 수 있다.

若《書》之「上帝引逸[433]」, 〈金縢〉[434]示警, 《詩》之「帝」, 謂文王「作邦作對[435]」,《易》之「仰觀俯察[436]」,「數往知來[437]」. 若亞伯拉罕之奉召立信, 見

---

433 「上帝引逸」: '하나님이 安樂으로 인도하신다'는 의미이다. 「逸」은 '편하고 즐겁다'라는 의미로 해석한다. 출전《尚書 · 周書 · 多士》:「上帝引逸, 有夏不適逸. 則惟帝降格, 向于時夏.(上帝께서 편안함으로 인도하셨는데도, 夏나라가 편안함으로 나아가지 않았다. 上帝가 강림하셔서, 夏나라에 의향을 보이셨다.)」

434 「金縢」:《尚書》의 편명. 〈金縢〉편은 周 武王이 商나라 紂왕을 토벌한 후 이듬해 병에 걸렸을 때, 周公이 지은 것으로 전해진다. 그 내용은, 周公이 제단을 차려 周室의 선왕인 大王, 王季 및 文王에게 축도를 드리고, 자신이 武王의 疾病을 대신 가져가 그에게 안락을 가져다줄 것을 기원하였으며, 周公은 점으로 길함을 얻은 후 곧 武王의 쾌유를 비는 기도문을 만들어 금궤 속에 넣어 두었으니, 무왕이 다음날 병이 치유되었다는 일을 기술하고 있다.

435 「作邦作對」: '나라를 세우고 어진 임금을 택한다'는 의미이다. 출전《詩經 · 大雅 · 文王之什 · 皇矣》:「帝作邦作對, 自大伯王季.(하나님이 나라와 군주를 세우시니, 大伯과 王季에서 시작이 된다.)」

436 「仰觀俯察」: '머리를 들어 천문을 보고, 고개를 숙여 지리를 살핀다'. '세밀하게 관찰한다'는 의미를 표현한다. 출전《周易 · 繫辭上》:「仰以觀於天文, 俯以察於地理. 是故知幽明之故, 原始反終, 故知死生之說.(우러러서는 천문을 보고, 구부려서는 지리를 살핀다. 이런 까닭에 은밀한 것과 드러난 것의 이치에 밝아, 시작을 근원으로 하여 끝을 되돌리기 때문에, 그러므로 삶과 죽음의 이치를 드러낸다.)」

437 「數往知來」: '지난 일에 근거하여 추측하면 미래를 예지할 수 있다'는 의미이다. 출전

古經創世記亞伯拉罕傳;[438] 約百之一旦豁然, 見約百記四十二章;[439] 約瑟
之夢兆,[440] 見創世記約瑟傳, 並皆啟迪化導之妙.

　가령《書經》의「하나님이 안락으로 인도하심」과〈金縢(금등)〉편의 경
고,《詩經》의「帝」는, 文王의「나라를 세우고 어진 임금을 택함」을 말하
는 것이며,《易經》의「머리를 들어 천문을 보고 고새를 숙여 지리를 살
핌」과「지난 일에 근거하여 미래를 예지함」의 이야기 같은 것들은, 아브
라함의 명을 받들어 약속을 세운 이야기와 같으니, 구약 창세기 아브라
함전에서 볼 수 있다; 욥이 어느 날 시련에서 벗어난 이야기는, 욥기 42
장에서 볼 수 있으며; 요셉의 꿈자리 이야기는 창세기 요셉전에서 볼 수

《周易 · 說卦》:「八卦相錯, **數往**者順, **知來**者逆. 是故易逆數也.(八卦가 서로 섞이니, 가는
것을 헤아림은 순리를 따르고, 오는 것을 앎은 거스르는 것이기 때문에, 이런 고로 易
을 逆數라 하는 것이다.)」

438　「亞伯 … 罕傳」, 이것은 '아브라함(아브람)이 하나님께서 그에게 고향과 민족을 떠나
　　라고 말씀하시며 반드시 복을 주시겠다는 뜻을 나타냈을 때, 그가 의심의 여지 없이
　　곧 출발하여 하나님에 대한 비할 데 없는 믿음을 보여 준 것'을 말하고 있다. 창세기 12
　　장 1-4절:「여호와께서 아브람에게 이르시되:『너는 너의 고향과 친척과 아버지의 집
　　을 떠나 내가 네게 보여 줄 땅으로 가라. 내가 너로 큰 민족을 이루고 네게 복을 주
　　어….』이에 아브람이 여호와의 말씀을 따라갔다.」

439　「約百 … 二章」, 이것은 '하나님께 칭송받던 정직한 사람 욥이 마귀로 인해 몸과 마음,
　　환경의 각종 어려움을 당하였으나, 그 친구들은 그가 죄로 인하여 하나님의 재앙을 받
　　는 것이라 생각하였다; 욥은 마침내 하나님께 어려움을 호소하였고, 악인은 아직 벌을
　　받지 않고 의인이 도리어 고통을 받는다고 여겼다; 그러나 하나님께서 그에게 직접 계
　　시하시기를 기다리니, 그는 비로소 하나님의 신비는 사람이 다 알 수 있는 것이 아니
　　라는 것을 깨달았고, 또한 하나님은 만년에 그에게 큰 은복을 베풀어 주셨다'라는 내
　　용을 설명하고 있다. 욥기 42장 1-6절, 10-17절 참고.

440　「約瑟之夢兆」, 요셉은 야곱과 라헬이 낳은 아들로서 야곱의 사랑을 많이 받아 형들로
　　부터 심한 질투를 받았다. 어느 날 꿈에 형들과 함께 밭에서 곡식단을 묶는데, 그의 단
　　은 일어서고 형들의 볏단은 그를 둘러서서 절을 하는 것이었다; 그의 형들은 꿈 이야
　　기를 듣고 그가 형들 사이의 왕이 되려 한다는 것을 예감하고는 분통을 심하게 터뜨렸
　　다. 그 후 요셉이 다시 꿈을 꾸니, 해와 달 그리고 열한 개의 별이 그를 향해 절을 하는
　　모습이었고, 그 형들이 극도로 증오하여 그의 생명을 해치려 하였다. 그러나 다행히
　　그 형 중의 한 사람은 양심을 잃지 않았으므로, 곧 형제들이 상의하여 그를 이스마엘
　　사람에게 팔아 버렸고, 그는 곧 애굽으로 끌려갔다. 그러나 그는 훗날 애굽의 재상이
　　되어 흉년이 들자 돌아와 야곱 일가를 구하였다. 창세기 37장 5-25절 참고.

있으니, 모두 '계발하여 일깨움(啟迪化導)'의 현묘함인 것이다.

若《書》之〈金縢〉;《詩》之〈板〉,〈蕩〉;[441]《易》之〈蹇〉,[442]〈否〉.[443] 若摩西之帝庭受誡, 以色列族違訓遭刑, 見出埃及記全書, 此皆垂誡督責之妙.

《書經》의 〈金縢〉 편;《詩經》의 〈板〉과 〈蕩〉 편;《易經》의 〈蹇〉과 〈否〉편과 같아서, 모세가 하나님께 계율을 받고, 이스라엘 민족이 계율을 어겨 형벌을 받는 내용이, 출애굽기 전편에 걸쳐 나오니, 이것은 모두 '垂誡督責(훈계와 감찰)'의 현묘함인 것이다.

「衆」者, 非一方賢聖之謂, 乃合古今, 萬國, 過去, 現在, 未來諸聖而言, 義出本經使徒行傳十章文云:「彼得啟口曰:『上帝不以貌取人, 我所知也. 萬國有畏上帝而行義者, 必爲其所喜.』」此卽衆之義矣!

「衆」이라 함은, 한 방면만의 현인과 성인을 말하는 것이 아니라, 옛날과 지금, 세계 각국, 과거, 현재, 미래의 모든 성인을 합하여 일컫는 것이니, 신약 사도행전 10장의 내용에 그 의미가 나온다:「베드로가 입을 열

---

441 〈板〉,〈蕩〉 모두《詩經·大雅》의 편명이다. 周나라 厲王은 우매하고 폭악 무도하여 文王과 같은 治世는 다시 존재하지 않게 되었고, 백성들은 난세의 고통을 견디지 못하게 되었다. 이리하여 훗날「板蕩」이란 말로 난세의 표징을 삼게 되었다.

442 〈蹇〉:《周易》64괘 중의 하나이다.「蹇」괘는 '신변이 어려움에 처하니, 반드시 몸을 닦고 덕을 길러야 비로소 난관을 극복해 낼 수 있음'을 표현한다.《周易·蹇》:「蹇, 難也. 險在前也, 見險而能止, 知矣哉! …山上有水, 蹇. 君子以反身脩德.(蹇은 '어려움'이다. 험난함이 앞에 있으니, 험난함을 보고 멈출 수 있으면 지혜로운 것이로다! …산 위에 물이 있는 것이 蹇이다. 군자는 이를 보고 자신을 돌이켜 보아 덕을 닦는다.)

443 〈否〉:《周易》64괘 중의 하나이다.「否」괘는 '천지가 서로 교차하지 않으면 만물이 서로 통하지 않음'을 표현한다.《周易·否》:「象曰:否之匪人, 不利君子貞. 大往小來, 則是天地不交而萬物不通也…. 小人道長, 君子道消也.』(象에 이르기를:『否는 人道가 통하지 않는 시기이므로, 군자가 바른 것을 유지하려 해도 불리할 뿐이다. 큰 것이 가고 작은 것이 온다 함은 하늘과 땅이 사귀지 않고 만물이 소통하지 못함이다…. 소인의 道가 길어지고 군자의 道는 사라진다.』)

어 가로되: 『하나님은 사람의 외모를 취하지 아니하심을, 내가 아노라. 각 나라 중 하나님을 경외하며 의를 행하는 사람은, 반드시 하나님의 기뻐하심이 될지라.』이것이 바로 '衆'의 의미이다!

《易》曰:「元者, 善之長也.」又曰:「大哉乾元!⁴⁴⁴」「尊」者, 至尊無對⁴⁴⁵ 也. 以「元尊」者, 以大善見尊於天下, 非徒以刑禮使人尊己也. 此言上帝 仁愛慈悲, 公義全能, 恒忍施恩, 智慧誠實, 聖潔榮耀之性, 自發而爲. 至 尊至大之榮, 吾人不可以分析較量, 故總而言之曰「大」. 非若世之帝王, 待人而後大也, 其義散見於景教全經, 不可殫述. 姑擧數節, 以想其氣象之 宏大焉.

《易經》에서 가로되:「元이라는 것은, 善의 으뜸이요」, 또 가로되:「크도 다! 乾의 元이여!」.「尊」이란, '지극히 존귀하며 유일무이하다'이다.「元 尊」이란, '커다란 선으로 천하에서 존귀함을 받는 것'이며, 단지 형벌과 예로써 사람들로 하여금 자신을 존경하게 하는 것이 아니다. 이것은 하 나님께서 인애하고 자비하시며, 공의가 전능하시고, 은혜를 베푸시며, 항상 인내하여 은혜를 베푸시고, 지혜롭고 성실하시며, 성결하고 영광스

---

444 「大哉乾元」: '乾道의 시작과 그 광원(廣遠)함이 만물을 생장 번식하게 하는 덕'을 찬탄 하고 있다.「乾」은 '德의 으뜸'으로서 天德과 교합한다. 출전《周易 · 乾》:「象曰:『**大哉 乾元**, 萬物資始…』.文言曰:『元者, 善之長也; 亨者, 嘉之會也; 利者, 義之和也; 貞者, 事之 幹也. 君子體仁, 足以長人; 嘉會, 足以合禮; 利物, 足以和義; 貞固, 足以幹事. 君子行此四德 者.』」(象에 이르기를:「크도다! 乾의 元이여, 만물이 여기에서 비롯되도다…」.文言에 이르기를:『元이라는 것은 善의 으뜸이요; 亨은 아름다움이 모인 것이며; 利는 義의 조 화이고; 貞은 일의 근간이다. 군자는 仁을 체득하여 사람을 지도 육성하고, 아름다움 을 모아 禮에 합치시키며, 사물을 이롭게 하여 의로움과 조화를 이루게 할 수 있고, 곧 음을 굳건히 하여 사물의 근간이 되게 할 수 있다. 군자는 이 네 가지 덕을 행한다.』)

445 「無對」: '유일무이하다'의 의미이다.《明史 · 徐溥》:「溥等言:『天至尊**無對**. 漢祀五帝, 儒 者猶非之, 況三淸乃道家妄說耳.』」(溥 등이 말하였다.『하늘은 지극히 존귀하시어 유일 무이하시다. 漢나라 사직의 다섯 황제는, 儒家의 사람으로서 그것을 여전히 아니라 하 며, 하물며 '三淸'은 道家의 망설일 뿐이로다.』)

러우신 성품을, 스스로 발하여 행하심을 말하는 것이다. 지극히 존귀하고 지극히 위대하신 영광은, 우리들이 분석하여 가늠할 수 없기 때문에, 이를 총괄적으로 말하여 「大」라고 한다. 세상의 제왕들처럼, 사람을 기다려서 후대에 위대해지는 것이 아니니, 그 의미는 경교 전체 경전 곳곳에 있으므로, 일일이 다 설명할 수가 없다. 우선 몇 구절을 들어, 그 기상의 웅대함을 생각해 보도록 한다.

本經馬太福音五章文云:「蓋天父以日照夫善不善, 以雨濡夫義不義者也.[446]」又本經路加福音六章文曰:「蓋彼仁及辜恩[447]不善之人, 故當憐憫, 如爾天父焉.」又本經約翰福音三章文曰:「蓋上帝以獨生之子^{非以血氣言謂道}也, 是指彌施訶耶穌言賜世, 俾信之者免沉淪而得永生, 其愛世如此.」又本經羅馬書五章文云:「夫代義人死者, 僅而有之; 代仁人死者, 容或敢焉;[448] 乃基督^{卽彌施訶}之死, 則爲我罪人, 上帝之愛益彰.」凡此諸經, 皆言上帝慈悲仁愛之大也.

신약 마태복음 5장에서 이르기를:「무릇 하나님께서는 태양으로 하여금 좋은 사람을 비추게 하시고, 또한 악한 사람을 비추게도 하시며, 비로 의로운 자와 불의한 자를 적시신다.」또한 신약 누가복음 6장에서 가로되:「무릇 그는 은혜를 모르는 자와 악한 자에게도 인자하시니, 너희 아

---

446 「以日照夫善不善」, 「以雨濡夫義不義」: '하나님께서는 태양으로 하여금 좋은 사람을 비추게 하시고, 또한 악한 사람을 비추게도 하신다; 비는 의로운 자와 불의한 자에게도 온다'의 의미로서, '햇빛이 두루 비치게 하고, 비와 이슬이 고르게 적시게 한다'는 의미를 표현한다.

447 「辜恩」: '은혜를 저버리다'의 의미이다. 「辜」, '결핍하다, 부족하다'로 해석한다. 《舊五代史 · 康懷英》):「大凡辜恩負理, 忠良不爲.(무릇 은혜를 저버리고 도리를 등지면, 충성스럽고 선량하지 못한 것이다.)」

448 「容或敢焉」: '어쩌면 또 이렇게 할지도 모른다'의 의미이다. 「容或」, '아마도'의 의미. 《魏書 · 咸陽王禧》:「習性已久, 容或不可卒革.(습성이 이미 오래되어, 어쩌면 또 갑자기 혁파할 수는 없을 것이다.)」

버지의 자비로우심같이, 너희도 자비로운 자가 되라.」 또한 신약 요한복음 3장에서 이르되:「무릇 하나님께서 독생자^{혈기로써 말하지 않음을 일러 道라 하며,}를 세상에 주셨으니, 그를 믿는 자마다 멸망하지 않고 영생을 얻게 하려 하심이니, 그가 세상을 사랑하심이 이와 같도다.」 또 신약 로마서 5장에서 가로되:「무릇 의인을 위하여 죽는 자가 쉽지 않고; 선인을 위하여 용감히 죽는 자가 혹 있거니와; 우리가 아직 죄인 되었을 때에, 그리스도^{즉 메시아}께서 우리를 위하여 죽으심으로, 하나님께서 우리에 대한 자기의 사랑을 확증하셨느니라.」 이 여러 경전들은, 모두 하나님의 자비와 사랑이 크심을 말하고 있다.

古經申命記三十二章文云:「上帝歟! 乃造化之主, 其工純全, 其道正直, 眞實無妄,[449] 秉義無咎.[450]」又古經詩篇七章文云:「上帝無不義兮! 鑒民衷藏, 惡則癉之兮! 善則彰.」又詩篇八十九章文曰:「維爾有巨能, 具大力, 巍巍無上兮!」又創世記第一章之文, 皆言上帝公義全能也.

구약 신명기 32장에서 가로되:「창조의 주, 하나님 여호와여! 그가 하신 일이 완전하고, 그의 모든 길이 정의롭고, 진실하고 거짓이 없으신 이시니, 공의로우시고 바르시도다.」 또 구약 시편 7장에서 이르되:「의로우신 하나님이시여! 사람의 마음과 양심을 감찰하시나니, 악인의 악을 끊고, 의인을 세우소서!」 또 시편 89장에서 이르되:「오로지 하나님만이 거대한 능력을 가지셨고, 큰 힘을 갖고 계시니, 높고 크신 이여!」 또 창세기 제1장 구절도, 모두 하나님의 공의와 전능을 찬양하고 있다.

---

449 「眞實無妄」 중의 「眞」은 「委辦譯本, Delegates' Version」에서 「誠」으로 기록되어 있다.

450 「無咎」: '잘못이 없다'. 「咎」, '과실'. 《漢書 · 趙敬肅, 王彭祖》:「問武始侯昌, 曰:『無咎無譽.』上曰:『如是可矣.』(武始侯 劉昌에게 물었더니, 가로되:『허물도 없고 칭찬할 것도 없습니다.』황상이 말씀하시기를:『그렇다면 되었다.』)

古經出埃及記三十四章文云:「耶和華乘雲臨格,[451] 與摩西同在, 自稱其名耶和華[452]當時並無形像, 不過雲間有聲, 慎無謂雲端之上有一人形之耶和華也. 過摩西前曰: 『耶和華, 全能之上帝, 仁慈矜憫,[453] 恆忍施恩, 眞實無妄, 錫恩於人, 至千, 百世. 人踏罪愆, 可蒙赦宥, 恆於惡者, 不蒙赦宥; 禍及其身, 自父及子, 至三, 四世.』」此卽上帝自明其恆忍施恩之大也.

구약 출애굽기 34장에서 이르되:「여호와께서 구름 가운데에 강림하사, 모세와 함께 거기 서서, 여호와^{당시에 결코 형상은 없었으며, 구름 가운데에 소리만 있었을 뿐이고, 삼가 구름 위에 한 사람이 있는 여호와의 모습을 말하지는 않았다.}의 이름을 선포하실새, 여호와께서 그의 앞으로 지나시며 선포하시되:『여호와라, 전능의 하나님이시라. 자비롭고 은혜롭고, 노하기를 더디하고, 인자와 진실이 많은 하나님이라, 인자를 천 대까지 베풀며, 악과 과실과 죄를 용서하리라. 그러나 벌을 면제하지는 아니하고, 아버지의 악행을 자손 삼사 대까지 보응하리라.』」이것은 하나님께서 항시 인자하심으로 은혜를 크게 베푸심을 스스로 밝히고 계신 것이다.

詩篇一百四十七章文云:「我主至大全能,[454] 智慧無窮.」 古經民數記廿三章文云:「上帝與人異, 不失其信, 不回其志, 詎有[455]言出而不行, 旣許

---

451 「耶和華乘雲臨格」 중의「臨格」두 글자는「委辦譯本, Delegates' Version」에서는「降臨 (강림하다)」으로 쓰여 있다.

452 「自稱其名耶和華」이 구절은「委辦譯本, Delegates' Version」에서「自稱其名爲耶和華 (그 이름을 스스로 여호와라 칭한다)」로 기록되어 있다.

453 「矜憫」: '동정하다, 불쌍히 여기다'의 의미이다.《金史 · 田制》:「今聞其民以此去之他所, 甚可**矜憫**.(지금 들으니 그 백성들이 이 때문에 다른 곳으로 간다 하니, 심히 불쌍하도다.)」

454 「我主至大全能」 중의「全」은「委辦譯本, Delegates' Version」에서는「至」로 쓰여 있다.

455 「詎有」: '어찌 있을 수 있는가'의 의미.「詎」, '어찌 ~하겠는가, 설마 ~하겠는가'로 해석하며, 반문의 어기를 표현한다.《新唐書 · 韓瑗》:「其蕙戾好犯上, 朕責之, **詎**有過邪?(그 왕성한 포악함이 죄를 범하기 쉬우니, 짐이 그것을 책망한 것인데, 어찌 잘못이 있단

而不應.」此言上帝智慧誠實之大也.

시편 147장 말씀에서 이르되:「우리 주는 광대하시고 전능하시며, 그 지혜가 무궁하시도다.」구약 민수기 23장에서 가로되:「하나님은 사람이 아니시니, 거짓말을 하지 않으시고, 인생이 아니시니 후회가 없으시도다. 어찌 그 말씀하신 바를 행하지 않으시며, 하신 말씀을 실행하지 않으시랴.」이것은 하나님의 지혜와 성실하심이 크심을 말하고 있다.

昔景尊聖徒約翰在拔摩海島,「感於聖神, 見在天有位, 亦有坐之者. 坐者貌似碧玉, 瑪瑙, 有虹若蔥珩,[456] 環繞其位. 位之四周, 有二十四位, 二十四老坐之, 衣白衣, 戴金冕…. 位前琉璃平鋪若海, 澄澈如水晶; 位之四旁有天神[457]數千萬[458]; 位之下, 左右有靈物四[459]…, 晝夜不息. 頌曰:『聖, 聖哉! 聖哉![460] 自昔迄今永在, 全能之主上帝[461]!』」二十四老伏拜永生之主焉, 此見上帝聖潔榮耀之大也.

옛날 예수의 성도 요한이 파트모스 섬에 있었는데,「내가 곧 성령에 감

말인가?)」

456 「蔥珩」: '청록색의 횡옥(橫玉)'. 「蔥」: '수선화과(科) 파속(屬)'으로서 다년생 초본식물이다;「珩」, 고대에 매거나 묶는 데에 사용했던 橫玉의 한 종류이다.

457 「天神」: '하나님의 사자, 즉「天使」'를 일컫는다.

458 「位之四旁有天神數千萬」이 구절은「委辦譯本, Delegates' Version」에는 누락되어 있다.

459 「靈物四」: '네 개의 생물'. 성경에 기록되어 있는 네 가지 생물은 현재는 볼 수가 없다. 요한계시록 4장 6-8절:「보좌 앞에 수정과 같은 유리 바다가 있고, 보좌 가운데와 보좌 주위에 네 생물이 있는데, 앞뒤에 눈이 가득하더라. 그 첫째 생물은 사자 같고, 그 둘째 생물은 송아지 같고, 그 셋째 생물은 얼굴이 사람 같고, 그 넷째 생물은 날아가는 독수리 같은데, 네 생물이 각각 여섯 날개가 있고 그 안과 주위에 눈이 가득하더라.」

460 「頌曰」의「頌」은「委辦譯本, Delegates' Version」에서「言」으로 기록되어 있다.「聖, 聖哉! 聖哉!(거룩하도다, 거룩하도다! 거룩하도다!)」이 구절의 첫 번째「聖」은「委辦譯本, Delegates' Version」에서「聖哉」로 쓰여 있다.

461 「感於 … 上帝」는「委辦譯本, Delegates' Version」계시록 4장 2-8절에서 인용되었다.

동하였더니, 보라 하늘에 보좌를 베풀었고, 그 보좌 위에 앉으신 이가 있었다. 앉으신 이의 모양이 벽옥과 홍보석 같고, 또 무지개가 있어, 보좌에 둘렸는데, 그 모양이 녹보석 같더라. 또 보좌에 둘려 이십사 보좌들이 있고, 그 보좌들 위에 이십사 장로들이, 흰옷을 입고, 머리에 금 면류관을 쓰고 앉았더라…. 보좌 앞에 수정과 같은 유리 바다가 있고; 보좌 사방에 천사가 수만이더라; 보좌 가운데와 보좌 주위에 네 생물이 있는데…, 주야로 쉬지 않더라. 송축하여 이르되:『거룩하다, 거룩하다! 거룩하다! 주 하나님 곧 전능하신 이여, 전에도 계셨고, 이제도 계시고, 장차 오실 자라!』스물네 명의 장로들이 영생의 주께 엎드려 절하였으니, 이는 하나님의 성결과 영광이 크심을 나타내는 것이다.

總諸經而深長思之, 則凡衆聖, 皆能自明其明德;[462] 而其所以自明之故, 則冥漠[463]之中, 自有元尊之主, 明德之父, 爲之啓廸化導者, 景淨所以著此文也.

여러 가지 경전을 종합하여 깊이 생각해 보면, 뭇 성자들은, 모두 그 숭고하고 명백한 덕성을 스스로 드러낼 수는 있다; 그러나 그 스스로 밝히고자 하는 연유는, 즉 어둡고 혼미한 가운데에서, 스스로 계신 至高의 존재자이자 밝은 덕성의 아버지께서, 그들을 계발하여 일깨우신다는(啓廸化導) 것이, 景淨이 이 문장을 지은 까닭이다.

---

462 「明其明德」: '그 숭고하고 명백한 덕성을 분명히 드러내다'의 의미이다. 출전《禮記·大學》:「大學之道, 在明明德.(大學의 道는 明德을 밝히는 데에 있다.)」
463 「冥漠」: '어두워서 잘 보이지 않는 모양'.《隋書·元德太子昭》:「神理冥漠, 天道難究.(神의 이치는 어두워 잘 보이지 않고, 하늘의 道는 궁구하기 어렵다.)」

우리의 유일하신 三位一體의 신묘하신 분이시며, 스스로 영원하신 참된 주 여호와시라(其惟我三一妙身, 無元眞主阿羅訶歟)

自常然眞寂至此文, 合而爲一總結, 乃全碑之首頌, 通言上帝之神性妙體有如此者.

'常然眞寂'으로부터 이 구절까지, 하나로 합쳐진 총결이, 즉 비석 전체의 첫 송축문으로서, 하나님의 신성(神性)과 묘체(妙體)가 이러함을 전체적으로 설명하고 있다.

「三」, 是上帝一體, 分而爲三, 曰「聖父」, 曰「聖子」^{道也}, 曰「聖神⁴⁶⁴」. 「一」, 是「聖父」, 「聖道」, 「聖神」合而爲一上帝.

「三」은, 하나님 한 몸이, 셋으로 나뉜 것이니, 「聖父」, 「聖子」^{道이다}, 「聖神」이라 말한다. 「一」은 「聖父」, 「聖子」, 「聖神」이 합하여 하나의 하나님이 되는 것이다.

「妙」者, 謂聖父在聖道, 聖神之際, 聖道在聖父, 聖神之中, 聖神在聖父, 聖道之間, 分之而同體, 同性, 同榮, 同權; 在此而在彼, 是分三而合一也. 謂聖父職在創造覆育, 聖子職在綱紀經綸,⁴⁶⁵ 謂聖神職在變化盡善. 合之

---

⁴⁶⁴ 「聖神」: '하나님의 세 위격 중의 하나'이며, 「聖靈」이라고 한다. 「聖子」(즉 예수 그리스도)와 「聖靈」은 聖父(즉 하나님)로부터 나온 것이기 때문에 완전히 하나님의 神性과 거룩한 표징을 가지고 있다. 「聖靈」은 一神 聖靈體로서 실제의 형체가 없으며, 성경 기록 중에 단지 「비둘기처럼 내려온다」라고 말하고 있다. 마가복음 1장 10절: 「곧 물에서 올라오실새 하늘이 갈라짐과 성령이 비둘기같이 자기에게 내려오심을 보시더니.」
⁴⁶⁵ 「綱紀經綸」: '다스리다, 통치하다'의 의미이다.

而分位, 分職分司, 分守彼疆, 而此界是一而分爲三也. 此卽所謂妙也.

「妙」라는 것은, 聖父가 聖子와 聖神의 안에 있고, 聖子는 聖父와 聖神의 중간에 있으며, 聖神은 聖父와 聖子의 사이에 있는 것이니, 나뉘어도 하나의 몸, 하나의 성질, 하나의 영광, 하나의 권세이다; 여기에도 계시고 저기에도 계시니, 이것이 셋으로 나뉘고 하나가 되는 것이다. 聖父의 소임은 창조하고 양육함에 있고, 聖子의 책임은 다스리고 통치하는 데 있으며, 聖神의 임무는 변화시키고 완전하게 하는 데 있다고 말한다. 하나로 합쳐도 위격이 나뉘어, 소임과 관장함이 나뉘며, 저들의 경계를 나누어 지키시지만, 그러나 이 경지는 하나로서 셋으로 나뉜다. 이것이 바로 소위 '신묘함'인 것이다.

「身」者, 假此有象之文, 以明確有一位神妙莫測之上帝. 不得以頑[466]空一氣, 一道, 一理之類當之, 更不得以三寶,[467] 三淸,[468] 三元[469]等名混之.

「身」이라는 것으로, 이렇게 형상이 있는 글자를 빌려, 신묘막측하신 한 분의 하나님이 계심을 명확히 하고 있다. 頑空(*譯者註: 불교용어로서 無知無覺하고 無思無爲한 일종의 허무한 경지.)으로써 '一氣, 一道, 一理'와 같은 개념을 감당할 수 없고, '三寶, 三淸, 三元' 등의 이름으로 그것을 더욱 혼란시킬 수는 없는

---

466 「頑」: '어리석고 무지하다'의 의미이다. 《尙書·堯典》:「父頑, 母嚚, 象傲, 克諧以孝.(부친은 완고하고, 모친은 우매하며, 그 아우인 象은 오만하니, 舜은 효성으로써 화목을 유지한다.)」

467 「三寶」: 불교에서는 사람을 '붓다, 부처의 교법, 출가한 승려' 세 부류로 나누어 '佛寶, 法寶, 僧寶'라 부르며, 이를 '三寶'라 칭한다.

468 「三淸」: 道家에서는 '太淸, 玉淸, 上淸'을 '三淸'이라 부르는데, 이는 仙境 혹은 天界를 지칭하며, '太上老君, 元始天尊, 太上道君'이 각각 다스린다고 한다.

469 「三元」: 道家에서 '天, 地, 水'를 가리키는 용어이다. [宋] 張君房, 《雲笈七籤·元氣論》:「夫混沌分後, 有天地水三元之氣, 生成人倫, 長成萬物.(무릇 혼돈이 나뉜 후, 天·地·水는 三元의 기운이 있고, 인륜을 생성하고, 만물을 길이 기른다.)」

것이다.

蓋三一妙身, 乃景淨假借內典之文, 然其義之所指迴異. 按景古經創世
記第一章文云:「太初之時, 上帝創造天地, 地乃虛曠, 淵際晦冥, 上帝之
神, 煦育乎水面. 上帝曰:『宜有光』, 卽有光.[470]」按此文卽具三位一體之
名於其間, 其言創造, 則曰「上帝」; 言煦育, 則曰「上帝之神」; 言發號施令,
則曰「上帝曰」, 是顯藏三位一體之妙義. 又曰:「宜造人, 其像象我儕[471]」,
「我儕」云者, 是知上帝一體而有三矣! 又曰:「遂造人, 維肖乎己, 象上帝
像, 造男亦造女.[472]」云「象上帝像」者, 是知位三而體一矣!

무릇 '三一妙身'은, 景淨이 불교〈內典〉의 용어를 빌려 온 것이지만, 그
의미가 가리키는 바는 사뭇 다른 것이다. 경교 구약 창세기 제1장에서
이르되:「태초에 하나님이 천지를 창조하시니라. 땅이 혼돈하고 공허하
며, 흑암이 깊음 위에 있고, 하나님의 영은 수면 위에 운행하시니라. 하
나님이 이르시되:『빛이 있으라』하시니, 빛이 있었다.」 이 구절에 의하
면 삼위일체라는 이름이 그 안에 들어 있는 것이니, '창조하다'라고 말하
는 것은, 즉「하나님」을 말하는 것이며; '운행하시다'라고 말하는 것은,
즉「하나님의 영」을 말하는 것이고; '명령을 내린다' 함은, 즉「하나님이
이르시되」라고 말하고 있는 것으로서, 이는 삼위일체라는 오묘한 의미
를 드러내기도 하고 숨기기도 하는 것이다. 또 이르되:「마땅히 우리의
형상을 따라 사람을 만들고」,「우리」라 말하는 것으로, 이것이 하나님 한
몸이 셋으로 나뉨을 알 수 있는 것이다! 또 이르되:「사람을 창조하시되,

---

470 「太初 … 有光」,「委辦譯本, Delegates' Version」창세기 1장 1-3절 인용.
471 「宜造 … 我儕」,「委辦譯本, Delegates' Version」창세기 1장 26절 인용.「我儕」, '같은
　　연배, 같은 무리'의 의미이다.
472 「遂造 … 造女」,「委辦譯本, Delegates' Version」창세기 1장 27절 인용.

하나님의 형상대로 하시니, 남자와 여자를 창조하시고.」「하나님의 형상대로」라는 말, 이것이 '삼위일체'이심을 알 수 있는 것이다!

本經約翰一書五章文曰:「在天作證者三, 父也, 道也, 聖神也.[473]」此三而一者也. 又本經馬太福音三章文曰:「耶穌受洗, 由水而上, 天爲之開, 見上帝之神如鴿謂異光翱翔, 非眞鴿形也., 降臨其上, 自天有聲云:『此我愛子, 吾所喜悅者也[474]』.」 按此經云此我愛子者, 聖父也; 受洗者, 聖子也; 異光者, 聖神也. 總此諸經皆景淨所謂三一妙身之所本也.

신약 요한1서 5장에서 가로되:「하늘에는 증언하는 이가 셋이 있으니, 성부와 성자와 성령이라.」이는 셋이자 하나임을 말하는 것이다. 또 신약 마태복음 3장에서 이르되:「예수께서 세례를 받으시고, 곧 물에서 올라오실새, 하늘이 열리고, 하나님의 성령이 비둘기기이한 빛이 비상하는 것을 말하며, 진짜 비둘기 모양이 아니다.같이 내려, 자기 위에 임하심을 보시더니, 하늘로부터 소리가 있어 말씀하시되:『이는 내 사랑하는 아들이요 내 기뻐하는 자라.』하시니라.」이 경전에서 '이는 내 사랑하는 아들이요'라고 말하는 이는, 성부이며; '세례를 받는 자'는, 성자이고; '기이한 빛'이란, 성령인 것이다. 이 여러 경전들이 모두 景淨이 말한 '三一妙身'의 근거를 모은 것이다.

再遠取諸物而徵之, 凡天下有形之物, 必具形式, 體質, 功用. 茲三者備, 然後方成爲物, 若上帝之手跡然, 訓示然. 又近取於身而驗之, 凡人必具神, 氣, 體三者, 一有不全, 則亦不成爲其人, 若上帝之印誌焉, 證佐焉. 更以人事考之, 凡諭旨必有文, 有理, 有命. 文, 猶父也; 理, 猶道也; 命則四方

---

473 「在天 … 聖神也」,「委辦譯本, Delegates' Version」 사도요한(使徒約翰) 제1서 5장 7절 인용.
474 「耶穌 … 者也」,「委辦譯本, Delegates' Version」 마태복음전(馬太福音傳) 3장 16절 인용.

風動, 猶神也. 此皆三一一三[475]之表記, 將以使吾人洞識上帝之妙體者也.

　다시 멀리서 여러 가지 사물을 가지고 그것을 검증해 보면, 무릇 천하에는 유형의 사물이 있고, 반드시 형식과 형체와 기능을 갖추어야만 한다. 이 삼자가 갖추어진 후에야, 비로소 하나의 사물이 되는 것이니, 하나님의 필적과 지시도 그러한 것과 같다. 또 가까이는 몸을 가지고 그것을 검증해 보면, 무릇 사람은 반드시 영과 기와 몸체 세 가지를 갖추어야만 하는데, 하나라도 완전하지 않으면, 또한 그 사람이 될 수 없는 것이니, 하나님의 기록과 증거가 거기에 있는 것과 같다. 더욱이 사람의 일을 가지고 그것을 고찰해 보면, 무릇 황제의 명령은 반드시 文과 理와 命이 있어야 하는 것이다. 文은 성부와 같고; 理는 성자와 같으며; 命은 사방의 바람의 움직임이니, 성령과 같은 것이다. 이것은 모두 '聖父, 聖子, 聖靈이 하나이고, 하나님이 聖父, 聖子, 聖靈의 셋'이 되는 표지로서, 우리로 하여금 하나님의 신묘한 본체를 분명히 이해하도록 해 줄 것이다.

　「無元」解見篇首「先先而無元」句.「眞主」者, 與原文耶和華之名同意. 惟自有, 然後能有萬有, 造萬有, 貫萬有, 宰萬有. 能有, 能造, 能主, 然後能爲造物主, 然後不爲物所主, 是之謂「眞主」. 斯義也, 於創世記第一章之文而卽見之. 上帝曰: 宜有光, 卽有光; 宜有穹蒼, 卽有穹蒼; 宜有海壤, 卽有海壤; 宜有植物, 卽有植物; 宜現日月, 卽有日月; 宜現星辰, 卽有星辰; 宜有潛動, 卽有潛動; 宜造人, 遂造人. 其大命[476]甫頒, 而萬物卽現形

---

475 「三一一三」: '聖父, 聖子, 聖靈의 삼자가 하나이고, 하나님을 셋으로 나누면 聖父, 聖子, 聖靈이 됨'을 가리킨다.

476 「大命」: '天命'의 의미. 이것은 '하나님의 명령'을 가리킨다. 《尚書·商書·太甲上》:「天監厥德, 用集大命, 撫綏萬方.(하늘이 그 德을 살피사, 大命을 모아, 만방을 어루만져 편안케 한다.)」

受性,[477] 各得其所, 於是乎上帝誠爲萬有之眞主矣!

「無元」은 본편 앞머리의 「先先而無元」이라는 구절에서 볼 수 있다. 「眞主」는, 본래의 명칭인 여호와(耶和華)라는 이름과 같은 의미이다. 오로지 스스로 존재하시며, 나중에 만유를 있게 하실 수 있어서, 만유를 창조하시고, 꿰뚫으시고, 주재하신 것이다. 존재하시고, 창조하시며, 주관하실 수 있으니, 그런 연후에 조물주가 되실 수 있고, 사물에 의해 주관되지 않으시니, 이것이 「眞主」를 일컫는 것이다. 이 의미는, 창세기 제1장에서 볼 수 있다. 하나님께서 말씀하시되: 빛이 있으라 하시니, 빛이 있었고; 궁창이 있으라 하시니, 궁창이 있었으며, 바다와 땅이 있으라 하시니, 바다와 땅이 있었고, 식물이 있으라 하시니, 식물이 있었고; 해와 달이 보이라 하시니, 해와 달이 있었고; 별이 보이라 하시니, 별이 있었고; 수중 생물을 번성케 하라 하시니, 수중 생물이 번성하였고; 사람을 창조하라 하시니, 사람이 만들어졌다. 그 하나님의 크신 명령이 막 반포되자, 만물이 형체와 생김새를 갖추고 본성이 있게 되었고, 각자 그 처소를 얻었으니, 이리하여 하나님은 진실로 만유의 참 주인이 되셨다!

「阿羅訶」者, 希伯來音,[478] 乃猶太人稱造化主之名. 今開封府猶太人之禮拜古寺壁上所書之聖誡, 如請其人讀出, 卽聞耶和華阿羅軒[479]之音, 查景經中古聖先賢用以稱上帝者, 共有五名:

「阿羅訶」는, 히브리어 발음으로서, 즉 유태인이 창조주를 일컫는 이름

---

477 「現形受性」: '형체와 생김새를 갖추고 본성이 있다'. 「受性」, '타고난 천성, 품성'의 의미이다.

478 '希伯來音(히브리음)'이라는 것은 잘못된 것이며, '시리아음'이어야 할 것이다. 「阿羅訶」의 시리아어는 ܐܠܗܐ, 독음은 alāhā이다.

479 「阿羅軒」은 작자가 히브리어 해석이라 여긴 것이며, 이는 유태인들의 하나님에 대한 칭호이다. 히브리 문자로는 אלהים, 독음은 el-o-heem이다.

이다. 지금 개봉부(開封府) 유태인들의 옛 예배당 벽에 쓰여 있는 거룩한
계율을, 그들에게 청해 읽어 보게 하면, '여호와 엘로힘'이라는 음을 들을
수 있고, 경교 경전에서 옛 성현들이 하나님을 칭하던 호칭을 찾아보면,
모두 다섯 가지가 있다:

凡欲稱獨一至尊之主, 則曰「阿羅訶」, 今譯「上帝」. 其一名「阿羅軒」,
譯卽昊然絶大神力, 古聖稱造化主之名用此. 如太初之時, 阿羅軒創造天
地者亦譯上帝. 其一名「阿羅」, 譯「大權」者. 一名「羅訶」, 譯「神」.

무릇 '유일하고 지극히 존귀하신 주'라고 칭하고 싶으면, 「阿羅訶(여호
와)」라 말하니, 오늘날 번역하면 「하나님」이다. 그 첫 번째 이름 「엘로
힘」은, 번역한즉 '가없이 넓고 절대적인 神의 능력'이란 의미이며, 옛 성
현들은 창조주를 일컬을 때 이 명칭을 사용하였다. 가령 태초에, 엘로힘
이 천지를 창조한 것은 또한 '上帝(하나님)'로 번역하였다. 또 하나의 이름
은 「阿羅」(*譯者註: [arhat] 본래 불교에서 '羅漢'을 뜻하며, 梵語 '阿羅漢' 혹은 '阿羅訶'의 준말이다.)로서,
「크신 권세」로 번역한다. 또 한 이름은 「羅訶」로서, 「神」이라 번역한다.

已上四名, 皆猶太古人尊稱者, 故其所指, 則有變動之處. 如「羅訶」之
名, 亦有作烈風元氣用者;「阿羅」之名, 亦有作疾威用者;「阿羅軒」之名,
亦有作士師及崇高可畏用者, 惟「阿羅訶」之名, 乃一位之名, 故無變動.

이상 네 가지 이름은, 모두 옛 유태인들의 존칭으로서, 따라서 그 가리
키는 바가, 조금 변동이 있다. 가령 「羅訶(arhat)」라는 이름은, '강한 바람
의 원기를 만들다'라는 뜻이 있으며;「阿羅」라는 이름은, 또한 '포학하다'
라는 의미의 용법이 있고;「阿羅軒」이라는 명칭은 '판관이자 숭고하고 두
려운 자'라는 뜻으로 사용하므로, 오로지 「阿羅訶」라는 명칭만이, 즉 한

분을 가리키는 이름이므로, 변동이 없는 것이다.

其一名則爲「耶和華」, 譯「自有」者, 此名非人所尊, 乃上帝訓示, 關乎敬褻,[480] 故猶太人敬畏特甚. 凡稱此名, 愼之又愼, 是以絕無變動. 景教入大秦, 秦人可以不譯, 傳入中國, 阿羅本諒必難譯. 天主教入中國, 費盡唇舌, 敎皇定譯「天主」; 耶穌敎會入中國, 有譯「上帝」者, 爲麥氏等譯本,[481] 本書所引之經文卽此本也. 有譯「神」者, 爲長老會譯本, 爲譯此名, 論辨不休. 主「上帝」者, 據昊天至尊獨一之主之義而言; 譯「神」者, 據受拜之總名, 造化之本義而言, 卒至一敎之經, 分爲兩本. 使阿羅本, 景淨有知, 當日無論譯「天主」, 譯「上帝」, 譯「眞神」, 皆不能正對. 誠如此艱苦, 無寧不譯之爲愈也.

또 하나의 이름은 「耶和華(여호와)」이니, 「스스로 있는 자」의 의미이며, 이 이름은 사람이 존숭하는 것이 아니라, 하나님이 지시하신 것으로서, '존경하거나 경시하다'라는 의미와 관련이 있으므로, 유태인들이 특별히 경외하는 이름이다. 무릇 이 이름을 부른 것은, 신중에 신중을 기한 것이므로, 절대로 변동이 없다. 경교가 大秦으로 들어갔고, 그들이 보기에 중국인들이 번역하지 않아도 되었는데, 중국에 전해진 후로는, 생각건대 阿羅本(아라본)이 번역하기에는 필시 어려웠을 것이다. 천주교가 중국으

---

480 「敬褻」: '존중하거나 경시하다'. 「褻」, '경솔하다, 점잖지 못하다'의 의미이다.
481 「麥氏等譯本」: 영국 선교사 메드허스트(Walter Henry Medhurst, 1796-1857) 등은 1843년 중국인 王韜의 협조를 얻어 1852년에 신약을 번역 출간하였으며, 1853년에는 구약을 번역하였고, 1854년에 출판한 文理(文言文)聖經은 또한 「委辦譯本」 또는 「代表譯本」으로 불린다. 이 譯本의 번역에 참여한 사람은 英美差會(영미 선교사 조직) 참가자 중 메드허스트(麥都思) 외에도 文惠廉(William Jones Boone), 禆治文(Elijah Coleman Bridgman), 施敦力(John Stronach), 理雅各(James Legge), 克陛存(Michael Simpson Culbertson), 婁理華(Walter Macon Lowrie), 美魏茶(William Charles Milne) 등의 사람들이 있다.

로 들어가서는, 수많은 논의 끝에, 교황이 「天主」로 번역하기로 정하였고; 예수교회가 중국으로 들어가서는, 「上帝」로 번역하였는바, 메드허스트 등의 역본에 기인하여, 본서의 경문은 이 역본을 인용하였다. 「神」이라 번역한 것이 있으니, 장로회 역본이며, 이 명칭으로 번역함에, 논변이 그치질 않았다. 주 「上帝」라 함은, '가없는 하늘의 지존하시고 유일하신 주'라는 의미에 근거하여 말한 것이고; 「神」이라 번역한 것은, '경배를 받는다'는 통칭과, '창조'라는 근본 의미에 근거하여 말한 것으로서, 마침내 한 종교의 경전이, 두 개의 판본으로 나뉜 것이다. 阿羅本과 景淨으로 하여금 알게는 하였지만, 「天主」로 번역하든, 「上帝」로 번역하든, 「眞神」으로 번역하든, 모두가 정확히 맞을 수는 없다고 하겠다. 정말로 이처럼 어려우니, 차라리 번역하지 않는 편이 더 나을 것이다.

十字로 구별하여 四方을 정하시었고, 聖靈을 일으키시어 陰과 陽 두 기운을 만드셨다(判十字以定四方, 鼓元風而生二氣)

此文非景教之道也, 觀此而知尼氏教會之日漸衰微者, 有故矣!

이 구절은 경교의 교리가 아니며, 이것을 보면 네스토리우스 교회가 날로 쇠약해졌음을 알 수 있으니, 다 이유가 있는 것이다!

査西土波斯, 埃及等國, 於景尊臨世以前, 早有以十字作深微奧妙之偏理, 有說入數理者, 有講彌綸[482]四極者, 有論判定四方者, 有指生命之徵者. 崑崙山之西, 有一大神之偶像, 胸前印誌卽十字之形, 此或爲講判定四

方, 彌綸四極者之法象. 埃及人以尼羅江爲擧國養生之源, 江口有一大神之偶像, 手執之匙卽十字, 此十字卽生命之徵. 埃及帝王祭尼羅江神, 侔於上帝; 埃及士人作文, 凡生命, 聖潔, 天地, 幽冥, 神鬼, 靈機等字, 皆用十字代之. 西土旣先有如許十字之說, 然與景經十字架之事毫無關涉.

서쪽 땅 페르시아와 이집트 등의 나라를 고찰해 보면, 예수가 강림하기 이전에, 일찍이 십자를 가지고 심오하고 오묘한 가짜 이론을 만든 경우가 있는데, 數理(*譯者註: 易學에서는 '세상 만사 만물은 모두 數가 있다'고 말한다.)로 들어갔다고 말하는 자가 있고, 四極을 종합 개괄하여 강론하는 것이라고 하는 자도 있으며, 사방을 판정하는 것이라고 논하는 자도 있고, 생명의 증거를 지칭하는 것이라고 하는 자들도 있다. 곤륜산 서쪽에는, 커다란 우상神이 하나 있는데, 가슴에 십자 모양이 새겨져 있으니, 이것이 혹여 사방을 판정하고 四極을 개괄하는 法象이 아닌가 싶다. 이집트 사람들은 나일강을 나라를 일으키고 양생할 수 있는 근원으로 여기는데, 강 입구에 커다란 우상神이 하나 있어, 손에 들고 있는 숟가락이 곧 십자 모양이며, 이 십자는 즉 생명의 증거이다. 이집트 제왕이 나일강 神에게 제사를 지내는데, 하나님과 동일하게 하며; 이집트의 지식인들이 글을 지으면서, 무릇 생명, 성결, 천지, 저승, 귀신, 영감 등의 글자들은, 모두 십자를 사용하여 대체한다. 서양에는 앞서 이와 같은 수많은 십자에 대한 설들이 있으나, 경교 경전의 십자가 사적과는 아무런 관련이 없다.

原景教所稱十字架之道者, 乃指景尊在十字架上慘死, 以代負萬民罪孼之報之道耳! 十字架者, 乃波斯國所創刑人之具, 傳至羅馬, 羅人不肯以之

---

482 「彌綸」: '종합 개괄'. 《梁書·劉勰傳》:「夫銓敍一文爲易, 彌綸羣言爲難.(한 편의 문장을 대상으로 사리를 따져 논하기는 쉽지만, 많은 작품을 종합적으로 개괄하기란 어려운 일이다.)」

決本國罪犯, 以其過於慘酷, 僅用之以處屬國[483]重囚. 景尊生平傳道行事, 猶太之僞善祭司, 縉紳士子恨之入骨, 尤甚於婆羅門之恨佛, 向魋之恨孔子,[484] 故煽誘頑民鼓噪, 脅羅馬方伯[485]彼拉多以此刑致景尊於死, 而不知上帝與景尊反以此爲贖罪救世之大法, 亦因此而定猶太國滅家亡之罪. 案三仁[486]竄死, 商是以亡, 報應之奇, 一至于此可畏也哉!

　본래 경교에서 지칭하는 십자가의 道라는 것은, 즉 예수가 십자가에서 비참하게 죽음으로써, 만민의 죄악의 업보를 대신 짊어진 이치를 지칭하는 것일 뿐이다! 십자가란, 즉 페르시아가 고안해 낸 형벌의 도구였는데, 로마로 전해졌으나, 로마 사람들은 자국의 범인을 처벌하는 데에 사용하려 하지는 않았고, 그 형벌이 지나치게 참혹하였기 때문에, 단지 속국의 중죄인을 처벌할 때만 사용하였다. 예수의 일생 동안의 전도 행위에 대해, 유대의 위선적인 제사장들과 관리들은 원한이 골수에 사무치도록 증오하였으니, 브라만교가 부처를 미워했던 것과 桓魋(환퇴)가 공자를 미워했던 것보다 더욱 심했으며, 그리하여 완고하고 어리석은 백성들을 선동

---

483 「屬國」: '속국'. 정치, 경제 및 군사 각 방면의 주권은 종주국에 예속되어 있고, 완전한 주권은 없는 국가이다.

484 「向魋之恨孔子」: 宋 景公 25년(BC 492) 孔子가 宋나라를 지나자, 宋의 司馬인 桓魋가 공자를 극도로 미워하여 죽이려 하자, 공자는 곧 도망쳐 宋나라를 떠났다. 출전《史記 · 宋微子世家》:「景公十六年, 魯陽虎來, 已復去. 二十五年, 孔子過宋, 宋司馬桓魋惡之, 欲殺孔子, 孔子微服去.(景公 16년에 魯나라의 陽虎가 도망쳐 왔다가 얼마 뒤 다시 떠났다. 경공 25년에 공자가 宋나라를 지나가게 되었는데, 송나라의 사마 桓魋가 공자를 미워하여 죽이려 하자, 공자가 微服을 입고 떠났다.)」

485 「方伯」: 본래 '지방 제후의 우두머리'를 가리킨다. 훗날 '각 지방의 장관'을 통칭하게 되었다. 《禮記 · 王制》:「千里之外, 設方伯.(천리 밖에 方伯을 설치하였다.)」

486 「三仁」: '殷商의 微子, 箕子, 比干 등 세 사람의 賢士'를 가리킨다. 이 세 사람은 紂王의 폭정을 권계했다가, 한 명은 나라를 떠났고, 한 명은 노비가 되었으며, 한 명은 가슴이 도려내어져 죽었으니, 공자가 그들을 가리켜 「三仁」이라 존숭하였다. 《論語 · 微子》: 「微子去之, 箕子爲之奴, 比干諫而死. 孔子曰:『殷有三仁焉.』(微子가 떠나갔고, 箕子는 종이 되었으며, 比干은 간하다가 죽었다. 공자께서 말씀하시기를:『殷나라에는 세 명의 어진 사람이 있었다.』)

하여 소란을 일으켰고, 로마 장관 빌라도를 협박하여 이 형벌로써 예수를 죽음에 이르게 하였다. 그러나 그들은 하나님과 예수가 오히려 이것을 속죄와 세상 구원의 대법으로 삼았고, 또한 이로써 유대의 국가와 가정이 무너지도록 정죄하셨음을 몰랐던 것이다. '三仁'이 달아나 죽은 사건으로 인하여, 商나라가 망하였고, 그 보응의 기이함이 여기에까지 이르렀으니 가히 두려울 따름이로다!

然則景教十字架之道, 與西土早有之奧妙十字有何干涉? 景衆之初, 惟重視贖罪之道耳! 惟猶太人情, 常以天國選民受異邦十字架之刑辱, 爲不可解之羞, 故聞景尊之徒, 言及釘十架而死之耶穌^{耶穌譯卽救者}, 卽歷世以來所仰望之彌施訶, 皆掩耳而不欲聞. 景聖保羅深知猶太人之病根正在此處, 故直稱贖罪之道爲十字架之道, 以折其驕.[487] 不虞後人漸以十字說入深奧處去也.

그러한 즉 경교 십자가의 道는, 서방에서 일찍이 존재했던 오묘한 十字와 무슨 관련이 있는 것인가? 경교 무리의 초기에는, 오로지 속죄의 道만을 중시하였다! 유대인들의 감정은 오직 천국 선민들로서 이방의 십자가 형벌의 모욕을 받음이, 이해할 수 없는 부끄러움이라고 여겼기 때문에, 예수 무리의 이야기를 듣고, 십자가에 달려 죽은 예수^{예수는 즉 구원자로 번역된다}, 즉 역대로 기대했던 메시아를 언급하면서, 모두 귀를 막으며 듣고 싶지 않아 했다. 경교 성도 바울은 유대인들의 병의 근원이 바로 여기에 있다는 것을 깊이 알고서, 속죄의 道를 십자가의 道라고 부르며, 그들의 교만

---

487 「折其驕」: '그 교만한 마음을 책망하다'. 「折」, '책망하다, 꾸짖다'의 의미이다. 《明史 · 烏蒙烏撒東川鎭雄四軍民府》: 「金又以首惡如毋響, 祖保等, 宜剿誅以折其驕氣.(대금[戴金]이 또 아뢰기를, 무향이나 조보와 같은 악의 무리들은, 마땅히 토벌하고 죽여서 그 교만한 기운을 꺾어야 합니다.)」

한 마음을 책망하였다. 후세 사람들이 십자를 가지고 점차 심오한 곳으로 이야기해 들어가는 것을 걱정하지는 않았다.

其始也, 以十字爲遏慾存理之方, 謂私欲萌動之時念, 此十字卽現景尊受死贖罪之慘, 而惡念都消, 此猶在敎法正道之中.

그 처음에는, 十字로 욕망을 억제하고 이성을 보존하는 방책으로 삼았으며, 사욕이 싹트기 시작할 때 마음속으로 생각하는 것이라고 하였다. 이 十字는 즉 예수가 죽임을 당함으로써 죄를 대속하는 비참함을 드러내 주고 있지만, 그러나 모든 악념들이 제거되는 것이므로, 이것은 교법의 바른 도리 가운데에 있는 것과 같다고 말하였다.

其繼也, 則解經之時, 亦以十字混眞理, 試擧其一, 二節言之. 如本經以弗所書三章文云:「基督之仁愛, 人不可測」, 此不可測之文, 卽有以十字彌綸四極之理爲訓. 又云:「願爾安仁, 根深址固488」, 則與諸聖徒共識其長闊高深, 得上帝之盛以盛焉, 此長高深之文, 又以奧妙十字訓解.

그다음으로는, 경전을 해석할 때도, 또한 十字로 인해 참된 진리를 혼동하고 있으니, 그 첫 번째와 두 번째 구절을 예로 들어 말해 보고자 한다. 가령 신약 에베소서 3장에 이르기를:「그리스도의 인애하심은, 사람이 헤아릴 수 없도다.」이 '헤아릴 수 없다'는 문구는, 十字가 四極의 이치를 모두 총괄해 버린다는 이치로써 교훈을 삼고 있다. 또 이르기를:「너희 성도의 안녕과 인애가, 뿌리 깊이 튼튼하기를 바란다.」즉 모든 성도

---

488 「基督 … 可測」과 「願爾 … 址固」는 모두 「委辦譯本, Delegates' Version」 에베소서 3장 18-19절에서 인용되었다. 「安仁」, '자애로운 마음을 가지다'의 의미이다. 「安」, '생각하다, 가지고 있다'. 《論語·里仁》:「仁者安仁, 知者利仁.(어진 사람은 仁을 편하게 여기며, 지혜로운 사람은 仁을 이롭게 여긴다.)」

들과 그 넓고 깊음을 함께 나누고, 하나님의 극진하심을 얻어 거기서 흥성한다는 것인데, 이 '길고 높고 깊다'는 글귀를, 또한 오묘한 十字를 가지고 해석하여 설명하고 있는 것이다.

此等經解, 爲景門中最可惡之異端, 其始則以爲妙解, 至終則將景尊救世大力之源遏絕,[489] 循至乎棄基督, 絕恩道, 不至於恃法稱義[490]而不止. 景教分東, 西宗時, 早具此種禍本; 及尼氏會興於東方, 亦浸淫於此種異說, 是以景淨有判十字以定四方之說也.

이러한 경전 해석은, 경교에서 가장 가증스러운 이단이라 할 수 있는데, 그 시작에는 오묘한 해석이라고 여겼지만, 마지막에 이르러서는 예수의 세상 구원의 커다란 근원을 멸절시키고 만 것이니, 점차 그리스도를 버리고 은혜의 道를 단절시키는 데까지 이름에 따라, 규율을 어겨 공의에 부합하지 않음이 끊임없이 이어졌다. 경교가 東과 西 두 종파로 나뉘었을 때부터, 일찍이 이러한 화의 근원을 가지고 있었으며; 네스토리우스가 동방에서 흥성할 때에 이르러서는, 또한 이러한 이설에 차츰 스며들게 되었으니, 이로써 景淨이 '十字로 구별하여 四方을 정한다'라고 말한 것이다.

〈鼓元風〉而類之說, 至入中國, 又見易象卦爻,[491] 原於太極兩儀,[492] 與

---

489 「遏絕」: '단절시키고 금지하다'의 의미이다. 《明史・桂萼》: 「今禮官失考典章, 遏絕陛下純孝之心.(지금 예의를 주관하는 관리가 전장 제도를 고증할 방법이 없으니, 폐하의 지성 어린 효행을 저지하여 끊어 버렸습니다.)」

490 「恃法稱義」: '법률 조례를 잘 따라, 행위가 公義에 부합하다'.

491 「易象卦爻」: 《周易》64괘가 명확히 단정한 길흉의 상징 의미, 그리고 각 爻位 간의 변화 관계」를 가리킨다. 《周易・繫辭上》: 「象者, 言乎象者也; 爻者, 言乎變者也.(象이라는 것은 象을 말하는 것이고; 爻는 변동하는 것을 말하는 것이다.)」 이 중 「象」은 卦의 의미를 단정하는 말이다.

波斯道極相似, 故置阿羅訶於無極⁴⁹³之地. 所謂「元風」者, 太極也;「二氣」者, 陰陽也, 此則可謂之習染中國之道, 非景義也. 查景門無論西宗, 東派, 尼氏派, 其習染之性類皆如此, 使無景經考正, 則不知究竟如何耳!

〈鼓元風(성령을 일으키다)〉과 같은 말은, 중국으로 들어가면, 또한 '易象卦爻'를 볼 수 있으니, '太極兩儀'에 기원을 두고 있고, 페르시아의 道極과 서로 유사하기 때문에, 阿羅訶를 無極의 경지로 두고 있다. 이른바「元風」이란, '太極'이며;「二氣」는 '陰陽'을 말하니, 이것은 즉 나쁜 관습이 중국에 스며들었다고 말할 수 있으며, 경교의 의미는 아닌 것이다. 경교가 서쪽 종파이든, 동쪽 종파이든, 네스토리우스派이든을 막론하고, 그 잘못 배어든 관습들이 모두 이러하니, 경교 경전을 고증하여 바로잡지 않으면, 도대체 어찌해야 할지를 알 수 없을 뿐이다!

然則景淨何所本而爲是言也? 創世記第一章文云:「太初之時, 上帝創造天地. 地乃虛曠, 淵際晦冥, 上帝之神, 照育乎水面. 上帝曰:『宜有光』, 卽

---

492 「太極兩儀」: '천지 혼돈 상태에서 천지를 구분하게 되다'의 의미이다. 출전《周易·繫辭上》:「易有**太極**, 是生**兩儀**, 兩儀生四象, 四象生八卦, 八卦定吉凶, 吉凶生大業. 是故, 法象莫大乎天地, 變通莫大乎四時, 縣象著明莫大乎日月.(易에 太極이 있으니, 이것이 兩儀를 낳고, 兩儀는 四象을 낳고, 四象은 八卦를 낳는다. 八卦는 길흉을 정하고, 길흉은 대업을 생성한다. 이런 고로, 본떠 만든 상인 法象은 천지보다 큰 것이 없고, 변하고 통하는 것인 變通이 봄·여름·가을·겨울인 四時보다 큰 것이 없으며, 형상을 드러내 밝음을 나타낸 것으로는 해와 달보다 큰 것이 없다.)」

493 「無極」: '宋대의 유학자 周敦頤(1017-1073)가 제창한 無極을 道體의 本原으로 삼다'의 의미이다. 周敦頤〈太極說〉:「**無極**而太極, 太極動而生陽; 動極而靜, 靜而生陰. 靜極復動. 一動一靜, 互爲其根. 分陰分陽, 兩儀立焉. 陽變陰合, 而生水, 火, 木, 金, 土, 五氣順布, 四時行焉. 五行, 一陰陽也; 陰陽, 一太極也; 太極, 本**無極**也.(無極이고 太極이다. 太極이 動하여 陽을 생성하고; 動이 極하면 靜하나니, 靜하여 陰이 생성된다. 靜이 극에 달하면 다시 動이 된다. 한 번 動하고 한 번 靜하며 서로 그 근본이 된다. 陰으로 갈리고 陽으로 갈리니, 양儀가 맞서게 된다. 陽이 변하고 陰이 합하여, 水·火·木·金·土를 생성한다. 다섯 가지 기운이 순차적으로 펴지어, 여기에 四時가 운행하게 된다. 五行은 하나의 陰陽이요, 陰陽은 하나의 太極이니, 太極은 본래 無極이다.)」

有光. 上帝視光爲善, 遂判光暗. 謂光爲晝, 謂暗爲夜, 有夕有朝, 是乃首日.」景淨本欲著此段經文之大義, 按此經「上帝之神」四字, 原文是「阿羅軒之羅詞」, 此「羅詞」之名, 本與烈風元氣通用. 地球之初, 未有山原平陸, 大水包裹全球, 熱汽蒸騰, 汽, 天不分, 是乃「淵際晦冥」之象. 迨上帝之神煦育, 上帝之命作光, 然後水面始分光暗.

그런즉 景淨은 무엇에 근거하여 이러한 말을 했는가? 창세기 제1장에서 이르되:「태초에, 하나님이 천지를 창조하시니, 땅이 혼돈하고 공허하며, 흑암이 깊음 위에 있고, 하나님의 영은, 수면 위에 운행하시니라. 하나님이 이르시되:『빛이 있으라.』하시니, 빛이 있었다. 빛이 하나님 보시기에 좋았으니, 하나님이 빛과 어둠을 나누사, 빛을 낮이라 부르시고, 어둠을 밤이라 부르시니라; 저녁이 되고 아침이 되니, 이는 첫째 날이니라.」景淨은 본래 이 경문의 대의를 쓰려고 하였는데, 이 경전의「上帝之神」네 글자에 따르면, 원문에는「阿羅軒之羅詞(el-o-heem의 arhat)」이고, 이「羅詞」라는 이름은, 본래 '烈風元氣(강한 바람의 원기)'와 통용된다. 지구 초기에는, 산맥이나 고원, 평평한 육지가 아직 없었고, 큰 물이 온 세상을 감싸고, 뜨거운 증기로 열기가 오르고 있었으며, 증기와 하늘이 구분되지 않았으니, 이는 즉「淵際晦冥(깊고 어두운)」의 상황이었다. 하나님이 운행하시는 때가 되어, 하나님의 명이 빛을 발하였고, 그런 후에 수면이 비로소 빛과 어둠으로 나뉘기 시작하였다.

此經之「煦育」, 卽景淨所謂「鼓」; 神卽「元風」; 光, 暗卽「二氣」. 然此經本是老實說開闢[494]之事, 與太極陰陽之道無涉. 然欲尋一句七字之文, 將

---

[494] 「開闢」: 소위 '천지개벽의 행위'이다. 또한 '하나님께서 태초에 천지 만물을 창조하시다'의 의미를 나타내기도 한다.

首曰一經大義揭出, 與上文對偶, 如此其工, 亦大難事, 故樂得而用此文.
用此文而中國儒者觀之, 誠厚者, 則曰是猶吾儒太極, 無極, 陰陽之說; 輕
薄者, 曰剽竊吾儒之說, 以張大其辭耳! 就令絶無是非, 然已迥非景義, 是
自喪其道也, 文字弄人至如此夫!

　　이 경전의 「煦育」(*譯者註: 본뜻은 '따뜻하게 영양을 공급하다'이다.)은, 즉 景淨이 말한
「鼓」이며; 神은 즉 「元風」이고; 光과 暗은 「二氣」이다. 그러나 이 경전은
본래 '천지 창조'의 사적을 사실대로 말하고 있으며, 太極陰陽의 道와는
무관한 것이다. 그러나 일곱 글자로 한 구절을 만들어, 첫날의 한 가지
대의를 밝히려 하였으니, 윗 구절과 대구도 이루어야 하는데, 이렇게 하
는 것이, 또한 매우 어려운 일이기 때문에, 기꺼이 이 문장을 사용하기로
한 것이다. 이 문장을 중국 유학자들이 보고, 너그럽고 후하게 보면, 유
교의 太極, 無極, 陰陽의 설과 같다고 말할 것이며; 경시하여 말하면, 우
리 유학자들의 말을 표절했다고 하면서, 말을 과장하여 표현할 것이다!
설령 절대로 옳고 그름은 없다 할지라도, 이미 경교의 의미와는 현저히
다르고, 이는 스스로 그 道를 잃은 것이니, 문자가 사람을 이 지경으로
만들었도다!

어둠의 공간이 변하여 천지가 열리고, 해와 달이 운행하여 낮과 밤이 만들어졌으며, 만물을 빚어내셨다. 이대로 첫 사람을 세우셨으며; 특별히 어질고 온화한 성품을 내리시사, 땅을 다스려 온 세상을 교화하게 하셨다(暗空易而天地開, 日月運而晝夜作, 匠成萬物, 然立初人, 別賜良和, 令鎭化海)

此言開闢天地之事也. 「暗空」者, 卽創世記文淵際晦冥之象. 「易」者, 謂上帝之神煦育乎水面, 上帝布命發光, 然後暗空之景, 易爲晝夜之象, 故言天地開也.

이것은 천지 창조의 일을 말하고 있다. 「暗空」이란, 창세기 구절에서의 '깊고 어두운' 모습이다. 「易」은, 하나님의 영이 수면에서 운행하시며, 빛을 발하라고 명을 내리심을 말하는 것이고, 그런 후에 어두운 하늘의 상황이, 주야의 형상으로 변화되는 것이니, 이로써 하늘과 땅이 열렸다고 말하는 것이다.

「天地開」者, 謂上帝命有穹蒼也. 迨上帝再命地球爆出大山, 而天下諸水匯歸一區, 而成今日之大洋, 於是空氣益淸, 見日月運而有晝夜也. 然此時所見之日月星辰, 仍是太初之時上帝所造耳! 自人觀之, 見日月之大小皆同. 而創世記文云:「上帝造二耿光, 大以理晝, 小以理夜也.495」

「天地開(하늘과 땅이 열리다)」는 하나님께서 궁창이 있으라 명하심을 말하는 것이다. 하나님이 다시 지구가 큰 산을 터뜨리라고 명하신 때에, 천하의 모든 물이 한 지역으로 모여, 오늘날의 큰 바다가 되었으며, 이에

---

495 「上帝 … 夜也」는 「委辦譯本, Delegates' Version」 창세기 1장 16절에서 인용되었다. 「小以理夜也」는 「委辦譯本, Delegates' Version」에서 「也」자가 누락되어 있다.

공기가 더욱 맑아졌고, 해와 달이 운행하여 낮과 밤이 있게 됨을 보는 것이다. 그러나 이때 보는 해와 달과 별은, 여전히 태초에 하나님께서 창조하신 것이로다! 사람이 그것을 관찰한 이래로, 해와 달의 크기가 모두 같음을 알게 되었다. 그러나 창세기에서는 이르기를: 「하나님이 두 큰 광명체를 만드사, 큰 광명체로 낮을 주관하게 하시고, 작은 광명체로 밤을 주관하게 하셨다.」

「匠成萬物, 然立初人」者, 謂創世記所記上帝於第一週造光, 第二週造穹蒼, 三週造水陸草木, 四週造日月, 定四時, 五週造水族暨飛禽, 六週造走獸.[496] 萬物皆備, 然後乃造人如是, 是之謂「匠成萬物, 然立初人」. 而所謂「匠成」者, 謂萬物皆由上帝智慧, 全能, 仁愛之善命作成, 並非偶然無心而幻化也. 「初人」者, 謂世間初有男女二人, 萬國皆同一祖也.

「匠成萬物, 然立初人(만물을 빚어내시고, 첫 사람을 세우셨다)」은, 창세기에 기록된바 하나님께서 첫째 주에 빛을 만드시고, 둘째 주에 궁창을 만드셨으며, 셋째 주에 수륙의 초목을 만드셨고, 넷째 주에 해와 달을 만들어 네 계절을 정하셨으며, 다섯째 주에 물속 생물과 날짐승을 만드셨고, 여섯째 주에 짐승을 만드셨음을 말하고 있다. 만물이 모두 갖추어진 연후에, 곧 사람을 이와 같이 만드셨으니, 이를 일러 「匠成萬物, 然立初人」이라 한다. 소위 「匠成」이란, 만물이 모두 하나님의 지혜와 전능, 그리고 인애의 선한 명령으로 이루어졌음을 말하는데, 이는 결코 우연히 의미 없이 변화된 것이 아니다. 「初人」이란, 세상에 처음으로 남녀 두 사람이 있어, 만국이 모두 동일한 조상을 가졌음을 말하는 것이다.

---

496 「第一週造光, 第二週⋯, 三週⋯, 四週⋯, 五週⋯, 六週⋯.」의 「週」는 「委辦譯本, Delegates' Version」에서는 모두 「日」로 표기되어 있다. 「週」를 사용한 것은 아마도 작자의 추측에 의한 듯하다.

「別賜良和」者, 謂「良和」異乎天上, 地下, 人間萬物, 乃上帝特賜以爲萬物之靈者, 卽創世記文所謂「遂造人, 維肖乎己, 象上帝像[497]」者, 是乃萬物之所無, 惟人所獨有, 故曰:「別賜」.「良」, 良知;「和」, 中和. 然此乃先天之太和,[498] 非喜怒哀樂發而中節之中和,[499] 緣此時止有喜樂之情, 未生哀怒之性也.

「別賜良和(특별히 어질고 온화한 성품을 내리시다)」란, 「良和」가 하늘, 땅, 인간 만물과 다르다는 것을 말하고 있으니, 즉 하나님께서 특별히 하사하시어 만물의 영으로 삼으신 것이며, 즉 창세기에서 말한 「하나님이 자기 형상 곧 하나님의 형상대로 사람을 창조하셨다」는, 만물에게는 없으나, 오로지 사람만이 가지고 있음을 말하고 있으니, 그리하여 이르기를: 「別賜」라 한 것이다. 「良」은 '어질다'; 「和」는 '온화하다'이다. 그러나 이것은 선천적인 '겸손하고 차분한 기질'인 것이며, 희로애락의 감정이 발하였다가 중간에 '中和'가 되는 것이 아니라, 이때에 기인하여 단지 喜樂의 감정만 있고, 哀怒의 성정이 생기지 않는 것이다.

「化海」未詳, 據景經當指世界而言也. 創世記文云:「遂造人, 維肖乎己,

---

497 「遂造 … 上帝像」은 「委辦譯本, Delegates' Version」 창세기 1장 27절에서 인용되었다.

498 「太和」: '겸손하고 차분한 기질'. 「和」, '점잖은'.《淮南子‧覽冥訓》:「故以智爲治者, 難以持國, 唯通于太和而持自然之應者, 爲能有之.(그러므로 지혜로써 다스리게 되면, 나라를 보존하기가 어렵고, 다만 천지의 조화에 통하고 자연의 감응에 맡기는 자만이 나라를 제대로 보존할 수가 있다.)」

499 「喜怒哀樂發而中節之中和」: 희로애락의 감정이 생기지 않았을 때를 말하는 것으로서, 이것이 '中'이며; 이러한 감정이 생겨서 모두 예의에 부합되면, 즉 '沖和'가 되는 것이다. 출전 《禮記‧中庸》:「喜怒哀樂之未發謂之中, 發而皆中節, 謂之和. 中也者, 天下之大本也; 和也者, 天下之達道也. 致中和, 天地位焉, 萬物育焉.(희로애락의 감정이 일어나기 이전을 '中'이라 하고, 이러한 감정들이 작용을 하여 모두 절도에 들어맞는 것을 '和'라 한다. '中'이란 천하 모든 것의 가장 큰 근본이며; '和'란 천하 모든 것에 두루 통하는 道이다. '中和'에 이르러서야 천지가 자리를 잡고, 만물이 거기서 생육하게 된다.)」

象上帝像, 造男亦造女, 且祝之曰:『生育衆多, 昌熾於地而治理之, 以統轄乎海魚,[500] 飛鳥, 及地昆蟲.[501]』亦以治理乎地, 此卽景淨「令鎭化海」之義歟!

「化海」는 아직 알려져 있지 아니한데, 경교 경전에 근거하면 마땅히 '온 세상'을 일러 말하는 것이다. 창세기에서 가로되:「하나님이 자기 형상 곧 하나님의 형상대로 사람을 창조하시되, 남자와 여자를 창조하시고, 그들에게 복을 주시며, 이르시되:『생육하고 번성하여, 땅에 충만하라, 땅을 정복하라, 바다의 물고기와 하늘의 새와 땅에 움직이는 모든 생물을 다스리라.』하시니라.」또한 '땅을 다스리라'는, 즉 경정이 말한「令鎭化海(땅을 다스려 온 세상을 교화하게 하셨다)」의 의미인 것이다!

천지 기운의 본성은 비어 있어 차오르지 않으며; 순박하고 평온한 마음은 본래 다른 망상이 없다(渾元之性虛而不盈, 素蕩之心本無希嗜)

此言鼻祖受生之初, 性體純全, 無少欠缺也.「渾」, 胚渾, 如胚胎之渾然元始也. 受命成性之初也.「性」者, 儒云「上帝降衷」, 景云「上帝像也」.「虛」, 謙受也;「盈」, 願外也.「素」, 潔白也;「蕩」, 坦蕩也.「心」者, 性之用, 神明與血氣交會適中之境也.「本」, 原本也;「希」, 希奇也;「嗜」, 嗜好也.

이 말은 시조가 생명을 받은 초기에, 타고난 성질이 순전하여, 조금의 결함도 없었다는 것이다.「渾」은, '배아(胚芽)의 혼돈'(*譯者註: 중국 전설 중 '우주 형

---

500 「以統轄乎海魚」이 구절은「委辦譯本, Delegates' Version」에서는「乎」자가 없다.
501 「遂造 … 昆蟲」은「委辦譯本, Delegates' Version」창세기 1장 27-28절에서 인용되었다.

성 이전의 모습'을 말함.)으로서, 태아 시기의 완전하여 분할할 수 없는 만물의 근원 상태와 같은 것이며, 생명을 받아 성정이 이루어진 초기인 것이다. 「性」은, 유학에서 말하기를 「上帝降衷(상제가 복을 내리셨다)」이라 하였고, 경교에서는 「上帝像也(하나님의 모습이다)」라 하였다. 「虛」는 '겸손하게 받아들이다'이며; 「盈」은 '밖의 것을 바라다'이다. 「素」는 '깨끗하다'이며; 「蕩」은 '평온하다'이다. 「心」은 '성정을 사용하는 것'으로서, 정신과 혈기가 꼭 알맞게 만나는 것을 말한다. 「本」은 '원래'의 의미이며; 「希」는 '드물다'의 의미이고; 「嗜」는 '특별히 좋아하는 것'을 말한다.

總言初人受造之始, 性天渾然, 謙虛自守, 心懷坦白, 可欲皆善, 其福祉之皥熙,[502] 有非後天之人所能擬議者.

정리하여 말하면, 첫 사람이 창조되었을 때부터, 타고난 성정이 완정하고, 겸손함을 스스로 지킬 줄 알며, 마음이 솔직하여, 모든 것을 선하게 하고자 하였는데, 그 행복의 편안하고 즐거운 상태는, 후대 사람들이 예견할 수 있는 바가 아닌 것이다.

詳其義之所出, 端在創世記二章之文云:「耶和華上帝搏土爲人, 嘘氣入鼻, 而成生活之人.[503]」又云:「耶和華上帝曰:『不可使夫人獨處, 必造一相助爲理者』···. 耶和華上帝令亞當酣睡, 取其一脅骨, 彌縫其肉. 以所取之脅骨成女, 率至亞當前, 亞當譯黃土曰:『是爲我百體中之一骨,[504] 全體

502 「皥熙」: '마음이 편안하고 즐거운 상태'. (明) 余繼登《典故紀聞》:「使民安田里, 足衣食, 熙熙皥皥而不自知.(백성들로 하여금 논밭을 안정되게 하여, 충분히 입고 먹을 수 있으면, 편안하고 즐겁게 지낼 수 있으나 스스로는 알지 못한다.)」
503 「耶和華 ··· 之人」은 창세기 2장 7절에서 인용되었다. 그중 「而成生活之人」의 「生活」은 「委辦譯本, Delegates' Version」에서 「血氣」로 되어 있다.
504 「是爲我百體中之一骨」의 「體」는 「委辦譯本, Delegates' Version」에서는 「骸」로 쓰여

中之一肉, 彼由男出, 必稱爲女.[505]」 又曰: 「亞當與妻並裸, 亦無愧
焉[506]」, 此卽景淨所謂「渾元之性」也.

　그 의미가 나온 바를 상세히 보면, 시작이 창세기 2장에 있으니, 이르
시되: 「여호와 하나님이 땅의 흙으로 사람을 지으시고, 생기를 그 코에
불어넣으시니, 사람이 생령이 되니라.」 또 이르시되: 「여호와 하나님이
이르시되: 『사람이 혼자 사는 것이 좋지 아니하니, 내가 그를 위하여 돕
는 배필을 지으리라.』 하시니라…. 여호와 하나님이 아담을 깊이 잠들게
하시니 잠들매, 그가 그 갈빗대 하나를 취하고, 살로 대신 채우셨다. 아
담에게서 취하신 그 갈빗대로 여자를 만드시고, 그를 아담에게로 이끌어
오시니, 아담이 황토를 번역하여 이르되: 『이는 내 뼈 중의 뼈요, 살 중의
살이라. 이것을 남자에게서 취하였은즉, 여자라 부르리라.』」 또 이르시
되: 「아담과 그의 아내 두 사람이 벌거벗었으나, 부끄러워하지 아니하니
라.」, 이것이 곧 景淨이 말한 「渾然之性(천지 기운의 본성)」인 것이다.

　　又云: 「耶和華上帝摶土爲走獸飛鳥, 率至亞當前,[507] 視其稱以何名, 以
亞當所稱之百物, 而其名乃定 … 惟亞當無相助爲理者[508]」, 此卽所謂「虛
而不盈」也.

　또 이르시되: 「여호와 하나님이 흙으로 각종 들짐승과 공중의 각종 새
를 지으시고, 아담에게로 이끌어 오셨으니, 아담이 무엇이라고 부르나

있다.
505 「耶和華 … 爲女」는 창세기 2장 18-23절에서 인용되었다. 그중 「取其一脅骨」과 「以所
取之脅骨成女」의 「脅」은 「委辦譯本, Delegates' Version」에서는 「脇」으로 기록되어 있
다. 「脇」, 《集韻》: 「同脅.(脅과 같다.)」 「脅」은 '겨드랑이에서 횡경막 위쪽 갈비뼈까지'
를 가리킨다.
506 「亞當 … 愧焉」은 창세기 2장 25절에서 인용되었다.
507 「率至亞當前」은 「委辦譯本, Delegates' Version」에서 「率之至亞當前」으로 쓰여 있다.
508 「耶和華 … 理者」는 「委辦譯本, Delegates' Version」 창세기 2장 19-20절에서 인용되었다.

보셨는데, 아담이 각 생물을 부르는 것이, 곧 그 이름이 되었더라. …단지 아담이 돕는 배필이 없으므로」라고 하였는데, 이 말은 즉 이른바「虛而不盈(비어 있어 차오르지 않다)」이다.

又創世記三章文云:「耶和華所造生物中莫狡於蛇,[509] 蛇謂婦曰^{指魔覤於狡}^{物以惑人也}:『園有百樹, 上帝豈語汝云: 勿食乎?』婦曰:『園樹結實, 我俱可食, 惟園之中有一樹焉, 上帝命毋食毋捫, 恐陷死亡.[510]』」此卽所謂「素蕩之心本無希嗜」也.

또 창세기 3장에서 이르기를:「여호와 하나님이 지으신 들짐승 중에 뱀이 가장 간교하니라. 뱀이 여자에게 물어 이르되^{마귀가 교활한 사물에 의지하여} ^{사람을 미혹시킴을 가리킨다.}:『동산 모든 나무의 열매를, 하나님이 참으로 너희에게 먹지 말라 하시더냐?』여자가 말하되:『동산 나무의 열매를, 우리가 먹을 수 있으나, 동산 중앙에 있는 나무의 열매는, 하나님이 명령하시어 너희는 먹지도 말고 만지지도 말라. 너희가 죽을까 하노라 하셨다.』」이것이 즉 이른바「素蕩之心本無希嗜(순박하고 평온한 마음은 본래 다른 망상이 없다)」이다.

509　「耶和華所造生物中莫狡於蛇」, 이 구절은「委辦譯本, Delegates' Version」에서「耶和華上帝所造生物中莫狡於蛇」로 기록되어 있다.
510　「耶和華 … 死亡」은「委辦譯本, Delegates' Version」창세기 3장 1-3절에서 인용되었다.

사탄이 망령을 부리게 되어, 간교함으로 꾸며 순수하고 정결한 마음을 더럽혔으니, 마귀가 옳다고 생각하는 간극 속에 하나님과 동등하려 하였고, 하나님이 그르다 생각하는 그 벌어진 어둠의 길 속에서 동행하였다(洎乎娑殫施妄, 鈿飾純精, 閒平大於此是之中, 隙冥同於彼非之內)

此以下至久迷休復句, 總言魔鬼誘人, 干犯上帝, 縱慾從魔, 圮敗性靈, 暗府門開, 明宮路絕之事也.

여기서부터 아래로 '久迷休復' 구절까지는, 마귀가 사람을 유혹하고, 하나님을 범하며, 욕심대로 마귀를 따르고, 인간의 정신을 무너뜨려, 지옥의 문이 열리며, 明宮의 길이 끊어지는 일을 전체적으로 말하고 있다.

娑殫,[511] 魔鬼名, 希伯來音譯卽「惡敵」, 謂與道與人爲敵也. 近時所譯之景經, 俱用「撒但」字樣, 其事始見於創世記三章, 其名始見於約百記一章, 其來歷見於本經彼得, 猶大二書. 其作爲則上自創世記, 下及默示錄,[512] 層見疊出, 其道萬變, 其術險惡. 古今來, 上帝困之以妙萬國之聖, 以顯上帝子伏魔之能者. 堯舜子不肖, 卽彼之所爲, 上帝困之以作成揖讓之德. 舜之父頑, 母嚚, 象傲, 亦彼之所爲, 上帝困之, 以作成萬世孝友之道, 如此之事, 景經所紀, 可謂多極. 而景淨此文之所指, 乃創世記第二, 三章之事, 今節錄其文, 以觀其義之所自出.

---

511 「娑殫」: 시리아어를 중국어로 음역한 것이다. 「現代中文譯本(수정판)」과 「新標點和合本」에는 모두 「撒旦」(Satan)으로 번역되어 있다; 시리아어로는 ܣܛܢܐ, 독음은 satānā이다.
512 「默示錄」의 편명은 「委辦譯本, Delegates' Version」에서는 '傳道約翰默示錄(전도요한묵시록)'으로 표기되어 있다. 「新標點和合本」과 「現代中文譯本(수정판)」에는 모두 '啟示錄'으로 되어 있다.

사탄은, 마귀의 이름이며, 히브리어로 음역하면 「악한 적」이니, 道와 사람에게 적이 됨을 말한다. 최근에 번역된 경교 경전은, 모두 「撒但」이라는 글자를 사용하는데, 그 일이 창세기 3장에서 처음 나오고, 그 이름은 욥기 1장에서 처음 보이며, 그 내력은 신약 〈베드로〉, 〈유다〉 두 서신서에서 볼 수 있다. 그 사적은 위로 창세기부터, 아래로 계시록에 이르기까지, 연이어 나타나는데, 그 道가 천변만화하고, 그 술수는 험악하다. 옛날부터 지금까지, 하나님은 사탄을 가둠으로써 만국의 거룩함을 현묘하게 하셨고, 하나님의 아들이 마귀를 굴복시키는 능력을 보여 주셨다. 堯와 舜의 아들이 완고하고 현명하지 못한 것은, 즉 저들의 소행이니, 하나님이 그들을 가두어 揖讓(예를 다하여 사양하는)의 덕으로 만들었다. 舜임금 아버지의 완고함과 어머니의 우둔함, 이복동생 象의 오만함도, 또한 저들의 소행이니, 하나님께서 그들을 가두시어, 만세의 孝友의 道로 삼으셨는데, 이러한 일들을, 경교 경전은 대단히 많이 기록하였다고 말할 수 있다. 그러나 景淨의 이 문구가 가리키는 바는, 곧 창세기 제2, 3장의 일이니, 지금 그 문장의 요점을 간추려서, 그 의미가 나온 것을 관찰해 보도록 한다.

二章文云: 「耶和華上帝搏土爲人, 噓氣入鼻, 而成生活之人,[513] 有園於埃田,[514] 東乃耶和華上帝所樹者…, 當園之中, 有生命之樹, 亦有別善惡之樹…, 上帝挈其人, 置埃田園, 使之栽植, 使之防守, 命其人曰: 『園之菓實, 任意可食, 惟別善惡之樹, 不可食, 食之日必死[515]此景教之始也.』」

---

513 「而成生活之人」에서 「生活」 두 글자는 「委辦譯本, Delegates' Version」에서 「血氣」로 표기되어 있다.
514 「園於埃田」: '에덴의 정원'. 「埃田」, 「現代中文譯本(수정판)」과 「新標點和合本」에서는 모두 「伊甸」(Eden)으로 기록되어 있으며; 시리아어로는 ﬡﬡ, 독음은 e'dēn이다.
515 「耶和華 … 必死」는 「委辦譯本, Delegates' Version」 창세기 2장 8-16절에서 인용되었다.

2장에서 이르되: 「여호와 하나님이 땅의 흙으로 사람을 지으시고, 생기를 그 코에 불어넣으시니, 사람이 생령이 되니라. 에덴의 동산이 있어, 동쪽은 여호와 하나님이 심으신 나무들이…, 그 가운데는, 생명의 나무도 있고, 또한 선악을 구별하는 나무도 있느니라…, 하나님이 그 사람을 데려다가, 에덴동산에 두셨고, 그에게 나무를 심어 지키게 하시며, 명하여 이르시기를: 『동산의 열매는, 임의로 먹을 수 있으나, 유독 선악을 구별하는 나무는, 먹을 수 없고, 먹는 날에는 반드시 죽으리니, 이것이 경교의 시작이라.』」

第三章文云:「耶和華所造生物中, 莫狡於蛇, 蛇謂婦曰:『圃有百樹, 上帝豈語汝勿食乎?[516]』婦曰:『圃樹結實, 我俱可食, 惟圃之中, 有一樹焉, 上帝命毋食, 毋捫, 恐陷死亡.』蛇曰:『汝未必死, 上帝知食之之日, 爾目必明, 能辨善惡, 彷彿上帝.』婦視其樹, 食可適口, 觀可娛目, 能益智慧, 使人生慕, 故取菓食之, 亦以奉夫, 夫亦食之, 二人目明, 自知裸體, 遂編蕉葉爲裳[517]生是非心生羞惡心.」

제3장에서 가로되: 「여호와 하나님이 지으신 들짐승 중에, 뱀이 가장 간교하니라. 뱀이 여자에게 물어 이르되: 『동산 모든 나무의 열매를, 하나님이 참으로 너희에게 먹지 말라 하시더냐?』 여자가 말하되: 『동산 나무의 열매를, 우리가 먹을 수 있으나, 동산 중앙에 있는 나무의 열매는, 하나님의 말씀에 너희는 먹지도 말고, 만지지도 말라, 너희가 죽을까 하노라.』 뱀이 말하되: 『너희가 결코 죽지 아니하리라. 너희가 그것을 먹는 날에는, 너희 눈이 밝아져, 선악을 구분할 줄 알고, 하나님과 같이 될 것

---

516 「上帝豈語汝勿食乎」는 「委辦譯本, Delegates' Version」에서는 「汝」와 「勿」 사이에 「云」 자가 들어 있다.

517 「耶和華 … 爲裳」은 「委辦譯本, Delegates' Version」 창세기 3장 1-7절에서 인용되었다.

을, 하나님이 아심이니라.』여자가 그 나무를 본즉, 먹음직도 하고, 보암 직도 하고, 지혜롭게 할 만큼, 탐스럽기도 한 나무인지라. 여자가 그 열 매를 따먹고, 자기와 함께 있는 남편에게도 주매, 그도 먹은지라. 이에 두 사람의 눈이 밝아져, 자기들이 벗은 줄을 알고, 무화과나무 잎을 엮어 치마로 삼았더라. _{옳고 그름을 판단하는 마음과 나쁜짓을 부끄러워하는 마음이 생겼다.}」

按此一經, 卽景淨此文此義之所本. 所謂「施妄」[518]者, 謂魔鬼娑殫以似是而非之言誘惑始祖母,[519] 使陷罪也. 其言卽云:「汝未必死, 上帝知食之之日, 爾目必明, 能別善惡,[520] 彷彿上帝.」之言. 夫上帝明禁別善惡之樹斷不可食, 食之必死; 而魔鬼反以能別善惡, 彷彿上帝之言, 以掩其死而成其死, 是施妄也.

이 경문에 의거한 것은, 景淨이 이 문장의 이 의미를 근본으로 삼은 까닭이다. 이른바「施妄(망령을 부리다)」이라는 것은, 마귀 사탄이 옳은 듯하나 그렇지 않은 말로 하와를 유혹하여, 죄에 빠지도록 한 것을 말하고 있다. 그 말인즉슨:「너희가 결코 죽지 아니하리라. 너희가 그것을 먹는 날에는, 너희 눈이 밝아져, 선악을 구분할 줄 알고, 하나님과 같이 될 것을, 하나님이 아심이니라.」인 것이다. 무릇 하나님은 선악을 분별하는 나무는 절대로 먹을 수 없으며, 먹으면 반드시 죽을 것이라고 명확히 금지하셨다; 그러나 마귀는 도리어 선악을 분별할 수 있다고, 하나님의 말씀인 것처럼, 죽음을 감추어 마침내 죽음에 이르게 하였으니, 이것이 바로 망

---

518 「施妄」: '황당하고 사실에 어긋난 거짓말을 하다'.
519 「始祖母」: '하와'를 가리킨다. 하나님께서 아담의 갈비뼈 하나를 취하여 만드신 인류의 어머니이다.
520 「能別善惡」구절 중의「別」은「委辦譯本, Delegates' Version」에서「辨」으로 기록되어 있다.

령된 짓인 것이다.

「鈿飾純精」者, 謂非本質所生之光華, 蓋始祖父母渾元之性, 本極精純, 娑殫乃以爾目必明, 能辨善惡, 彷彿上帝之虛榮蒙冪始祖父母純精之性, 若鈿飾非眞者然, 故曰:「鈿飾純精」也.

「鈿飾純精(간교함으로 순수하고 정결한 마음을 꾸며 더럽히다)」은, 본질적으로 생겨난 영광이 아니라, 시조(始祖) 아담과 하와의 '渾元之性(천지 기운의 본성)'을 덮어 버린 것을 말하는 것이니, 본래는 지극히 순수하고 정결하였으나, 사탄이 '너의 눈이 반드시 밝아져서, 선악을 분별할 수 있을 것'이라 하였으므로, 마치 하나님이 되는 듯한 헛된 영화로 아담과 하와의 순수와 정결을 덮어씌운 것과 같이 되었으므로, 이는 장식으로 꾸민 것은 진실되지 못한 것과 같으며, 그리하여 「鈿飾純精」이라 한 것이다.

「間」, 致隙也;「平大」, 侔於上帝也, 卽魔鬼所云:「能別善惡, 彷彿上帝也」.「此」, 此心也;「是」, 以魔鬼之言爲是也. 昔也未嘗有此心, 心亦未嘗有此是; 及聞魔鬼之言, 頓生邪慕. 觀之, 則覺異常悅目; 思之, 則以爲得計; 食之, 覺其適口. 循至始祖, 自家骨肉反成魔鬼之戈矛. 昔也未嘗敢食, 未嘗敢捫, 並未嘗敢視; 今也以爲食之而適口矣! 觀之而悅目矣! 思之而益智慧矣! 明犯上帝之禁, 而此心猶以爲是則致此, 以平大爲是之間隙於始祖之心中者, 魔鬼也; 而使魔鬼得以致之者, 情欲也. 凡今之人, 非上帝是主, 惟一己是主, 凡百謀爲, 予惟己是順, 予惟己是適, 錮蔽[521]而不可解, 其所由來者遠矣! 闢平大於此是之中故也.

「間」은, '세밀한 틈새'이며;「平大」는, '하나님과 동등하다'이니, 즉 마

---

521 「錮蔽」: '막다, 막히다'의 의미이다.「錮」, '닫다', '다물다'.「蔽」, '방해를 받다'.

귀가 말하기를:「선악을 분별할 수 있으면, 하나님과 같이 된다.」하였
다.「此」는 '이 마음'이고;「是」는, '마귀의 말이 옳다'는 것이다. 옛날에는
이런 생각을 해본 적이 없고, 마음 또한 이것이 옳다는 생각을 가져 본
적이 없는데; 마귀의 말을 듣고서는, 갑자기 사악한 동경이 생겨난 것이
다. 한 번 보고서는, 특별히 보기 좋다고 느꼈고; 생각해 보니, 계략을 얻
었다고 여겼으며; 먹어 보고서, 입에 딱 맞는 것을 느꼈다. 차례로 아담
과 하와에 이르러, 자신의 뼈와 살이 마귀의 창이 되어 버린 것이다. 과
거에는 감히 먹어 보려 하지 못했고, 감히 손대 보려 하지 못했으며, 감
히 보려 하지도 못했었는데; 이제 그것을 먹고서 입에 맞다고 여긴 것이
다! 보아하니 보기에 좋았고! 생각해 보니 지혜를 더할 듯하였다! 하나님
의 금령을 명백히 범하였으나, 이러한 마음이 옳다고 여기는 것이 여기
에까지 이르렀으니, '하나님과 같아짐'이 옳다고 여기는 간극이 아담과
하와의 마음속에 있게 한 자는, 바로 마귀였으며; 마귀로 하여금 거기에
이르게 한 것은, 바로 정욕인 것이다. 무릇 지금의 사람들은, 하나님을
主라 여기지 않고, 오직 자신만이 주인이며, 무릇 온갖 계략으로 행동하
고, 오직 자신만이 순조로우며, 오직 자기만이 적당하다고, 속박되어 헤
어나지를 못하니, 그 유래된 바가 오래되었도다! 바로 '開辟大於此是之中'
인 까닭인 것이다.

「隙」, 裂也; 裂開嫌隙之路也;「冥」, 暗也;「同」, 同也, 外觀似爲彷彿上
帝, 而暗中實同於魔鬼也.「彼非」, 謂此心旣以此魔鬼之言爲是, 自然以
彼上帝禁誡之言爲非矣! 始也此心未嘗以彼爲非, 及信魔鬼之言, 旣視之,
而又捫之, 又食之, 又從而思慕之; 轉瞬之間, 反覺上帝禁之爲不情,[522] 而

---

522 「不情」: '정리(情理)에 맞지 않다'.

彼非之心頓開. 夫旣以君父爲彼, 爲非, 則妄作聰明, 盜弄父兵,[523] 不至於僭竊[524]而不止, 此所謂開同魔之路於始祖, 以上帝爲非之心, 內者乃娑殫投間抵隙之所爲也.

「隙」은, '갈라짐'이고; '틈새가 벌어진 길'이며; 「冥」은, '어둠'이고; 「同」은, '동행하다'이니, 겉으로 보기에는 마치 하나님인 듯하나, 혼미한 가운데에서는 사실 마귀와 동행하는 것이다. 「彼非(저가 잘못되었다)」는, '이(此) 마음을 일컫는 것으로서, 이(此) 마귀의 말이 이미 옳다 여겼으므로, 자연히 저(彼) 하나님의 금지와 경계의 말이 옳지 않다고 하는 것'을 말한다! 처음에 이(此) 마음은, 저(彼)가 잘못되었다고 여기지 않았으나, 마귀의 말을 믿고, 그것을 보고, 만지고, 먹으며, 그것을 따르고 사모한 후로는; 순식간에, 도리어 하나님의 금령이 정리(情理)에 맞지 않다고 느꼈으니, 「彼非(저가 잘못되었다)」의 마음이 갑자기 생겨 버린 것이다. 무릇 이미 군왕으로 저(彼)를 삼고 잘못되었다고 하였으니, 망령되이 총명한 듯 행동하면서, 제멋대로 행동을 일삼았고, 하나님을 참칭하는 데에까지 이르지는 않았으나 그치지는 않았으며, 따라서 이것은 이른바 아담과 하와에게

---

523 「盜弄父兵」: '태자의 몸으로서 군왕의 병사를 제멋대로 파견하다'의 의미이다. 출전 《漢書·單于傳》:「單于使左右難漢使者, 曰:『漢, 禮義國也. 貳師道前太子發兵反, 何也?』使者曰:『然. 乃丞相私與太子爭鬪, 太子發兵欲誅丞相, 丞相詭之, 故誅丞相. 此子弄父兵, 罪當笞, 小過耳. 孰與冒頓單于身殺其父代立, 常妻後母, 禽獸行也!』」(선우가 좌우를 시켜 漢나라 사자를 힐책하게 하며 말하기를:『漢나라는 예의의 나라인데, 貳師장군이 말하기를 전에 태자가 군사를 일으켜 모반했다고 하던데, 무슨 까닭이오?』사자가 대답하여 가로되:『그렇소. 승상이 사사로이 태자와 쟁투하여, 태자가 군사를 일으켜 승상을 주살하려 하니, 승상이 이를 무고하여, 이 때문에 승상을 주살했소이다. 이는 자식이 아비의 군사를 농단한 것으로, 그 죄는 태형에 해당하는 작은 허물입니다. 어찌 묵돌선우가 몸소 그 아비를 죽여 대를 이은 것이나, 늘 後母를 처로 삼는 금수 같은 행동을 하는 것에 비할 수 있겠소!』)

524 「僭竊」: '본분을 넘어 상위자의 명의를 사칭하여 절취하다'의 의미이다. 《舊唐書·朱泚》:「賊泚自謂衆望所集, 僭竊之心, 自此而定.(뭇사람들이 기대하는 바라 도적들이 스스로 분명하게 말하였으니, 윗사람을 참칭하려는 마음이, 이때로부터 정해졌다.)」

마귀와 동행하는 길을 열어 주어, 하나님이 잘못되었다는 마음을 갖게 한 것으로서, '內'라는 것은 곧 사탄이 틈새로 집어넣어 간극을 메운 행위인 것이다.

이로써 수많은 종파들이, 앞다투어 일어나, 경쟁하듯 敎法의 그물을 짜내었다(是以三百六十五種, 肩隨結轍, 競織法羅)

此乃承上起下之辭, 言自始祖間隙之路開, 是非之念作, 而遂不可收拾. 子武孫繩, 雖有智者, 亦不過克勝己私, 聿修明德而己. 然理欲紛乘, 異端蠭起,[525] 常在無可如何之日, 永無自然清淨之期矣! 舉「三百六十五種」, 以爲言非景敎之道也. 查景經論魔鬼之類, 並無成數之可稽; 而天下古今之異端左道, 亦無定目[526]之可核. 則三百六十五種之言, 仍是景淨等以波斯昨阿樂士論陰氣之惡神邪道, 解景敎之娑殫魔鬼耳!

이것은 앞의 문장을 받고 뒷 문장을 잇는 말로서, 시조(始祖) 때부터 틈새의 길이 열리고, 옳고 그름의 생각이 생겨났으나, 마침내는 수습할 수 없게 되었음을 말하고 있다. 아들이 용맹하고 손자가 계승하듯, 비록 지혜가 있는 사람일지라도, 또한 자신의 사사로운 것을 물리칠 수 있음에 지나지 않으니, 이에 밝은 덕을 닦을 뿐이다. 그러나 하늘의 이치와 인간의 욕망이 분분히 일어나면, 이단들이 벌떼처럼 일어나, 항상 어찌할 수 없는 날들이 이어지니, 자연스럽게 깨끗해질 시기는 영원히 없는 것으로

---

525 「蠭起」: '꿀벌 떼가 날아오르는 듯함'을 형용한 것이다. 「蠭」은 「蜂」과 같다. 《淸史稿·倉庫》:「近來軍務繁興, 寇盜**蠭起**, 所至地方輒以糧盡被陷.(근래에 군사적 사무가 빈번히 일어나고, 도적들이 벌떼처럼 일어나니, 가는 곳마다 바로 군량이 다하여 함락된다.)」

526 「定目」: '적절한 호칭'.

다!「三百六十五種」이란 어구를 제시하였으니, 경교의 道가 아님을 말하는 것으로 여겨진다. 경교 경전에서 마귀 따위를 논하는 것을 살펴보면, 증거로 삼을 만한 숫자는 결코 없지만; 그러나 천하 고금의 이단의 부정한 길은, 또한 대조할 만한 적절한 호칭이 없다. 즉 '삼백육십오종'이라는 말은, 여전히 景淨 등이 페르시아의 조로아스터가 논한 陰氣의 惡神과 사악한 道를 가지고, 경교의 사탄 마귀를 풀었을 뿐인 것이다!

「肩隨」者, 如兄如弟, 如足如手, 互相依傍也.「結轍」者, 如車之聯貫, 如浪之追隨也.「競」者, 分道揚鑣也.「織」者, 絲絲入扣也.「法羅」者, 謂三百六十五種密布於天地間, 如天羅地網也.

「肩隨」라는 것은, 형과 동생 같고, 발과 손같이, '서로가 의지하는 것'이다.「結轍」이란, '수레가 이어지고, 파도가 뒤쫓는 것'과 같다.「競」이란, '제각기 갈 길을 가는 것'이다.「織」은, '베를 짤 때 모든 실이 몸통 사이를 통과하는 것'이다.「法羅」라고 하는 것은, 삼백육십오 종이 천지간에 빽빽하게 들어차서, 마치 '하늘과 땅의 그물'과 같은 것이다.

此二句總言曲學異端, 彌綸宇宙, 無地不有, 無時不然; 彼盛而此衰, 彼消而此長; 分途而治世, 並力以網羅. 古今萬國之人無有如之, 何者? 良由欲匹上帝, 故遭荼毒也.

이 두 구절은 학문을 왜곡한 이단들이, 온 세상을 장악하기를, 없는 곳이 없고, 그렇지 않을 때가 없음을 전체적으로 말하고 있다; 저것이 성하면 이것이 쇠퇴하고, 저것이 사라지면 이것이 자라나며; 분파를 나누어 세상을 다스리고, 동시에 힘으로 망라해 버린다. 고금의 만국 사람들은 그와 같은 것이 없는데, 왜 그러한가? 모두가 하나님에 필적하고자 함 때문이니, 그리하여 해를 입은 것이다.

어떤 이는 사물에 의지하여 종교로 삼는다(或指物以託宗)

此文乃景淨於魔道中揭出大綱, 以著娑殫爲害之烈以告人也.「指物」, 謂世人以私心測度, 任指天地之間一物也.「託宗」, 謂以所指之物, 立之爲主, 而尊之, 敬之, 或謝之, 拜之, 事之, 賴之之謂也.

이 문장은 景淨이 무엇이 옳지 못한 길인가에 대한 요점을 밝히고 있으니, 사탄이 강렬한 해악임을 드러내어 사람들에게 알리고 있는 것이다.「指物」이란, 세상 사람들이 사사로운 마음으로 추측하여, 천지 간의 한 사물을 마음대로 숭배하고 있음을 말하고 있다.「託宗」이란, 숭배한 사물을 가지고, 그것을 主로 세워, 존숭하고, 존경하며, 감사하고, 절하고, 섬기고, 의지하는 일을 일러 말하는 것이다.

蓋指物託宗,[527] 乃世人初離上帝, 由光入暗之始. 凡罪者, 皆能令人畏定罪之主. 畏, 斯離; 離, 斯暗; 暗, 則魔鬼得以售其奸,[528] 而世人遂甘心將乃天父之恩榮, 歸於其所指受造之物. 於是上帝益離, 而魔鬼益親. 上帝日賜萬恩, 卽以萬恩歸榮於所指之物, 所指之物雖無靈, 而魔鬼有靈, 竊上

---

[527] 「指物託宗」: 추상적인 사물로 구체적인 사물을 명확히 가리키고 있지만, 모두 그 각자가 신봉하는 교파를 가리키고 있다.「指」는 '사물의 추상적 개념';「物」은 '구체적 사물'. 출전《公孫龍子‧指物論》:「物莫非指, 而指非指.(사물은 모두 가리키는 바가 있지만, 그러나 가리킴 그 자체는 사물에 대한 가리킴과는 다르다.)」

[528] 「得以售其奸」: '간계(奸計)의 목표가 달성되었다'는 의미이다.「售」, '실행하다, 실현하다'.《淸史稿‧林則徐》:「試其恫喝, 甚且別生秘計, 冀售其奸.(시험 삼아 공갈을 해보았는데, 심지어 별도의 묘책이 생겨났으니, 간계한 목표가 실행되기를 바랐다.)」

帝之恩以爲己有; 而人心益固, 遂至世間稱帝, 稱神, 稱宗, 稱主者日多. 其始也, 以蒼蒼之天爲君, 爲父, 而又以地配, 是父天, 母地也. 然上帝實非天地也, 不過指物託宗而已矣!

무릇 '指物託宗'이란, 세상 사람들이 처음으로 하나님을 떠나, 빛에서 어둠으로 들어간 시작인 것이다. 무릇 '죄'라는 것은, 모두 사람으로 하여금 정죄의 主를 두려워하게 할 수 있다. '두려움'이란, '떠나는 것'이고; '떠남'은, '어두운 것'이며; '어둠'이란, 즉 '마귀가 그 간계의 목적을 달성할 수 있는 것'이지만, 세상 사람들은 곧 기꺼이 하나님의 은혜를 입는 영광을, 그 지칭한 피조물에게로 돌려주게 되는 것이다. 이리하여 하나님은 더욱 멀어지지만, 마귀는 더욱 친근해진다. 하나님은 날마다 만 가지 은혜를 내리시니, 즉 만 가지 은혜로써 가리키는 사물에 영광을 돌리고, 가리키는 사물이 비록 영혼이 없을지라도, 마귀는 영을 가지고 있으니, 하나님의 은혜를 훔쳐서 자신에게 있는 것이라고 여긴다; 그러나 사람의 마음은 더욱 완고해져서, 마침내 세상에 이르러 제왕이라 칭하고, 신이라 칭하며, 종파라 칭하고, 주라 칭하는 자가 날로 많아졌다. 그 시작은, 창망한 하늘을 임금으로 삼고, 아버지로 삼으며, 또한 땅과 결합시키니, 이것이 아버지 하늘이요, 어머니 땅인 것이다. 그러나 하나님은 실로 하늘과 땅이 아니시니, 이것은 그저 사물에 의탁하여 종교로 삼는 것일 뿐이로다!

其繼也, 又有指太陽以託宗者. 斯道也, 以波斯, 印度, 埃及, 巴比倫爲最盛, 景經記迦南人竟有焚子以祭太陽神者矣![529] 此等惡俗, 爲上帝所不

---

529 가나안 사람들이 숭배하는 태양신으로서 「摩洛(Molech)」으로 번역한다. 이 민족이 몰렉에게 절하고 아들을 제물로 바친 일은 성경 예레미야 32장 35절에서 볼 수 있다: 「힌놈의 아들의 골짜기에 바알의 산당을 건축하였으며, 자기들의 아들들과 딸들을 몰렉

容, 又繼而指陰陽以託宗, 始而巴比倫, 波斯, 印度.

그다음은, 또 태양을 숭배하여 종교로 삼는 일이 있다. 이 종교는, 페르시아, 인도, 이집트, 바빌론에서 가장 성행하였는데, 경교 경전은 가나안 사람들이 불사르는 제물로 태양신에게 제사를 지냈었다고 기록하고 있다! 이러한 악한 습속은, 하나님께 용납되지 않았으며, 또한 뒤이어 陰陽에 기탁하여 종교로 삼기도 했으니, 바빌론, 페르시아, 인도에서 처음 시작되었다.

有商之世, 巴比倫文士有入籍中國者, 其說蔓延久之, 遂混而不分, 究之陰陽, 不過變化物性之一法, 非造化授命之主也. 周初, 五星[530]主命之說興於巴比倫; 周衰, 五德迭王之說興於中國.[531] 虞夏之際, 六府三事,[532] 未

앞으로 지나가게 하였느니라. 그들이 이런 가증한 일을 행하여 유다로 범죄하게 한 것은 내가 명령한 것도 아니요, 내 마음에 둔 것도 아니니라.」

530 「五星」: 고대에 태양계의 '金, 木, 水, 火, 土'를 五星이라 했다. 金星은 「太白」이라고도 칭하며; 木星은 「歲星」이라고도 하고; 水星은 「辰星」이라 하며; 火星은 「熒惑」; 土星은 「鎭星」이라고도 칭한다.

531 「五德迭王之說」: 왕조의 제왕 교체는 '金, 木, 水, 火, 土'의 상생 상극의 서열 및 德性과의 어울림과 관계가 있다. 《漢書 · 世經》:「太昊帝, 易曰:『伏犧氏之王天下也.』言伏犧繼天而王, 爲百王先, 首德始於木, 故帝太昊. 作罔罟以田漁, 取犧牲, 故天下號曰伏犧氏…. 炎帝, 易曰:『伏犧氏沒, 神農氏作.』言共工伯而不王, 雖有水德, 非其序也. 以火承木, 故爲炎帝. 教民耕農, 故天下號曰神農氏. 黃帝, 易曰:『神農氏沒, 黃帝氏作.』火生土, 故爲土德….(태호 황제는, 주역에서 이르기를:『伏犧씨가 천하를 다스렸다.』복희씨가 하늘의 뜻을 받들어 왕이 되었고, 뭇 왕들의 우두머리가 되었으며, 첫 번째 德이 木에서 시작하였으므로, 태호 황제라 하였다. 그물을 만들어 사냥하고, 물고기를 잡아 희생물을 취하였으니, 그리하여 세상이 그를 복희씨라 칭하였다…. 염제는 주역에서 이르기를:『복희씨가 죽고, 신농씨가 즉위하였다.』共工이라는 백부를 말하였으나 왕이 되지 않았고, 비록 水의 德이 있을지라도, 그 차례가 아니었다. 火로써 木을 이어받았으니, 염제라 하였다. 백성들에게 농사짓는 법을 가르쳐 주었으니, 그리하여 천하가 그를 신농씨라 불렀다. 황제는 주역에서 이르기를:『신농씨가 죽고, 황제씨가 즉위하였다.』火에서 土가 나왔으니, 그리하여 土의 德이….)」

532 「六府三事」: '국가를 다스리는 각종 대사'를 통칭한다. 출전《尚書 · 虞書 · 大禹謨》:「帝曰:『俞! 地平天成. 六府三事允治. 萬事永賴, 時乃功.』帝曰:『格汝禹, 朕宅帝位.』」所謂六府, 指積聚財源之事.(황제가 가로되:『예! 땅이 다스려지고 하늘이 이루어졌으며, 六府

聞五行之論也.〈洪範〉[533]一篇, 傳自周初, 吾不知其爲眞書, 僞書也, 然實爲宗五行者之祖. 兩漢經師宗託尤甚. 迄于趙宋, 河洛諸儒,[534] 又轉一宗; 不曰五德, 而曰理氣, 託宗五行, 固屬魔道, 卽宗理氣,[535] 猶在法羅之內也.

商나라 때에는, 바빌론의 문사들 중 중국으로 귀화한 사람들이 있었는데, 그 이야기가 퍼진 지 오래되었고, 마침내는 혼재되어 구분할 수 없게

와 三事가 진실로 잘 다스려져서 만세토록 길이 의지하게 되었으니, 이것은 그대의 공이로다.』황제가 가로되:『그대 禹에게 고하니, 내가 임금 자리에 있었소.』소위 六府라 함은, 재원을 축적하는 일을 가리킨다.)」[唐] 孔穎達正義曰:「府者, 藏財之處; 六者, 貨財所聚, 故稱六府.」(府는 재물을 저장하는 곳이고; 六은 재화가 모이는 것이므로, 六府라고 칭하는 것이다.)《尚書正義》, 李學勤 主編,《十三經注疏整理本》第2冊(北京市: 北京大學出版社: 2000年), 卷第4, 107쪽 참고. 소위 '六者'라 불리는 '金, 木, 水, 火, 土, 穀'은 이미 五行의 形而上學的 학설을 벗어나 形而下의 용도를 가리키고 있다.《左傳·文公傳七年》:「六府三事, 謂之九功. 水, 火, 金, 木, 土, 穀, 謂之六府. 正德, 利用, 厚生, 謂之三事.(六府三事를 일러 '九功'이라 한다. '水, 火, 金, 木, 土, 穀'을 六府라 하고, '正德, 利用, 厚生'을 일러 三事라 한다.)」

533 「洪範」:《尚書》의 편명. [漢] 孔安國 傳云:「洪, 大; 範, 法也. 言天地之大法.(洪은 大이고; 範은 法이다. 천지의 大法을 말하는 것이다.)《尚書正義》, 李學勤 主編,《十三經注疏整理本》第3冊, 卷第12, 352쪽 참고. 〈洪範〉:「禹乃嗣興, 天乃賜禹洪範九疇, 彝倫攸敍. 初一曰, 五行; 次二曰, 敬用五事; 次三曰, 農用八政…. 一, 五行, 一曰水, 二曰火, 三曰木, 四曰金, 五曰土. 水曰潤下, 火曰炎上, 木曰曲直, 金曰從革, 土爰稼穡.(禹가 이어 일어났고, 하늘이 禹에게 洪範九疇를 내려 주시자, 인륜이 열리게 되었다. 첫째는 五行이고, 둘째는 공경하는 데 쓰는 五事이고, 셋째는 농사에 쓰는 八政이고…. 첫 번째, 五行이니, 하나가 물이요, 둘은 불이요, 셋은 나무요, 넷은 쇠요, 다섯은 흙이다. 물은 가로되 적시면서 아래로 흐르고, 불은 가로되 불타오르고, 나무는 가로되 굽으면서 곧고, 쇠는 가로되 따르면서 단단하고, 흙은 이에 심고 거두느니라.)」

534 「河洛諸儒」: '周敦頤, 程頤, 程顥'를 가리킨다. 周敦頤는 字가 茂淑이며, 宋나라 道州 營道(지금의 湖南省) 사람이다. 세칭 濂溪先生이라 불렸으며, 宋代 理學의 창시자이니, 사람들은 그의 학설을 濂學이라 부른다. 저작으로는《太極圖說》,《通書》가 있다. 湖南은 또한 지역이 양자강 중류에 있기 때문에 본서의 작자는 그를 河洛諸儒 가운데에 포함시켰다. 宋代의 程頤, 程顥는 周敦頤의 제자로서, 두 사람은 형제지간이며, 합칭하여「二程」이라 한다. 洛陽에 거주했기 때문에 이들의 학문을 세칭 洛學이라 한다. 程顥(1032-1085), 字는 伯淳, 號는 明道先生이다. 저서로는〈識仁篇〉,〈定性書〉가 있다; 程頤(1033-1107), 字는 正叔, 號는 伊川先生, 誠敬(정성을 다하여 공경함)과 窮理(사물의 이치를 깊이 연구함)에 주력하였고, 저서는《易傳》,《春秋傳》이 있다.

535 「理氣」: '물질을 통해 보이는 기본 법칙'.《朱子語類輯略·理氣》:「天下未有無理之氣, 亦未有無氣之理.(천하에 理 없는 氣는 없고, 또한 氣 없는 理도 없다.)」

되었으니, 음양을 궁구하였으나, 물성을 변화시키는 한 가지 방법에 그쳤을 뿐, 창조하고 명을 내리는 主가 된 것은 아니었다. 周나라 초기에는, 五星主命說이 바빌론에서 일어났으나; 周나라 쇠퇴 시기에는, 五德迭王說이 중국에서 일어났다. 우하(禹夏)의 때에 즈음하여, 육부삼사에 있어서, 오행의 이론을 들어 보지 못하였다. 《洪範》 한 편이, 周 초에 전해졌는데, 나는 그것이 진서인지 위서인지를 몰랐으나, 사실은 오행을 계승하는 원조였다. 兩漢 시기에는 경사들의 종교에 의탁함이 특히 심하였다. 宋나라 때에 이르러서는, 주돈이, 정이, 정호 등 여러 유학자들이, 또 하나의 종파로 돌아섰으니; 五德이 아니라, 理氣라고 하는데, 五行에 의지하는 것이니, 본래 사악한 道, 즉 理氣를 추종하는 것으로서, 바로 '法羅' 안에 있는 것과 같다.

夫氣猶質也, 理猶法也; 氣譬物也, 理譬規矩, 準繩也. 皆無知覺者也. 匠人不運思二者, 何以成物也? 使上帝不造物, 氣於何有? 上帝不賦理, 理於何有? 上帝不布命理, 氣何以成物也? 此猶論物也.

무릇 氣는 質과 같고, 理는 法과 같은 것이니; 氣는 사물을 빗대고, 理는 규칙과 기준에 비유한다. 모두 지각이 없는 것들이다. 장인이 이 두 가지를 생각하지 않으면, 어찌 사물을 만들 수가 있겠는가? 만일 하나님께서 사물을 창조하지 않으셨다면, 氣라는 것이 어디에 있겠는가? 하나님이 理를 주지 않으셨다면, 理가 어디에 있겠는가? 하나님이 命理를 선포하지 않으셨다면, 氣가 어찌 사물이 될 수 있단 말인가? 이것은 사물을 논하는 것과 같은 것이다.

人爲萬物之靈, 能行善, 能作惡, 豈理亦有惡理耶? 無怪乎明季諸儒又

宗心學矣! 以心爲主, 善夫曰「危甚」. 仁, 義, 禮, 智, 謂由心出, 恐未盡然. 惟淫念, 隱惡, 貪婪, 暴狠, 媚嫉,[536] 兇殺, 爭奪, 詭譎, 刻薄, 中傷, 訕謗, 怨恨, 狎侮,[537] 驕傲, 矜誇, 機詐, 迕逆, 文過,[538] 失信, 殘忍, 各性正不得不謂之不由心出也. 天下無無心之人, 生而居仁由義者, 誰乎? 貪殘驕文者, 遍天下矣! 越至于今, 無所可宗, 惟以偶像財神爲宗; 以偶像財神爲宗, 其不至於天良喪盡不止, 此景淨所以著之爲魔道之首惡者也. 出埃及記二十章:「上帝垂誡曰:『余而外不可別有上帝; 毋雕偶像, 天上地下水中百物, 勿作偶像象之,[539] 毋拜跪, 毋崇奉; 以我耶和華, 卽爾之上帝, 斷不容以僞上帝匹我.』[540]」[541] 正謂此也.

인간은 만물의 영장으로서, 선을 행할 수도 있고, 악을 행할 수도 있지만, 理에 어찌 또한 惡理가 있겠는가? 어쩐지 明나라 말년 여러 유학자들이 또한 心學을 존숭하였더라니! 마음을 위주로 하며, 선량한 사람을「危甚」이라고 부른다. 仁, 義, 禮, 智는 마음에서 나온다고 말하는데, 아마도 다 그렇지는 않을 것이다. 오직 음심, 감춰진 악, 탐욕, 포악, 질투, 살인, 다툼, 괴상함, 각박함, 중상, 비방, 원한, 업신여김, 거만, 교만, 사기, 반항, 과실 은폐, 신용 상실, 잔인함 등의, 각 성질들은 마음으로부터 나오지 않는다고 말할 수밖에 없다. 세상에 마음이 없는 사람은 없는데, 태어

---

536 「媚嫉」: '질투하다'. 「媚」, '질투하여 미워하다'의 의미이다. 《禮記·大學》:「人之有技, 媚嫉以惡之.(사람이 재능이 있으면, 그를 질투하여 미워한다.)」
537 「狎侮」: '업신여기고 모욕하다'. 《尙書·旅獒》:「德盛不狎侮. 狎侮君子, 罔以盡人心; 狎侮小人, 罔以盡其力.(德이 성하면 업신여기지 못한다. 관직에 있는 사람을 하찮게 여겨 깔보면, 그 마음을 다 바치게 할 수 없고; 백성을 깔보면, 그 힘을 다 바치게 할 수 없다.)」
538 「文過」: '잘못을 호도하다'의 의미이다. 「文」, '덮어 숨기다, 가리다'.
539 「勿作偶像象之」, 이 구절은「委辦譯本, Delegates' Version」에서는「偶」자가 없다.
540 「斷不容以僞上帝匹我」구절 중의「僞」는「委辦譯本, Delegates' Version」에서는「他」로 기록되어 있다.
541 「上帝 … 匹我」는「委辦譯本, Delegates' Version」출애굽기 20장 1-5절에서 인용되었다.

나서부터 仁에 거하고 義에 말미암은 사람이 누가 있겠는가? 탐욕스럽고 잔인하며 교만한 문인은, 천하에 널리 퍼져 있다! 오늘에 이르러서는, 추종할 것이 없으니, 오로지 우상과 재물신을 존숭의 대상으로 삼는데; 우상과 재물신을 존숭의 대상으로 삼는 것이, 양심을 죄다 잃어버리는 지경에까지 이르지는 않았으나, 이것은 景淨이 저술한바 악마의 道의 원흉인 것이다. 출애굽기 20장: 「하나님이 계율을 내려 말씀하셨다:『너는 나 외에 다른 신들을 네게 두지 말라; 우상을 새기지 말고, 하늘이나 땅속이나 물속에 있는 것의, 어떤 형상도 만들지 말며, 그것들에 절하지 말고, 숭배하지 말라; 나 여호와, 즉 네 하나님은, 가짜 하나님을 만들어 나에게 필적하는 것을 결코 용납지 않으리라.』」라는 말씀은, 바로 이것을 말하는 것이다.

어떤 이는 一空萬有의 사상으로 陰陽의 道에 빠져 버렸다
(或空有以淪二)

此言佛道空萬有, 沒造化爲魔道也.「空」, 本無也;「有」, 天地萬物也.「淪」, 埋沒也;「二」, 陰, 陽也. 景淨等旣以陰陽爲上帝造化之法, 故謂佛道萬物由妄而有之說, 爲淪沒造化之魔道也. 景淨等揭爲以佛氏證空之說爲魔道也. 據耶和華之尊名而云然也.

이것은 佛道에서의 '一空萬有(만유는 空에서 생겨남)'가, 창조의 道를 빠뜨려 마귀의 道로 만들었음을 말하고 있는 것이다. 「空」은 '본래부터 없는 것'이며; 「有」는, '천지 만물'이다. 「淪」은, '매몰하다'이며; 「二」는, '陰과 陽'이다. 景淨 등은 이미 陰·陽을 하나님의 창조의 법으로 삼았기 때문에, 佛道에서 말하는 '萬物由妄而有之(만물은 망령된 것에서 나옴)'설을 일컬었는데, 이는 창조를 매몰시켜 버리는 마귀의 道인 것이다. 景淨 등은 부처의 空을 증명하는 說이 마귀의 道라고 폭로하였다. 여호와의 존귀하신 이름에 근거하여 그렇게 말한 것이다.

夫自有者, 實有也. 惟實有方能造萬有, 自有, 實有, 萬有, 眞有, 不得謂之「空」. 謂之空者, 猶人坐享祖父成業, 而謂乃祖, 乃父實無其人, 廣廈, 良田, 家資, 物產悉屬虛幻, 豈理也哉! 匪惟542不得謂之空, 更不得謂之自然; 而有卽一毫一髮之微, 亦必爲上帝全智, 全能之大命作成.

무릇 스스로 있는 자란, 실제로 있는 것이다. 오직 실제로 있어야만 비로소 만유를 창조할 수 있으니, '自有, 實有, 萬有, 眞有'를, 「空」이라고 칭할 수는 없다. '空'이라고 일컫는 것은, 사람이 앉아서 할아버지가 이룬 업적을 누리는 것과 같으니, '네 조부', '네 부친'이라고 일컫지만 실제로는 그 사람이 없고, 넓고 큰 집, 좋은 밭, 가산, 물산 등이 모두 허황된 것에 속한다면, 어찌 이치에 맞다고 하겠는가! '空'이라 일컬을 수 없을 뿐만 아니라, '自然'이라고도 할 수 없다; 그러나 터럭만큼의 미세함이라도 있다면, 또한 반드시 하나님의 전지, 전능의 위대하신 명령에 의해 이루어진 것이다.

試以一目而論, 亦無不可以見造化主之經營, 烏乎見之? 凡目之爲道, 欲視而明也. 然天下最清明之物莫若水, 水與光理最合也. 然水本流質, 必須包裹, 於是有罩睛皮之作. 旣有睛珠矣, 又必思所以安置之處, 緣睛珠

---

542 「匪惟」: '~뿐만 아니라'의 의미. 「匪」는 '不'과 같음; 「惟」는 '단지, 오직'. 《全晉文·範甯》:「如此, 匪惟家給人足, 賢人豈不繼踵而至哉!(이와 같이, 집집마다 입고 먹을 것이 풍족하니, 어진 사람들이 어찌 줄을 이어 오지 않겠습니까!)」

不過一包水耳! 安能保百十年之用? 詳細思之, 亦大難之事. 如置於腋下, 則善保護矣, 然不便於視; 如置於顴上,[543] 則便於視矣, 然難於保護, 故必作骨窩以衛之. 惟剛柔不類,[544] 又必作如許綿脂以墊之; 又慮汗液之入目也, 故作眉以截之; 又慮飛塵入目也, 故作睫毛以蔽之. 猶慮徒睫不足以禦風塵, 故每睫毛管下, 必配一油核, 潤睫以粘塵, 事皆善矣! 又慮水汽烟霞蒙昧, 故將眼蓋貫活肌, 令其終日開合, 使眼蓋內皮終日拭抹. 然凡物相摩, 必生熱目, 必有發熱之患, 故於目外眥[545]之上, 作淚核滲液以隔之, 若機器之油壺. 然又慮淚液外流也, 故於內眥之下, 作淚管以收之. 此僅就外見之極淺者言之, 如論形體之學, 雖十易寒暑, 莫能窮其蘊.

눈 하나를 가지고 논해 보자면, 또한 창조주의 경영하심을 볼 수 있는데, 어떻게 하여 사물을 볼 수 있는 것인가? 무릇 눈이 道가 됨은, 보아서 이해하고자 함이다. 천하에서 가장 청명한 것은 물만 한 것이 없으니, 물과 빛의 이치가 가장 잘 어울린 때문이다. 그러나 물의 본성과 흐름의 성질은, 반드시 감싸야 한다는 데 있으니, 여기에 눈꺼풀을 덮는 작용이 있는 것이다. 눈동자가 있다고 치면, 또한 반드시 배치할 곳을 생각해야 하는데, 눈동자는 한 봉지의 물에 다름아닌 까닭이다! 어찌 백십 년 동안의 사용을 보장할 수 있을 것인가? 그것을 자세히 생각해 보면, 또한 크게 어려운 일인 것이다. 만일 겨드랑이 밑에 둔다면, 물론 잘 보호할 수 있을 것이지만, 눈을 사용하여 보기에는 불편하다; 만약에 광대뼈 위에 놓으면, 보기에는 편할 것이지만, 보호하기에는 어렵기 때문에, 반드시 뼈에 큰 오목을 만들어 그것을 품어야 한다. 단지 하나는 강하고 하나는 약

---

543 「顴上」: '광대뼈 위쪽'. '顴骨'은 눈 아래 부분과 뺨 위의 튀어나온 부분을 가리킨다.
544 「剛柔不類」: '하나는 강하고 하나는 약하여 함께 놓기 적당치 않다'는 말이다. 「不類」, '온당하지 않다'의 의미. 이것은 뼈는 강하고 눈동자는 약하기 때문이다.
545 「目外眥」: '눈동자 주변'이라는 의미이다. 「眥」, '눈가, 눈동자 주변'.

하여 함께 놓기 적당치 않으니, 또한 꽤 많은 부드러운 것을 만들어 그것을 받쳐 주어야 한다; 또 땀이 눈에 들어오는 것을 염려하여, 눈썹을 만들어 그것을 차단하였다; 또 날아다니는 먼지가 눈에 들어올까 봐, 속눈썹을 만들어 그것을 가렸다. 다만 속눈썹이 바람과 먼지를 다스리지 못할 것을 여전히 염려하여, 각 속눈썹 털 밑에, 반드시 기름진 씨를 배치하여, 속눈썹을 촉촉하게 하여 먼지를 달라붙게 하였으니, 이 모든 일이 훌륭하지 않은가! 또 수증기와 안개와 노을이 가릴까 봐, 눈꺼풀을 근육에 잇대어, 하루 종일 열고 닫을 수 있도록 하였고, 눈꺼풀의 내피를 하루 종일 닦을 수 있도록 하였다. 그러나 무릇 사물이란 서로 마찰을 하는 것이니, 눈에 반드시 열이 날 수밖에 없어서, 필시 열병이 있을 것이므로, 눈동자 주변에서, 눈물이 흘러나오도록 하여 막아 주니, 기계에 있어서의 기름 주전자와도 같은 것이다. 또 눈물이 밖으로 흐를 것을 염려하여, 눈동자 아래에, 눈물관을 만들어 거두어들인다. 이것은 단지 밖에서만 볼 수 있는 극히 얕은 것만을 말하는데, 형체를 논하는 학문과 같은 경우, 비록 10년의 세월이 지나도, 그 심오한 것을 궁구해 낼 이가 없다.

景古聖「大闢」[546]之詩云:「主造我躬, 神妙莫測; 經綸, 無不奇異, 是我所知, 頌美之兮!」[547] 佛如知此, 當自恨其爲婆羅門所累, 而自悔其言之孟浪,[548] 以開罪於上帝也. 原佛憫世人之溺於貪嗔癡, 以造無量苦也. 故爲

---

546 「大闢」: 중국어 음역이며, 오늘날 일반적으로 「大衛」(David)라 쓴다.

547 「主造 … 之兮」는 「委辦譯本, Delegates' Version」 시편 139편 14절에서 인용되었다. 단지 「主造我躬」의 「主」만 「委辦譯本, Delegates' Version」에서는 「爾」로 되어 있고; 「經綸」은 「委辦譯本, Delegates' Version」에서 「爾之經綸」으로; 「頌美之兮」의 「之」는 「委辦譯本, Delegates' Version」에서 「爾」로 쓰여 있다.

548 「孟浪」: '언행이 경솔하다'는 의미이다. 《魏書 · 源賀》: 「豈有士辭榮祿而苟不聽之哉? 推察情理, 此則孟浪.(어찌 명예와 봉록, 이익과 관록이 있어 함부로 그것을 듣지 않는가? 정리를 미루어 살펴보면, 이는 즉 언행이 경솔한 것이다.)」

過高之論, 至以不生爲道, 魔鬼卽於其過高之處而中傷之, 遂使救世之心反爲滅上帝, 賊[549]性靈, 絕生機之術, 流毒蒼生, 曷其有極!

경교 구약 「다윗」의 시편에 이르기를: 「주께서 나를 지으심이 신묘막측 하심이라; 주의 행사가 기이하지 않음이 없음을 내 영혼이 잘 아나니, 그 아름다움을 송축하나이다!」 부처가 만일 이것을 알았다면, 바라문에 의해 고통당했음을 당연히 스스로 한탄하고, 그 말의 경솔함으로 하나님의 노여움을 사게 되었음을 뉘우쳤을 것이다. 본래 부처는 세상 사람들이 탐욕과 분노와 어리석음에 빠져, 헤아릴 수 없는 고통을 만들어 냄을 긍휼히 여겼었다. 그리하여 너무 고상한 이론으로, '不生'을 道로 삼기에 이르렀고, 마귀는 그 너무도 높은 자리에서 그것을 헐뜯었으니, 마침내 세상을 구원하려는 마음을 도리어 하나님을 멸하고, 성정과 영혼을 해치며, 삶의 희망을 끊는 방책으로 만들어, 백성들에게 해독을 끼쳤나니, 무엇이 그것을 극에 달하게 하였는가!

何以言之? 苟無造物, 曷能有物? 苟無物, 何有身? 苟無身, 魂何以顯? 心何以寄? 魂體有身, 故作夢時亦覺己有身; 心體有身, 故思慮時亦覺己爲人. 人之神, 確是人之神, 非上帝之神, 非天使之神, 更非禽獸之魄, 尤非魔鬼之魔. 無論或存於身, 或離於身, 皆是有一人之形, 之情, 之性, 之靈體, 決非空也. 其一念不動, 諸相未生, 喜怒未發之時, 非空也, 乃眞有也. 猶才子入場, 題未到手, 胸如沒字碑, 非眞沒字碑也, 乃眞才子也. 堯之仁愛, 佛之慈悲, 非空也. 非有爲法也, 非夢幻泡影也, 乃眞有仁愛慈悲也. 至今猶在也, 至世末猶在也, 至復生永生之時仍在也. 何所在? 在堯與

---

549 「賊」: '해치다'의 의미이다. 《宋史・撫水州》: 「既而復肆猖獗, 戕賊官兵. (얼마 안 있어 다시 망동하고 창궐하여, 관병들을 해쳤다.)」

佛之靈魂耳!

왜 그렇게 말하는 것인가? 만일 사물을 창조하지 않았다면, 어찌 사물이 있을 수 있겠는가? 만일 사물이 없다면, 어찌 몸이 있겠는가? 만일 몸이 없다면, 혼은 어떻게 나타날 수 있겠는가? 마음은 어떻게 의탁하는 것인가? 혼체에는 몸이 있기 때문에, 꿈을 꾸었을 때도 자신의 몸이 존재한다는 것을 느낀다; 마음의 요체에는 몸이 있기 때문에, 사고할 때에도 자신이 사람이라고 자각하는 것이다. 사람의 神이란, 명백히 사람의 신인 것이지, 하나님의 신이 아니며, 천사의 신도 아니고, 더더욱 짐승의 혼도 아니며, 특히 마귀의 귀신도 아니다. 몸에 존재하든, 몸에서 떨어져 있든, 모두 한 사람의 형상과 감정과 성정과 영체를 가지고 있으니, 절대로 비어 있는 것이 아니다. 재능이 뛰어난 사람이 과거 시험장에 들어가서, 제목이 아직 손에 이르지 않으면, 마음속은 낫 놓고 기역자도 모르는 무식쟁이 같을지 모르지만, 진짜 무식꾼은 아니므로, 곧 진실된 재능꾼인 것과 같다. 堯임금의 인애와, 부처의 자비는, 공허한 것이 아니다. 법으로 행하는 것이 없고, 환상과 물거품이 아니라면, 즉 진실로 인애와 자비가 있는 것이다. 지금까지 여전히 있고, 세상 종말에 이르러도 여전히 있으며, 재림하여 영생에 이를 때에도 여전히 존재하는 것이다. 어디에 있는 것인가? 堯임금과 부처의 영혼에 있음이로다!

佛之爲人, 品最高, 心最慈, 志最大, 力最雄. 惟其道之大綱, 自始至終, 直錯到底. 其大本處, 錯則誤認無形之上帝眞有之性靈爲一爲空; 其中段處, 錯則誤以四大,[550] 五蘊,[551] 六根,[552] 六塵[553]爲幻; 其結末處, 錯則誤以

---

550 「四大」: 불교에서 말하는 '地, 水, 火, 風' 네 가지이다.
551 「五蘊」: 불교에서 '色, 受, 想, 行, 識' 다섯 가지를 한데 이르는 것이다. '色'은 신체를 구성하는 물질이며; '受'는 感覺을 가리키고; '想'은 정서; '行'은 의지; '識'은 인식하고 분별

畜生與人同歸六道輪廻; 其錯到底處, 則誤以輪廻涅槃[554]爲衆生迷覺之
歸宿.

　부처의 사람됨은, 품성이 가장 최고이고, 마음이 가장 자비로우며, 뜻
이 가장 크고, 능력이 가장 웅대함에 있다. 오로지 그 道의 큰 요체는, 처
음부터 끝까지, 바로 철저히 잘못되었다는 것이다. 그 가장 근본이 되는
곳은, 무형의 하나님에게 있는 진정한 성정과 영혼을 하나의 공허함으로
오인한 것이 잘못인 것이며; 그 중간 단계에서는, '四大, 五蘊, 六根, 六塵'
을 공허한 것으로 오인한 것이 잘못이고; 그 결말에서는, 짐승과 사람을
六道輪廻(*譯者註: 선악의 응보로 六道의 고락을 받으면서 죽음과 삶을 끝없이 되풀이하는 것. 六道: '지옥, 아
귀, 축생, 수라, 인간, 천상.')로 함께 귀속시킨 것이며; 그 잘못이 가장 깊은 곳에 이
른 것은, 결국 윤회와 열반을 중생의 미혹과 깨달음의 귀결점으로 오인
한 것이다.

　邑有富室之蒙子,[555] 疾諸昆[556]之竊父資以婬蕩也. 一日決計不恤乃父之
有違言, 縱火盡焚乃父之物產, 意以此爲救諸昆之妙法也. 人將視之曰狂
也. 從佛氏觀空之道, 非直焚乃父物產已也, 乃並父與己曁諸昆, 若妻, 若
子, 若眷屬, 闔家而焚之, 如是謂之頓成大覺, 慘哉! 上帝者, 萬民之父也;
世人之明德, 佛之昆弟也; 世人之肉身, 佛之眷屬也. 天地之大化, 萬物之

하는 작용을 가리킨다.
552　「六根」: 불교에서 '眼, 耳, 鼻, 舌, 身, 意' 등 바깥 세계의 知覺을 느끼는 여섯 가지를 이
　　르는 말이다.
553　「六塵」: 불교에서 六根이 접하게 되는 '色, 聲, 香, 味, 觸, 法' 등 여섯 가지를 가리킨다.
554　「涅槃」: 불교에서 본래 '생사를 초탈한 輪廻의 최종 수행 경지'를 말하는 것이다. 그러
　　나 후에는 출가한 사람이 세상을 떠났을 때 이르는 말로 사용되었다.
555　「蒙子」: '미성년 아들'. 「蒙」, '어린이'.
556　「諸昆」: '여러 형님들'. 「昆」, '형'. 《後漢書 · 和帝陰皇后》: 「宗親外內昆弟皆免官還田里.
　　(종친 내외 형제들이 모두 관직을 버리고 전원으로 귀향하였다.)」

材質, 上帝之家業也. 世人之溺於情欲, 迷於罪孼, 猶諸昆之竊父資以淫蕩也. 佛氏人, 法皆空, 猶之闔家自焚也. 所遺惡烟灰爐己矣! 尙何救世之足云? 適見其慘絶而己也. 此景淨所以著之爲魔道者, 謂其與古經創世記第一章之旨迥異, 而滅耶和華上帝自有之尊榮故也.

한 나라에 부유한 집안의 어린 아들이 있었는데, 여러 형들이 아버지의 재산을 훔쳐 음란 방탕하게 쓰는 것을 미워하였다. 하루는 아버지에게 신용을 저버림을 관계하지 않기로 결심하고, 불을 질러 아버지의 재산을 모두 태워 버렸으니, 그 의도는 이것이 여러 형들을 구하는 묘법이라고 여긴 것이다. 사람들이 막 그를 보고는 미쳤다고 하였다. 부처의 觀空(*譯者註: 모든 法의 공허함을 관찰함.)의 道에 따르면, 직접 불태우지 않아도 아버지의 재산이 끝나 버리는 것이니, 게다가 곧 아버지와 자신과 여러 형제들, 혹은 처, 자식, 권속들까지, 온 집안이 그것을 태워 버렸으니, 만약 이것을 일러 '갑자기 큰 깨달음을 이루었다'라고 한다면, 참담할 뿐이로다! 하나님은, 만민의 아버지요; 세상 사람들의 밝은 덕은, 부처의 형제이며; 세상 사람들의 육신은, 부처의 권속이라. 천지 간의 큰 변화와, 만물의 재료는, 하나님의 가업이라. 세상 사람들이 정욕에 빠지고, 죄악에 빠지는 것은, 여러 형들이 아버지의 재산을 훔쳐 방탕하게 써 버리는 것과 같다. 불교의 人과 法은 모두 공허한 것이니, 마치 온 집안이 스스로 불태워 버린 것과도 같다. 남겨진 독한 연기와 잿더미로 인해 이미 끝나 버렸도다! 아직 무엇으로 세상을 구원하기에 충분하다고 말하는가? 마침 그 참혹하고 절박한 모습을 볼 수 있을 뿐이로다. 이것은 景淨이 지어 사악한 道로 삼은 것이며, 구약 창세기 제1장의 취지와는 현저히 다르다고 말하고 있으니, 여호와 하나님의 스스로 계신 존귀한 영광을 멸하기 때문인 것이다.

「淪二」之文, 乃景淨等誤以波斯, 中國陰陽之道, 解景經造化之法, 非景義也. 緣景經所記, 上帝以大命造化天地萬物, 非以陰陽造化天地萬物也. 差之毫厘, 謬之千里矣!

「淪二」두 글자는, 景淨 등이 페르시아와 중국의 陰陽의 道로 경교 경전의 창조의 법을 잘못 해석하고 있으니, 이는 경교의 教義가 아니다. 경교 경전이 기록한 바에 따르면, 하나님은 큰 명을 내리시어 천지 만물을 창조하셨는데, 음양으로 천지 만물을 창조하신 것이 아니다. 조그마한 차이가 천 리의 착오를 일으키는 것이다!

어떤 이는 기도와 제사로써 복을 구하기만 한다
(或禱祀以邀福)

此文字義顯然, 無庸贅釋, 然景淨之所指, 則謂禱非其主, 禱所不當禱; 祀非其主, 祀所不當祀; 淫祀邪禱, 非惟無福, 益以取禍, 正魔道也. 伊昔上帝, 憫人與魔之不敵, 不忍遽絕於人, 人苟立志崇正黜邪, 籲禱上帝, 上帝亦必援手; 而祀典, 則上帝特立, 用以示萬世贖罪之法者也.

이 문자의 의미는 분명하여, 군더더기의 해석이 필요 없으나, 景淨이 가리키는 바는, 그 주된 것이 아닌 것을 기도하고, 마땅히 기도하지 않을 바를 기도하며; 그 주된 것이 아닌 것에 제사하고, 마땅히 제사하지 말아야 할 것에 제사하고; 사신(邪神)에게 제사지내고 사악한 기도를 하는 것은, 복이 없을 뿐만 아니라, 더욱이 화를 취하는 것이니, 바로 사악한 道인 것이다. 그 옛날 하나님께서는, 사람이 마귀의 적수가 되지 못함을 불쌍히 여기시어, 참을 수 없어 황급히 사람에게서 끊어 버리셨는데, 사람이 만일 정의를 숭상하고 사악한 세력을 제거하는 데에 뜻을 세우고, 하나님께 부르짖어 기도하면, 하나님께서는 또한 반드시 구원해 주셨으니; 祀典^(*譯者註: 제사의 의례를 기록한 전적.)은, 즉 하나님께서 특별히 세우신 것으로, 만세의 속죄의 法을 보여 주시기 위함이다.

故禱有邪有正, 祀亦有正有邪, 桑林之禱曰:「政不節歟? 民失職歟? 女謁⁵⁵⁷盛歟? 宮室崇歟? 苞苴⁵⁵⁸行歟? 讒夫昌歟?⁵⁵⁹」昭告之禱曰:「有罪不敢赦, 帝臣不蔽, 簡在帝心, 朕躬有罪, 無以萬方; 萬方有罪, 罪在朕躬.⁵⁶⁰」此正禱也, 非景淨所謂魔道也.

그러므로 기도는 사악한 것이 있고 바른 것이 있으며, 제사도 바른 것과 사악한 것이 있으니, 桑林^(*譯者註: 중국 殷나라 湯王 때, 7년 간 가뭄이 계속되자 탕왕이 하늘에 비를 내려 주기를 빌었다고 하는 수풀.)의 기도에서 이르되:「정치를 절도 없게 하였

---

557 「女謁」: '후궁에서 총애를 받는 비빈(妃嬪)'이라는 의미이며, 임금의 곁에서 기회를 틈타 진언하며 국정에 간여하는 이를 말한다.

558 「苞苴」: '뇌물을 주다'. 「苞」, '돗자리 풀'; 「苴」는 「居」와 같은 음이며, '싸다, 포장하다'의 의미이다. 옛날에는 뇌물을 줄 때 돗자리 같은 볼품없는 물건으로 싸서 사람들의 이목을 속이곤 하였다.

559 「桑林 … 昌歟」, 이는 '나라에 큰 재난이 있을 때 산천에 제사를 드리고 재난을 당한 원인을 묻는 것'을 표현한 것이다. 출전《後漢書 · 寇恂》:「願陛下思帝堯五教在寬之德, 企成湯避遠讒夫之誠.(폐하께서 황제 堯의 五教 중 관용의 덕을 생각하시기를 원하오며, 商湯이 남을 비방하는 이의 계율을 멀리하셨음을 소원합니다.)」[唐] 李賢 등이 劉向의《說苑》:「湯大旱七年, 使持鼎祀山川, 祝曰:『政不節邪? 包苴行邪? 讒夫昌邪? 宮室營邪? 女謁盛邪? 使人疾邪? 何不雨之極也!』(湯임금이 7년 동안 큰 가뭄이 들어, 사람을 시켜 세발 달린 솥을 가지고 산천에 가서 제사하게 하면서, 다음과 같은 말로 빌게 하였다:『정치를 절도 없게 하였습니까? 뇌물이 유행하게 하였습니까? 남을 참소하는 사람이 창궐하였습니까? 궁실이 화려했습니까? 총애하는 여인의 청탁이 많았습니까? 백성을 고통스럽게 하였습니까? 어찌하여 이다지도 비를 내리시지 않습니까!』)을 주석하여 인용한 바 있다.

560 「有罪 … 朕躬」은《論語 · 堯曰》에서 인용되었다. 이것은 舜임금이 禹임금에게 명하여 하늘에 알리는 말씀으로서, 만일 나라 각지의 제후들을 다스릴 수 없다면 죄는 당연히 군왕 한 사람에게 돌아가게 된다는 내용을 표현한 것이다.

는가? 백성들이 일자리를 잃었는가? 총애하는 여인의 청탁이 성하였는가? 궁실이 화려했는가? 뇌물이 유행하게 하였는가? 남을 참소하는 사람이 창궐하였는가?」 하늘에 알리는 기도에서 이르기를: 「죄가 있는 사람은 감히 용서하지 않겠습니다. 하나님의 신하는 묻어 두지 않을 것이오나, 그것을 가려내는 것은 하나님의 마음에 달려 있습니다. 제 몸에 죄가 있다면, 그것은 만방의 백성과는 무관한 일이지만; 만방의 백성에게 죄가 있다면, 그 죄는 제 몸에 있습니다.」 이것이 바른 기도이니, 景淨이 말한 사악한 道는 아닌 것이다.

昔猶太王所羅門建上帝殿落成, 禱曰:「以色列族之上帝耶和華歟!561 天上地下, 無可比擬 … 穹蒼不足以居爾, 天上明宮亦不足以居爾, 況我所建之殿乎 … 然爾曾許爾僕垂顧此殿,562 爲爾民籲爾名之所望563 … 爾在天,564 居處之所, 俯聽其祈, 得蒙赦宥. 如人與同儕有所干犯, 使至此殿, 發誓於壇前; 則爾在天, 俯聞其聲, 在爾僕中判其是非. 以惡者惡爲, 罰其罪庶; 以義者爲義, 賞其善行. 如爾民,565 犯罪於爾, 爲敵所敗,566 厥後心歸乎爾, 虔向此殿, 以祈禱呼籲爾名. 則爾在天, 俯聽其祈, 赦宥爾民, 導之至所錫列祖之地. 如人獲罪於爾, 使天閉塞, 雨澤不降; 至殿祈禱, 呼籲爾名, 緣遭災難, 去厥罪怨; 則爾在天, 俯聞其聲, 赦宥爾僕, 卽爾以色列

---

561 「以色列族之上帝耶和華歟」, 이 문장 중의 「歟」는 「委辦譯本, Delegates' Version」에서 「與」로 쓰여 있다. 「與」는 「歟」와 같으며, 문말에 놓여 감탄의 어기를 표현한다.

562 「然爾曾許爾僕垂顧此殿」은 「委辦譯本, Delegates' Version」에서 「望爾晝夕垂顧此殿」으로 기록되어 있다.

563 「爲爾民籲爾名之所望」은 「委辦譯本, Delegates' Version」에서 「卽爾曾許必爲籲名之所」로 기록되어 있다.

564 「爾在天」은 「委辦譯本, Delegates' Version」에서 「望爾在天上」으로 쓰여 있다.

565 「如爾民」은 「委辦譯本, Delegates' Version」에서 문말에 「以色列族」이라는 네 글자가 더 추가되어 있다.

566 「爲敵所敗」, 이 구절 중의 「敗」는 「委辦譯本, Delegates' Version」에서 「收」로 쓰여 있다.

族之民,[567] 指示以善, 所錫之地, 降以膏澤. 如於斯土有饑饉, 瘟疫, 風暴特甚, 五穀細弱; 如有蝗蟲, 食其物産; 如有仇敵, 困其邑郊,[568] 勿論何災, 勿論何害, 如爾民,[569] 自知其心之非, 不論何事, 展舒其手, 向斯殿以祈,[570] 則爾在天, 居於明宮, 俯聽其祈,[571] 赦宥其罪.[572]」此文見於古經列王紀上書八章, 節錄之以見景教古人祈禱之畧. 其義主於認罪, 悔改求赦, 亦正禱也, 非魔道也.

옛날 유대왕 솔로몬이 하나님의 전을 지어 준공하면서, 기도하여 이르기를: 「이스라엘의 하나님 여호와여! 위로 하늘과 아래로 땅에, 주와 같은 신이 없나이다 … 하늘과 하늘들의 하늘이라도 주를 용납하지 못하겠거든, 하물며 내가 건축한 이 성전이오리이까 … 그러나 내 하나님 여호와여, 주의 종의 기도와 간구를 돌아보시며, 이 종이 오늘 주 앞에서 부르짖음과 비는 기도를 들으시옵소서 … 주께서 계신 곳, 하늘에서 들으시고 들으시사, 사하여 주옵소서. 만일 어떤 사람이 그 이웃에게 범죄함으로 맹세시킴을 받고, 그가 이 성전에 와서, 주의 제단 앞에서 맹세하거든; 주는 하늘에서 들으시고 행하시되, 주의 종들을 심판하사, 악한 자의 죄를 정하여, 그 행위대로 그 머리에 돌리시고, 의로운 자를 의롭다 하사, 그의 의로운 바대로 갚으시옵소서. 만일 주의 백성 이스라엘이, 주께 범죄하여, 적국 앞에 패하게 되므로, 주께로 돌아와서 주의 이름을 인정하고, 이 성전에서 주께 기도하며 간구하거든, 주는 하늘에서 들으시고, 주

---

567 「即爾以色列族之民」은 「委辦譯本, Delegates' Version」에서 「爾」자가 누락되어 있다.
568 「困其邑郊」의 「郊」는 「委辦譯本, Delegates' Version」에서 「鄉」으로 기록되어 있다.
569 「如爾民」은 「委辦譯本, Delegates' Version」에서 「如以色列族人」으로 표기되어 있다.
570 「向斯殿以祈」,「委辦譯本, Delegates' Version」에서는 이 구절 문말의 「祈」아래에 「求」자가 추가되어 있다.
571 「俯聽其祈」구절의 「聽其」는 「委辦譯本, Delegates' Version」에서 「念厥」이다.
572 「以色列族 … 其罪」는 「委辦譯本, Delegates' Version」 열왕기략상(列王紀略上) 8장 23-39절에서 인용되었다.

의 백성 이스라엘의 죄를 사하시고, 그들의 조상들에게 주신 땅으로 돌아오게 하옵소서. 만일 그들이 주께 범죄함으로 말미암아, 하늘이 닫히고, 비가 없어서; 성전에 나아가 기도하고, 주의 이름을 부르짖고, 재난을 당함으로, 그들의 죄에서 떠나거든; 주는 하늘에서 들으사, 주의 종들과 주의 백성 이스라엘의 죄를 사하시고, 그들이 마땅히 행할 선한 길을 가르쳐 주시오며, 주의 백성에게 기업으로 주신 주의 땅에, 비를 내리시옵소서. 만일 이 땅에 기근이나 전염병이 있거나 곡식이 시들거나; 깜부기가 나거나 메뚜기나 황충이 나거나; 적국이 와서 성읍을 에워싸거나, 무슨 재앙이나 무슨 질병이 있든지 막론하고, 한 사람이나 혹 주의 온 백성 이스라엘이, 다 각각 자기의 마음에 재앙을 깨닫고, 이 성전을 향하여 손을 펴고, 무슨 기도나 무슨 간구를 하거든, 주는 계신 곳 하늘에서 들으시고 사하시옵소서.」 이 글은 구약 열왕기상 8장에서 볼 수 있으니, 요점을 간추려서 경교 옛 선현들의 기도의 대략을 볼 수 있게 한 것이다. 그 의미는 죄를 인정하는 데에 주안점이 있으며, 회개하여 죄 사함을 구하는 것이니, 또한 이것이 바른 기도로서, 사악한 道가 아닌 것이다.

昔使徒請祈禱之訓於景尊, 景尊誨之曰, 爾曹當曰:「吾父在天, 願爾名聖, 爾國臨格, 爾旨得成, 在地若天. 所需之糧, 今日錫我, 我免人負, 求免我負. 俾勿我試, 拯我出惡, 以國, 權, 榮, 皆爾所有, 爰及世世, 固所願也.573」此則許愿之禱文, 其廣大精微之見, 則非古人所能及也.

옛날에 사도들은 예수에게 기도의 가르침을 청하였으니, 예수께서 가르쳐 이르시되:「하늘에 계신 우리 아버지여, 이름이 거룩히 여김을 받으시오며, 나라가 임하시오며, 뜻이 하늘에서 이루어진 것 같이, 땅에서도

573 「吾父 … 願也」는「委辦譯本, Delegates' Version」마태복음전 6장 9-13절에서 인용되었다.

이루어지이다. 오늘 우리에게 일용할 양식을 주시옵고, 우리가 우리에게 죄 지은 자를 사하여 준 것같이, 우리 죄를 사하여 주시옵고, 우리를 시험에 들게 하지 마시옵고, 다만 악에서 구하시옵소서. 나라와 권세와 영광이, 아버지께 영원히 있사옵나이다. 본디 바라던 바입니다.」이것은 서원의 기도문이니, 그 광대하고도 깊고 정밀한 견해는, 옛사람들이 이를 수 있는 것이 아니다.

然則景淨所謂魔道者, 何謂也? 夫禱非其主, 是謂妄禱; 妄禱者, 必奪眞主之恩榮, 歸於其所妄立之僞主, 是謂負恩. 所禱不正, 謂之邪禱; 邪禱者, 不容於上帝之前, 必從其所欲, 而立一神以禱之. 斯二者, 皆景淨所謂魔道也.

그러한즉 景淨이 말한 '魔道(사악한 道)'라는 것은 무엇을 말하는가? 무릇 그 주된 것이 아닌 것을 기도하면, 이것을 일러 '妄禱(망령된 기도)'라 한다; 망령된 기도는, 반드시 참되신 주의 은혜와 영광을 빼앗아, 망령되이 세운 가짜 주에게 돌려주니, 이것을 일러 은혜를 저버린다고 하는 것이다. 기도가 바르지 않은 것을, '邪禱(사악한 기도)'라 하는데; 邪禱는 하나님 앞에 용납되지 않는 것인데, 반드시 그 하고자 하는 바를 따라서, 하나의 신을 세워 기도하는 것이다. 이 두 가지가, 모두 景淨이 말한 '魔道'인 것이다.

凡邪禱者, 聖人所必無; 妄禱者, 聖人所不免. 而猶太古人則因邪禱, 妄禱, 而遭上帝之顯罰者, 景古經所載, 筆不勝書. 而萬邦中之邪禱, 妄禱, 其可疾惡, 未有甚於印度, 埃及者, 實不能形於筆墨.

무릇 '邪禱'는, 성스러운 사람에게는 있을 수 없는 것이지만; '妄禱'는 성스러운 사람이 피할 수 없는 것이다. 그러나 유대의 옛사람들이 '邪禱'와 '妄禱'로 인하여, 하나님의 분명한 벌을 받은 것이, 경교 구약에 기재되어 있으니, 쓸래야 다 쓸 수가 없을 정도이다. 그러나 모든 나라 중의 '邪禱'와 '妄禱'는, 그 몹시도 사악함이, 인도, 이집트보다 더 심함이 없었으므로, 필묵으로는 실로 형용할 수가 없다.

然以切近而論, 莫若自見之爲愈, 祈年於上帝正矣! 何又別立六宗而禱之? 王肅[574]之「六宗」常禱三:「四時, 寒暑, 水旱」也. 馬融,[575] 劉歆,[576] 賈逵[577]之說無論矣! 雖曰常禱, 或三或四. 設有變, 則山川百神, 無不各有所禱, 是等上帝之全能, 如一國之君也, 是以人擬上帝也, 是以四時行, 陰陽和, 水土平, 百物生之恩榮, 歸於受造無靈之六宗山川也. 使六宗山川果有其神也, 祭之禱之, 或理之所有也. 今以上帝聖誠校之則不合, 以眞理勘之則無憑.

그러나 가까운 것으로 논하자면, 스스로 아는 것보다 나은 것이 없으

---

574 「王肅」: 字는 子雍(195-258)이며, 三國시기 魏나라 東海(지금의 山東省 郯城縣 西南) 사람으로서 관직이 散騎常侍에 이르렀다. 《尚書》十一卷,《毛詩》二十卷,《周官禮》十二卷과《儀禮》十七卷 등의 주해(註解)가 있다.

575 「馬融」: 字는 季長(79-166)이며, 東漢 시기 茂陵(지금의 陝西省 興平縣 東北) 사람이다. 《孝經》,《尚書》,《論語》,《詩》,《易》 등에 대한 주해(註解)가 있다.

576 「劉歆」: 字는 子駿(?-23)이며, 후에 秀로 개명하였고, 漢나라 沛縣 사람이다. 그는 劉向의 아들로서 六藝에 근거하여, 즉 '輯, 諸子, 詩賦, 兵書, 術數, 方技' 등을 부문별로 분류하여《七略》이라는 책을 엮어 내었으니, 이는 중국 목록서(目錄書)의 효시가 되었다.

577 「賈逵」: 字는 景伯(30-101)이며, 東漢 시기 扶風縣 平陵(지금의 陝西省 咸陽縣 西北) 사람이다. 그는 박학다식하여 탁월한 지식으로《左氏傳》,《國語》,《易經》,《尚書》,《詩經》,《周禮》,《春秋》 등의 경전에 능통하였다. 《後漢書·賈逵》:「逵悉傳父業, 弱冠能誦左氏傳及五經本文, 以大夏侯尚書教授, 雖爲古學, 兼通五家《穀梁》之說…. 尤明《左氏傳》,《國語》, 爲之解詁五十一篇.(賈逵는 부친의 업을 잘 전하여서, 약관의 나이에《左氏傳》과 五經의 본문을 암송할 수 있었으며, 夏侯勝의《尚書》를 가르쳤는데, 비록 古學을 공부하였으나, 五家(尹更始, 劉向, 周慶, 丁姓, 王彦)의《穀梁》에도 정통하였고…. 특히《左氏傳》과《國語》에 밝아, 51편의 주해서를 썼다.)」

니, 하나님께 풍년을 기원하는 것이 옳도다! 어찌 또 六宗(*譯者註: 고대에 존숭하여 제사 지낸 여섯 神-'天, 地, 春, 夏, 秋, 冬.')을 별도로 세워 기도하는가? 王肅의「六宗」은 항상 세 가지를 기도했으니:「사계절, 추위와 더위, 수해와 가뭄」이었다. 馬融, 劉歆, 賈逵의 설은 논하지 않겠노라! 비록 늘 기도할 것을 말하지만, 세 번이나 네 번이다. 만일 변화가 있다면, 즉 산천 백신이, 각자가 기도를 하는 것이고, 이것은 하나님의 전능을 기다리는 것이니, 가령 한 나라의 임금이라면, 이것은 사람으로써 하나님과 비교하는 것이고, 이것은 사시의 운행, 음양의 조화, 물과 흙의 동등함, 온갖 사물이 생겨난 은혜와 영광으로써, 영혼 없는 피조물의 六宗 산천으로 귀결시키는 것이다. 만일 六宗 산천에 과연 그 신이 있다면, 그것에 제사하고 기도하여, 어떤 이는 그것을 소유물로 볼 것이다. 지금 하나님의 거룩한 훈계는 그것과 견주면 맞지 않으니, 진리로 그것을 교정하여도 아무런 근거가 없을 뿐이다.

試以六宗之主而論之, 量天尺測得日體大於地球一百四十萬倍, 分光鏡測得日質, 實爲銅, 爲鐵, 爲鋇, 爲鍋, 爲鎂, 爲鋰, 爲鉐, 爲鎬, 爲鎘, 爲鈥,[578] 爲輕氣,[579] 爲金, 爲鎴,[580] 爲鍥, 爲鉥이상은 모두 화학원소명이며, 강남제조국 화학서를 읽어 보면 알 수 있다. 其用專以牽引所屬之衆星천문학 서적을 읽어 보면 알 수 있다. 發光, 發熱, 發電광학, 열학, 전기학 서적을 읽으면 알 수 있다. 以感動萬物者也, 並無所謂神也. 王宮之祭誤矣! 至尊者如此, 其他不待論矣!

---

578 「鈥」: Yttrium(이트륨), 지금은「釔」로 통용된다. 傅蘭雅, 徐壽 編譯,《化學材料中西名目表》, 41쪽 참고.
579 「輕氣」: Hydrogen(수소), 지금은「氫氣」로 통용된다. 傅蘭雅, 徐壽 編譯,《化學材料中西名目表》, 22쪽 참고.
580 「鎴」: Strontium(스트론튬), 지금은「鍶」으로 통용된다. 見傅蘭雅, 徐壽編譯,《化學材料中西名目表》, 37쪽 참고.

六宗의 주인으로 논하자면, 육분의(*譯者註: 태양·달·별과 같은 천체와 지평선 사이의 각을 측정하는 기구.)로 재면 태양의 몸체가 지구보다 140만 배 크다는 것을 알 수 있고, 분광경으로 태양의 성질을 측정할 수 있으니, 실은 구리, 철, 바륨, 플루토늄, 마그네슘, 녹, 황동, 루테튬, 카드뮴, 이트륨, 수소, 금, 스트론튬, 규소, 테르븀으로 되어 있으며, 그 용도는 오로지 소속된 뭇별들을 끌어당기기 위함이고, 빛과 열과 전기를 내어, 세상 만물을 감화시켜 움직이지만, 神이라 말할 수는 없다. 왕궁의 제사가 틀렸도다! 지존자가 이와 같으니, 다른 것은 논할 필요가 없도다!

蓋窮理至於造化鬼神, 雖聖人亦有所不能, 非上帝之訓諭, 不能晰也. 然此道所關甚大, 爲世人良心所不能無; 而祈禱之辭, 則上關天聽, 下關心術, 非細事也. 惟妄禱之端旣開, 而邪禱之續, 遂不可遏.

무릇 사물의 이치를 탐구하는 것이 귀신을 창조함에까지 이르면, 비록 聖人이라 할지라도 또한 할 수 없는 것이 있으며, 하나님의 가르침이 아니면, 분명하게 알 수 없는 것이다. 그러나 이 이치가 관련된 바가 매우 크므로, 세상 사람들의 선량한 마음에 의해 없을 수가 없게 되었고; 기도의 언사는, 위로 하늘의 덕과 연관되고, 아래로는 마음의 방책과 관련된 것이니, 작은 일이 아닌 것이다. 오로지 망령된 기도의 끝이 이미 열렸고, 사악한 기도가 이어졌으니, 마침내 억제할 수가 없다.

凡人欲所擬之以爲福者, 無不於禱祀一事以發洩. 如求壽者, 禱壽星; 求富者, 禱財神; 求中式者, 禱魁星; 求顯貴者, 禱文昌; 求子者, 禱金花; 求勝者, 禱關公; 求報仇者, 禱城隍; 畏火災者, 禱華光; 畏風波者, 禱天后; 畏水災者, 禱北帝; 畏河決者, 禱金龍; 畏苦難者, 禱觀音. 禱而至於觀世

音, 則有千百化身矣! 是故家家如是觀世音. 吁! 異矣! 觀世音者, 何謂也? 梵音耶婆盧吉帝譯即觀世音: 觀於十方三界, 人法皆空, 故曰觀, 從聞思修, 發妙耳門, 上聽諸佛說法, 下聽眾生悲仰之聲.[581] 故曰觀世音乃佛道中一句上乘道理, 無異《易經》:「天行健, 君子以自強不息.[582]」之比方, 儒者不聞以四書, 五經某句道理, 作出一個女相偶像, 使人家家崇拜; 而乃拜佛典一句道理所作之偶像, 果釋子欺儒者乎? 儒者自喪其道乎?

무릇 사람의 욕망이 계획하는 바는 복을 구하기 위함이니, 소원이 있어 신께 제사 드리는 하나의 일을 통해 털어놓지 않는 것이 없다. 가령 장수를 구하는 자는, 장수의 별에 기도하고; 부자가 되기 원하는 자는, 재물신에게 기도하며; 과거 급제를 구하는 자는, 魁星(*譯者註: 중국의 신화에서 문장의 성쇠를 주관하는 신.)에게 기도하고; 높은 지위를 구하는 자는, 文昌(*譯者註: 중국에서 북두칠성의 여섯 번째 별의 명칭.)에게 기도하며; 자식을 구하는 자는, 金花부인(*譯者註: 중국 광동 지역에서 숭배하던 자식을 주는 여신.)에게 기도하고; 승리를 구하는 자는, 관우 장군에게 기도하며; 원수 갚기를 구하는 자는, 성황신에게 기도하고; 화재를 두려워하는 자는, 華光(*譯者註: 道教의 護法神.)에게 기도하며; 풍파를 두려워하는 자는, 天后(*譯者註: 海神의 이름.)에게 기도하고; 수재를 두려워하는 자는, 北帝(*譯者註: 漢族 민간신앙의 신선 중 하나.)에게 기도하며; 황하의 둑이 터지는 것을 두려워하는 자는, 金龍에게 기도하고; 고난을 두려워하는 자는, 관음에게 기도한다. 기도하여 觀世音(*譯者註: 자비의 마음으로 중생을 구제하고 제도한다는 보살.)에 이르면, 천백의 변화신이 있게 되는 것이다! 이런 고로 집집마다 이처럼 관세음인 것이다. 아! 기이하도다! 관세음이란, 무엇을 말하는 것인

---

581 「觀於 … 之聲」, 艾約瑟(Joseph Edkins, 1823-1905), 《續釋教正謬》(上海: 墨海書館, 1859), 第一章 참고.

582 「天行健, 君子以自強不息」: '군자는 천체의 운행을 본받아 주야로 쉬지 않고 배워야 한다'는 의미이다. 출전《周易 · 乾》.

가? 산스크리트어의 '아발로키테슈바라(Avalokiteśvara)'가 곧 관세음이다: 시방 삼계에서 보면, 인간의 法은 모두 비어 있으므로, 따라서 聞思修(*譯者註: 듣고 사유하여 수행함으로 禪定에 드는 것.)를 보고 따르며, 오묘한 耳門(*譯者註: 즉, 聞慧--三慧의 하나로, 경전을 읽고 배우거나 선각자로부터 들어서 얻은 지혜.)을 발휘하고, 위로 여러 부처의 설법을 들으며, 아래로는 중생의 간절한 소원의 소리를 듣는다. 그리하여 관세음이라 부르는 것은 즉 불도에서의 한 귀절 大乘의 이치인 것이니, 《易經》의: 「군자는 천체의 운행을 본받아, 주야로 쉬지 않고 배워야 한다.」의 예와 다름이 없으며, 유학자들은 사서 오경의 어떤 이치를 듣지 않고도, 하나의 여자 모양의 우상을 만들어 내어, 집집마다 숭배하도록 하는데; 그러나 佛典의 한마디 이치를 숭배하여 만들어 낸 우상인데, 과연 불교도가 유학자들을 업신여긴 것인가? 유학자 스스로 그 도를 잃은 것인가?

　總之, 有是欲, 卽有是神; 有是神, 卽有是祀; 有是祀, 卽有是禱. 無論日禱萬千, 總不離乎邪欲, 從未聞有爲虔恭寅畏, 對越[583]自治憂世憂民而禱者. 夫以欲爲福, 以禱以祀, 以求遂乎其所欲, 欲肆而天理滅矣! 哀哉!

　한마디로 말하자면, 욕망이 있으면, 반드시 神이 있는 것이고; 神이 있으면, 반드시 제사가 있는 것이며; 제사가 있으면, 반드시 기도가 있는 것이다. 매일 수천수만 번을 기도하더라도, 어쨌든 사악한 욕망을 떠나지 못하는 것이니, 성실히 공경하고 두려워하는 마음으로, 帝王이 천지신명의 제사에 세상과 백성을 다스리며 스스로 걱정하여 기도한다는 것을 여태 들어 보지 못하였도다. 무릇 사람은 욕망을 복으로 삼고, 기도로

583　「對越」: '帝王이 천지신명에게 제사 드리는 의식'을 말한다. 《淸史稿・大雩雩漢詩八章》: 「對越嚴恭, 上帝是臨.(천지신명께 드리는 제사는 엄중하고 공경해야, 상제께서 임하신다.)」

제사를 지내며, 구함으로써 마침내 그 하고자 하는 바를 성취하나니, 욕망이 제멋대로이면 하늘의 이치가 멸망하는구나! 슬프도다!

古詩之百三十五篇曰:「異邦之偶像, 金銀而己, 人手所雕作兮! 有口不言, 有目不見, 耳不聞聲音, 鼻不通呼吸兮! 造作之, 倚賴之, 與彼無異兮!」[584] 百有六篇曰:「事其偶像, 罹於罪網兮! 焚厥子女, 以祭鬼神兮! 流子女無辜之血, 以祀迦南之偶像, 汙穢斯土兮! 徇私欲, 作惡事, 偏多穢行兮! 於是耶和華奮怒, 痛疾斯民兮!」[585] 此卽縱欲喪心之魔道也.

詩篇 135편에 이르기를:「열국의 우상은, 은금이요, 사람의 손으로 만든 것이라! 입이 있어도 말하지 못하며, 눈이 있어도 보지 못하며, 귀가 있어도 듣지 못하며, 그들의 입에는 아무 호흡이 없나니! 그것을 만든 자와, 그것을 의지하는 자가, 다 그것과 같으리로다!」라고 하였다. 106편에서 이르기를:「그 우상들을 섬기므로, 그것이 저희에게 올무가 되었도다! 저희가 그 자녀로, 사신에게 제사하였도다! 무죄한 피 곧 저희 자녀의 피를 흘려, 가나안 우상에게 제사하므로, 그 땅이 피에 더러웠도다! 저희는 그 행위로, 더러워지며, 그 행동이 음탕하도다! 그러므로 여호와께서 자기 백성에게 맹렬히 노하시며, 자기 기업을 미워하사!」라고 하였다. 이는 즉 욕심대로 하려다가 이성을 잃게 되는 사악한 道인 것이다.

---

584 「異邦 … 異兮」,「委辦譯本, Delegates' Version」 시편 135편 15-18절에서 인용되었다.
585 「事其 … 民兮」,「委辦譯本, Delegates' Version」 시편 106편 36-40절에서 인용되었다. 그중 「痛疾斯民兮」 구절 중의 「斯」는 「委辦譯本, Delegates' Version」에서 「厥」로 기록되어 있다.

또 어떤 이는 자기 능력을 과시함으로 거만하게 굴었다
(或伐善以驕[586]人)

此乃元祖受惑於魔, 能別善惡性根, 流於後世之奇患, 正娑殫之秘術也.

이것은 시조가 마귀에게 미혹되어, 선과 악의 근원을 구별하게 되었고, 이것이 후세에 기이한 환난으로 전해진 것이니, 바로 사탄의 비술인 것이다.

「善」者, 美名也. 天下皆知善之爲善, 斯不善矣! 善之云者, 由惡相形, 而後始有善之名也. 善者, 人之本也; 惡者, 人之變也. 以本爲異, 以變爲常, 毋乃禽獸天下而人我乎? 世人皆惡而我獨善, 此乃世間最悲慘之事, 顧乃以之驕人耶? 丹朱之不肖, 舜之子亦不肖;[587] 堯以天下傳之舜, 舜以天下傳之禹, 自以爲君人, 安民分內之義耳! 何嘗自以爲異也. 禹之功大矣! 而曰:「予創若時[588]」又曰:「予思日孜孜[589]」, 未聞自伐其善[590]也. 命曰:「汝惟不矜, 天下莫與汝爭能, 汝惟不伐, 天下莫與汝爭功」,[591] 辭曰:

---

586 「驕」:《大秦景教流行中國碑》에는 본래 「矯」로 쓰여 있다.
587 「丹朱 … 不肖」, 출전《孟子‧萬章上》.
588 「予創若時」:'丹朱가 징벌을 받은 것은 시의적절하다'의 의미를 표현하고 있다. 「創」, '징벌하다'. 출전《尚書‧虞書‧益稷》:「無若丹朱傲, 惟慢遊是好…. 予創若時, 于娶塗山. (丹朱처럼 오만하지 마소서. 그는 태만하여 오로지 놀기만 좋아하니…. 丹朱를 징벌한 것은 시의적절하였으니, 塗山에서 장가들었다.)」
589 「思日孜孜」:'날마다 부지런히 사색하여 게을리하지 않다'의 의미이다. 출전《尚書‧虞書‧益稷》:「帝曰:『來, 禹! 汝亦昌言.』禹拜曰:『都! 帝, 予何言? 予思日孜孜.』(舜임금이 가로되:『이리 오너라, 禹야! 너도 좋은 말을 하여라.』禹가 절하여 가로되:『아하! 임금님, 제가 무엇을 말씀드릴 수 있겠습니까? 저는 날마다 부지런히 힘쓸 것을 생각합니다.』)
590 「自伐其善」:'자신의 재능을 뽐내다'의 의미이다. 「伐」, '스스로 자랑하다'.
591 「命曰 … 爭功」, '禹임금은 스스로 과시하거나 공로가 있다고 자처하지 않았으나, 그 현명한 재능과 업적을 성취할 수 있었다'의 의미이다. 출전《尚書‧虞書‧大禹謨》.

「枚卜功臣, 惟吉之從」,[592] 未聞以善驕人也. 此上帝作之師也, 魔鬼無能 爲也. 然此實爲上帝妙衆聖之特恩, 非有丹朱之創, 鯀父之殛, 其虛不至於 是也.

「善」이라는 것은, 아름다운 이름이다. 천하 모두가 선하다고 하는 것을 선한 줄 알면, 이것이 곧 선하지 않은 것이다! 善이라는 것은, 惡과 비교하여, 후에 비로소 선이라는 이름이 있게 된 것이다. '善'은, 사람의 근본이며; '惡'은, 사람의 변화이다. 근본을 이상하게 여기고, 변화를 일상으로 여기면, 짐승 천하이자 속세가 아니겠는가? 세상 사람들이 모두 악한데 나 혼자 선하다면, 이는 세상에서 가장 비참한 일인데, 도리어 그것으로 인하여 거만하게 굴겠는가? 丹朱(*譯者註: 堯임금의 아들.)가 불초하였고, 舜의 아들 또한 불초하였다; 堯가 천하를 舜에게 물려주었고, 舜이 천하를 禹에게 물려주었으니, 스스로 나라의 군주로서, 민생을 안정시킴이 본분으로서 당연히 해야 하는 것이라는 뜻이다! 언제 스스로가 이상하다고 여긴 적이 있었는가. 禹의 공이 크도다! 그러나 이르기를: 「丹朱를 징벌한 것은 시의적절하다.」라 하였고, 또 禹가 이르되: 「날마다 부지런히 힘쓸 것입니다.」라고 하였는데, 자기의 善을 스스로 자랑하는 적이 없었다. 명하여 이르기를: 「그대는 자랑하지 않으니, 천하에 그대와 능력을 다툴 자가 없고, 그대는 스스로 과시하지 않으니, 천하에 그대와 공로를 다툴 자가 없다.」고 하였다. 禹가 사양하며 말하기를: 「관리를 선발함에 길한 점괘를 얻은 자를 먼저 씁니다.」라고 하였고, 善으로써 교만하지 않았다. 이것은 하나님께서 지으신 본보기라 할 수 있으니, 마귀는 할 수 있는 것이 없다. 그러나 이것은 실로 하나님께서 뭇 성인들을 깨우치시는 특별

---

592 「枚卜功臣, 惟吉之從」: '관리를 선발하는 데 있어 길한 점괘를 얻은 자를 먼저 쓴다'라는 의미이다. 출전《尚書 · 虞書 · 大禹謨》.

한 은혜이니, 丹朱의 징벌과 禹의 부친 鯀의 죽음이 있지 않았다면, 그 허황된 것이 여기까지 이르지는 않았다.

人性之變也素矣! 寬不能不救之以栗, 柔不能不救之以立, 愿不能不救之以恭, 亂不能不救之以敬, 擾不能不救之以毅, 直不能不救之以溫, 簡不能不救之以廉, 剛不能不救之以塞, 强不能不救之以義,[593] 以性根中毒故也.

인간 성정의 변화는 단순하도다! 너그러움은 위엄으로써 도와야 하고, 부드러움은 주관을 가짐으로 도와야 하며, 신중함은 공손함으로써 도와야 하고, 어지러움은 공경함으로써 돕지 않을 수 없으며, 교란함은 굳셈으로 도와야 하고, 올곧음은 온화함으로써 도와야 하며, 간결함은 청렴함으로써 도와야 하고, 강직함은 치밀함으로써 도와야 하며, 강함은 의로써 돕지 않을 수 없으니, 이는 성정의 근본이 나쁜 영향을 받은 까닭이다.

人情之偏也故矣! 喜所不當喜, 怒所不當怒, 愛所不當愛, 惡所不當惡, 哀所不當哀, 懼所不當懼. 「人莫知其子之惡, 莫知其苗之碩」.[594] 發不中

---

593 「寬不 … 以義」, '皋陶의 소위 人性의 九德'을 가리킨다. 출전《尚書·虞書·皋陶謨》: 「皋陶曰:「寬而栗, 柔而立, 愿而恭, 亂而敬, 擾而毅, 直而溫, 簡而廉, 剛而塞, 彊而義.(皋陶가 가로되: 너그럽되 위엄이 있어야 하며, 부드럽되 주관이 있어야 하고, 꾸밈이 없되 예를 벗어나서는 안 되며, 다스리되 정중해야 하고, 상황 판단이 빠르되 굳세어야 하며, 사사로움이 없되 온화해야 하고, 간략하되 날카로워야 하며, 강직하되 치밀해야 하고, 강하되 의로워야 한다.)」 인간의 덕성은 관용적이지만 늘 경계하고 삼갈 줄 알아야 하고: 비록 온화하더라도 공을 세우는 바가 있어야 하며; 신중하지만 겸손해야 하고; 다스릴 줄 알면서도 공경해야 하며; 순종하여 돌볼 수 있어야 하지만 의연하여 꺾이지 않아야 하고; 행위가 정직하지만 부드러워야 하며; 性情이 대범하면서도 청렴결백해야 하고; 정직하고 사심이 없으면서도 충만해야 하며; 굴함이 없으나 義理에 맞아야 함을 말하고 있다.

594 「人莫知其子之惡, 莫知其苗之碩」: '사람은 늘 그 아들의 優劣을 알지 못하기 마련이다'의 의미이다. 사람이 '修身'을 할 줄 모르면 '齊家'를 할 방법이 없음을 비유할 때 쓰는 말이다. 출전《禮記·大學》.

節, 情偏故也. 性如彼, 情如此. 彼言性善者, 知本不知變; 言性惡者, 知變不知本; 言性相近者, 其殆庶幾乎! 猶未能直指其所以然也. 能直指其所以然者, 其在景經乎!

인간 감정의 치우침이 오래되었도다! 기쁨은 기쁨이 되지 않고, 분노는 분노가 되지 않으며, 사랑은 사랑이 되지 않고, 악은 악이 되지 않으며, 슬픔은 슬픔이 되지 않고, 두려움은 두려움이 되지 않는다. 「사람은 늘 그 아들의 변변치 못함을 알지 못하고, 그 후예의 훌륭함을 알지 못한다.」 감정이 예절에 맞지 못하면, 곧 치우치기 마련이다. 성정은 '저'라 하고, 감정은 '이'라 하자. '저'는 성정이 선함을 말하는 것으로서, 근본을 알지만 변화는 모르며; 성정이 악하다고 말하는 것은, 변화를 알지만 근본은 모르는 것이다; 성정이 서로 비슷한 것이라고 말하는 것은, 거의 위태로운 것이다! 그것이 그렇게 된 까닭을 아직 직시하지 못하는 것과 같다. 그렇게 된 까닭을 직시할 수 있는 것은, 바로 경교 경전에 있는 것이다!

性者, 上帝像也; 不識上帝, 不可以言性也. 性者, 傷於魔也; 不識魔鬼, 不可以言性也. 性者, 人之眞也; 不識景尊, 不可以言性也. 彼渾元之性, 人也, 我也, 善也. 三者一體, 不知所謂人, 不知所謂惡也. 何所伐? 何所驕? 創世記一章云: 「上帝視所造者盡善[595]」矣. 彼中毒之性, 我也, 善也, 惡也, 三者同出而異名. 我也, 三者異視; 人也, 三者異趨. 入乎此, 必出乎彼. 入者主之, 出者奴之, 求不伐善而驕人, 庸可得乎?

'性(성정)'이란, 하나님의 모습이니; 하나님을 알지 못하면, '性'을 말할 수 없는 것이다. '性'은 마귀에게 상처를 입는 것이니; 마귀를 모르면, '性'을 말할 수 없다. '性'이란, 인간의 참됨이니; 예수를 모르면, '性'을 말할

---

595 「上帝視所造者盡善」, 「委辦譯本, Delegates' Version」 창세기 1장 31절에서 인용되었다.

수 없다. 저 천지 기운의 본성이, 사람이고, 나이고, 善인 것이다. 이 세 가지가 하나로 합쳐지면, 사람이라 해야 할지, 악이라 해야 할지 알 수가 없다. 무엇이 능력을 과시하는 것인가? 무엇이 교만한 것인가? 창세기 1장에서 이르되:「하나님이 지으신 그 모든 것을 보시니 보시기에 심히 좋았더라.」라 하였다. '저' 나쁜 영향을 받은 '性'이, 나이자, 선이자, 악인 것이니, 이 세 가지가 같이 나왔으나 이름은 다른 것이다. '나'는, 삼자의 시각이 다른 것이고; '사람'은, 삼자의 방향이 다른 것이다. '이'로 들어가면, 반드시 '저'로 나오는 것이다. 들어가는 자가 주인이 되고, 나오는 자가 종이 되니, 善을 과시하면서 교만해지지 않기를 간구하는 것이, 어찌 가능한 일이겠는가?

夫伐善驕人之道, 乃一目無上帝, 喪其本心,[596] 失其所以爲人之理, 而與魔鬼同刑者也. 《書》曰:「有其善, 喪厥善; 矜其能, 喪厥功」,[597] 何也? 天道也, 自然而然者也. 天道何謂也? 仰觀乎天, 生氣彌綸,[598] 日月, 風雲, 雷雨, 霜雪, 霧露之屬; 其祝福於人者, 不可以數計; 俯察乎地, 山川河海, 五穀百菓, 禽獸六畜, 麻縷絲絮, 金銀銅鐵, 名花異寶; 其所以備物於人者, 又烏可以法測量哉! 然而上帝弗自伐也, 未嘗責報於人也, 行其所無事也.

---

596 「本心」: '태어날 때부터 갖고 있는 良心'. 《孟子·告子上》:「萬鍾於我何加焉? 爲宮室之美, 妻妾之奉, 所識窮乏者得我與? 鄕爲身死而不受, 今爲宮室之美爲之…; 鄕爲身死而不受, 今爲所識窮乏者得我而爲之. 是亦不可以已乎? 此之謂失其本心.(萬鍾의 녹봉이 나에게 무슨 보탬이 되겠는가? 궁실의 아름다움과, 처첩의 받듦과, 알고 있는 궁핍한 자가 나를 고맙게 여길 것을 위해서 받을 것인가? 지난번에 자신을 위해서는 죽어도 받지 않다가, 이제 궁실의 아름다움을 위하여 그것을 받으며…; 지난번에 자신을 위해서는 죽어도 받지 않다가, 이제 알고 있는 궁핍한 자가 나를 고맙게 여길 것을 위하여 그것을 받으니, 이 또한 그만둘 수 없는가? 이것을 일러 본심을 잃었다고 하는 것이다.)」

597 「有其善, 喪厥善; 矜其能, 喪厥功」: '겸양의 덕이 없이 사욕에만 치중하는 자는 곧 그 덕성과 공업(功業)을 잃게 된다'는 의미를 비유한다. 출전《尙書·商書·說命中》.

598 「綸」, '인륜'이며; '가장 중요한 요점'이다. 출전《易·繫辭》:「故能彌綸天地之道.(그러므로 천지의 道를 능히 엮어서 드러낼 수 있다.)」

無聲無臭, 於穆不已[599]而已矣!

　무릇 자기의 善을 과시함으로 교만해지는 이치는, 한눈에 하나님이 없어서, 그 양심을 잃고, 사람됨의 도리인 바를 잃어, 마귀와 동일한 형벌에 처해지는 것이다. 《書經》에 이르기를: 「선하다고 여기면 그 선함을 잃고; 그 능력을 과시하면, 그 공을 잃는다.」라는 것은 무엇인가? 하늘의 道는, 자연스럽게 된 것이다. 하늘의 道라는 것은 무엇을 말하는 것인가? 하늘을 우러러보면, 살아 있는 氣가 덮고 있으니, 해와 달, 바람과 구름, 뇌우, 서리와 눈, 안개와 이슬 등이 있으며; 그 축복이 인간에게 이름은, 헤아릴 수가 없고; 땅을 내려다보면, 산천하해, 오곡백과, 금수육축, 삼실과 풀솜, 금·은·동·철, 이름난 꽃과 진기한 보물들이 있으니; 인간에게 이러한 사물들을 준비해 주신 것을, 또한 어찌 측량할 수 있겠는가! 그러나 하나님은 스스로 자랑하지 아니하시나니, 인간에게 보답을 물으신 적이 없고, 그 무사한 바를 행하신다. 소리도 없고 냄새도 없이, 그침이 없을 뿐이로다!

　景本經使徒行傳十四章文曰: 「先世, 上帝容諸民自爲其所爲, 然上帝善視人, 雨降自天, 菓生以時, 賜我贏糧, 喜溢於心, 如是, 證己爲上帝矣[600]!」馬太五章曰: 「蓋天父以日照夫善不善, 以雨濡夫義不義者也.」 又曰: 「故爾當純全, 若爾天父焉.[601]」 觀於此而知伐善驕人之道, 眞目無上帝矣!

---

599 「於穆不已」: '그치지 않는다'의 의미이다. 「於穆」은 감탄사이다. 출전《詩經·周頌·清廟之什·維天之命》: 「維天之命, <u>於穆不已</u>.(하늘의 명은, 깊고 그윽하여 그침이 없다.)」
600 「先世 … 上帝矣」, 「委辦譯本, Delegates' Version」 사도행전 14장 16-17절 인용.
601 「蓋天父 … 者也」와 「故爾 … 天父焉」은 각각 「委辦譯本, Delegates' Version」 마태복음전 5장 45, 48절에서 인용되었다.

경교 신약 사도행전 14장에 이르기를: 「지난날에는, 하나님께서 모든 민족들이 제 할 바를 행하도록 두셨는데, 그러나 하나님은 사람들을 좋게 보시어, 하늘로부터 비를 내리시어, 열매 맺는 절기에, 우리에게 충분한 양식을 주시고, 우리 마음에 기쁨이 넘쳐나게 해 주셨나니, 이처럼, 자신을 증거하신 하나님이시나이다!」 마태복음 5장에서 이르되: 「무릇 하나님이 그 해를 악인과 선인에게 비추시며, 비를 의로운 자와 불의한 자에게 내려 주심이라.」 또 이르기를: 「그러므로 하늘에 계신 너희 아버지의 온전하심과 같이 너희도 온전하라.」 이것을 보고 '善을 과시하여 교만해지는 이치'를 알았으니, 정말 안중에 하나님이 없는 것이로다!

此風一開, 非惟善可以驕人, 卽才亦可以驕人也. 力格猛獸, 射穿七札,[602] 力足以驕人也. 言足以拒諫, 智足以飾非, 辨足以驕人也. 「時日害喪[603]」, 有命自天, 位足以驕人也. 「與其媚於奧, 寧媚於竈[604]」, 權足以驕人也. 「食前方丈, 侍妾數百人[605]」, 富足以驕人也. 日賦萬言, 倚馬可待, 才足以驕人也. 要之, 上自天子之尊, 下逮倡優[606]之賤, 凡有一才一藝, 稍

---

602 「七札」: '갑옷 위 일곱 개의 금속 비늘 조각'. 「札」, 고대에 무사의 갑옷에 단 비늘 모양의 가죽 조각이나 쇳조각. 《左傳 · 成公傳十六年》: 「潘尫之黨, 與養由基, 蹲甲而射之, 徹七札焉.(潘尫의 아들 黨이 養由基와 갑옷을 모아 놓고서 그것을 쏘았는데, 한 번에 일곱 겹을 꿰뚫었다.)」

603 「時日害喪」: '태양은 언제 멸망할 것인가'의 의미이다. 출전《孟子 · 梁惠王上》: 「〈湯誓〉曰: 『時日害喪, 予及女皆亡.』」(〈湯誓〉에 이르기를: 『이 해가 언제나 없어지려나? 내 너와 함께 죽고 싶구나.』) 그러나《尚書 · 商書 · 湯誓》에는 본래 이렇게 쓰여 있다: 「時日曷喪, 予及汝皆亡.(이 해가 언제 없어지려나? 내 너와 함께 죽으리라.)」 이는 '백성들은 夏나라 桀王의 포학으로 인하여 편히 살지 못했기 때문에, 桀王을 태양에 비유하여 폭정과 함께 죽기를 기대하였음'을 암시하고 있다.

604 「與其媚於奧, 寧媚於竈」: '가까운 신하와 친한 것보다 권세를 가진 신하에게 아부하는 게 낫다'라는 내용을 비유하고 있다. 출전《論語 · 八佾》.

605 「食前方丈, 侍妾數百人」: '눈앞에는 사방 10미터의 맛있는 음식들이 쌓여 있고, 옆에는 수백 명의 시첩들이 시중을 들고 있다'. '생활이 매우 사치스럽고 호사스러움'을 형용하고 있다. 출전《孟子 · 盡心下》.

勝於同類, 皆可以驕人, 是豈言之可盡哉!

이 기운이 한번 열리면, 오로지 善만이 거만해지게 할 수 있는 것이 아니라, 재능도 사람들을 깔볼 수 있게 해 주는 것이다. 힘으로 맹수를 대적하고, 갑옷의 일곱 비늘 조각을 쏘아 꿰뚫으니, 그 힘이 충분히 사람을 경시할 만하다. 말은 간언을 거절하기에 충분하고, 지혜는 잘못을 감추기에 충분하며, 분별력은 거만해지기에 족하다. 「태양이 언제 멸망할 것인가?」라는 말은, 그 명이 하늘에서 내려온 것이니, 그 지위가 거만하게 굴기에 충분하다. 「집안 서남쪽 구석 신에게 아첨하기보다는, 차라리 부뚜막 신에게 아첨하는 것이 낫다.」라는 말은, 그 권세가 사람을 교만하게 할 만함을 말한다. 「눈앞 사방 10미터의 맛있는 음식들, 옆에 수백 명의 시첩」이란 말도, 사람을 교만하게 하기에 충분하다. 매일 만 가지 말을 쏟아 내고, 급박하게 전쟁에 나가는 말에 기대고서도 완성된 글을 지을 수 있어야만, 남에게 교만할 수 있는 것이다. 요컨대, 위로 천자의 존엄으로부터, 아래로 광대의 천함에 이르기까지, 무릇 재능과 기예가 있어, 같은 부류보다 조금 낫다면, 모두가 남에게 교만할 만하니, 이를, 어찌 다 말로 할 수 있겠는가!

惟天陰隲下民, 以諧合其居業, 使有常生之資. 故賦人以才能, 學問, 智慧, 權力, 奇技, 異能, 乃不資之爲善, 以歸榮上帝, 補益世人, 顧因之以驕人耶! 喪固有之良, 失生人之理, 眞魔道也. 而伐善驕人, 尤魔中之魔也. 人患不肯爲善耳! 今伐善之人, 非不從事於善, 又使之自矜自詡而盡喪之, 又從而附之以矜伐之惡, 魔鬼誠詭哉! 語曰:「如有周公之才之美, 使驕且

---

606 「倡優」: 고대에 '가무와 기예의 연기를 업으로 삼는 사람'을 일컫는다. 《遼史·雜戲》: 「自齊景公用倡優侏儒, 至漢武帝設魚龍曼延之戲.(齊나라 景公이 광대와 난쟁이를 쓴 이래로, 漢나라 武帝 때에는 '魚龍曼延'갖가지 곡예와 만담 등의 잡기 놀이를 배치하였다.)」

吝, 其餘不足觀也已.[607]」景尊之訓曰:「愼勿人前施濟, 故令人見之; 若然, 則不獲爾天父之賞矣![608] 故施民之罪耳! 夫魔道甚密, 非盡讀景經, 不足以知其詭變百出, 不知景淨等所識深淺如何, 然其特揭出四綱, 亦可以窺豹一斑[609]矣!

오로지 하늘만이 백성들에게 음덕을 베풀고, 그 가업을 조화롭게 함으로써, 고정된 재화가 있게 한다. 그러므로 인간에게 재능, 학문, 지혜, 권력, 기예, 뛰어난 재주 등을 부여해 주었지만, 선량하지 않은 자원이니, 하나님께 영광을 돌리고, 세상 사람들에게 이익을 보태 주어야 하는데, 도리어 그것으로 인해 교만해지는구나! 고유의 양심을 잃고, 살아 있는 사람으로서의 도리를 상실하면, 참 마귀의 道인 것이다. 그러나 善을 과시하여 교만한 것은, 특히 악마 중의 악마인 것이다. 사람은 선을 행하려 하지 않음을 염려하는 것이다! 지금 선을 과시하는 사람은, 선에 종사하지 않을 뿐만 아니라, 또한 그것을 부려서 과시하고 자만하니, 모두 그것을 잃게 되며, 또 과시하고 자만하는 악을 따르고 거기에 달라붙으니, 마귀는 정말로 기괴하도다! 말하여 이르기를:「사람이 비록 周公의 재능이 있다 하더라도, 교만하고 인색하게 굴기만 한다면, 그 외 다른 모습들은 볼 필요가 없다.」예수께서 훈계하여 말씀하시기를:「사람에게 보이려고 그들 앞에서 너희 의를 행하지 않도록 주의하라; 그리하지 아니하면, 하

---

607 「如有周公之才之美, 使驕且吝, 其餘不足觀也已」:'사람이 비록 周公의 재능이 있다 하더라도 교만하고 인색하게 굴기만 한다면, 그 외 다른 모습들은 감상할 것이 못 된다'라는 내용을 말하고 있다. 출전《論語 · 泰伯》.

608 「愼勿 … 賞矣」,「委辦譯本, Delegates' Version」마태복음전 6장 1절 인용.

609 「窺豹一斑」:'소견이 좁아서 그 전모를 볼 수 없다'는 의미이다. 「管中窺豹(대롱 속으로 표범을 엿보다)」라고도 한다.《晉書 · 王羲之》:「獻之字子敬…. 年數歲, 嘗觀門生樗蒲, 曰:『南風不競.』門生曰:『此郞亦管中窺豹, 時見一斑.』(王羲之의 字는 子敬이고…. 나이 어렸을 적에, 문하생들이 노름하는 것을 구경하면서, 말하기를:『상대의 힘이 강하지 않군요.』라 했다. 문하생이 가로되:『이 아이가 또한 '管中窺豹'를 하면서, 하나의 무늬만 잠깐 보고 있구나.』)

늘에 계신 너희 아버지께 상을 받지 못하느니라!」 그러므로 백성에게 주
는 죄일 뿐이로다! 무릇 마귀의 道는 더욱 치밀해져서, 경교 경전을 다
읽지 않으면, 그 각양각색의 거짓 변덕이 나옴을 알지 못하고, 景淨 등이
인식한 바의 깊고 얕음이 어떤지를 알지 못하는데, 그러나 그들이 특별
히 네 가지 요강(要綱)을 드러내어도, 또한 소견이 좁아 볼 수 없게 되는
것이다.

**지혜와 마음이 급급하고 분주하며, 생각과 감정이 수고로
우나, 망연하여 아무런 소득이 없고, 그 마음이 절박하여
서로에게 해를 끼치며, 우매함이 날로 쌓여 멸망의 길에
이르게 되고, 오래도록 迷妄하여 다시는 돌이킬 수 없게
되었다(智慮營營, 思情役役, 茫然無得, 煎迫轉燒, 積昧忘途,
久迷休復)**

此文景淨用以指明: 此世自有魔道以來, 而世人之心思意念, 常在火坑
之中, 久之, 則習慣成自然, 無復帝鄉之念矣!

이 문장은 景淨이 다음과 같이 명확히 지적하였다: 이 세상에 마귀의
道가 있은 이래로, 세상 사람들의 생각과 관념은, 항상 불구덩이 속에 있
었고, 오래도록, 습관이 되어 자연스러워졌으며, 다시 帝鄉(*譯者註: 전설 중 천
제가 거처하는 곳.)을 찾으려는 생각이 없어졌다!

「智」, 私智也; 「慮」, 圖度也; 「營營」, 勞擾不息也. 「思」, 心思; 「情」,
情欲; 「役役」, 力役不休也. 「茫然」, 無所見也; 「得」, 謂心中確有所得, 生

死不奪其安也.「煎」, 如物之被煎;「迫」, 如拷訊之迫;「轉」, 輾轉也;
「燒」, 火燒也, 如輾轉於火坑之中也.「積」, 世增其惡也;「昧」, 黑暗也, 世
惡愈增, 人心黑暗愈甚也;「忘」, 失也;「途」, 天國之路也.「久」, 自元祖犯
誡之時, 至景尊臨世之日也;「迷」, 不知所往也;「休復」,《易·復卦》文
〈六二〉:「休復, 吉.」言復見上帝之心也.

「智」는 '사사로운 지혜'이고;「慮」는 '추측하다'이며;「營營」은 '수고가
끊이지 않다'이다.「思」는 '생각'이고;「情」은 '정욕'이며;「役役」은 '요역
이 끊이지 않다'이다.「茫然」은 '보이는 바가 없다'이고;「得」은 '마음속에
확실히 얻은 바가 있어 생사가 그 안위를 빼앗지 않음'을 말한다.「煎」은
'사물의 지져짐'과 같고;「迫」은 '고문의 핍박'과 같으며;「轉」은 '뒤척이
다'이고;「燒」는 '불태우다'로서, 불구덩이 속에서 뒤척이는 것과 같다.
「積」은 '세상에 그 악이 증가함'이고;「昧」는 '흑암'이어서, 세상의 악이
증가할수록, 사람의 마음이 더욱 심하게 흑암이 되는 것이며;「忘」은 '잃
다'이고;「途」는 '천국의 길'을 말한다.「久」는 '시조가 계율을 범한 때로
부터, 예수가 세상에 임하는 날까지'이며;「迷」는 '갈 곳을 모르다'이고;
「休復」은《易·復卦》〈六二〉:「休復은, 吉이다.」이니, 하나님의 마음을 다
시 봄을 말하는 것이다.

總言世人日以私智圖謀, 勞心竭力, 至死不休, 而心之所思, 皆爲欲所
役, 如牛之負軛被鞭, 而不得一刻之休息. 旣竭吾才, 所欲不遂, 而無所得;
所欲皆遂, 而終無所得. 秦皇漢武, 幷六國, 勤遠畧, 而窮於仙之類是矣!
一得茫然無所得, 得其所謂得, 亦終無所得. 無窮之欲煎迫, 終無所得更煎
迫, 於是自火, 自煎, 自轉, 自燒. 久之, 而內體之五濁惡世, 成蒙蒙然,[610]

憧憧然,611 其志昏昏然, 其視茫茫然, 其聽轟轟然, 雖有天路, 弗能識也. 遑問上帝之心乎! 此普世人心之象也.

　정리하여 말하면 세상 사람들은 날로 사사로운 지혜와 모략으로, 마음을 쓰고 진력하여, 죽음에 이르기까지 쉬지 않고, 마음속의 생각하는 바가, 모두 욕심에 의해 부려지는 것이니, 소가 멍에를 메고 채찍을 맞으며, 잠시도 쉬지 못하는 것과 같다. 나의 재능을 다하고도, 원하는 바를 이루지 못해, 얻는 것이 없다; 하고자 하는 바가 모두 이루어져도, 종국에는 얻은 것이 없다. 진시황과 한무제가, 육국을 병합하고, 힘들여 멀리 침략을 하고도, 그러나 신선 따위를 궁구함이 바로 이것이다! 한번 망연해지면 소득이 없고, 그 이른바 얻은 것을 얻어도, 또한 결국은 얻은 바가 없는 것이다. 무한한 욕망에 시달리다가, 결국 소득이 없으면 더욱 절박해지나니, 그리하여 스스로 불을 피우고, 스스로 지지고, 스스로 뒤척이고, 스스로 태우는 것이다. 오래도록, 몸 안의 五濁(*譯者註: 불교 용어─세상의 다섯 가지 더러운 것. 즉 '命濁, 衆生濁, 煩惱濁, 見濁, 劫濁.')으로 오염된 악한 세상으로, 어두워 분명치 않고, 마음이 불안하니, 그 의지가 혼미하고, 그 보는 것이 아득하며, 그 듣는 것이 요란하여, 비록 하늘길이 있어도, 알 수가 없다. 하나님의 마음을 어찌 묻겠는가! 이것이 세상 사람들의 마음의 형상인 것이다.

　景淨等何以知普世人心之象如此也? 據景經而知其然也. 古經箴言九章文曰:「寅畏耶和華爲智慧之本, 識聖理卽聰明之原.612」昔景尊頌聖父曰:

察.(새벽녘 잠에서 깨어 우러러 누워 깊이 생각하노니, 지혜가 몽롱하여 길흉을 알 수가 없다.)」

611　「憧憧然」: '마음이 안정되지 않은 모습'. [漢] 桓寬,《鹽鐵論・刺復》:「心憧憧若涉大川, 遭風而未薄.(마음이 불안하니 배를 타고 큰 강을 건너도, 풍랑을 만나 기슭에 닿지 않은 듯하다.)」

612　「寅畏 … 之原」,「委辦譯本, Delegates' Version」잠언 9장 10절 인용.「寅畏耶和華智慧

「父乎! 天地主也. 我讚爾, 以此道, 於智賢者則隱之, 於赤子則顯之. 誠哉! 父之善意, 固如是也.[613]」 此卽眞智, 私智之辨也.

景淨 등이 세상 사람들의 마음의 형상이 이와 같음을 어찌 알 수 있겠는가? 경교 경전에 근거하면 그러함을 알 수 있다. 구약 잠언 9장에서 이르되:「여호와를 경외하는 것이 지혜의 근본이요, 거룩하신 자를 아는 것이 명철이니라.」 옛날 예수님이 하나님을 송축하여 이르되:「천지의 주재이신 아버지여! 내가 주를 찬미하나이다. 이것을 지혜롭고 슬기 있는 자들에게는 숨기시고, 어린 아이들에게는 나타내심을 감사하나이다. 옳소이다, 이렇게 된 것이 아버지의 뜻이니이다.」 이것이 진정한 지혜와 사사로운 지혜의 변별인 것이다.

嘗謂智有四等, 曰「賊智」, 謂若操, 莽之流, 以陰謀秘計奪人家國者, 謂若詭刻損割, 舞文弄法, 上下其手者.

지혜에 네 가지가 있음을 말해 보자면,「賊智」란, '曹操'나 '王莽' 같은 부류를 말함이니, 음모와 밀계로써 가정과 국가를 빼앗는 것이며, 詭刻損割(가혹하게 속이고 줄이고 잘라 냄) 같은 것을 말하는 것이니, 법조문을 왜곡하여 부정을 저지르고, 법칙을 멋대로 하여 사리를 뒤집어 엎는 것을 말한다.

曰「世智」, 謂予智自雄, 鄕愿善世之流, 凡世人之所尙者, 無不精博貫通. 大而威儀文辭, 冠, 昏, 喪, 祭之禮; 小而書畫玩好, 月旦[614]辭藻, 酬酢

之本」 이 구절은 이 번역본에「寅」자가 빠져 있다.

613 「父呼 … 是也.」,「委辦譯本, Delegates' Version」 마태복음전 11장 25-26절 인용. 다만 「於智賢者則隱之」 구절은 이 번역본에서「者」자가 누락되어 있다.

614 「月旦」: '인물평을 하다'의 의미이다. 출전《後漢書・許劭》:「劭與靖俱有高名, 好共覈論

識評;615 下而楚館秦樓,616 絃管絲竹617 之屬. 無不色色精絶, 與世俯仰,
每人而悅之者.

「世智」라 하는 것은, '자신이 총명하며 영웅이라 떠벌리는 자'와 '시골
사람으로서 세상에 능숙한 위선자' 같은 부류를 말함이니, 무릇 세상 사
람들이 숭상하는 바는, 그 박학 정통함 때문이다. 크게는 위엄 있는 의례
문장으로서, 관, 혼, 상, 제의 예가 있으며; 작게는 서화에 능하고, 월단의
문채(文彩)에도 능하며, 벗끼리 주고받는 비평에도 뛰어나고; 아래로는
기생집에서의 유희와, 현악기와 관악기에도 능함이 있다. 무엇이든 정통
하고 뛰어나니, 세상과 함께 굽어보고 우러르며, 모든 사람이 그것을 기
쁘게 여기는 것이다.

曰「才智」, 則分邪, 正二者. 其正者, 善養民, 水, 火, 金, 木, 土, 穀爲修;
利用, 厚生爲和. 曰天文學足以知上帝之廣大精微, 足以知星象家之異端
簧鼓.618 曰地學足以知上帝創世之經綸, 足以知居四民, 時地利之宜, 足
以知《起世經》,619《山海經》,《葬經》620之荒唐惑世. 曰光學, 電學, 熱學,

郷黨人物, 每月輒更其品題, 故汝南俗有『月旦評』焉.(許劭와 許靖은 명성이 높았으며, 함
께 고향의 인물을 평가하기를 좋아하였는데, 매달 품평할 사람을 바꾸어 가며 논평하
였으니, 그리하여 여남에서는『월단평』이라 이름하였다.)」

615 「酬酢譏評」: '교제하는 사이에서의 비난하는 평론'을 가리킨다.

616 「楚館秦樓」: '기생집 등 사람들이 즐길 곳을 찾다'의 의미이다.「楚館」과「秦樓」는 모
두 기생집의 별칭이다.

617 「絃管絲竹」: '피리, 거문고, 비파 등의 악기'를 가리킨다.

618 「簧鼓」: '듣기 좋은 말로 남을 현혹시키다'.《元史·至正二十七年》:「豈期妖盜橫造訛言,
簧鼓愚頑, 塗炭郡邑.(어찌 요사한 도적의 제멋대로 만들어 낸 거짓말을 기대하십니까?
듣기 좋은 말로 남을 현혹시키는 어리석고 완고한 것으로서, 군읍을 도탄에 빠뜨리는
것입니다.)」

619 「《起世經》」: 불교 경전으로서 총 10권이다. [明] 葛寅亮 編《金陵梵刹志》와 중화민국 漢
一乘이 심사 편집한《武進天寧寺志》에는 모두 이 경전의 이름이 기록되어 있다.

620 「葬經」: 道家의 方術書로서 [晉] 郭璞(276-324)이 저술하였으며 총 1권이다.《葬經》혹
은《葬書》라고도 한다. 내용은 대개 풍수와 관련된 것들이다.《舊唐書·嚴善思》云:「所

醫學, 數學, 重學, 化學, 礦學, 農學, 水利學, 植物學, 形體學, 汽機學, 製造學, 航海學, 如此之類, 或專一, 或旁通, 皆可以黜僞學, 皆可以益國計, 厚民生. 曰史學, 曰律學, 更可以知古今萬國興亡之得失, 可以因時制宜, 陳善閉邪, 其益尤大. 此皆正才, 正智, 以其法生生[621]之道, 而福天下萬民者也.

「才智」라고 하면, 즉 사악한 것과 바른 것 두 가지로 나눌 수 있다. 바른 것은, 백성을 잘 부양하는 것이니, 물, 불, 금, 나무, 흙, 곡식을 잘 다스리며; 이용과 후생으로 조화롭게 하는 것이다. 천문학으로는 하나님의 광대하고도 깊은 오묘함을 충분히 알 수 있고, 점성가의 이단 참설을 충분히 알 수 있다. 지리학으로는 하나님이 세상을 창조하신 경륜을 충분히 알 수 있고, 사·농·공·상을 살게 하며 때에 맞추어 지리를 일으킴을 충분히 알 수 있으며,《기세경》,《산해경》,《장경》의 황당함과 혹세무민을 충분히 알 수 있다. 광학, 전기학, 열학, 의학, 수학, 역학, 화학, 광물학, 농학, 수리학, 식물학, 형체학, 증기기관학, 제조학, 항해학, 이와 같은 것들은, 한 가지든, 광범위하게 통달하든, 모두 거짓 학문을 제거할 수 있고, 모두 국가의 정책을 이롭게 하며, 민생을 후하게 할 수 있다. 사학과 법률학을 말하자면, 고금 만국의 흥망의 득실을 더욱 잘 알 수 있고, 때에 따라 적절하게 처리할 수 있으며, 선을 장려하고 악을 폐할 수 있으니, 그 이익이 더욱 크다. 이것은 모두 바른 재능과 바른 지혜이니, 그러한 법으로써 삶의 길에 활력을 주며, 천하 만민을 복되게 하는 것이다.

以先哲垂範, 其之《葬經》.(명철을 앞세우고 규범을 세우는 바로는, 《葬經》이 그것을 갖추었습니다.)」

621 「生生」: '생장 번식이 끊이지 않다'의 의미. 《周易 · 繫辭上》:「日新之謂盛德, 生生之謂易.(날로 새로워지는 것을 성한 '德'이라 이름하고, 생장 번식이 끊이지 않음을 '易'이라 한다.)」

其邪者, 則六府不修, 而務爲索隱.[622] 倡五帝之說, 而附之以五德, 五運, 五方, 五色, 五臟. 究之, 無非惑世誣民, 絕無補益於國計民生之事. 天文之學, 首重民時, 更可以知上帝國度之廣大也, 乃參以如許星命占驗[623]之術, 究之, 無非欺人亂世, 絕無補於君德治道, 適足以啟弒父與君之兇, 殺人應變之妖, 助成狡黠之亂. 地學爲民生衣食之原, 礦學爲民生日用所必需. 乃參以如許風水兇煞之鬼說, 遂至民窮才盡, 干戈四起.

사악하다는 것은, 六府(*譯者註: 水, 火, 金, 木, 土, 穀.)를 잘 다스리지 않고, 은밀한 일을 밝히는 데에 힘을 쓴다는 것이다. 五帝의 설을 제창하지만, 五德, 五運, 五方, 五色, 五臟을 곁들인다. 따져 보면, 혹세무민이 아닌 것이 없으니, 절대로 국가의 정책과 민생에 도움이 되는 일이 없다. 천문의 학문은, 백성을 가장 중히 여길 때, 하나님 나라의 광대함을 더욱 잘 알 수 있는 것인데, 바로 이와 같은 성명학(星命學) 점괘 징조의 방법을 참고하니, 따지고 보면, 사람을 속이고 세상을 어지럽히지 않는 것이 없고, 임금의 덕과 다스리는 도에 절대 도움이 되지 않으며, 마침 아버지와 임금을 시해하는 흉악한 짓을 일으키기에 충분하고, 사람을 죽이고 응변하는 요사함으로, 교활한 난을 일으키는 데에 기여한다. 지리학은 민생 의식의 원천이고, 광물학은 민생의 일용에 필수적인 것이다. 이와 같은 풍수 흉살의 기괴한 설을 참고하면, 마침내 백성이 가난해지고 재능이 다하니, 사방에서 전쟁이 일어나리라.

大抵才智一道, 正用之, 無不有益於蒼生; 邪用之, 亦無不毒痛[624]四海,

---

622 「索隱」: '숨은 이치를 명백히 밝히다'. 《周易·繫辭上》:「探賾索隱, 鉤深致遠, 以定天下之吉凶.(심오한 것을 탐색하고 은밀한 사리를 찾으며, 깊은 것을 끌어내어 먼 것을 이룸으로써, 천하의 길흉을 정한다.)」
623 「占驗」: '점괘를 통해 얻은 징조'를 말한다.

禍延百世. 方之化學一道, 正用之, 則可以化臭腐爲神奇, 如煤氣, 油滓,
本汙穢辟人[625]之物. 化之而爲極艶之顏料, 化之而爲貴重之藥品, 化之而
爲馥郁之香油. 化學之爲化, 其於利用厚生之功甚偉. 如邪用之, 則雖富
貴已極之天子, 史亦以丹毒暴崩頻書矣! 惟文亦然, 正用之, 則爲經世之
文. 若異端左道之書, 下而至於《西廂》,《水滸》之屬, 何莫非文也? 何莫非
才子之文也? 其爲患於天下後世則毒矣!

대개 「才智」라는 이치는, 그것을 바르게 쓰면, 백성에게 유익이 되나;
사악하게 쓰면, 온 세상에 독한 질병이 되지 않는 것이 없으니, 그 화가
백 세에까지 계속된다. '화학'이라는 이치와 비교해 보면, 그것을 바르게
사용한다면, 썩은 것을 신기하게 변화시킬 수 있으니, 가령 석탄가스와
기름 찌꺼기는, 본래 불결하여 사람을 쫓는 사물이었지만, 그것을 변화
시키면 극히 아름다운 안료가 되고, 또 귀중한 약품이 되기도 하며, 변화
시켜 향기 짙은 기름으로 만들기도 한다. 화학에서의 '변화시킴'은, 이용
후생에 끼친 공이 매우 크다. 만일 그것을 사악하게 사용한다면, 비록 부
귀가 이미 극에 달한 천자일지라도, 사관(史官)이 또한 丹毒(*譯者註: 갑자기 몸에
연지를 바른 듯 벌겋게 되는 피부 질환.)으로 제왕이 갑자기 사망했다고 누차 기록하게
될 것이다! 오로지 문장 또한 그러하니, 바르게 사용하면, 세상을 다스리
는 문장이 된다. 만일 이단 사도(邪道)의 책이, 아래로《西廂記》,《水滸傳》
의 부류에까지 이르면, 어찌 설마 글이라 할 수 있겠는가? 어찌 설마 재
능이 뛰어난 사람의 글이겠는가? 그 행위가 천하 후세에 우환이 되는 독

---

624 「毒痡」: '잔혹하게 가한 상해가 질병을 일으키다'. 「痡」, 독음이 「撲」과 같으며, '질병'
의 의미이다.《尚書 · 周書 · 泰誓下》:「剖賢人之心, 作威殺戮, 毒痡四海.(어진 사람의 배
를 갈라 심장을 도려내고, 위엄을 세워 살육함으로써, 천하에 잔혹한 해독을 끼친
다.)」
625 「辟人」: '사람을 쫓아내다'의 의미이다.

일 것이다!

若夫「神智」則異是, 籲俊尊上帝, 克知三有宅心, 灼見三有俊心, 以敬事
上帝, 立民長伯, 此天子之智也. 自天子至於庶人, 不可一日無智者, 擧其
大綱有七.

「神智」에 대해서는 이와 달라서, 어진 사람을 구하고 하나님을 존경하
며, 세 자리에 오른 사람(*譯者註: 常伯, 常任, 準人.)의 마음을 능히 알고, 빼어난
세 사람의 마음을 분명히 보며, 하나님을 경외하고 섬기면서, 백성의 어
른과 우두머리를 세우는 것, 이것이 바로 天子의 지혜이다. 천자에서 평
민에 이르기까지, 하루도 지혜 없이 사는 자는 아니 되나니, 그 대강을
열거하면 일곱 가지가 있다.

首曰: 知上帝之好惡而敬順之, 嚴戒之.

첫째 이르기를: 하나님의 좋아하심과 싫어하심을 알고, 그분에게 공경
하고 순종하며, 그분을 엄격히 경계하라.

二曰: 知上帝之煆煉,[626] 魔鬼之煽惑, 而順成之, 而謹防之.

둘째 이르기를, 하나님이 불로써 연단하심을 알고, 마귀의 부추김과
꾐을 알며, 그분에게 순응하고, 그분을 삼가 주의하라.

三曰: 知明德之尊貴永生, 知私欲之詭變百出, 而保全之, 而克勝之.

셋째 이르기를: 밝은 덕의 존귀와 영생을 알고, 사욕의 각양각색 거짓

---

626 「煆煉」: '불로써 단련하다'. 「煆」, '화기(火氣)'.

과 변덕이 나옴을 알며, 그러나 그것을 온전하게 보호하고, 이길 수 있도록 하라.

四曰: 知道心之微弱, 而全靠上帝之維持; 知罪孽之當死, 而專賴景尊贖罪之恩德; 知私欲之穢惡, 不可以一朝居, 而懇求聖神變化氣質, 以得從容中道之樂.

넷째 이르기를: 도덕적인 마음의 미약함을 알고, 전적으로 하나님의 원조하심에 의지하며; 죄악으로 인한 마땅한 죽음을 알고, 오로지 예수의 속죄의 은혜에 의지하며; 사욕의 추악함을 알면, 하루도 편히 거할 수 없으니, 성령께서 기질을 변화시키시어, 조용한 중용의 도의 즐거움을 얻기를 간구하라.

五曰: 眞知天國之榮耀, 萬聖之眞福而欣慕之, 灼見地獄之神, 傷罪孽之切齒而深畏之.

다섯째 이르기를: 천국의 영광과 뭇 성인들의 참된 복을 진정으로 알고 흠모하며, 지옥의 귀신을 확실히 보고, 죄악의 증오함을 슬퍼하고 그것을 깊이 두려워하라.

六曰: 篤信復生審判之道, 無一事不微醒敬愼以將之.

여섯째 이르기를: 부활과 심판의 이치를 굳게 믿고, 항상 깨어 있어 신중함으로 그것을 처리하라.

七曰: 明辨才智之邪正. 正者, 吾善之, 以益國計民生; 邪者, 必黜之不遺餘力, 以事上帝, 以救世人.

일곱째 이르기를: '才智'의 사악함과 올바름을 명확히 분별하라. 바른 것은, 내가 그것을 잘 행하여, 나라의 정책과 민생을 이롭게 하도록 도모하며; 사악한 것은, 여력을 남김없이 반드시 제거하여, 하나님을 섬기고 세상 사람들을 구원하도록 한다.

如是, 是之謂神智, 大智; 而景淨所謂「智慮營營」之智者, 賊智也, 世智也, 邪智也. 茫然無得之魔道也, 不誠無物也, 從事於斯, 火坑之道也. 景經中論之詳矣!

이와 같다면, 이것을 일러 '神智', '大智'라고 부르지만; 한편 景淨이 언급한 「智慮營營(지혜와 마음이 급급하고 분주한)」의 지혜는, '賊智', '世智'이니, 이것은 '邪智'이다. 망연하여 얻는 바가 없는 마귀의 道이고, 진실되지 못하여 어떠한 사물도 없으니, 여기에 순종하고 따르는 것은, 불구덩이의 길에 있는 것이다. 경교 경전 中論의 상세함이로다!

哥林多前書一章曰:「世人恃其智, 不識上帝, 故上帝喜以若愚之道, 救諸信者, 斯上帝之智也.」[627]又云:「我^{上帝自我}將敗智者之智, 廢賢者之賢, 智者安在? 士子安在? 世之辯者又安在? 豈非上帝以此世之智爲不智乎?[628]三章又云:「曷不自知, 爾乃上帝殿, 上帝之神居爾中, 人毁上帝殿, 上帝必毀之, 上帝殿聖, 而殿卽爾曹, 毋自欺也. 倘有人貌爲智於斯世, 則寧不智以爲智. 蓋此世之智, 上帝以爲不智.[629] 經云^{謂古經也}:「主令智者自中其詭計.[630]」又曰:「主知智人之意不實.[631]」此皆指私智而言也. 然私

---

627 「世人 … 智也」,「委辦譯本, Delegates' Version」 고린도전서 1장 21절 인용.
628 「我將 … 智乎」,「委辦譯本, Delegates' Version」 고린도전서 1장 19-20절 인용.
629 「曷不 … 不智」,「委辦譯本, Delegates' Version」 고린도전서 3장 16-19절 인용.「倘有人貌爲智於斯世」 중의 「於」는 「委辦譯本, Delegates' Version」에서 「干」으로 기록되어 있다.

智之爲害, 實已相沿成俗, 有之之謂智, 無之之謂愚.

고린도전서 1장에서 이르기를: 「세상 사람들이 자기 지혜에 의지하여, 하나님을 알지 못하므로, 하나님께서 전도의 미련한 것으로, 믿는 자들을 기쁘게 구원하셨으니, 이는 하나님의 지혜라.」 또 말하기를: 「내 하나님께서 스스로 지혜를 잃은 자의 지혜를 멸하고, 총명한 자들의 총명을 폐하리라 하셨으니, 지혜 있는 자가 어디 있는가? 선비가 어디 있는가? 이 세대의 변론가가 어디 있는가? 하나님께서 이 세상의 지혜를 미련하게 하신 것이 아닌가?」 3장에서 또 이르기를: 「너희는 너희가 하나님의 성전인 것과 하나님의 성령이 너희 안에 계시는 것을 알지 못하느냐. 누구든지 하나님의 성전을 더럽히면, 하나님이 그 사람을 멸하시리라. 하나님의 성전은 거룩하니, 너희도 그러하니라. 아무도 자신을 속이지 말라. 너희 중에 누구든지 이 세상에서 지혜 있는 줄로 생각하거든, 어리석은 자가 되라. 그리하여야 지혜로운 자가 되리라. 이 세상 지혜는 하나님께는 어리석은 것이니라.」 경전(구약을 말함)에서 가로되: 「주는 지혜 있는 자들로 하여금 자기 꾀에 빠지게 하신다.」 또 「주께서 지혜 있는 자들의 생각을 헛것으로 아신다.」라고 말했다. 이것은 모두 '私智'를 가리켜 말한 것이다. 그러나 이 '사사로운 지혜'가 끼치는 해악은, 실로 이미 서로 좇아 풍속이 되었고, 있으면 '지혜'라 하고, 없으면 '어리석다'고 말한다.

凡情思之所感, 皆爲智所役; 圖慮於患得患失之中, 營營於爭名奪利之外; 則所謂智慮者, 慾之魔而已. 雅各四章曰:「戰鬥爭競, 何自而來? 非欲戰於中而生乎? 爾欲而不得, 爾忿怒殺戮, 而終無所護; 爾戰鬥爭競, 而無

---

630 「主令 … 詭計」, 「委辦譯本, Delegates' Version」 고린도전서 3장 19절 인용.
631 「主知 … 不實」, 「委辦譯本, Delegates' Version」 고린도전서 3장 20절 인용.

제2장 경교비문기사고정(景教碑文紀事考正)　125

所得者, 因爾不知求, 爾求而不得, 妄求從欲故也.⁶³²」此卽景淨所謂「煎
迫轉燒」之道也. 所以致於「煎迫轉燒」者, 以心思意念爲私智所役, 於情欲
之中以求得也. 然情欲中本無懿德, 則智愈求, 而欲愈熾, 焚如之慘, 不可
撲滅, 毒煙刺鼻, 心目昏然, 休復之途, 咫尺莫辨.

무릇 감정이 느끼는 바는, 모두 지혜에 의하여 조종되는 것이니; 얻을
것과 잃을 것을 근심하는 가운데에서 계획하고, 명예와 이익 다툼의 밖
에서 급급하고 분주하므로; 이른바 '智慮(지혜와 마음)'라고 하는 것은, 욕
망의 마귀일 뿐인 것이다. 야고보서 4장에서:「너희 중에 싸움이 어디로
부터, 다툼이 어디로부터 나느냐? 너희 지체 중에서 싸우는 정욕으로부
터 나는 것이 아니냐? 너희는 욕심을 내어도 얻지 못하여, 살인하며 시기
하여도, 능히 취하지 못하므로, 다투고 싸우는도다; 너희가 얻지 못함은,
구하지 아니하기 때문이요, 구하여도 받지 못함은 정욕으로 쓰려고 잘못
구하기 때문이라.」라 하였다. 이것은 景淨이 언급한 소위「煎迫轉燒(마음
이 절박하여 서로에게 해를 끼침)」의 이치이다. 그리하여「煎迫轉燒」에 이른
자는, 생각과 견해가 사사로운 지혜에 의해 조종되고, 정욕 가운데에서
얻기를 구하게 된다. 그러나 정욕 가운데에 본래 좋은 덕행이 없으면, 즉
지혜를 구하면 구할수록, 욕망이 더욱 뜨거워져서, 참담함이 불타는 듯
하여, 이를 없앨 수가 없으니, 독한 연기가 코를 찌르고, 마음의 눈이 어
지러워, 다시 돌이킬 수 없는 길에 이르러, 지척을 분간할 수 없게 된다.

馬太十一章曰:「約翰至景古聖人之名, 不食人食, 不飲人飲, 人言其患
鬼; 人子景尊自稱至, 食人食, 飲人飲, 人言其嗜食甘酒, 稅吏罪人之友,

---

632 「戰鬥 … 故也」,「委辦譯本, Delegates' Version」 야고보서 4장 1-3절 인용. 이 구절 중의
「鬥」는「委辦譯本, Delegates' Version」에서「鬮」로 기록되어 있다.

惟有道之人爲能見道而悅之者也.[633]」《書》曰:「凡人未見聖, 若不克見;
旣見聖, 亦不克由聖.[634]」此卽景淨所謂「忘途迷復」之象也.

　마태복음 11장에서 이르되:「요한은 경교 옛 성인의 이름에까지 도달
하였는데, 그는 먹지도 마시지도 않을 때는, 사람들이 '저 사람이 귀신 들
렸다' 하더니; 人子이신 예수가 와서, 이렇게 먹고 마시니, '여기 먹보에
다 술꾼 좀 보라. 게다가 세리와 죄인과도 친구가 아닌가?' 하는구나. 그
러나 지혜는 그 행한 일로 옳다는 것을 입증하는 법이다.」《書經》에 이르
기를:「무릇 사람들이 모두 神을 만나지 못했을 때, 아직 직접 만날 수 없
는 것이라고 여겼으나; 일단 神을 만나고서는, 도리어 따를 수가 없었
다.」 이것은 즉 景淨이 말한「忘途迷復(멸망의 길에 이르러, 다시 돌이킬 수 없
음)」의 모습이다.

이에 우리의 삼위일체 되신 존귀하신 메시아께서는 참된 위엄을 감추시고, 인간과 같은 모습으로 세상에 나셨다(於 是我三一分身, 景尊彌施訶, 戢隱眞威, 同人出代)

　此已下至滌浮華而潔虛白句, 皆承上文而言. 世人泯泯棼棼,[635] 忘途迷
復之際, 景尊乃大發慈悲臨凡救世之事也.

---

633 「約翰 … 者也」는「委辦譯本, Delegates' Version」마태복음전 11장 18-19절 인용되었다.
634 「凡人未見聖, 若不克見; 旣見聖, 亦不克由聖」: '사람들이 모두 神을 만나지 못했을 때,
　　아직 직접 만날 수 없는 것이라고 여겼으나; 일단 神을 만나고서는 도리어 따를 수가
　　없었다'의 의미를 말한다. 출전《尚書 · 周書 · 君陳》.
635 「泯泯棼棼」: '어둡고 문란한 모양'.《尚書 · 周書 · 呂刑》:「民興胥漸, 泯泯棼棼.(백성들이
　　일어나 서로 물들어, 어수선하고 어지러웠다.)」

이것은 '滌浮華而潔虛白(헛된 부귀영화를 씻어 죄악을 정결케 함)' 구절에까지 이르며, 모두 윗글을 이어받아 말하는 것이다. 세상 사람들이 어둡고 문란하며, 멸망의 길에 이르러 다시 돌이킬 수 없게 된 때에, 예수께서는 자비를 베푸시고, 무릇 세상을 구원하는 일에 임하셨다.

「於是」云者, 謂魔鬼投間抵隙, 布網施羅, 巧取吾人之靈府,[636] 作彼娑殫之巢穴; 而世人亦甘爲所主, 受其屠毒, 循至神之靈變爲欲之靈, 百感皆欲, 無適非私, 輾轉火坑, 流而忘返, 於是景尊降臨而救之也.

「於是」가 말하는 것은, 마귀가 시기를 엿보아 사람들의 흠을 들추어내고, 그물을 쳐서, 우리의 영혼을 교묘하게 취하여, 저 사탄의 소굴을 만들었다는 것이다; 그러나 세상 사람들이 또한 기꺼이 주인이 되어, 마귀의 해독을 받고서, 신령한 영이 점차로 욕망의 영으로 순환하여 변하고, 여러 감정이 모두 욕망이 되며, 모든 것이 다 사사로워져, 불구덩이 속에서 뒤척이며, 떠돌다가 돌아오기를 잊어버렸으니, '於是(이리하여)' 예수가 강림하여 구원하신 것이다.

「三一」者, 乃聖父, 聖道, 聖神三位一體之上帝也. 「分身」者, 卽第二位聖道, 又曰聖子者, 分身臨世是也. 本經約翰一章曰:「元始有道, 道與上帝共在, 道卽上帝[637]」者是矣!

「三一」은 '성부, 성도, 성신(성령)'의 삼위일체의 하나님이시다. 「分身」

---

636 「靈府」: '사람의 영성(靈性)의 근원'을 가리킨다. 일반적으로 '사람의 마음이나 영혼'을 비유하여 말한다. 《宋書·顧覬之》: 「豈若澡雪靈府, 洗練神宅, 據道爲心, 依德爲慮.(어찌 영혼이 깃든 곳을 눈으로 맑게 씻고, 정신이 머문 집을 비단처럼 씻는 것과 같을 수 있겠는가? 道에 근거하여 마음을 다스리고, 德에 의거하여 생각을 삼는다.)」
637 「元始 … 上帝」, 「委辦譯本, Delegates' Version」 요한복음전 1장 1절 인용.

이란, 두 번째인 '聖道'로서, 또한 '성자'라고도 부르며, 분신하여 세상에 임하는 것이 이것이다. 신약 요한복음 1장에서 말한: 「태초에 말씀이 계시니라. 이 말씀이 하나님과 함께 계셨으니, 이 말씀은 곧 하나님이시니라.」라는 것이 이것이다!

「分」之云者, 顯著之謂也. 非三位旣分, 則二位在天, 而一位在地也. 約翰三章曰:「人未有升天者, 惟人子由天而降, 依然在天[638]」, 是分之義矣!

「分」이 말하는 것은, '드러내다'의 의미이다. 세 분이 이미 나뉜 것은 아니며, 두 분은 하늘에 계시나, 한 분은 땅에 계신다. 요한복음 3장의: 「사람 중에는 하늘로 올라간 자가 아직 없고, 오로지 人子만이 하늘에서 내려왔으나, 여전히 하늘에 계신다.」 이것이 '分'의 의미이다!

「身」者, 假此有象之文, 以達顯著之義也. 如曰分神, 則嫌於無形, 以景尊未臨世以前, 藉人形顯著者屢矣! 創世記十八章云:「耶和華顯現, 亞伯拉罕仰見三人遙立, 乃自幕門趨迎俯伏[639]」, 卽分身顯著之義, 初不過藉人形而顯, 至同人出代之時, 則藉人身而顯, 然其分身之義則一也.

「身」은, '형상이 있다'라는 이 글자를 빌려, '드러내다'의 의미를 표현하고 있다. 가령 '分神'이라고 말하면, 형체가 없음을 꺼리는 것이니, 예수가 세상에 내려오기 이전에도, 사람의 형상을 빌려 나타난 이는 여럿이다! 창세기 18장에서 가로되:「여호와께서 나타나시니, 아브라함이 눈을 들어 본즉 세 사람이 멀리 서 있는 것을 보았는데, 곧 장막 문에서 달려 나가 영접하며 몸을 땅에 굽혔다」, 즉 '몸을 나누어 드러내다'의 의미는,

---

638 「人未 … 在天」, 「委辦譯本, Delegates' Version」 요한복음전 3장 13절 인용.
639 「耶和華 … 俯伏」은 「委辦譯本, Delegates' Version」 창세기 18장 1-2절 인용.

처음에는 사람의 모양을 빌려 나타나는 것에 불과하며, '同人出代(인간과 같은 모습으로 세상에 나심)'의 때에 이르면, 즉 사람의 몸을 빌려 드러내는 것이지만, 그러나 그 '分身'의 의미는 '하나'를 뜻하는 것이다.

「景」, 光也; 「尊」, 宗也. 景教在西方時本無此名, 乃阿羅本等入中國時所上之尊號, 所以便稱頌者也. 光之云者, 非太陽之謂, 借太陽以爲喻耳! 原波斯眞有以光爲宗者, 其義迥別. 景尊語衆曰: 「我乃世之光, 從我者不行於暗, 得生之光[640]」, 是明以光爲喻, 非云我卽太陽神也.

「景」은 '빛'이며; 「尊」은 '근본'이다. 경교는 서양에 있을 때 본래 이런 이름이 없었는데, 阿羅本 등이 중국에 들어왔을 때 올린 존호였으며, 칭송하기 위한 것이다. '光'이라고 말하는 것은, 태양을 지칭하는 것이 아니라, 태양을 빌려 비유로 삼은 것이로다! 원래 페르시아에는 정말 빛을 근본으로 하는 종교가 있었는데, 그 의미는 확연히 다르다. 예수께서 무리에게 말씀하셨다: 「나는 세상의 빛이니, 나를 따르는 자는 어둠에 다니지 아니하고, 생명의 빛을 얻으리라.」 이것은 명백히 빛으로써 비유하는 것이지, "내가 곧 태양신이다."라고 말씀하신 것이 아니다.

「尊」, 宗也. 宗者, 原文是所自出之意, 常與在字同用. 景經中, 稱宗基督卽彌施訶者衆矣! 而始自大秦都會安提阿. 本經使徒行傳十一章云: 「巴拿巴往大數, 訪掃羅; 遇之,[641] 則携至安提阿. 集會中一年, 所訓者衆, 門徒稱宗基督者, 自安提阿始也.[642]」 哥林多前書五章云: 「宗基督者, 是爲新造之人, 往事已非, 諸事更新, 萬事本乎上帝.[643]」 約翰福音十五章載景

---

640 「我乃 … 之光」은 「委辦譯本, Delegates' Version」 요한복음전 8장 12절 인용.
641 「遇之」, 이 구절은 「委辦譯本, Delegates' Version」에서는 「之」자가 없다.
642 「巴拿巴 … 始也」, 「委辦譯本, Delegates' Version」 사도행전 11장 25-26절 인용.

尊之訓曰：「爾當在我，則我在爾. 設枝不在葡萄樹，其實不結；爾曹不在我，亦如是. 我乃葡萄樹，爾乃枝，凡在我，而我在之者，則結實繁，絶於我，爾無能爲也.[644]」此卽宗景尊之正義也.

「尊」은 '宗'이다. '宗(존숭하다)'은, 원래 글자는 '스스로 나오는 바'의 의미이며, 늘 '在'자와 같이 사용된다. 경교 경전에서는 '基督즉 메시아을 존숭하는 자'라 부르는 경우가 많다! 그리고 처음에 大秦의 도시 안디옥에서 시작되었다. 신약 사도행전 11장에서 이르되：「바나바가 다소에 가서, 사울을 찾았는데; 그를 만나매, 안디옥으로 데리고 왔다. 둘이 교회에 일년 간 모여 있었고, 큰 무리를 가르쳤고, 제자들이 비로소 '그리스도를 존숭하는 자'라 일컬음이, 안디옥에서 시작되었다.」고린도전서 5장에서 이르되：「그런즉 누구든지 그리스도 안에 있으면 새로운 피조물이라. 이전 것은 지나갔으니, 보라 새것이 되었도다. 모든 것이 하나님께로 났으며.」요한복음 15장은 예수의 훈계를 실어 말하기를：「내 안에 거하라. 나도 너희 안에 거하리라. 가지가 포도나무에 붙어 있지 아니하면, 스스로 열매를 맺을 수 없음같이; 너희도 내 안에 있지 아니하면, 그러하리라. 나는 포도나무요, 너희는 가지라. 그가 내 안에, 내가 그 안에 거하면, 사람이 열매를 많이 맺나니, 나를 떠나서는, 너희가 아무것도 할 수 없음이라.」이것이 곧 '宗景尊(그리스도를 존숭하다)'의 바른 뜻인 것이다.

「彌施訶」者, 希伯來音譯卽「沐膏」[645]之謂, 與希利尼音基督同義. 景古

---

643 「宗基督 … 上帝」, 고린도전서 5장에서 인용한 것이 아니라, 「委辦譯本, Delegates' Version」 고린도후서 5장 17-18절에서 가져온 것이다.

644 「爾當 … 爲也」, 「委辦譯本, Delegates' Version」 요한복음전 15장 4-5절 인용.

645 「沐膏」는 音譯한 것이 아니며, 오류이다. 「沐膏」는 「기름 부음을 받은 자」의 의미로서, 히브리어로는 מָשִׁיחַ, 독음은 'Masiah'; 시리아어로는 ܡܫܝܚܐ, 독음은 'məšīḥā'이다.

經本用希伯來文書者, 故古經中文言之, 則曰彌施訶; 質言之, 則曰受膏者. 古經以賽亞書五十三章文曰:「受膏者生若草萊, 萌於荒野, 根株長於稿壤,[646] 容貌不揚, 威儀不秩, 人所共見, 無艷羨之心. 彼爲人所藐視, 所棄絕, 屢遭困苦, 憂心悄悄, 人皆掩面而不睹,[647] 藐視而不敬; 見其困苦, 以爲上帝譴責,[648] 不知任我愆, 肩我病者, 正斯人也. 彼因我罪, 而受傷殘,[649] 緣我咎而受瘡痍; 彼遭刑罰, 我享平康; 彼見鞭朴, 我得醫痊. 我迷於岐途,[650] 譬諸亡羊, 所向靡定, 耶和華使我愆尤叢於其身, 彼受冤抑,[651] 不啟厥口, 爲人牽制, 如羊就死地, 又若羊對剪毛者而無聲.[652] 彼遭難時, 人審判之, 不秉公義, 爲人罪戾,[653] 而受譴責, 生命且滅於世, 遑計其後乎? 彼雖行不邪僻, 言不誕妄; 人擬瘞之,[654] 與惡人同穴; 然終歸富人窀穸.[655] 斯實耶和華之旨, 使之糜爛, 憂心悄悄, 獻祭贖罪, 可享遐齡, 若子若孫, 昌熾弗絕, 耶和華之志, 無不大成. 耶和華曰:『余有良臣, 先患難, 後結菓,[656] 心無不悅. 彼也, 任人愆尤, 使人咸知斯理, 得稱爲義, 爲此良臣,[657] 人視爲罪犯中人. 彼捐軀, 爲人負罪, 代惡者祈禱, 故余必大賚[658]

---

646 「根株長於稿壤」 중의 「稿」는 「委辦譯本, Delegates' Version」에서 「槁」이다. 이것은 「槁」를 「稿」로 잘못 베껴 쓴 것이다.
647 「人皆掩面而不睹」 중의 「睹」는 「委辦譯本, Delegates' Version」에서 「覩」이다.
648 「以爲上帝譴責」, 이 구절은 「委辦譯本, Delegates' Version」에 보면, 「責」 다음에 「之」 자가 추가되어 있다.
649 「而受傷殘」 중의 「受」는 「委辦譯本, Delegates' Version」에서 「被」이다.
650 「我迷於岐途」 중의 「岐」는 「委辦譯本, Delegates' Version」에서 「歧」이다.
651 「彼受冤抑」 중의 「冤」은 「委辦譯本, Delegates' Version」에서 「屈」이다.
652 「又若羊對剪毛者而無聲」의 「剪」은 「委辦譯本, Delegates' Version」에서 「翦」이다.
653 「爲人罪戾」의 「人」은 「委辦譯本, Delegates' Version」에서 「民」이다.
654 「人擬瘞之」의 「擬」는 「委辦譯本, Delegates' Version」에서 「儗」이다. 「儗」는 옛날에 「擬」와 통용되었다;《說文》:「儗, 僭也…. 通擬.(儗는 僭이다…. 擬와 통한다.)」「瘞」의 독음은 「異」와 같고, '묻다, 매장하다'의 의미이다.
655 「窀穸」: 독음이 '諄夕'과 같으며, '묘혈(墓穴)'의 의미이다.《後漢書·劉陶》:「死者悲於窀穸, 生者戚於朝野.(죽은 자는 묘혈에서 비통해하고, 산 자는 朝野에서 슬퍼한다.)」
656 「後結菓」의 「菓」는 「委辦譯本, Delegates' Version」에서 「果」이다.
657 「爲此良臣」의 「爲」는 「委辦譯本, Delegates' Version」에서 「惟」이다.

之, 舉凡富強者之子皆屬焉.[659][660]』 右經一章, 乃景尊前七百年之景古聖, 以賽亞得上帝黙示, 備悉彌施訶臨世受苦, 受難, 受死, 代民贖罪, 教會振興, 聖徒昌熾之象, 故和盤托出以告人也.

「彌施訶」는, 히브리어로 음역하면 「기름 부음을 받은 자」의 의미이며, 그리스어인 '그리스도'와 같은 의미이다. 경교 구약은 본래 히브리어 문서를 사용했기 때문에, 옛 경전에서 중국어로 말하면, 「彌施訶」라고 부른 것이며; 요컨대, '기름 부음을 받은 자'라 하는 것이다. 구약 이사야서 53장에서 가로되: 「그는 주 앞에서 자라나기를, 연한 순 같고 마른 땅에서 나온 뿌리 같아서, 고운 모양도 없고 풍채도 없은즉, 우리가 보기에 흠모할 만한 아름다운 것이 없도다. 그는 멸시를 받아 사람들에게 버림받았으며, 간고를 많이 겪었으며, 질고를 아는 자라. 마치 사람들이 그에게서 얼굴을 가리는 것같이 멸시를 당하였고, 우리도 그를 귀히 여기지 아니하였도다. 그는 실로 우리의 질고를 지고 우리의 슬픔을 당하였거늘, 우리는 생각하기를, 그는 징벌을 받아 하나님께 맞으며, 고난을 당한다 하였노라. 그가 찔림은 우리의 허물 때문이요, 그가 상함은 우리의 죄악 때문이라. 그가 징계를 받음으로 우리는 평화를 누리고, 그가 채찍에 맞음으로 우리는 나음을 받았도다. 우리는 다 양 같아서, 그릇 행하여 각기 제 길로 갔거늘, 여호와께서는 우리 모두의 죄악을 그에게 담당시키셨도다. 그가 곤욕을 당하여 괴로울 때에도, 그의 입을 열지 아니하였음이여, 마치 도수장으로 끌려가는 어린 양과 털 깎는 자 앞에서 잠잠한 양

---

658 「賚」: '상을 주다, 하사하다'의 의미이다.《尙書·周書·武成》:「發鉅橋之粟, 大賚於四海.(풀어낸 鉅橋의 식량으로, 온 세상에 큰 상을 베풀었다.)」
659 「舉凡富強者之子皆屬焉」은 「委辦譯本, Delegates' Version」에서는 「者」자가 없다.
660 「受膏者…屬焉」은 「委辦譯本, Delegates' Version」 이사야서 53장 2-12절에서 인용되었다.

같이 그의 입을 열지 아니하였도다. 그는 곤욕과 심문을 당하고 끌려갔으나, 그 세대 중에 누가 생각하기를, 그가 살아 있는 자들의 땅에서 끊어짐은 마땅히 형벌 받을 내 백성의 허물 때문이라 하였으리요. 그는 강포를 행하지 아니하였고, 그의 입에 거짓이 없었으나, 그의 무덤이 악인들과 함께 있었으며, 그가 죽은 후에 부자와 함께 있었도다. 여호와께서 그에게 상함을 받게 하시기를 원하사 질고를 당하게 하셨은즉, 그의 영혼을 속죄 제물로 드리기에 이르면, 그가 씨를 보게 되며, 그의 날은 길 것이요, 또 그의 손으로 여호와께서 기뻐하시는 뜻을 성취하리로다. 그가 자기 영혼의 수고한 것을 보고 만족하게 여길 것이라. 나의 의로운 종이 자기 지식으로 많은 사람을 의롭게 하며, 또 그들의 죄악을 친히 담당하리로다. 그러므로 내가 그에게 존귀한 자와 함께 몫을 받게 하며, 강한 자와 함께 탈취한 것을 나누게 하리니, 이는 그가 자기 영혼을 버려 사망에 이르게 하며, 범죄자 중 하나로 헤아림을 받았음이니라. 그러나 그가 많은 사람의 죄를 담당하며, 범죄자를 위하여 기도하였느니라.」 오른쪽 경전(*譯者註: 여기서는 윗 문장을 뜻함.) 한 章은, 예수 강림 7백 년 전의 경교 옛 성인인, 이사야가 하나님의 계시를 받아, 메시아가 세상에 임하여 고난을 받아 죽임을 당하고, 백성들의 죄를 대속함으로써, 교회가 흥성하고, 성도들이 창성하는 모습을 상세히 알고서, 자신이 알고 있는 것을 모두 표현하여 사람들에게 알려 주는 내용이다.

至寫景本經時, 希利尼文[661]己盛行於亞細亞之西, 歐羅巴之南, 亞非利加之北, 故諸使徒所讀之古經, 多是希利尼文. 是以寫本經時, 廿七卷俱用

---

661 「希利尼文」: '기원전 3세기에서 기원후 3세기까지 통용되던 그리스어'를 가리킨다. 이는 바로 신약성서가 서술되어지는 데에 사용된 언어이다.

希利尼文, 故凡稱「彌施訶」處皆曰「基督」. 「基督」者, 希利尼音譯曰「傅油」, 與希伯來音彌施訶同義, 然亦有一處用彌施訶者, 約翰福音四章載有婦人問景尊曰:「『我觀主乃先知者, 我祖崇拜於此山, 爾曹言, 崇拜當在耶路撒冷, 孰是?』景尊曰:『宜信我. 日至, 爾拜天父, 無論此山, 無論耶路撒冷, 爾曹不知所拜, 我儕知所拜, 蓋救者, 出自猶太人也. 日至, 今是矣! 眞崇拜者, 以神以誠拜天父, 蓋天父欲人如是拜之. 上帝乃神, 拜之者, 必以神以誠.』婦曰:『我知彌賽亞^{景淨用彌施訶字寫, 麥氏譯本用彌賽亞字寫, 一也. 但必用正音讀出方合耳}將至, 其至必以衆理告我, 彌賽亞, 蓋言基督也.』耶穌曰^{耶穌, 希伯來音卽救者, 麥氏譯本用耶穌字寫, 如景淨必用依娑訶字寫耳}:『與爾言者, 是也.⁶⁶²』」觀此一經, 可知當時鄉間婦人俗語, 尚有仍用希伯來原名, 而使徒約翰用希利尼文寫書, 則爲之繙譯. 故曰:「彌賽亞, 蓋言基督也.」然則彌施訶基督旣爲沐膏之意, 而以爲景尊之號, 奈何曰有故昔猶太古禮, 凡立祭司國君, 皆有先知奉上帝命, 以角盛香油, 傅於祭司長或國君之首, 是爲行彌施訶禮, 其義卽奉天受命之表. 久之, 此禮此名, 遂作天立受命, 受封之辭, 譬之中國科場中簪花⁶⁶³之名義一式. 景尊者, 乃上帝以聖神封, 立爲萬邦之救者, 故稱彌施訶基督也.

경교 신약 성경을 쓸 때에 이르러, 그리스어가 아시아 서쪽과 유럽 남쪽, 아프리카 북쪽에 이미 성행하였으므로, 여러 사도들이 읽었던 구약은, 대개 그리스어였다. 이로써 신약 성경을 쓸 때, 27권 모두 그리스어를 사용하였으므로, 무릇 「메시아」를 칭하는 곳마다 「그리스도」라 말하

---

662 「我觀 … 是也」는 「委辦譯本, Delegates' Version」 요한복음전 4장 19-26절에서 인용되었다. 그러나 그중 「景尊」이라는 단어는 「委辦譯本, Delegates' Version」에서는 모두 「耶穌」로 표기되어 있다.

663 「簪花」: '꽃을 冠에 꽂는 禮'. 《宋史·公服》: 「襆頭**簪花**, 謂之簪戴.(두건에 꽃을 꽂으니, 이를 일러 '簪戴'라고 한다.)」

였다. 「그리스도」란, 그리스어 음역으로 「성유(聖油)를 바르다」라는 뜻으로서, 히브리어 '메시아'와 같은 의미이며, 또한 '메시아'를 사용한 곳이 한 곳 있으니, 요한복음 4장에서 한 여자가 예수에게 물어 말하기를: 「『주여, 내가 보니 선지자로소이다. 우리 조상들은 이 산에서 예배하였는데, 당신들의 말은, 예배할 곳이 예루살렘에 있다 하더이다. 이는 누구시니이까?』예수께서 가로되:『여자여 내 말을 믿으라. 이 산에서도 말고 예루살렘에서도 말고, 너희가 아버지께 예배할 때가 이르리라. 너희는 알지 못하는 것을 예배하고, 우리는 아는 것을 예배하노니, 이는 구원이 유대인에게서 남이라. 아버지께 참되게 예배하는 자들은, 영과 진리로 예배할 때가 오나니, 곧 이때라. 아버지께서는 자기에게 이렇게 예배하는 자들을 찾으시느니라. 하나님은 영이시니, 예배하는 자가 영과 진리로 예배할지니라.』여자가 말하되:『메시아</sub>景淨은 彌施訶를 사용해 썼고, 메드허스트 (Medhurst) 역본은 彌賽亞로 썼으니, 하나이다. 그러나 반드시 바른 음으로 읽어 내야 적합한 것이다. 곧 그리스도라 하는 이가 오실 줄을 내가 아노니, 그가 오시면 모든 것을 우리에게 알려 주시리이다.』예수께서</sub>예수는, 히브리어로 '구원자'라 번역하며, 메드허스트 역본은 '耶蘇'라 표기하였으니, 景淨이 '伊娑詞'로 쓴 것과 같다. 이르시되:『네게 말하는 내가 그라 하시니라.』」 이 경전을 관찰해 보면, 당시 시골 여인네가 쓰던 속된 언어를 알 수 있으니, 아직 히브리어 원명을 사용하고 있으나, 사도 요한은 그리스어로 글을 썼고, 그에 따라 번역한 것이다. 그리하여 가로되:「메시아는, 대개 그리스도를 말한다.」라 하였다. 그런즉 '메시아 그리스도'는 '기름 부음을 받은 자'라는 의미였으므로, '예수'라는 이름으로 여겼으니, 어찌 유대에 옛 의례가 있었기 때문이라고 말할 수 있겠는가? 무릇 제사장과 군주를 세우면, 항상 선지자가 있어 하나님의 명을 받들고, 뿔에 향유를 담아, 제사장이나 군주의 머리에 바르니, 이것은 메시아에게 예를 행하는 것이고, 그 의미는 하늘을 받들어 명령을 받는 징표인 것이다. 오래도록, 이 의례와 이 이름은, 마침내 하늘이 세우신 천명을 받들고 작위를 받는 말이 되었으니, 가령 중국의 과거 시험장에서 비녀를 꽂는 것과 같은 하나의 형식적인 의식인 것이다. '메시아'라는 것은, 하나님께서 성령으로써 지위를 내리시고, 세상 만방의 구원자로 세우신 것이니, 그리하여 메시아 그리스도라 칭하는 것이다.

「戢隱眞威」句, 義出本經腓立比書[664]二章, 文曰:「彼具體上帝, 卽叫上帝, 不場僭; 然猶虛己, 誕降場人, 以僕自處.[665]」又路加福音[666]二十二章載景尊訓其徒曰:「異邦之君主其治, 秉權之人稱大勳, 惟爾曹不可, 爾中爲大者當若少; 爲首者當若役; 孰爲長? 席坐者乎? 役事者乎? 非席坐者長乎? 然我在爾中, 如役事者也.[667]」此卽「戢隱眞威」之義矣!

「戢隱眞威」라는 구절은, 그 의미가 신약 빌립보서 2장에 나오니, 이르되:「그는 근본 하나님의 본체이시나, 하나님과 동등됨을 취할 것으로 여기지 아니하시고; 오히려 자기를 비워, 종의 형체를 가지사, 사람들과 같이 되셨다.」 또 누가복음 22장에서는 예수께서 그 제자들을 가르쳐 말씀하시기를:「이방인의 임금들은 저희를 주관하며, 그 집권자들은 은인이라 칭함을 받으나, 너희는 그렇지 않을지니, 너희 중에 큰 자는 젊은 자와 같고; 두목은 섬기는 자와 같을지니라; 앉아서 먹는 자가 크냐? 섬기는 자가 크냐? 앉아 먹는 자가 아니냐? 그러나 나는 섬기는 자로 너희 중에 있노라.」 이것이 바로 「戢隱眞威(참된 위엄을 감추시다)」의 의미인 것이다!

664　빌립보서의 편명이며, 「委辦譯本, Delegates' Version」에서는 '사도바울빌립보인서(使徒保羅達腓立比人書)'로 표기되어 있다.
665　「彼具 … 自處」는 「委辦譯本, Delegates' Version」 빌립보서 2장 6-7절에서 인용되었다.
666　누가복음의 편명이며, 「委辦譯本, Delegates' Version」에서는 '누가복음전'이다.
667　「異邦 … 者也」는 「委辦譯本, Delegates' Version」 누가복음전 22장 25-27절에서 인용되었다.

「同人出代」義本約翰福音一章文云:「夫道成人身, 居於我儕之間, 我儕見其榮, 誠天父獨生子之榮, 以恩寵眞理而滿也.」[668] 又本經希伯來書二章云:「子^{指信者言}乃血氣之屬, 主^{指景尊言}亦血氣之屬, 欲以其死使魔鬼無權, 不得逞其力以傷人, 是使平生畏死而屈服者, 無不解釋也. 耶穌不助天使^{指犯罪之使, 卽魔鬼}, 乃助亞伯拉罕後裔^{非指血氣言, 乃指道統言}, 故當凡事同於兄弟, 爲矜恤忠信之祭司長, 以事上帝. 而贖民罪, 彼旣歷試諸艱, 而凡受難者, 彼能助之.」[669] 五章又云:「夫基督在世時, 大聲疾呼, 繼以號泣祈禱, 以求能免其死,[670] 升聞於上, 釋己憂懼, 雖上帝子, 亦以遘難, 然後知所以悅服, 旣爲完人, 故恆爲信從者得救之原.」[671] 總此諸經, 皆景淨所謂「同人出代」者.

「同人出代」의 의미는 본래 요한복음 1장에서 이르기를:「무릇 말씀이 육신이 되어, 우리 가운데 거하시매, 우리가 그의 영광을 보니, 아버지의 독생자의 영광이요, 은혜와 진리가 충만하더라.」또 신약 히브리서 2장에서 이르되:「자녀들은 혈과 육에 속하였으매, 주님도 또한 같은 모양으로 혈과 육을 함께 지니심은, 죽음을 통하여 죽음의 세력을 잡은 자, 곧 마귀를 멸하시며, 또 죽기를 무서워하므로, 한평생 매여 종노릇 하는 모든 자들을 놓아 주려 하심이니, 이는 확실히 천사들을 붙들어 주려 하심이 아니요, 오직 아브라함의 자손을 붙들어 주려 하심이라. 그러므로 그가 범사에 형제들과 같이 되심이 마땅하도다. 이는 하나님의 일에 자비하고 신실한 대제사장이 되어, 백성의 죄를 속량하려 하심이라. 그가 시험을 받아 고난을 당하셨은즉, 시험 받는 자들을 능히 도우실 수 있느니라.」5장에서 또 이르되:「무릇 그리스도는 육체에 계실 때에, 자기를 죽

---

668 「夫道 … 滿也」는「委辦譯本, Delegates' Version」요한복음전 1장 14절에서 인용되었다.
669 「子乃 … 助之」는「委辦譯本, Delegates' Version」히브리서 2장 14-18절에서 인용되었다.
670 「以求能免其死」는「委辦譯本, Delegates' Version」에서는「死」다음에「者」자가 있다.
671 「夫基督 … 之原」은「委辦譯本, Delegates' Version」히브리서 5장 7-9절에서 인용되었다.

음에서 능히 구원하실 이에게, 심한 통곡과 눈물로 간구와 소원을 올렸고, 그의 경건하심으로 말미암아 들으심을 얻었느니라. 그가 아들이시면서도 받으신 고난으로 순종함을 배워서, 온전하게 되셨은즉, 자기에게 순종하는 모든 자에게 영원한 구원의 근원이 되셨도다.」 이 모든 경전을 종합하면, 모두 景淨이 말한 「同人出代(인간과 같은 모습으로 세상에 나시다)」의 내용인 것이다.

하늘 천사가 예수 탄생의 기쁜 소식을 선포하였으니, 동정녀가 大秦에서 성자 예수를 낳으셨다. 크고 밝은 별이 기쁜 소식을 알렸으며, 페르시아인들이 밝은 빛을 보고 와서 예물을 바쳤다(神天宣慶, 室女誕聖於大秦, 景宿告祥, 波斯睹耀以來貢)

此乃景尊臨世時天上人間特顯之神異, 以爲萬邦救主之要證者, 不可以作等閒觀也.

이것은 예수가 세상에 강림하였을 때 천상과 인간 세계에서 특별히 나타난 신비한 이적이며, 만방 구주의 증거를 요하는 것으로서 여겨지는 것이니, 등한시할 수 없는 부분이다.

「神天宣慶」事見路加福音傳二章, 文曰:「野有牧者, 於夜迭守羣羊, 主指上帝言之使者降臨, 主之光華環照, 牧者大懼, 使者曰:『勿懼, 我報爾嘉音, 關衆民之大喜者也. 今日於大闢之邑爲爾生救主基督, 將見嬰兒, 裹於布, 寢於槽, 是其號矣!』倏有衆天軍, 偕使者讚美上帝, 云:『上則榮歸

上帝, 下則和平, 人沐恩澤矣!』諸使者升天而去[672]」, 此卽景淨所謂「神天宣慶」之事也.

「神天宣慶」의 사적은 누가복음 2장에서 볼 수 있다. 가로되:「그 지역에 목자들이 밤에 밖에서 자기 양 떼를 지키더니, 주의 사자가 곁에 서고, 주의 영광이 그들을 두루 비추매, 크게 무서워하는지라, 천사가 이르되:『무서워하지 말라, 보라 내가 온 백성에게 미칠 큰 기쁨의 좋은 소식을 너희에게 전하노라. 오늘 다윗의 동네에 너희를 위하여 구주가 나셨으니, 곧 그리스도 주시니라. 너희가 가서 강보에 싸여 구유에 뉘어 있는 아기를 보리니, 이것이 너희에게 표적이니라!』홀연히 수많은 천군이 그 천사들과 함께 하나님을 찬송하여 이르되:『지극히 높은 곳에서는 하나님께 영광이요, 땅에서는 하나님이 기뻐하신 사람들 중에 평화로다!』천사들이 떠나 하늘로 올라갔다.」이것이 景淨이 언급한「神天宣慶(하늘 천사가 예수 탄생의 기쁜 소식을 선포하였다)」의 일이다.

「室女誕聖」事見〈馬太福音傳〉首章, 云:「耶穌基督之生, 其事如左: 母馬利亞爲約瑟所聘, 未昏, 感聖神而孕. 其夫約瑟, 義人也, 不欲顯辱之, 而欲私休之. 思念間, 主之使者見夢曰:『大闢之裔約瑟, 其娶爾妻馬利亞以歸, 勿疑, 蓋所孕者, 感於聖神也. 彼必生子, 可名曰耶穌, 以將救其民於罪惡中.』如是, 主託先知所言應矣! 曰:『處女孕而生子,[673] 人稱其名以馬內利』, 譯卽上帝偕我焉. _{文見古經以賽亞書七章} 約瑟寤, 遵主使者命, 娶之以歸, 未與同室, 及生冢子, 則名曰耶穌.[674]」

---

672 「野有 … 而去」는「委辦譯本, Delegates' Version」누가복음전 2장 8-15절에서 인용되었다.
673 「處女孕而生子」는「委辦譯本, Delegates' Version」에서「將有處女懷孕生子」로 기록되어 있다.
674 「耶穌 … 耶穌」는「委辦譯本, Delegates' Version」마태복음전 1장 18-25절에서 인용되

「室女誕聖(동정녀가 예수를 낳으심)」의 일은 마태복음 첫 장에서 볼 수 있다. 이르되:「예수 그리스도의 나심은 이러하니라: 그의 어머니 마리아가 요셉과 약혼하고, 동거하기 전에 성령으로 잉태된 것이 나타났더니, 그의 남편 요셉은 의로운 사람이라. 그를 드러내지 아니하고 가만히 끊고자 하여, 이 일을 생각할 때에, 주의 사자가 현몽하여 이르되:『다윗의 자손 요셉아, 네 아내 마리아 데려오기를 무서워하지 말라. 그에게 잉태된 자는 성령으로 된 것이라. 아들을 낳으리니 이름을 예수라 하라. 이는 그가 자기 백성을 그들의 죄에서 구원할 자이심이라.』하니라. 이 모든 일이 된 것은, 주께서 선지자로 하신 말씀을 이루려 하심이니! 이르되:『보라 처녀가 잉태하여 아들을 낳을 것이요, 그의 이름을 임마누엘이라 하리라.』하셨으니, 이를 번역한즉 하나님이 우리와 함께 계시다.^{이 문장은} _{구약 이사야서 7장에 보인다.} 요셉이 깨어나, 주의 사자의 명령을 따르며, 아들을 낳기까지 동침하지 아니하더니, 낳으매 이름을 예수라 하였다.」

又見路加福音一章文云:「天使加伯列, 奉上帝命, 往加利利拿撒勒邑, 臨處女馬利亞, 大關族約瑟所聘者. 天使入告曰:『受恩之女安, 主祐爾, 諸女中惟爾見寵.』馬利亞見之, 訝其言, 思問安曷故. 天使曰:『馬利亞勿懼, 爾得上帝恩, 將妊而生子, 命名耶穌, 彼將爲大, 稱至上者之子, 主上帝與以厥祖大關之位^{指天國言}, 永爲雅各一家主^{指信者之家言}, 其國靡曁.』對曰:『我未適人, 何由得此?』天使曰:『聖神將臨爾, 至上者之力將庇爾, 是以所生之聖者, 得稱上帝子.[675]』此卽「室女誕聖」之事也.

또 누가복음 1장에 보면, 이르되:「천사 가브리엘이, 하나님의 보내심

었다.
675 「天使 … 上帝子」는「委辦譯本, Delegates' Version」누가복음전 1장 26-35절에서 인용되었다.

을 받아, 갈릴리 나사렛이란 동네에 가서, 다윗의 자손 요셉이라 하는 사람과 약혼한 처녀에게 이르니, 그 처녀의 이름은 마리아라. 그에게 들어가 이르되:『은혜를 받은 자여, 평안할지어다. 주께서 너와 함께 하시도다.』하니, 처녀가 그 말을 듣고 놀라, 이런 인사가 어찌함인가 생각하매, 천사가 이르되:『마리아여 무서워하지 말라. 네가 하나님께 은혜를 입었느니라. 보라 네가 잉태하여 아들을 낳으리니, 그 이름을 예수라 하라. 그가 큰 자가 되고, 지극히 높으신 이의 아들이라 일컬어질 것이요. 주 하나님께서 그 조상 다윗의 왕위를 그에게 주시리니^{천국을 가리켜 말한 것임}, 영원히 야곱의 집을 왕으로 다스리실 것이며^{믿는 자의 가언을 가리킴}, 그 나라가 무궁하리라.』마리아가 천사에게 말하되:『나는 남자를 알지 못하니, 어찌 이 일이 있으리이까?』천사가 대답하여 이르되:『성령이 네게 임하시고, 지극히 높으신 이의 능력이 너를 덮으시리니, 이러므로 나실 바 거룩한 이는 하나님의 아들이라 일컬어지리라.』」이것이 「室女誕聖(동정녀가 예수를 낳으심)」의 일이다.

「大秦」解見篇首「景宿告祥」, 事見馬太福音二章, 文云:「希律王時, 耶穌旣生於猶太伯利恆, 有博士數人, 自東方至耶路撒冷^{波斯在耶路撒冷東}, 曰:『生而爲猶太人王者安在^{民是讚美上帝之民, 國非世上之國}? 我在東方見其星, 故來拜之.』^{此乃上帝開示萬世信徒, 使知必以聖德之光, 引導萬邦歸教主之象, 莫作天上某星等呆解}希律王聞而懼, 舉耶路撒冷皆然. 乃召祭司諸長, 民間士子, 問曰:『基督當何處生?』僉曰:『猶太伯利恆, 昔先知記曰: 猶太地伯利恆乎! 在猶太郡中, 爾非最小者, 蓋將有君於爾是出, 以牧我以色列民矣^{文見古經〈米迦書〉五章}!』於是希律密召博士, 詳問星見之時, 遂遣之往伯利恆, 云:『爾往, 勤訪嬰兒, 遇則告我, 我亦將往拜^{心懷不軌}.』博士聞命而行, 忽東方所現之星前導, 至嬰兒所居, 則止其上. 博士見星, 喜不自勝, 入室, 見嬰及母馬利亞, 俯伏拜

嬰. 啟寶盒, 以黃金, 乳香, 沒藥諸物獻. 博士夢中得黙示, 令勿反見希律,
則由他途而歸[676]」, 此卽景淨所謂「波斯睹耀以來貢」之事也.

　「大秦」에 관한 풀이는 서두의「景宿告祥」에서 볼 수 있는데, 그 사적은
마태복음 2장에 나오니, 이르되:「헤롯 왕 때에, 예수께서 유대 베들레헴
에서 나시매, 동방으로부터 박사들이 예루살렘에 이르러, 말하되:『유대
인의 왕으로 나신 이가 어디 계시냐?백성은 하나님을 찬미하는 백성, 나라는 세상의 나라가
아님 우리가 동방에서 그의 별을 보고, 그에게 경배하러 왔노라.』이것은 하나
님이 만세의 신도에게 가리켜 보여 주시는 것으로서, 반드시 성덕의 빛으로, 만방을 인도하여 구주에게로 귀속되
는 모습을 알게 하며, 하늘의 어떠한 별들도 멍하니 있지 않도록 하신 것이다. 헤롯 왕과 온 예루살
렘이 듣고 소동한지라. 왕이 모든 대제사장과 백성의 서기관들을 모아,
묻기를:『그리스도가 어디서 나겠느냐?』이르되:『유대 베들레헴이오니,
이는 선지자로 이렇게 기록된바: 또 유대 땅 베들레헴아! 너는 유대 고을
중에서, 가장 작지 아니하도다. 네게서 한 다스리는 자가 나와서, 내 백
성 이스라엘의 목자가 되리라구약〈미가서〉 5장에도 있음!』하였음이니이다. 이에
헤롯이 가만히 박사들을 불러, 별이 나타난 때를 자세히 묻고, 베들레헴
으로 보내며, 이르되:『가서 아기에 대하여 자세히 알아보고, 찾거든 내
게 고하여, 나도 가서 그에게 경배하게 하라.나쁜 마음을 품다.』박사들이 왕의
말을 듣고 갈새, 동방에서 보던 그 별이, 문득 앞서 인도하여 가다가, 아
기 있는 곳 위에 머물러, 서 있는지라. 박사들이 별을 보고, 매우 크게 기
뻐하고 기뻐하더라. 집에 들어가, 아기와 그의 어머니 마리아가 함께 있
는 것을 보고, 엎드려 아기께 경배하고, 보배합을 열어 황금과 유향과 몰
약을 예물로 드리니라. 그들은 꿈에 헤롯에게로 돌아가지 말라 지시하심

---

676 「希律王 … 而歸」는「委辦譯本, Delegates' Version」마태복음전 2장 1-12절에서 인용되
　　었다.

을 받아, 다른 길로 고국에 돌아가니라.」, 이것은 景淨이 말한「波斯睹耀
以來貢(페르시아인들이 밝은 빛을 보고 와서 예물을 바침)」의 일이다.

原景尊臨世, 實爲天下萬國古今來至大至要之事, 其功較開闢天地尤
鉅. 緣天地萬物皆爲人而設, 人心不歸於天命, 是無人類也; 無人類, 則天
地萬物皆爲虛置矣! 故景尊臨世之日, 神天不得不有異兆, 以告天下萬世
也. 慨自始祖受惑, 而後順命之性變爲擅命[677]之性, 遂至萬世子孫皆欲自
爲上帝, 卒之鬪, 天下之人爭地爭城, 殺人盈野, 爾虞我詐, 上下交征, 假
義假仁. 惟求榮己, 智取術馭, 止圖自尊, 性根之疾, 不可救藥. 自非景尊
臨世, 眞無再造之能. 觀神天宣慶之文, 而知景尊必能使天下萬國萬世之人
心同歸於榮, 歸上帝之一轍. 於是乎神悅人和, 罪患不作, 世享淸平之福矣!

본래 예수가 세상에 오신 것은, 실로 고금을 막론하고 천하 만국의 지
극히 크고 긴요한 일인 것으로서, 그 공은 천지를 개척하는 것보다도 더
욱 큰 것이다. 천지 만물은 모두 사람을 위해 세워진 것이므로, 사람의
마음이 하늘의 명에 귀속되지 않으면, 이것은 인류가 없는 것과 같은 것
이며; 인류가 없다면, 곧 천지 만물은 모두 비어 있는 것이다! 그러므로
예수가 세상에 임하는 날에, 하늘 천사는 신묘한 징조로써 천하 만세에
알리지 않을 수 없었다. 대략 시조가 유혹을 받은 이래로, 명령에 순종하
던 본성이 제멋대로 명을 거역하는 성질로 변하여, 마침내 만세의 자손
들이 모두 자신이 하나님이 되고자 하기에 이르렀고, 결국 싸움으로, 천
하의 사람들은 땅을 다투고 성을 다투었으며, 사람을 죽여 들판을 뒤덮
었고, 서로 속고 속이며, 위아래가 서로 사리사욕을 쟁탈하였고, 거짓 의

677「擅命」: '자기 뜻대로 일을 행하여 천명을 거역하다'의 의미이다. 여기서의 '天命'은 '하
나님의 의지'를 비유한 것이다.

리와 인이 판을 쳤음을 분개하였다. 오로지 자기 자신을 영예롭게 하기만을 구하고, 지혜로써 취하고 술수로써 부리며, 단지 자신을 높이기를 도모하니, 성정의 근본적인 병을, 구제할 약이 없는 것이다. 만일 예수가 세상에 오지 않았다면, 재창조의 권능은 정말로 없었을 것이다. '神天宣慶(하늘 천사가 기쁜 소식을 선포하였다)'이라는 글을 보면, 예수께서 반드시 천하 만국, 만세 사람들의 마음을 영화롭게 되돌리고, 하나님의 길로 돌아가게 할 수 있음을 알 수 있다. 그리하여 하나님이 기뻐하시고 인간이 화합하는 가운데, 죄와 환란이 생기지 않으니, 세상이 맑고 안정된 복을 누리게 되는 것이다!

而室女誕聖之事, 亦勢所不得不然者. 蓋始祖受誘之性傳於子孫, 皆肖其祖; 普天之人, 自生至死, 非肖上帝之性. 故爲仁必先克己, 使基督仍循人道而生, 則亦猶之克己復禮之聖人而已, 以不純全之人, 焉能贖天下萬民之罪哉? 焉能爲天下萬世立純全之典型哉? 焉能令萬世人心歸向之哉? 此乃必然之理, 故景淨等擧以告人也.

그러나 '室女誕聖(동정녀가 예수를 낳으심)'의 일도, 또한 어쩔 수 없이 그렇게 된 일이었다. 무릇 시조가 유혹을 받아 생긴 성정이 자손들에게 그대로 전수되었으니, 모두 그 조상을 닮은 것이다; 하늘의 사람은, 태어나서 죽을 때까지, 하나님의 성품과 같지는 않다. 그러므로 먼저 仁으로써 반드시 자기를 극복해야 하는데, 그리스도로 하여금 여전히 인간의 道에 따라 태어나게 하셨으며, 또한 마치 극기복례 하는 성인과 다를 바가 없으니, 순전하지 않은 인간으로서, 어찌 천하 만민의 죄를 대속할 수 있단 말인가? 어찌 천하 만세를 위하여 순전한 전형을 세울 수 있겠는가? 어찌 만세 사람들의 마음을 돌려놓을 수 있겠는가? 이것이 곧 필연적인 이치이므로, 景淨 등이 사람들에게 알리기 위하여 예를 든 것이다.

24 성인이 말씀하신 구약의 율법을 완성하시고, 하늘의 道로 가정과 나라를 다스리시었다(圓卄四聖有說之舊法, 理家國於大猷)

此文是指景尊上應前知之預言, 下奠邦家於磐石. 集古經卄四聖之大成, 其昇降生死, 視聽言動, 畢生遭逢, 皆足以爲古經全部之註脚. 滿古聖之望, 有過之無不及焉!

이 문장은 예수가 위로는 이전에 알고 있던 예언에 응하고, 아래로는 반석에 나라를 건설한 일을 가리킨다. 구약 24 성인의 큰 성과를 모아 보면, 그 올라가심과 내려오심, 태어나심과 죽으심, 보고 듣고 말하고 행동하심, 일생에서의 만남 등이, 모두 구약 전체의 주석이라 여기기에 충분한 것들이다. 옛 성인들의 바람을 충족하였으나, 지나침도 있기 마련인 것이다!

「圓」,《易傳》文「是故, 著之德, 圓而神.」亦內典圓通, 圓滿等習用之文, 而景義則取曲當精微之意也.

「圓」은,《易傳》에서「이런 까닭으로, 시초(蓍草)[*譯者註: 옛날, 점칠 때 그 줄기를 사용했음.]의 덕은, 원만하고 신령스럽다.」라 하였다. 또한 〈內典〉에서는 '圓通, 圓滿' 등으로 자주 사용하는 글자이지만, 경교에서의 의미는 '굽은 것을 취하여 마땅히 정교하게 한다'의 의미인 것이다.

「廿四聖」者, 一曰摩西, 二曰約書亞, 三曰撒母耳, 四曰以士喇, 五曰尼希米, 六曰約百, 七曰大闢, 八曰所羅門, 九曰以賽亞, 十曰耶利米, 十一曰以西結, 十二曰但以理, 十三曰何西, 十四曰約耳, 十五曰亞摩士, 十六曰阿巴底, 十七曰約拿, 十八曰米迦, 十九曰拿翁, 廿曰哈巴谷, 廿一曰西番雅, 廿二曰哈基, 廿三曰撒加利亞, 廿四曰馬拉基.[678]

「廿四聖(24 성인)」이란, 첫째는 모세, 둘째는 여호수아, 셋째는 사무엘, 넷째는 에스라, 다섯째는 느헤미야, 여섯째는 욥, 일곱째는 다윗, 여덟째는 솔로몬, 아홉째는 이사야, 열째는 예레미야, 열한 번째는 에스겔, 열두 번째는 다니엘, 열세 번째는 호세아, 열네 번째는 요엘, 열다섯째는 아모스, 열여섯째는 오바댜, 열일곱째는 요나, 열여덟째는 미가, 열아홉째는 나훔, 스무 번째는 하박국, 스물한 번째는 스바냐, 스물두 번째는 학개, 스물세 번째는 사가랴, 스물네 번째는 말라기이다.

廿四聖所著之書共卅九卷, 其畧詳於〈景教源流考〉, 茲不復贅. 景古聖不止廿四人, 如以諾那亞, 亞伯拉罕, 以利亞等, 皆不在廿四聖之列, 以彼等只有行狀[679]可傳, 而無經典垂訓, 是無說也. 其有說者, 惟廿四聖而已, 然古聖言行之當傳者, 亦已畧載於廿四聖之書矣! 曰舊法者, 謂廿四聖之古經, 皆本上帝之公義, 而立其威儀法度, 微旨大義, 必俟景尊臨世之日而考成; 旣以考成者為新, 自然以草創者為舊矣!

---

678 현재의 和合本 성경의 구약 번역명은 같지 않다. 「約百」은 「約伯(욥)」; 「以士喇」는 「以斯拉(에스라)」; 「何西」는 「何西阿(호세아)」; 「約耳」은 「約珥(요엘)」; 「亞摩士」는 「阿摩司(아모스)」; 「阿巴底」는 「俄巴底亞(오바댜)」; 「米迦」는 「彌迦(미가)」; 「拿翁」은 「拿鴻(나훔)」; 「哈基」는 「哈該(학개)」이다.

679 「行狀」: '죽은 사람의 생전 중요한 사적을 서술한 글'을 말한다. 《舊唐書·李翶》: 「臣今請作行狀者, 但指事實, 直載事功.(臣이 지금 行狀을 짓기를 청한 것은, 단지 사실을 직시하고, 그 일의 공을 직접 기록하고자 함입니다.)」

24 성인이 저술한 책은 모두 39권으로서, 그 대략이 《경교원류고》에 상세하게 나와 있으니, 여기서 더 서술하지는 않겠다. 경교의 옛 성인들은 24명에 그치지 않으니, 예를 들어 에녹, 아브라함, 엘리야 등은, 모두 24 성인의 반열에 있지 않고, 그들의 생전 사적만이 전해지므로, 경전에서 전해지는 교훈이 없으며, 따라서 이야기가 없다. 그 이야기가 있는 것은, 오직 24 성인일 뿐이지만, 옛 성인들의 언행 중 마땅히 전해질 것은, 또한 24 성인의 경전에 그 대략이 이미 실려 있다! '舊法'이라고 하는 것은, 24 성인의 구약 성서를 말하는 것이며, 모두 본래 하나님의 공의로서, 그 위엄과 법도, 그리고 심오한 의미와 대의를 세운 것인데, 반드시 예수가 세상에 임하는 날을 기다려 증거하는 것이고; 증거해 낸 것으로써 이미 새것을 삼았으니, 자연히 처음 만들어 낸 것은 오래된 것으로 삼는 것이다!

今西人所譯之景經, 古經命名舊約, 本經命名新約, 其取義與景淨等同出於本經哥林多後書三章, 按其文曰:「我不能擅自思索, 吾之能由上帝, 賜我有能爲新約之役, 非循舊典, 乃本於神. 舊典致死, 本神致生. 昔摩西面暫榮, 以色列人不能注目視彼事見出埃及記三十四章. 夫以舊典致死之法鐫諸石, 其榮且如此, 况本神之法, 其榮不更甚哉! 若定罪之法榮, 則稱義之法益榮[680]」, 此卽新舊之別也.

지금 서양 사람들이 번역한 경교 경전은, 옛 경전을 '구약'이라 명명하였고, 本經은 신약이라 이름하였으니, 그 의미를 취한 것은 景淨 등이 신약 고린도후서 3장에서 내온 것과 같다. 그 내용에 의하면:「우리가 무슨 일이든지 우리에게서 난 것같이 스스로 만족할 것이 아니니, 우리의 만

---

[680] 「我不 … 益榮」은 「委辦譯本, Delegates' Version」 고린도후서 3장 5-9절에서 인용되었다.

족은 오직 하나님으로부터 나느니라. 그가 또한 우리를 새 언약의 일꾼 되기에 만족하게 하셨으니, 율법 조문으로 하지 아니하고, 오직 영으로 함이니, 율법 조문은 죽이는 것이요, 영은 살리는 것이니라. 돌에 써서 새긴 죽게 하는 율법 조문의 직분도 영광이 있어, 이스라엘 자손들은 모세의 얼굴의 없어질 영광 때문에도 그 얼굴을 주목하지 못하였거든, 하물며 영의 직분은 더욱 영광이 있지 아니하겠느냐! 정죄의 직분도 영광이 있은즉, 의의 직분은 영광이 더욱 넘치리라.」 이것이 곧 '新·舊'의 차이인 것이다.

試卽其圓之之道, 擧其一二者言之. 伊昔上帝, 憫世人之犯罪以陷死亡也, 故爲之備贖罪之主, 而先立贖罪之禮, 以俟景尊臨世, 卽景古敎之祭禮是也. 其名有三, 曰酬恩祭, 曰贖罪祭, 曰補過祭; 祭名雖三, 其義則一. 獻祭之人, 皆以手按於犧牲之上, 祭司宰牲流血於壇下, 焚犧於壇上, 其義卽指人必有罪, 罪必有死, 託此犧牲以代其死. 然犧牲非眞能贖人罪也. 迨景尊臨世, 其遭遇竟正應以賽亞五十三章之文, 於是乎圓滿數千年之祀典.

그것을 완성하는 道를 시험 삼아, 그 한두 가지를 예를 들어 말하고자 한다. 그 옛날 하나님은, 세상 사람들이 범죄로 죽음에 빠지는 것을 불쌍히 여기셨기 때문에, 그들을 위하여 속죄의 主를 주셨는데, 이에 먼저 속죄의 예를 세우고, 메시아가 세상에 임하기를 기다렸으니, 즉 옛 경교의 제례가 바로 그것이다. 그 이름이 세 가지가 있으니, '酬恩祭(은혜를 갚는 제사)', '贖罪祭(속죄의 제사)', '補過祭(과오를 씻어 내는 제사)'라고 한다. 제사의 이름은 비록 셋이지만, 그 의미는 하나인 것이다. 제사를 올리는 사람들은, 모두 손을 희생 제물 위에 올려 놓고, 제사장이 희생 제물을 잡아 제단 아래에서 피를 흘린 후, 제단 위에서 불태우니, 그 의미는 즉 '사람은 반드시 죄가 있고, 죄는 반드시 죽음을 부르니, 이 희생물에 기탁하여 그 죽음을 대신한다'라는 것이다. 그러나 희생 제물이 정말로 사람의 죄를 대속할 수 있는 것은 아니다. 예수가 세상에 오심에 이르러서야, 그 경우가 마침내 이사야 53장의 내용에 정확히 응답하였고, 이리하여 수천 년의 제사 의식을 완성해 낸 것이다.

其於聖殿也, 殿前有銅盂, 所以盥濯祭司也. 景尊以使徒履世, 不能無俗塵之累, 故爲及門濯足, 旣而誨之曰:「爾曹稱我爲師爲主, 爾之言然, 我誠是也. 我爲主爲師, 猶濯爾足, 則爾曹更宜相與濯足矣[681]!」此圓聖水之舊法也.

그 성전에 있어서는, 성전 앞에 구리 그릇이 있어서, 제사장을 씻게 하였다. 예수는 사도들이 세상을 돌아다니기 때문에, 속세의 피로가 없을 수 없다고 생각했고, 따라서 문에 도달하면 발을 씻으라고 하면서, 가르쳐 말씀하셨다:「너희가 나를 선생이라 또는 주라 하니, 너희 말이 옳도다. 내가 그러하다. 내가 주와 또는 선생이 되어, 너희 발을 씻었으니, 너희도 서로 발을 씻어 주는 것이 옳으니라!」이것이 성수(聖水)의 구법(舊法)을 완성한 것이다.

殿之中有香壇, 祭司日焚香之所也. 景尊言:「人當祈禱不息見路加十八章.[682]」又曰:「爾中孰有子, 求餠而與之石, 求魚而與之蛇乎? 爾曹雖不善, 尚知以善物與子, 何況天父, 不以善物指聖神言賜求之者乎文見馬太七章?[683]」又曰:

---

681 「爾曹 … 足矣」는「委辦譯本, Delegates' Version」요한복음전 13장 13-14절에서 인용되었다.

682 「耶穌設一個比喩, 是要人常常禱告, 不可灰心.(예수께서 비유를 들어, 항상 기도하고 낙망치 말아야 한다고 말씀하셨다.)」은「新標點和合本」누가복음 18장 1절에서 볼 수 있다.

「是以祈禱云: 吾父在天, 願爾名聖, 爾國臨格, 爾旨得成, 在地若天. 所需之糧, 今日賜我.[684] 我免人負, 求免我負. 俾勿我試, 拯我出惡. 以國, 權, 榮, 皆爾所有, 爰及世世, 固所願也文見馬太六章.[685]」此以祈禱圓焚香之舊法也.

성전의 중간에는 향을 피우는 제단이 있는데, 제사장이 매일 향을 태우는 곳이다. 예수께서 이르시되:「사람은 기도를 소홀히 하지 말아야 한다누가복음 18장.」또 이르시되「너희 중에 누가 아들이 떡을 달라 하면 돌을 주며, 생선을 달라 하면 뱀을 줄 사람이 있겠느냐? 너희가 악한 자라도, 좋은 것으로 자식에게 줄줄 알거든, 하물며 하늘에 계신 너희 아버지께서, 구하는 자에게 좋은 것으로 주시지 않겠느냐?마태복음 7장에 보임」또 이르시되:「그러므로 너희는 이렇게 기도하라: 하늘에 계신 우리 아버지여, 이름이 거룩히 여김을 받으시오며, 나라가 임하시오며, 뜻이 하늘에서 이루어진 것같이, 땅에서도 이루어지이다. 오늘 우리에게 일용할 양식을 주시옵고, 우리가 우리에게 죄 지은 자를 사하여 준 것같이, 우리 죄를 사하여 주시옵고, 우리를 시험에 들게 하지 마시옵고, 다만 악에서 구하시옵소서. 나라와 권세와 영광이 아버지께 영원히 있사옵나이다. 아멘.마태복음 6장에 보임.」이것은 기도로써 향을 사르는 구법(舊法)을 완성한 것이다.

殿之右有燈臺, 燈七盞, 景尊之訓曰:「爾乃世之光. 猶建邑於山, 不能隱藏, 人燃燈不置斗下, 乃在臺上者, 普照家人也. 如是爾光當照乎人, 俾見爾善行, 歸榮爾天父焉.[686]」此以聖神祝福教會之道德光華, 圓聖殿燈臺

---

683 「爾中 … 者乎」는「委辦譯本, Delegates' Version」마태복음전 7장 9-11절에서 인용되었다.
684 「今日賜我」중의「賜」는「委辦譯本, Delegates' Version」에서「錫」으로 기록되어 있다.
685 「是以 … 願也」는「委辦譯本, Delegates' Version」마태복음전 6장 9-13절에서 인용되었다.
686 「爾乃 … 天父焉」은「委辦譯本, Delegates' Version」마태복음전 5장 14-16절에서 인용

之舊法也.

성전 오른쪽에는 등잔 받침대가 있고, 등불이 일곱 개 있는데, 예수께서 가르쳐 말씀하시기를:「너희는 세상의 빛이라. 산 위에 있는 동네가 숨겨지지 못할 것이요, 사람이 등불을 켜서 말 아래에 두지 아니하고, 등경 위에 두나니, 이러므로 집 안 모든 사람에게 비치느니라. 이같이 너희 빛이 사람 앞에 비치게 하여, 그들로 너희 착한 행실을 보고, 하늘에 계신 너희 아버지께 영광을 돌리게 하라.」이것은 성령께서 교회를 축복하는 도덕적 광채로서, 성전 등잔 받침대의 구법(舊法)을 완성하는 것이다.

殿之左有餠幾餠, 以時易新陳餠, 惟事上帝之祭司方可食. 景尊告衆曰:
「勿爲可敗之糧而勞, 當爲永生之糧而勞.⁶⁸⁷」又曰:「所謂上帝餠者, 乃降
自天, 以生賜世者也.⁶⁸⁸」又曰:「我卽生之餠, 就我者, 決不饑.⁶⁸⁹」又曰:
「食而不死者, 天降之餠也. 食此則永生.⁶⁹⁰」此以道, 以神, 以生, 以養.
圓餠几之舊法也^{文見約翰福音六章}

성전의 왼쪽에는 떡 몇 개가 있고, 때가 되면 새로운 것으로 바꾸어 떡을 진열하는데, 오로지 하나님을 섬기는 제사장만이 먹을 수 있는 것이다. 예수께서 군중에게 말씀하셨다:「썩을 양식을 위하여 일하지 말고, 영생하도록 있는 양식을 위하여 하라.」또 이르시되:「소위 하나님의 떡은, 하늘에서 내려 세상에 생명을 주는 것이니라.」또 이르시되:「나는 생명의 떡이니, 내게 오는 자는, 결코 주리지 아니할 터이다.」또 이르시

되었다.
687 「勿爲 … 而勞」는「委辦譯本, Delegates' Version」요한복음전 6장 27절에서 인용되었다.
688 「所謂 … 者也」는「委辦譯本, Delegates' Version」요한복음전 6장 33절에서 인용되었다.
689 「我卽 … 不饑」는「委辦譯本, Delegates' Version」요한복음전 6장 35절에서 인용되었다.
690 「食而 … 永生」은「委辦譯本, Delegates' Version」요한복음전 6장 51절에서 인용되었다.

되:「나는 하늘에서 내려온 살아 있는 떡이니, 사람이 이 떡을 먹으면 영생하리라.」이것은 道로써, 神으로써, 生命으로써, 기르는 것이니, 떡 몇 개의 옛 법을 완성한 것이다. 한복음 6장에 보임.

考猶太之聖殿, 乃卄四聖中之摩西親承上帝訓示, 其經營締造之神妙, 誠非世間制禮作樂之聖人思慮所能及. 外而塲帷, 內而法匱,[691] 大而至聖所之大, 小而一釘之微, 皆有妙義存於其間. 誠上帝先爲景尊立一法象, 使世間好道之士優遊厭飫於其間不止, 如日, 月, 山, 龍, 華蟲, 宗彝, 藻, 火, 粉米, 黼, 黻之文教[692]已也. 殿制具詳於古經出埃及記之中, 其妙義非此篇所能詳也.

유대의 성전을 고찰해 보면, 24 성인 중 모세가 하나님의 지시를 직접 받아, 성전 건설의 신묘함을 계획한 것이니, 실로 세상에서 예악(禮樂)을 만들어 낸 성인들의 사려로는 미칠 수 있는 바가 아닌 것이다. 밖에는 장막이 있고, 안에는 법궤가 있으니, 크게는 성소에 이를 만큼 크고, 작은 것으로는 못 하나 정도로 작지만, 모두 오묘한 의미가 그 안에 존재하고 있다. 만일 하나님께서 먼저 예수를 위해 하나의 본보기를 세우신 것이

---

691 「法匱」: '하나님의 언약궤'. 「匱」는 「櫃」와 같다. 성경 열왕기상 8장 9절 참고: 「그 궤 안에는 두 돌판 외에 아무것도 없으니, 이것은 이스라엘 자손이 애굽 땅에서 나온 후 여호와께서 저희와 언약을 맺으실 때에 모세가 호렙에서 그 안에 넣은 것이더라.」

692 「日」,「月」,「山」,「龍」,「華蟲」,「宗彝」,「藻」,「火」,「粉米」,「黼」,「黻」, 이것들은 모두 고대의 皇帝, 諸公, 諸侯, 諸伯, 諸子, 諸男, 公卿 및 大夫 등의 의복에 수놓아진 것이며, 수놓은 꽃무늬의 많고 적음에 따라 그 사회적 지위와 신분을 구별한 것이다. 오로지 황제만이 위에서 언급한 여러 가지 꽃무늬를 모두 사용할 수 있으며, 여기에 「星辰(별)」무늬를 더해 「十二章」이라 칭하고, 이 열두 가지 무늬를 의복 표면에 수를 놓는다. 《隋書·禮儀六》:「後周設司服之官, 掌皇帝十二服…. **十有二章, 日, 月, 星辰, 山, 龍, 華蟲六章在衣, 火, 宗彝, 藻, 粉米, 黼, 黻六章在裳, 凡十二等.**(後周에는 司服의 관직을 설치하여, 황제의 열두 가지 의복을 관장하였다…. 十二章은, '日, 月, 星辰, 山, 龍, 華蟲' 六章이 衣에 있고, '火, 宗彝, 藻, 粉米, 黼, 黻' 六章이 裳에 있으니, 무릇 열두 등급이다.)」

라면, 세간의 道를 좋아하는 사람들로 하여금 그 안에서 학문 탐구하기를 그치지 않게 하신 것이니, 가령 일(日), 월(月), 산(山), 용(龍), 화충(華蟲), 종이(宗彝), 조(藻), 화(火), 분미(粉米), 보(黼), 불(黻)이라는 글자들의 가르침에 그칠 뿐이다. 성전의 제작은 구약 출애굽기에 완전히 상세하게 묘사되어 있는데, 그 오묘한 의미는 이 글에서 상세하게 설명할 수 있는 것이 아니다.

昔景尊警猶太人曰:「爾毀此殿, 我三日建之.[693]」此言本身必遭猶太人之害, 而三日復生也. 此正以一身圓一殿之舊法也^{文見約翰福音二章}, 此皆圓禮制之舊法也.

옛날 예수께서 유대인들에게 경고하여 이르시기를:「너희가 이 성전을 헐라. 내가 사흘 동안에 일으키리라.」 이 말씀은 몸이 반드시 유대인들의 핍박을 당하나, 삼일 만에 부활하신다는 것을 말하고 있는 것이다. 이것이 바로 한 몸으로써 하나의 성전을 완성한다는 구약의 법인 것이며,_{요한복음 2장에 보임} 이는 모두 예법 제도의 구법(舊法)을 완성하는 것이다.

其圓法制之文曰:「古者有言勿殺, 殺則難免乎刑官. 然我語汝,[694] 無故怒兄弟者, 難免乎刑官, 詈兄弟曰拉加者^{拉加譯廢物}, 難免乎公會, 詈兄弟曰魔利者^{魔利譯死囚}, 難免乎地獄之火.[695]」又曰:「古者有言勿淫, 爾聞之矣! 惟我語汝, 見色而好之者, 心已淫矣! 設也右目^{猶太尚右}陷爾於罪, 則抉而委之, 寧百體失一,[696] 勿全身投地獄.[697]」又曰:「爾聞有言, 同人愛之, 敵者憾

---

693 「爾毀 … 建之」는「委辦譯本, Delegates' Version」 요한복음전 2장 19절에서 인용되었다.
694 「然我語汝」 중의 「汝」는「委辦譯本, Delegates' Version」에서 「爾」이다.
695 「古者 … 之火」는「委辦譯本, Delegates' Version」 마태복음전 5장 21-22절에서 인용되었다.

之. 惟我語汝, 敵爾者愛之, 詛爾者祝之, 憾爾者善視之, 陷害窘逐爾者,
爲之祈禱. 如此則可爲天父之子, 蓋天父以日照夫善不善, 以雨濡夫義不
義者也.[698]」又曰:「若人出妻, 則以離書與之, 惟我語汝, 非姦故而出妻,
是使之有淫行也. 娶所出之妻者, 亦行淫也.[699]」此皆圓法制舊法之畧也.

그 법제를 완성하는 글에 의하면:「옛 사람에게 말한 바 살인하지 말
라, 누구든지 살인하면 심판을 받게 되리라 하였다는 것을 너희가 들었
으나, 나는 너희에게 이르노니, 형제에게 노하는 자마다 심판을 받게 되
고, 형제를 대하여 라가라가는 '쓸모없는 놈'의 의미.라 하는 자는, 공회에 잡혀가게
되고, 죽일 놈魔利는 '죽일 놈'이라는 뜻.이라 하는 자는 지옥 불에 들어가게 되리
라.」 또 이르시되:「간음하지 말라 하였다는 것을 너희가 들었으나, 나는
너희에게 이르노니, 음욕을 품고 여자를 보는 자마다, 마음에 이미 간음
하였느니라. 만일 네 오른 눈이유대인은 오른쪽을 중시함. 너로 실족하게 하거든,
빼어 내버리라. 네 백체 중 하나가 없어지고, 온몸이 지옥에 던져지지 않
는 것이 유익하다.」 또 이르시되:「네 이웃을 사랑하고 네 원수를 미워하
라 하였다는 것을 너희가 들었으나, 나는 너희에게 이르노니, 너희 원수
를 사랑하며, 너희를 박해하는 자를 위하여 기도하라. 이같이 한즉 하늘
에 계신 너희 아버지의 아들이 되리니, 이는 하나님이 그 해를 악인과 선
인에게 비추시며, 비를 의로운 자와 불의한 자에게 내려 주심이라.」 또
이르시되:「누구든지 아내를 버리려거든, 이혼 증서를 줄 것이라 하였으

---

696 「寧百體失一」의 「失」은 「委辦譯本, Delegates' Version」에서는 「喪」이다.
697 「古者 … 地獄」은 「委辦譯本, Delegates' Version」 마태복음전 5장 27-29절에서 인용되
      었다.
698 「爾聞 … 者也」는 「委辦譯本, Delegates' Version」 마태복음전 5장 43-45절에서 인용되
      었다.
699 「若人 … 淫也」는 「委辦譯本, Delegates' Version」 마태복음전 5장 31-32절에서 인용되
      었다.

나, 나는 너희에게 이르노니, 누구든지 음행한 이유 없이 아내를 버리면, 이는 그로 간음하게 함이요. 또 누구든지 버림받은 여자에게 장가드는 자도 간음함이니라.」 이것은 모두 옛 법제의 대략을 완성한 것이다.

廿四聖之舊法, 皆以摩西爲宗; 而十六先知之書, 則以預言基督爲旨, 景尊告猶太人曰:「勿以爲我將訴爾於父, 訴爾者, 卽爾所恃之摩西也. 爾信摩西, 必信我, 蓋其書指我, 不信其書, 詎信我之言^{文見約翰福音五章.}⁷⁰⁰」 又曰:「勿以我來壞律法及先知也. 我來非以壞之, 乃以成之^{文見馬太五章.}⁷⁰¹」 此皆圓廿四聖舊法之通論也, 亦不過畧之又畧耳! 如欲詳其圓之盡者, 非全讀景經不可.

24 성인의 옛 법은, 모두 모세를 근본으로 하나; 16 선지자의 책은, 그리스도를 예언하는 내용이 취지이니, 예수께서 유대인에게 말씀하셨다:「내가 너희를 아버지께 고소할까 생각지 말라. 너희를 고소하는 이가 있으니, 곧 너희의 바라는 자 모세니라. 모세를 믿었더면, 또 나를 믿었으리니, 이는 그가 내게 대하여 기록하였음이라.^{요한복음 5장.}」 또 가로되:「내가 율법이나 선지자를 폐하러 온 줄로 생각하지 말라. 폐하러 온 것이 아니요, 완전하게 하려 함이라.^{마태복음 5장.}」 이것은 모두 24 성인의 옛 법의 통론이며, 또한 대략의 대략에 불과할 뿐이다! 만일 그 '圓(완성하다)'의 모든 것을 자세히 살펴보고자 한다면, 경교 경전을 모두 통독하지 않고는 불가한 일이다.

然則景淨所謂「理家國於大猷」者, 其義何居? 蓋景尊圓廿四聖之道, 揭

---

700 「勿以 … 之言」은 「委辦譯本, Delegates' Version」 요한복음전 5장 45~47절에서 인용되었다.
701 「勿以 … 成之」는 「委辦譯本, Delegates' Version」 마태복음전 5장 17절에서 인용되었다.

其要領以告人曰:「當盡心, 盡性, 盡力, 盡意,[702] 愛主爾之上帝…; 其次, 愛人如己, 亦如是.[703] 二者, 乃律法先知綱領也[704]文見馬太廿二章.[705]」則凡宗 基督之道以君人者, 資於事上帝以愛民, 必有一夫不獲時予之辜之誠; 資 於事上帝以事君, 必能勿欺也, 盡心而無私.

그런즉 景淨이 언급한 「理家國於大猷(하늘의 道로 가정과 나라를 다스리심)」는, 그 의미가 어디에 있는가? 무릇 예수께서 24 성인의 道를 완성하셨으니, 그 요점을 드러내어 사람들에게 알려 주셨다: 「네 마음을 다하고, 목숨을 다하고, 뜻을 다하여, 주 너의 하나님을 사랑하라 하셨으니…; 둘째도 그와 같으니, 네 이웃을 네 자신같이 사랑하라 하셨으니, 이 두 계명이 온 율법과 선지자의 강령이니라마태복음 22장에 보임.」 즉 무릇 군주로서 그리스도의 道를 근본으로 삼는 자는, 백성을 사랑하기를 하나님 섬기듯이 하면, 반드시 '一夫不獲, 時予之辜(*譯者註: 한 사람이라도 살 곳을 얻지 못하면, 이것은 나의 허물이다.)'라는 진심이 있게 될 것이며; 군주 섬기기를 하나님 섬기듯이 함으로, 반드시 속임이 없어야 하며, 마음을 다하고 사심이 없어야 한다.

是故景聖保羅詳其說曰:「居上位者, 眾宜服之. 非上帝則無居位者; 凡 居位者, 皆上帝所命, 與居位者敵, 是爲逆上帝命.[706]」資於事上帝以事父, 必能嚴敬愛慕, 論父母於道; 資於事上帝之道以事人, 必能推愛己之心以

---

702 「當盡心, 盡性, 盡力, 盡意」, 이 구절은 「委辦譯本, Delegates' Version」에서 「當一心, 一性, 一意」로 기록되어 있다.

703 「亦如是」 중의 「如」는 「委辦譯本, Delegates' Version」에서 「猶」이다.

704 「乃律法先知綱領也」, 이 구절은 「委辦譯本, Delegates' Version」에서 「知」와 「綱」 사이에 「之」자가 있다.

705 「當盡 … 領也」는 「委辦譯本, Delegates' Version」 마태복음전 22장 37-40절에서 인용되었다.

706 「居上 … 上帝命」은 「委辦譯本, Delegates' Version」 使徒保羅達羅馬人書(사도바울 로마서) 13장 1-2절에서 인용되었다.

愛人. 昔魯君問政於孔子, 孔子對曰:「君君, 臣臣, 父父, 子子.[707]」門人問志於夫子, 子曰:「老者安之, 朋友信之, 少者懷之.[708]」雖然願未遂, 而志未成也. 能滿聖心之望成先聖之志者, 其惟景尊乎!

이러한 까닭에 경교 성인 바울은 그 말을 자세히 풀어 가로되:「각 사람은 위에 있는 권세들에게 복종하라. 권세는 하나님으로부터 나지 않음이 없나니; 모든 권세는 다 하나님께서 정하신 바라. 그러므로 권세를 거스르는 자는 하나님의 명을 거스름이니, 거스르는 자들은 심판을 자취하리라.」라 하였다. 아버지 섬기기를 하나님 섬기듯이 하려면, 반드시 존경하고 사모할 수 있어야 하고, 부모에게 道를 알릴 수 있어야 하며; 남을 섬기기를 하나님의 道를 섬기듯이 하려면, 반드시 자신을 사랑하는 마음으로 남을 사랑해야 한다. 옛날 魯나라 군주가 공자에게 정치를 물었는데, 공자가 대답하여 가로되:「임금은 임금다워야 하고, 신하는 신하다워야 하며, 아비는 아비답고, 아들은 아들다워야 하나이다.」라 했다. 제자가 공자에게 '志'에 관해 여쭈니, 공자께서 가로되:「노인으로 하여금 안락하게 쉬게 하고, 친구 사이에는 믿음이 있어 속이지 아니하며, 어린아이에게는 은혜와 위로가 있게 하는 것이다.」라 하였다. 비록 이와 같을지라도 공자는 바람을 성취하지 못하였고, 뜻도 이루지 못하였다. 거룩한 마음의 희망을 가득 채우고 옛 성현의 뜻을 이룰 수 있는 자는, 오로지 예수뿐인 것이다!

---

707 「君君, 臣臣, 父父, 子子」는《論語 · 顏淵》에서 인용되었다.
708 「老者安之, 朋友信之, 少者懷之」: '노인으로 하여금 안락하게 쉬게 하고, 친구 사이에는 믿음이 있어 속이지 아니하며, 어린아이에게는 은혜와 위로가 있게 한다'. 출전《論語 · 公治長》.

삼위일체 하나님의 능력을 밝히고, 말로 할 수 없는 새로운 종교를 세우셔서, 양심을 도야하여 바른 믿음에 쓰게 하셨다(設三一淨風, 無言之新教, 陶良用於正信)

此文是指景尊臨世, 彰明聖父, 聖子, 聖神之所以關於吾人身心性命之大事者. 雖至神無言, 然無不可妙, 萬事以爲言, 若敷陳,[709] 若教化, 自能陶淑萬性之良能, 因篤信三一之道, 而優入聖域也.

이 구절은 예수께서 세상에 임하심으로, 성부, 성자, 성령이 우리들 심신과 생명의 중대한 일에 관여하심을 밝히고 있는 것이다. 비록 至高하신 神께서는 말이 없지만, 그러나 오묘하지 않은 것이 없으니, 모든 일은 말을 함으로써, 즉 상세히 진술하거나, 교화하듯이 하여, 스스로 萬性의 어진 능력을 도야하여 아름답게 할 수 있으니, 삼위일체의 道를 굳게 믿음으로써, 거룩한 곳에 훌륭하게 들어가는 것이다.

「設」, 彰明也. 「三一」, 聖父, 聖子, 聖神, 三位一體之上帝也. 「淨風」, 神力感化也. 人心以上帝神力感化而歸正. 故曰:「無言斯道, 爲亙古所未聞」, 故曰:「新教」也. 「陶」, 甄陶也, 「良用」^{良知良能}也. 「正信」者, 篤信聖父, 聖子, 聖神之道, 不信其他也.

「設」은, '명백하다'이다. 「三一」은, '성부, 성자, 성령, 삼위일체의 하나님'이다. 「淨風」은, '하나님 능력의 감화'이다. 인간의 마음은 하나님 신력의 감화로 바르게 될 수 있는 것이다. 그리하여 이르기를:「말이 없는 이러한 道는, 예로부터 들어 보지 못했다.」라 하였고, 또 이르기를:「새

---

709 「敷陳」: '상세히 진술하다'의 의미이다. 《清史稿·雍正十二年》:「臣工條奏, 宜據實**敷陳**. (臣이 상주문을 잘 올리나니, 마땅히 사실에 근거하여 상세히 진술할 것입니다.)」

로운 종교」라 하였다. 「陶」는, '화육하다'이고, 「잘 사용함」^{선천적으로 사물을 판}단하고 행할 수 있는 마음의 작용.이다. 「正信」이란, 성부, 성자, 성령의 道를 돈독히 믿고, 그 밖의 것을 믿지 않는 것이다.

昔景尊告猶太宰尼哥底母曰:「人非更生, 不能見上帝國.⁷¹⁰」又曰:「人不以水以聖神而生, 不能進上帝國.⁷¹¹」又曰:「風任意而吹, 聽其聲, 不知何來何往, 由聖神生者亦若是^{文見約翰三章}.⁷¹²」又告其徒曰:「人愛我, 必守我道, 我父必愛之, 我儕至^{謂聖父, 聖子, 聖神也}而與之居.⁷¹³」又曰:「爾若愛我, 則守我誡, 我將求父, 父必更以保惠師賚爾. 終與爾居, 卽眞理之神, 世人不能接者, 爲其不見不識之也. 爾識之, 以與爾偕, 將居爾心.⁷¹⁴」又曰:「惟保惠師, 卽聖神, 父緣我名而遣之者, 將以衆理示爾使憶我所言耳^{文見約翰福音}^{十四章}!⁷¹⁵」又曰:「我誠告爾, 我往則爲爾益; 我不往, 保惠師不來, 往則遣之, 至必以罪, 以義, 以審判, 使世自責.⁷¹⁶」又景尊「攜使徒彼得, 雅各…約翰, 潛至高山, 當前變化, 面耀如日, 衣皎有光. 摩西, 以利亞現與語…, 言時, 景雲蓋之, 雲聞有聲云:『此我愛子, 吾所喜悅者, 宜聽之^{事見馬太十七章}.⁷¹⁷』」

옛날 예수께서 유대 지도자 니고데모에게 말씀하셨다:「사람이 거듭나지 아니하면, 하나님의 나라를 볼 수 없느니라.」 또 이르시되:「바람이 임의로 불매, 네가 그 소리는 들어도, 어디서 와서 어디로 가는지 알지

---

710 「人非 … 帝國」은 「委辦譯本, Delegates' Version」 요한복음전 3장 3절에서 인용되었다.
711 「人不 … 上帝國」은 「委辦譯本, Delegates' Version」 요한복음전 3장 5절에서 인용되었다.
712 「風任 … 若是」는 「委辦譯本, Delegates' Version」 요한복음전 3장 8절에서 인용되었다.
713 「人愛 … 之居」는 「委辦譯本, Delegates' Version」 요한복음전 14장 23절에서 인용되었다.
714 「爾若 … 爾心」은 「委辦譯本, Delegates' Version」 요한복음전 14장 15-17절에서 인용되었다.
715 「惟保 … 言耳」는 「委辦譯本, Delegates' Version」 요한복음전 14장 26절에서 인용되었다.
716 「我誠 … 自責」은 「委辦譯本, Delegates' Version」 요한복음전 16장 7-8절에서 인용되었다.
717 「攜使徒 … 聽之」는 「委辦譯本, Delegates' Version」 마태복음전 17장 1-5절에서 인용되었다.

못하나니, 성령으로 난 사람도 다 그러하니라.^{요한복음 3장}」 또 그 무리에게 이르시되:「사람이 나를 사랑하며, 내 말을 지키리니, 내 아버지께서 저를 사랑하실 것이요, 우리가^{성부, 성자, 성령'을 말함.} 저에게 와서 거처를 저와 함께 하리라.」 또 이르시되:「너희가 나를 사랑하면, 나의 계명을 지키리라. 내가 아버지께 구하겠으니, 그가 또 다른 보혜사를 너희에게 주사, 영원토록 너희와 함께 있게 하시리니, 저는 진리의 영이라. 세상은 능히 저를 받지 못하나니, 이는 저를 보지도 못하고 알지도 못함이라. 그러나 너희는 저를 아나니, 저는 너희와 함께 거하심이요, 또 너희 속에 계시겠음이라.」 또 이르시되:「보혜사 곧 아버지께서 내 이름으로 보내실 성령, 그가 너희에게 모든 것을 가르치시고, 내가 너희에게 말한 모든 것을 생각나게 하시리라!^{요한복음 14장}」 또 이르시되:「그러나 내가 너희에게 실상을 말하노니, 내가 떠나가는 것이 너희에게 유익이라; 내가 떠나가지 아니하면, 보혜사가 너희에게로 오시지 아니할 것이요, 가면 내가 그를 너희에게로 보내리니, 그가 와서 죄에 대하여, 의에 대하여, 심판에 대하여 세상을 책망하시리라.」 또 예수께서「사도 베드로와, 야고보와, 그 형제 요한을 데리시고, 따로 높은 산에 올라가셨더니, 그들 앞에서 변형되사, 그 얼굴이 해같이 빛나며, 옷이 빛과 같이 희어졌더라. 그때에 모세와 엘리야가 예수와 더불어 말하는 것이 그들에게 보이거늘…, 말할 때에 홀연히 빛난 구름이 그들을 덮으며, 구름 속에서 소리가 나서 이르시되:『이는 내 사랑하는 아들이요, 내 기뻐하는 자니, 너희는 그의 말을 들으라.^{이 일은 마태복음 17장에 보임}』」 하시는지라.

至景尊臨別升天之時, 預告其徒曰:「聖神臨時, 爾則有才, 且爲我作證於耶路撒冷, 擧猶太, 撒馬利亞, 以至地極^{文見使徒行傳一章 718}」及景尊升天之後, 使徒傳道之初, 時維五旬節, 天下敬虔之猶太人皆回耶路撒冷守節—

—「使徒咸集, 維一心, 忽自天有聲, 如奮迅之風, 充滿座室,[719] 遂見火焰如舌, 歧而止各人上, 衆感聖神, 克言各國方言, 卽聖神所傳授者^{文見使徒行傳二章}.[720]」景聖保羅告羅馬人曰:「兄弟乎! 我儕非爲欲所役者, 豈甘從欲? 從欲者死! 惟藉聖神以滅吾身之情欲,[721] 則生^{文見羅馬書八章}.[722]」凡此諸經皆景淨所謂「三一之淨風無言之新敎」也.

예수께서 이별을 맞이하여 승천하실 때에, 그 제자들에게 미리 알려 말씀하시기를:「오직 성령이 너희에게 임하시면, 너희가 권능을 받고, 예루살렘과 온 유대와 사마리아와 땅끝까지 이르러, 내 증인이 되리라 하시니라.^{사도행전 1장에 보임.}」예수께서 승천하신 후, 사도들이 전도하던 초기에, 때는 마침 오순절이라. 천하의 경건한 유대인들이 모두 예루살렘으로 돌아와 절기를 지켰다. —「오순절 날이 이미 이르매, 저희가 다 같이 한곳에 모였더니, 홀연히 하늘로부터 급하고 강한 바람 같은 소리가 있어, 저희 앉은 온 집에 가득하며, 불의 혀같이 갈라지는 것이 저희에게 보여, 각 사람 위에 임하여 있더니, 저희가 다 성령의 충만함을 받고, 성령이 말하게 하심을 따라, 다른 방언으로 말하기를 시작하니라^{사도행전 2장에 보임.}」경교 성인 바울이 로마인들에게 이르되:「그러므로 형제들아! 우리가 빚진 자로되, 육신에게 져서 육신대로 살 것이 아니니라. 너희가 육신대로 살면, 반드시 죽을 것이로되, 영으로써 몸의 행실을 죽이면 살리니.^{로마서 8장에 보임.}」무릇 이 여러 경전들은 모두 景淨이 말한「三一之淨風無言

---

718 「聖神 … 地極」은「委辦譯本, Delegates' Version」사도행전 1장 8절에서 인용되었다.
719 「充滿座室」의「座」는「委辦譯本, Delegates' Version」에서「坐」로 쓰여 있다.
720 「使徒 … 授者」는「委辦譯本, Delegates' Version」사도행전 2장 1-4절에서 인용되었다.
721 「惟藉聖神以滅吾身之情欲」, 이 구절은「委辦譯本, Delegates' Version」에서는「之」자가 없다.
722 「兄弟 … 則生」은「委辦譯本, Delegates' Version」使徒保羅達羅馬人書(사도바울로마서) 8장 12-13절에서 인용되었다.

之新敎(삼위일체 하나님 능력의 감화, 말로 할 수 없는 새로운 종교)」인 것이다.

「信」者, 立事之本, 吉凶之原, 成敗之樞; 志之所自出, 氣之所自雄. 信正, 志正; 信邪, 志邪. 其關於吾人身心, 性命, 生死, 禍福之大事者, 無有倫. 比方之顏, 曾[723]篤信孔子, 則庶幾乎優入聖域; 陳相篤信許行,[724] 立至乎倡率爲僞, 故人畢生之結局, 皆取決於此. 如篤信上帝, 終至於昭于天, 在帝左右; 篤信異端, 終至與魔爲侶, 永受酷刑.

「信」이란, 일을 세우는 근본이요, 길흉의 원천이며, 성패의 중추이고; 스스로 나오는 의지요, 스스로 긍지를 느끼는 氣인 것이다. 믿음이 바르면, 뜻이 바르고; 믿음이 바르지 못하면, 뜻이 바르지 못하다. 그것이 우리들의 심신, 생명, 생사, 화복의 중대한 일에 관계되는 것은, 비교할 바가 없다. 예를 들어 顏回와 曾參이 공자를 독실하게 믿었으므로, 거의 성인의 영역에 충분히 들어갈 수 있었고; 陳相이 許行을 굳게 믿었는데, 곧

---

723 「顏, 曾」: '공자의 제자 顏回와 曾參'을 가리킨다. 曾參(BC 505-436)의 字는 子輿, 春秋시대 魯나라 사람이다. 성정이 효성스러웠으며,《孝經》을 저술하였다.
724 「許行」: 戰國시대 楚나라 사람이다. 그는 군왕과 백성들이 자활하기 위해서는 모두 마땅히 농사일에 종사해야 한다고 제창하였다. 출전《孟子·滕文公上》:「有爲神農之言者許行, 自楚之滕, 踵門而告文公曰:『遠方之人, 聞君行仁政, 願受一廛而爲氓.』文公與之處, 其徒數十人, 皆衣褐, 捆屨, 織席以爲食. 陳良之徒陳相, 與其弟辛, 負耒耜而自宋之滕…. 陳相見許行而大悅, 盡棄其學而學焉.(神農의 말을 하는 사람 許行이 있었는데, 楚나라로부터 滕나라로 갔다. 문에 이르러서 文公에게 일러 말하기를:『먼 곳에 있는 사람이 임금께서 어진 정치를 행한다는 것을 들었습니다. 원컨대 한 집을 받아서 백성이 되고자 합니다.』文公이 그에게 장소를 주었고, 그 무리 수십 명이 모두 굵은 베옷을 입고 신발을 묶고 자리를 짜는 것을 업으로 삼았다. 陳良의 무리 陳相과 그의 아우 辛이 쟁기와 보습을 메고 宋나라로부터 滕나라로 갔다…. 陳相이 許行을 보고 크게 기뻐하였으며, 자신이 배운 학문을 모두 버리고 그에게서 배웠다.)」「一日陳相往見孟子, 稱道許行之言, 而孟子則以爲不然. 孟子以爲百工分司, 理所至然, 遂道:『從許子之道, 相率而爲僞者也, 惡能治國家?』」(하루는 陳相이 가서 孟子를 뵈었는데, 許行의 말을 찬양하자, 孟子가곧 동의하지 않았다. 孟子는 모든 기술은 나누어 담당하는 것이 지극히 당연하다고 생각하면서, 곧 말하였다: 許行의 도리를 따른다면, 천하 사람들을 거짓으로 이끌어 가는 것이니, 어찌 나라를 잘 다스릴 수 있겠는가?)

위선으로 이끌어 가기에 이르렀으니, 그러므로 사람의 일생의 결말은, 모두 여기에서 결정되는 것이다. 만일 하나님을 독실하게 믿으면, 마지막에 하늘에서 빛나고, 하나님 곁에 있게 될 것이며; 이단을 굳게 믿으면, 종국에 마귀와 동반자가 되어, 영원히 가혹한 형벌을 받게 되는 것이다.

信之爲義, 誠綦重[725]矣! 橫覽今古, 能不爲魔道所惑者, 有幾人哉! 景尊所以拯救之先策, 惟以三一之神力, 首端厥信, 然後良知之所發. 本正源, 自無誤指受造之物以爲造化主之害, 亦無誤認中毒之性以爲本原之性之患也. 蓋人之生也, 生於肉, 非生於神; 稟於中毒之性, 非稟於渾元之性也. 然則甄陶良用於正信之道, 究竟如何, 此則端賴神力爲多. 本經載景尊起死回生者三:

믿음이 의로움이 되는 것은, 실로 매우 중요한 일이로다! 고금을 널리 살펴보면, 마귀의 道에 의해 미혹되지 않을 수 있었던 사람이, 몇이나 되었던가! 예수가 구원의 예지가 된 까닭은, 오로지 삼위일체의 神力으로 쓰였으며, 시작은 그의 믿음이었고, 그런 연후에 어진 지혜가 발현된 것이다. 바른 근원에 근거하면, 스스로 피조물을 가리켜 창조주의 해악이라 여기는 잘못이 없었고, 또한 나쁜 영향을 받는 성질을 본원적인 성질로 잘못 인식하는 병폐가 없었던 것이다. 무릇 사람의 생명은, 육체에서 나는 것이지, 정신에서 나는 것이 아니며; 나쁜 영향을 받는 성정에서 부여받는 것이지, 천지 기운의 본성에서 부여받는 것이 아닌 것이다. 그런즉 바른 믿음의 道에서 화육하고 잘 사용하는 것이란, 도대체 어떠한 것인지, 이것은 즉 神力에 의존함이 많은 것이다. 신약에는 예수가 죽은 자

---

725 「綦重」: '매우 중요하다'의 의미.《淸史稿 · 文宗》:「州縣親民之官, 責任**綦重**.(州 · 縣에서 백성을 담당하는 관리는 책임이 매우 중요하다.)」

를 일으켜 세우는 이야기 세 가지가 기록되어 있다:

一爲教官睚魯之女，年十二歲方求救於景尊，而女已死．景尊訓之曰:
「勿懼，惟信而已．[726]」卒臨其家，立起其死^{事見馬可五章}．

하나는 회당장 야이로의 딸이, 열두 살이 되어서야 비로소 예수에게
구원을 청했지만, 여자아이는 이미 죽어 버리고 말았다. 예수께서 가르
쳐 말씀하시기를:「두려워하지 말고, 오직 믿기만 하라.」라고 하셨다. 마
침내 그의 집에 이르렀으니, 그 죽은 자를 바로 일으켜 세우셨다.^{마가복음 5장}

一日，景尊入拿因城，羣衆從，近邑門，有舁[727]死者出，其母獨生此子而
嫠，[728] 邑民送者甚衆，景尊憫之，起其死，持其子與其母^{事見路加七章}．[729]

어느 날, 예수께서 '나인'이란 성에 들어갔는데, 군중들이 많이 따랐고,
성문에 가까이 이르렀을 때에, 사람들이 죽은 자를 메고 나오니, 그 어머
니는 홀로 이 아들을 낳은 과부였다. 그 성의 많은 사람도 그와 함께 나

---

726 「勿懼，惟信而已．(두려워하지 말고, 믿기만 하라.)」는 「委辦譯本, Delegates' Version」
　　마가복음전 5장 36절에서 인용되었다.
727 「舁」:「於」와 음이 같으며, '메다'의 의미이다.
728 「嫠」: '과부'.《淸史稿·卷四四七·陶謨》:「增義田，恤嫠婦.(공동 소유의 전답을 늘리고,
　　과부를 구휼하다.)」
729 「過了不多時，耶穌往一座城去，這城名叫拿因，他的門徒和極多的人與他同行．將近城門，有
　　一個死人被抬出來．這人是他母親獨生的兒子；他母親又是寡婦．有城裏的許多人同著寡婦
　　送殯．主見那寡婦，就憐憫她…那死人就坐起，並且說話．耶穌便把他交給他母親.(그 후
　　에 예수께서 '나인'이란 성으로 가실새 제자와 많은 무리가 동행하더니, 성문에 가까이
　　이르실 때에 사람들이 한 죽은 자를 메고 나오니 이는 한 어머니의 독자요. 그의 어머
　　니는 과부라. 그 성의 많은 사람도 그와 함께 나오거늘 주께서 과부를 보시고 불쌍히
　　여기사 울지 말라 하시고, 가까이 가서 그 관에 손을 대시니 멘 자들이 서는지라. 예수
　　께서 이르시되 청년아 내가 네게 말하노니 일어나라 하시매 죽었던 자가 일어나 앉고
　　말도 하거늘, 예수께서 그를 어머니에게 주시니.)」 누가복음 7장 11-15절에서 인용되
　　었다.

오거늘, 예수는 그를 불쌍히 여겨, 죽은 자를 일으키셨고, 그 아들을 그 어미에게 지켜 주셨다. ^{누가복음 7장}

拉撒路者, 景尊友也. 病危使人遠告於景尊, 景尊遲其行. 及至, 葬已四日矣. 死者之姊妹哭訴曰:「師在, 我兄弟必不死!⁷³⁰」景尊訓之曰:「復生者我, 生命者亦我! 信我者雖死必生; 生而信我者, 永不死. 爾信否?」對曰:「然!⁷³¹」景尊臨墓, 命啟墓門^{猶太尚明塚且無棺}, 其姊妹阻之曰:「今已四日, 屍穢矣!⁷³²」景尊訓之曰:「爾有信, 可見上帝之榮.」遂啟墓門. 景尊呼曰: 「拉撒路, 出.」死者卽出, 手足縛布, 面裹巾^{猶太人葬例與今回教人畧同}, 命曰解之使行^{733事見約翰福音十一章}. 於是凡來弔慰之眾, 皆篤信景尊爲彌施訶, 而妒忌不信之僞古教人, 則欲謀殺拉撒路以滅口^{事見約翰福音十二章十節}.

나사로는, 예수의 벗이로다. 병이 위독하여 사람들로 하여금 멀리 예수에게로 와 알리게 하였으나, 예수는 그 행보가 더디었다. 때가 되어, 장례를 치른 지 이미 4일이 되었다. 죽은 사람의 자매가 울며불며 말하기를:「주께서 여기 계셨더라면, 내 오라비가 죽지 아니하였겠나이다!」 예수께서 가르쳐 이르시되:「나는 부활이요, 생명이니, 나를 믿는 자는

---

730 「師在, 我兄弟必不死!(선생님께서 계셨더라면 내 형제가 죽지 아니하였겠나이다!)」는 「委辦譯本, Delegates' Version」 요한복음전 11장 21절에서 인용되었다. 이 번역본에서는 「主若在此, 兄弟必不死.(주께서 만약 여기에 계셨더라면, 내 형제가 죽지 아니하였을 것입니다.)」로 기록되어 있다.

731 「復生 … 曰: 然」은 「委辦譯本, Delegates' Version」 요한복음전 11장 25-27절에서 인용되었다. 그중 「對曰:『然!』(대답하여 말하기를: 그러합니다!)이라는 구절이 이 번역본에서는 「曰:『主, 然!』(말하기를: 주여, 그러하나이다!)으로 기록되어 있다.

732 「今已 … 穢矣」는 「委辦譯本, Delegates' Version」 요한복음전 11장 39절에서 인용되었다. 「屍穢矣」 중의 「穢」는 여기서 「臭」로 기록되어 있다.

733 「拉撒 … 使行」는 「委辦譯本, Delegates' Version」 요한복음전 11장 43-44절에서 인용되었다. 「命曰解之使行事」는 「委辦譯本, Delegates' Version」에서 「耶穌曰:『解之使行.』」 (예수께서 말씀하시기를: 풀어놓아 다니게 하라)으로 기록되어 있다.

죽어도 살겠고; 무릇 살아서 나를 믿는 자는 영원히 죽지 아니하리니, 네가 이것을 믿느냐?」 대답하여 가로되: 「그러하나이다!」 예수께서 무덤에 임하여, 묘문을 열라고 명하셨으나,유대인은 공개된 무덤을 숭상하여 관이 없다. 그 자매가 막아 가로되: 「죽은 지가 나흘이 되었으매, 벌써 냄새가 나나이다!」 예수께서 가르쳐 이르시되: 「네가 믿으면, 하나님의 영광을 보리라.」라고 하셨다. 마침내 묘문이 열렸다. 예수께서 외쳐 가로되: 「나사로야, 나오라!」 죽은 자가 수족을 베로 동인 채로 나오는데, 그 얼굴은 수건에 싸였더라. 유대인의 장례 풍습은 지금의 회교도 사람들과 대략 비슷하다. 예수께서 가라사대 풀어놓아 다니게 하라 하셨다. 요한복음 11장에 보임. 그리하여 무릇 와서 조문하던 사람들이, 모두 예수를 메시아로 굳게 믿게 되었으나, 시기하고 믿지 않던 위선적인 유대교인들은, 나사로를 모살하여 입을 다물게 하려고 하였다. 요한복음 12장 10절에 보임.

蓋人心之靈, 必生於信上帝, 而死於溺魔道. 信上帝者從道, 溺魔鬼者從欲. 道自有生, 欲本無生. 景尊之所以爲是證者, 將以托聖神感天下萬世之人, 使知罪者死之原, 死者罪之證, 而出死入生之正道, 專賴篤信景尊也.

무릇 사람의 마음의 영은, 반드시 하나님을 믿는 데에서 나오며, 마귀의 道에 빠짐으로 죽는 것이다. 하나님을 믿는 자는 道를 따르고, 마귀에 빠진 자는 욕망을 따른다. 道는 스스로 생명이 있지만, 욕망은 본래 생명이 없다. 예수가 이를 위한 증거인 까닭은, 성령께서 장차 천하 만세의 사람들을 감화시켜, 죄라는 죽음의 원천을 알게 하며, 죽은 자의 죄를 증명하여, 죽음에서 나와 생명의 바른 길로 들어가게 하고, 오로지 예수를 의지하여 굳게 믿게 하려는 것이다.

日者, 景尊入耶利哥城, 有侏儒富人名撒該者, 素爲稅吏長, 以人衆欲見景尊而不得, 乃升桑.[734] 景尊竟主於其家, 衆非曰罪人也. 撒該懼, 謂景尊曰:「我以所有之半濟貧; 誣詐人者, 則四倍償之.」景尊曰:「今日此家得救, 以其爲亞伯拉罕裔也^{指其信悔}.[735]」

지난날, 예수께서 여리고성에 들어가셨는데, 삭개오라 부르는 난쟁이 부자가 있었고, 본래 세리장이었으며, 사람들이 많아 예수를 보고 싶어도 보지 못하였으니, 곧 뽕나무 위로 올라갔다. 예수가 결국 그 집에 유하게 되었는데, 무리가 죄인이라고 말하지 않았다. 삭개오가 두려워하며, 예수에게 말하되:「내 소유의 절반을 가난한 자들에게 주겠사오며; 만일 누구의 것을 속여 빼앗은 일이 있으면; 네 갑절이나 갚겠나이다.」라고 하였다. 예수께서 이르시되:「오늘 구원이 이 집에 이르렀으니, 이 사람도 아브라함의 자손임이로다. ^{그가 진심으로 뉘우침을 가리킴.}」하였다.

又一日, 景尊偕徒衆渡加利利湖,「景尊寢湖中, 颶風驟下, 舟中水滿, 危甚. 門徒醒之曰:『夫子! 夫子! 我儕亡矣!』景尊起, 斥風浪, 卽止而平息矣! 謂門徒曰:「爾之信我安在?」船衆相訝曰:「是何人也? 命風與水亦順之.[736]」^{事見路加八章.}

또 어느 날, 예수께서 제자들과 함께 갈릴리 호수를 건너는데,「예수께서 호수 가운데서 잠이 드셨더니, 마침 광풍이 호수로 내리치매, 배에 물

---

734 「升桑」: '뽕나무에 오르다'의 의미이다.
735 「我以 … 裔也」는「委辦譯本, Delegates' Version」누가복음전 19장 8-9절에서 인용되었다. 유독「景尊」이라는 단어는 이 역본에서「耶穌」로 기록되었으며; 또「以其亞伯拉罕裔也(이 사람도 아브라함의 자손임이라)」라는 구절은 여기서「也」자가 빠져 있다.
736 「景尊 … 順之」는「委辦譯本, Delegates' Version」누가복음전 8장 23-25절에서 인용되었다.「景尊」은 여기서「耶穌」로 쓰여 있으며;「船衆相訝曰(배의 무리들이 서로 놀라 가로되)」이라는 어구는 이 역본에서는「船」자가 없다.

이 가득하게 되어, 위태한지라. 제자들이 그를 깨어 이르되:『주여! 주여! 우리가 죽겠나이다!』한대, 예수께서 잠을 깨사, 바람과 물결을 꾸짖으시니, 이에 그쳐 잔잔하여지더라! 제자들에게 이르시되:『너희들의 믿음이 어디 있느냐?』배 안의 무리가 서로 놀라 말하되:『이가 누구이기에, 바람과 물을 명하매 순종하는가?』하더라.」누가복음 8장.

凡此皆景尊陶鑄門人之信, 使萬世之良能必由信而發其所作爲. 雖極難之事, 亦有不學而能之妙用存焉, 此景淨所以著此文也.

무릇 이것은 모두 예수께서 제자들의 믿음을 단련시켜서, 만세의 좋은 능력이 반드시 믿음으로부터 나와 그러한 행실을 하게 하려는 것이다. 비록 지극히 어려운 일이지만, 또한 배우지 않고도 할 수 있는 오묘한 사용이 거기에 남아 있는 것이니, 이것이 바로 景淨이 이 문장을 지은 까닭인 것이다.

경교비문기사고정 권3
(景教碑文紀事考正卷三)

천하가 준수할 여덟 가지 법칙을 제정하셨으며,
사악한 욕망을 연단하여 참됨을 이루게 하셨다
(制八境之度, 煉塵成眞)

此言景尊制定世人求福之準繩, 以化塵心, 使歸聖域也.「境」, 福境也.
「八境」, 八福之聖境也.「制八境之度」者, 謂自景尊制定以來, 天下萬世,
無能踰越其準繩以求其所謂眞福者. 蓋人心之靈, 本是萬福之器; 而四支
百體,[737] 亦是作福之具. 蓋有上帝無窮之恩愛存於三才[738]之間, 本無庸別
有制作也. 慨自元祖背約, 邪慕頓生, 性眞驟變; 天地感應, 禍福無常; 太
和[739]之象已非, 最初之心全失. 本福境也, 竟變爲罟擭陷阱;[740] 本生道也,

---

737 「四支百體」: '四肢 등을 포함한 신체의 각 부위'를 가리킨다.《莊子‧田子方》:「夫天下也
者, 萬物之所一也. 得其所一而同焉. 則四支百體將爲塵垢; 而死生終始將爲晝夜.(무릇 천
하라고 하는 것은 만물이 일체로 존재하는 공간이다. 그 일체의 공간을 얻어 거기서
동화하면, 나의 사지와 온몸이 장차 티끌이나 때와 같이 될 것이며; 死生終始가 장차
낮과 밤처럼 될 것이다.)」

738 「三才」: '天, 地, 人' 세 가지를 가리킨다.《周易‧說卦》:「立天之道曰陰與陽, 立地之道曰
柔與剛, 立人之道曰仁與義, 兼三才而兩之, 故易六畫而成卦.(하늘의 道를 세워 陰과 陽이
라 하고, 땅의 道를 세워 柔와 剛이라 하며, 사람의 道를 세워 仁과 義라 하니, 三才를
겸해서 두 번 하기 때문에, 易이 여섯 획으로 卦를 이룬다.)」

739 「太和」: '和'는 '應(순응하다), 諧(조화되다), 會(모이다), 調(적절하다), 陰陽沖氣(음양의
기운이 부딪히다), 中(적당하다)' 등의 의미이다. '太始, 太初, 太清'의 기운이 자연스럽
고 온화하니, 莊子는 이를「天和」라고 부른다.《周易‧乾卦》:「保合大和乃利貞.(인성과
천명을 바로 세워 한 마음을 이루면 곧 더 큰 화합을 이룰 수 있다.)」

740 「罟擭陷阱」: '사람이 그물을 놓거나 덫을 보수하는 등 심혈을 기울여 모해의 계책을 세

循至乎疾病死亡. 命不可知, 伯牛有疾; 天道幽遠, 顔子夭貧. 理不可通, 塵心自固; 迷於向往, 邪慕益多. 六王之土地不足, 阿房[741]之富麗平常; 八萬四千由旬[742]佛身, 三萬二千師子[743]廣座, 來入維摩詰[744]室,[745] 境最幻而福最虛, 心極勞而謀極拙. 神天宮殿人心本是上帝殿, 文見〈哥林多前書〉三章, 〈後書〉六章, 竟成邪欲窠巢; 安宅廣居, 頓作蛇藏兎窟. 福愈求而愈遠, 境愈變而愈迷. 景尊憫焉, 爲制八境之度, 至明且確, 使天下之人聞而深悔, 歷世以來妄走邪途也.

　　이것은 예수께서 세상 사람들의 복을 구하는 기준을 제정하심을 말하

운 것'이라는 의미이다. 《禮記·中庸》:「驅而納諸罟擭陷阱之中, 而莫之知辟也.(그들을 몰아서 그물이나 덫, 함정에 빠트리게 되면, 그 상황에서 벗어날 줄을 모른다.)」

741 「阿房」: 진시황이 上林苑(대략 지금의 陝西省 長安縣 西北쪽)에 건설한 궁전으로서 매우 화려하고 웅장하여 秦나라 때의 가장 큰 궁전이었으며,「阿城」이라고도 불렀다. 秦나라가 망할 때 項羽가 불태워 모두 타 버렸다. 《史記·始皇三十五年》:「於是始皇以爲咸陽人多, 先王之宮廷小…, 乃營作朝宮渭南上林苑中. 先作前殿阿房, 東西五百步, 南北五十丈, 上可以坐萬人.(이에 秦始皇은 咸陽에는 사람이 많고, 선황이 지은 궁전은 작다고 여겼으며…. 이에 朝宮을 渭南의 上林苑 안에 지었다. 먼저 前殿인 阿房宮을 지었는데, 동서로 길이가 5백 보이며, 남북의 길이가 5십 장이어서, 그 위에 1만 명이 앉을 수 있었다.)」

742 「由旬」: '古印度에서 거리를 계산하는 수량사'의 音譯이다. 이것은 고도를 계산할 때 사용하였고, 1由旬은 약 30리와 맞먹는다.

743 「師子」: 불교에서 '부처'를 비유하는 데 사용하는데, 그 '法이 끝이 없음'을 가리키는 것이다. 「獅子」라고도 칭한다. 《喻世明言·卷二十九·月明和尚度柳翠》:「無福向獅子光中, 享天上之逍遙.(복이 없어 부처의 빛 가운데로 향하며, 천상의 유유자적을 누린다.)」

744 「維摩詰」: 《維摩詰經》에 기록된 '維摩詰 居士'를 가리킨다. '維摩詰'은 音譯한 이름이며, 意譯하여 「無詬稱」혹은 「淨名」이라고도 한다.

745 「八萬 … 詰室」, 출전 《後漢書·西域傳》:「然好大不經, 奇譎無已.(그러나 이치에 맞지 않음이 너무 많고, 괴이함이 끝이 없다.)」[唐] 李賢等 注云《維摩經》曰:『佛威神力令諸寶蓋合成一蓋, 遍覆三千大千國界諸須彌山, 乃至日月星宿, 幷十方諸佛說法, 皆現於寶蓋中.』又維摩詰三萬二千師子坐, 高八萬四千由旬, 高廣嚴淨, 來入維摩方丈室, 包容無所妨礙.(《維摩經》에서 가로되:『부처는 그의 위엄과 신력으로 모든 寶蓋를 합쳐 하나의 寶蓋로 만들었고, 그것으로 三千大千세계의 모든 須彌山을 덮어 버렸으니, 그것이 日月星辰과 十方 諸佛의 설법에까지 미쳐서, 모두 寶蓋 가운데에 나타났다.』라 하였는데, 또한 維摩詰의 3만2천 부처의 자리는 높이가 8만4천 由旬으로, 높고 넓으며 엄숙하고 정결하니, 維摩方丈室에 들어오면, 방해받는 바 없이 모두 포용한다.)」

고 있는데, 속세에서의 마음을 변화시킴으로써, 거룩한 곳으로 돌아갈 수 있게 하는 것이다. 「境」은 '복의 경지'이다. 「八境」은 '팔복의 거룩한 경지'이다. 「制八境之度(천하가 준수할 법칙을 제정함)」란, 예수께서 제정한 이래로, 천하 만세는, 그 기준을 뛰어넘어서는 소위 참된 복을 구할 수 없음을 말하고 있다. 무릇 인간의 마음의 영은, 본래 만복을 담는 그릇이며; 사지와 온몸은, 또한 복을 짓는 도구이다. 대개 하나님의 무궁한 은혜와 사랑이 천 · 지 · 인 三才 사이에 존재하기 때문에, 본래 별도로 만들어 낼 필요가 없는 것이다. 대략 始祖가 약속을 어긴 이래로, 사악한 동경이 갑자기 생겨나고, 본성의 참됨이 급변해 버렸으며; 하늘과 땅이 감응하여, 화와 복이 수시로 변하였고; 太和의 모습이 이미 변하여, 최초의 성정을 전부 상실해 버렸다. 본래는 복의 경지였으나, 마침내 그물과 덫의 함정으로 변해 버렸고, 본래는 생명의 道였으나, 점차 질병과 사망에 이르게 되었다. 운명은 알 수가 없어, 백우(伯牛)가 병에 걸렸고; 하늘의 道가 심원하여, 안자(顔子)는 불우하게 요절하였다. 이치가 통하지 못하니, 속된 마음이 스스로 견고해지며; 방향에 갈피를 잡지 못하여, 사악한 동경이 점점 많아졌다. 六王(*譯者註: 전국시대 여섯 나라의 군주—堯 · 舜 · 禹 · 湯 · 文 · 武.)의 땅이 부족하고, 아방궁의 웅대함과 화려함이 일상이 되었으며; 8만4천 유순(由旬) 높이의 佛身과, 3만2천 부처의 넓은 자리가, 유마힐 거사의 방장실에 들어왔으니, 그 경지가 최고로 환상적이나 복은 최고로 공허하니, 마음이 극도로 피곤하고 그 지략이 극히 우둔해졌다. 하나님의 궁전이,_{인간의 마음은 본래 하나님의 전이다, 고린도전서 3장, 고린도후서 6장} 마침내 사악한 욕망의 보금자리가 되었고; 편안한 집과 넓은 거처는, 갑자기 뱀집과 토끼굴로 변해 버렸다. 복은 구하면 구할수록 멀어져서, 마침내 변해 갈수록 더욱 혼미해져 버렸다. 예수께서 이에 긍휼히 여기시어, 천하가 준수할 법칙을 만드셔서, 지극히 명확하게, 세상 사람들이 듣고 깊게 뉘우치도록 하셨으나, 역대 이래로 사악한 길을 망령되이 걷게 되었다.

「煉」, 化也.「塵」, 邪欲靡窮也.「眞」, 謂由身以及於心, 由生以至於死, 由地以至于天, 由今生以及來世, 由現在以至無窮期, 皆爲無敝, 無缺, 無玷之眞福也.「煉塵成眞」者, 謂景尊以八境之眞福, 銷鎔世人之邪慕, 以成眞安樂國也.「八福」之目, 詳於馬太五章, 文曰:「虛心者^{天主教會譯「神貧」}, ^{長老會譯本用「心貧」, 麥氏譯本用「虛心」.} 福矣! 以天國乃其國也; 哀慟者福矣! 以其將受慰也; 溫柔者福矣! 以其將得土也; 饑渴慕義者, 福矣! 以其將得飽也; 矜恤者福矣! 以其將見矜恤也; 淸心者福矣! 以其將見上帝也; 和平者福矣! 以其將稱爲上帝子也; 爲義而見窘逐者福矣! 以天國乃其國也, 爲我而受人詬誶⁷⁴⁶窘逐, 惡言誹謗者福矣! 當欣喜歡樂, 以在天爾得賞者大也. 蓋人窘逐先知, 自昔然矣!⁷⁴⁷ 此九福, 自古通名八福, 緣八, 九兩條意義相同, 爲義之言所包者廣, 故景尊特舉以明義. 蓋爲景尊而受窘逐, 乃義之最當, 亦理之自然者也.

「煉」은 '化(달구다, 녹이다)'이다.「塵」은 '사악한 욕망이 끝이 없음'이다.「眞」이란, 신체로부터 마음에 이르기까지, 생명에서 죽음에 이르기까지, 땅에서 하늘에 도달하기까지, 이승에서 내세에 이르기까지, 현재로부터 끝이 없는 영원까지, 모두 퇴락도, 결함도, 더러움도 없는 참된 福인 것이다.「煉塵成眞(사악한 욕망을 연단하여 참됨을 이룸)」이란, 예수가 팔경의 참된 복으로써, 세상 사람들의 사악한 동경을 녹여 없애어, 참되고 안락한 나라를 이루어 냄을 말하고 있다.「八福」의 요목은, 마태복음 5장에 상세

---

746 「詬誶」: '꾸짖다'의 의미. [淸] 紀昀,《閱微草堂筆記・灤陽消夏錄四》:「一夕屋中有詬誶聲, 伏牆隅聽之, 乃兩妻爭坐位.(어느날 저녁 집 가운데에 꾸짖는 소리가 있어, 담벼락 귀퉁이에 엎드려 들어 보니, 두 아내가 자리를 놓고 다투고 있더라.)」
747 「虛心 … 然矣」는「委辦譯本, Delegates' Version」마태복음전 5장 3-12절에서 인용되었다.

히 나와 있으니, 경전에서 가로되:「심령이 가난한 자는,^{천주교회에서는「神貧」으}
로 번역하고, 장로회는 본래「心貧」을 사용하여 번역하며, 메드허스트(Medhurst)는 본래「虛心」을 사용하여 번역
하였다. 복이 있도다! 천국이 그들의 것임이로다; 애통하는 자는 복이 있나
니, 그들이 위로를 받을 것임이요; 온유한 자는 복이 있나니, 그들이 땅
을 기업으로 받을 것임이요; 의에 주리고 목마른 자는 복이 있나니, 그들
이 배부를 것임이요; 긍휼히 여기는 자는 복이 있나니, 그들이 긍휼히 여
김을 받을 것임이요; 마음이 청결한 자는 복이 있나니, 그들이 하나님을
볼 것이요; 화평케 하는 자는 복이 있나니, 그들이 하나님의 아들이라 일
컬음을 받을 것임이요; 의를 위하여 박해를 받은 자는 복이 있나니, 천국
이 그들의 것임이라. 나로 말미암아 너희를 욕하고 박해하고 거짓으로
너희를 거슬러 모든 악한 말을 할 때에는 너희에게 복이 있나니, 기뻐하
고 즐거워하라. 하늘에서 너희의 상이 큼이라. 너희 이전에 있던 선지자
들도 이같이 박해하였느니라!」이 아홉 가지 福은, 예로부터 대개 '八福'
으로 불려졌는데, 여덟 번째와 아홉 번째 복의 의미가 같으며, '爲義(의를
위하여)'라는 말이 포괄하는 범위가 넓으므로, 예수는 특별히 이를 예로
들어 '義'를 설명하고 있다. 무릇 '爲景尊(예수로 인하여)'으로 핍박받고 쫓
겨나는 것은, '義'에 가장 적당하고, 또한 자연스러운 이치인 것이다.

之八福者, 果何以能「鍊塵成眞」也? 夫「塵」者, 欲也, 濁也, 無常之境
也.「眞」者, 神也, 道也, 眞常之境也. 虛實相形, 塵心自化. 蓋福者, 聖,
凡同欲而異乎求.「昭事上帝, 聿懷多福」,「無然歆羨, 先登于岸⁷⁴⁸」, 文王

---

748 「昭事上帝, 聿懷多福」,「無然歆羨, 先登于岸」두 구절은 모두 《詩經·大雅·文王之什》에
서 인용되었다. 앞 두 구절의 출전은 《詩經·大雅·文王之什·大明》이며, '오로지 文王
만이 경계하고 삼가하여 上帝를 섬겼으므로 복이 끊이지 않았다'는 의미이다. 뒤 두 구
절은 《詩經·大雅·文王之什·皇矣》에 나오지만,「先登于岸」구절은 《詩經》에서「誕先
登于岸」으로 쓰여 있다; 의미는 '文王은 결코 분수에 어긋난 생각을 하지 않았으나 이

之福也. 酒池肉林, 玉杯象箸; 鹿臺之財, 鉅橋之粟,[749] 桀紂之福也. 同出
而異歸也如此, 化工[750]誠不可少矣!

그 여덟 가지 복이, 과연 어떻게 「鍊塵成眞(사악한 욕망을 연단하여 참됨을
이룸)」을 할 수 있는 것인가? 무릇 「塵」이란, '욕심'이고, '혼탁함'이어서,
수시로 변하는 경지인 것이다. 「眞」은, '神'이고 '道'이며, '참되고 영원한
경지'이다. 虛와 實을 서로 비교하면, 속세의 마음이 스스로 녹아진다. 대
개 '福'이란, 거룩한 것으로서, 같은 욕망을 가지고 있으나 구함이 다른
것이다. 「하나님을 밝게 섬기고, 이에 많은 복을 누리다」와 「다른 것을
탐내어 부러워하지 말고, 높은 곳에서 아래를 살펴보듯 하다」는, 문왕(文
王)의 복인 것이다. 주지육림(酒池肉林)과 옥배상저(玉杯象箸); 녹대(鹿臺)의
재물과 거교(鉅橋)의 곡식은, 걸주(桀紂)의 복인 것이다. 같은 데서 나와서
다른 곳으로 돌아감이 이와 같으니, 예수님의 教化의 공로는 실로 없어
서는 아니 될 것이다!

「虛心者福, 以天國乃其國」者, 何謂也? 彼塵心之境, 惟以有爲福, 以滿
爲樂, 不知惟道集虛, 惟虛乃可以受道; 彼之所謂有者, 皆欲物而非神物.
夫神與欲, 其好惡之性, 迥不相侔; 神之所甚好者, 肉之所甚惡; 欲之所甚
好者, 神之所甚惡; 方之孔子之所甚好者, 正桓魋之所甚惡也.[751] 道無兩

미 유리한 형세를 점하고 있다'라는 뜻이다.

[749] 「酒池 … 之粟」, 이것은 '殷나라 紂王과 같은 폭군이 사치와 타락을 일삼으며, 백성들
에게 무거운 세금을 매겨 재물을 징수하는 모습'을 지적하고 있는 것이다. 출전《史
記·殷本紀第三》:「帝紂資辨捷疾…. 厚賦稅以實鹿臺之錢, 而盈鉅橋之粟…, 以酒爲池, 縣
肉爲林, 使男女裸相逐其間, 爲長夜之飮.(紂왕은 자질이 말을 잘하고 행동이 민첩하였으
며…. 세금을 많이 걷어 鹿臺를 채우길 돈으로 했으며, 鉅橋를 채우기를 곡식으로 하
였고…, 술로써 연못을 삼고, 고기를 매달아 숲을 삼았으며, 벗은 남녀가 그 사이에서
서로 쫓게 하면서, 밤이 새도록 술을 마셨다.)」 이 중 「鹿臺」와 「鉅橋」는 모두 紂王이
몰래 재물을 모아 두는 곳이다..

[750] 「化工」: 이것은 '예수님의 教化의 공로'를 말한다.

在, 盈於欲, 必窮於神; 盈於神, 必窮於欲.

「심령이 가난한 자는, 복이 있도다! 천국이 그들의 것임이로다!」라는 것은, 무엇을 말하는 것인가? 저 속세의 마음의 경지는, 오로지 '有'로 인하여 복이 되고, '滿'으로써 '기쁨'이 되나니, 道는 오직 '虛'를 부르고, '虛'로써 곧 道를 받을 수 있음을 알지 못함이며; 저들의 소위 '有'라는 것은, 모두 욕망의 사물일 뿐 정신의 물질은 아닌 것이다. 무릇 심령과 욕망은, 그 좋고 나쁨의 성질이, 확연히 다른 것이니; 심령이 심히 좋아하는 바는, 육신이 심히 싫어하는 바요; 욕망이 심히 좋아하는 바는, 심령이 심히 증오하는 바이니; 예를 들면 공자가 심히 좋아하는 바는, 마침 환퇴(桓魋)가 심히 싫어하는 바인 것과 같다. 道에는 두 가지가 양립할 수 없으니, 욕심으로 가득 차면, 반드시 심령이 궁해질 것이요; 심령이 가득 차면, 반드시 욕망이 궁해지기 마련이다.

然察人心之所有者, 眞欲有非神有也. 曷言乎其欲有也? 富與貴, 是人之所欲也. 然貴爲天子, 富有四海, 其之所有者, 非孔, 孟之所謂有, 亦非堯舜之所謂有, 尤更非景尊之所謂有也. 推而至於有其賢智, 有其權位, 有其才能, 有其文藝, 有其技巧, 有其財力; 食前方丈, 侍妾數百, 舉凡世人所賴以自媚者, 皆非景尊所謂有也. 景尊設譬曰:「天國猶商求美珠, 遇一貴値, 則往鬻所有, 以市之.[752]」天國者, 何也? 天道也; 商求美珠者, 人求

---

751 《論語 · 述而篇》:「子曰:『天生德於予, **桓魋**其如予何(하늘이 나에게 덕을 내려 주셨으니, 桓魋인들 감히 나를 어찌 하겠는가)?』」《史記 · 卷四七 · 孔子世家》:「孔子去曹適宋, 與弟子習禮大樹下. 宋司馬**桓魋**欲殺孔子, 拔其樹. 孔子去. 弟子曰:『可以速矣.』孔子曰:『**天生德於予, 桓魋其如予何!**』」.(공자가 曹나라를 떠나 宋나라로 가서 제자들과 큰 나무 아래에서 예를 학습하였다. 宋나라의 司馬桓魋가 공자를 죽이려고 그 나무를 뽑아 버렸다. 공자가 떠났고, 제자들이『빨리 가시는 것이 좋겠습니다.』라고 하자 공자는『하늘이 이미 내게 덕을 부여하셨는데, 桓魋가 나를 어찌하겠는가!』라고 했다.)

752 「天國 … 市之」는「委辦譯本, Delegates' Version」마태복음전 13장 45-46절에서 인용되

天道也; 遇一貴值者, 聞天道也; 鬻之云者, 去彼取此也; 鬻所有以市之者, 舍其欲有, 而求其神有也. 昔也神爲欲所充, 常以欲有爲眞有, 今一旦舍其所有, 而心體於是乎虛焉, 心神於是乎貧焉. 然神旣不有其肉有, 勢不得不有其神有. 神有者, 何也? 上帝之眞有也. 上帝之眞有者, 何謂也? 曰難言也. 自其顯著於人者言之, 則其生道無窮, 神妙無窮, 榮光無窮, 福祉無窮, 智慧無窮, 仁愛無窮, 公義無窮, 憐憫無窮, 聖潔無窮, 博施無窮, 慰藉無窮, 忍耐無窮, 神力無窮, 誠實無窮, 恩寵無窮, 拯救無窮, 光照無窮, 錫福無窮, 國度無窮, 造化無窮, 主宰無窮, 威權無窮, 形罰無窮. 總而言之, 則曰不可思議, 故人惟有無窮之虛心, 然後能受無窮之眞有, 此乃景尊之所定, 萬世不能舍此以他求, 是之謂天國, 是之謂眞福也.

그러나 인간의 마음이 가지고 있는 '有'라는 것을 관찰해 보면, 실로 '欲有(욕망의 有)'(*譯者註: 불교 欲界의 '業因, 果報, 實有', 즉 '三有' 중의 하나.)는 神의 '有'가 아닌 것인데, 어찌 그 '欲有'를 말할 수 있겠는가? '富'와 '貴'는, 인간의 '所欲(바라는 바)'이므로, 貴함으로 天子가 되고, 富로는 온 세상을 소유함이니, 그 '所有'라는 것은 공자와 맹자가 말한 '有'가 아니고, 또한 堯임금, 舜임금이 말한 '有'도 아니며, 예수가 말한 '有'는 더더욱 아닌 것이다. 미루어 현명한 지혜와 권위와 재능과 문예와 기교와 재력에 이르고; 눈앞 사방 맛있는 음식들과, 곁에 수백 명의 시첩이 있는 것, 대개 세상 사람들이 스스로 즐거움을 찾고자 의지하는 바들은, 모두가 예수가 말한 '有'는 아닌 것이다. 예수께서 비유를 들어 말씀하셨다: 「천국은 마치 좋은 진주를 구하는 장사와 같으니, 극히 값진 진주 하나를 발견하매, 가서 자기의 소유를 다 팔아, 그 진주를 사느니라.」 천국이란, 무엇인가? 하늘의 道인 것이니; 장사치가 좋은 진주를 구하는 것은, 사람이 하늘의 道를 찾는 것이요;

었다.

값지고 귀한 것을 발견한 것은, 하늘의 道를 들은 것이며; 그것을 판다고 말한 것은, 먼 것을 버리고 가까운 것을 취한다는 것이고; 자기의 소유를 다 팔아, 그 진주를 산다는 것은, 그 '欲有'를 버림으로써, 神의 '有'를 구한다는 것이다. 과거에는 심령이 욕망에 의해 충족되었기에, 늘 '欲有'로써 참된 '有'를 삼곤 하였지만, 오늘날에는 일단 그 '所有'를 버리면, 마음과 몸이 이에 비게 되니, 심령이 여기서 가난해질 수 있는 것이다. 그러나 神은 이미 그 육신이 가지고 있는 '有'를 갖고 있지 않고, 어쩔 수 없이 그 神이 가지고 있는 '有'를 갖고 있을 뿐이다. 神의 '有'란, 무엇인가? 하나님의 참된 '有'인 것이다. 하나님의 참된 '有'는, 무엇을 말하는가? 말로 표현하기 어려운 것이다. 인간에게 두드러진 것으로부터 말하자면, 즉 그 생명의 道가 무궁하며, 신묘함이 무궁하고, 영광이 무궁하며, 행복이 무궁하고, 지혜가 무궁하며, 자애로움이 무궁하고, 공의가 무궁하며, 긍휼이 무궁하고, 성결이 무궁하며, 널리 베풂이 무궁하고, 위로가 무궁하며, 인내가 무궁하고, 神力이 무궁하며, 성실이 무궁하고, 은총이 무궁하며, 구원이 무궁하고, 빛의 두루 비춤이 무궁하며, 강복하심이 무궁하고, 나라의 법률이 무궁하며, 조화가 무궁하고, 주재하심이 무궁하며, 권위가 무궁하고, 형벌이 무궁한 것이다. 결론적으로 말하자면, 불가사의한 것이라 말할 수 있으며, 그리하여 사람은 오로지 '무궁'의 빈 마음(虛心)이 있고, 그런 연후에야 '무궁'의 참된 '有'를 받을 수 있으니, 이것이 곧 예수께서 규정하신 것이며, 만세에 이르기까지 다른 것을 구하기 위해 이것을 버릴 수는 없는 것이다. 이것이 바로 천국이며, 이것이 바로 참된 '福'이라고 말하는 것이다.

「哀慟者福, 以其將受慰」者, 何謂也?

曰: 此乃「內自訟[753]」之極著者也. 夫惟虛心, 然後能受上帝無窮之光照,

於是過去, 現在, 未來之罪孽, 醜態畢呈於心目之中; 而魔鬼之機械變詐, 亦若隱若現於情欲之內. 灼見乎上帝之威嚴, 有滅此而朝食[754]之象; 惶恐畏怖, 愧悔交攻, 迫不能忍, 號咷大哭, 不知所以. 昏迷之際, 恍聞景尊彌施訶呼曰:「哀慟者福矣! 爾盍舉首而視我手足之釘跡乎? 盍俯首而視我所流之血跡乎? 緣爾罪愆, 我受傷殘; 緣爾禍敗, 我遭鞭朴; 緣爾彌天之孽, 我至慘死; 惡孽之報, 吾已爲爾身受之矣! 罪案旣銷, 爾其振作, 我將以聖神賚爾, 匡爾維新之不逮焉.[755]」此卽哀慟受慰之眞福也.

「애통하는 자는 복이 있나니, 그들이 위로를 받을 것임이요」는, 무엇을 말하는 것인가?

이르되: 이것이 곧「자기 스스로 마음속의 개인적인 잘못을 털어놓는」 모습이 가장 극명하게 드러난 것이다. 무릇 마음을 비우고 난 후에야, 하나님의 무한한 빛을 받을 수 있는 것이니, 이에 과거, 현재, 미래의 죄악들, 그리고 추악한 모습이 마음속에서 결국 드러나지만; 마귀의 교활함과 변화무쌍함이, 또한 정욕 가운데에서 감추인 듯 드러난 듯한다. 하나님의 위엄 속에서는 명확히 드러나니, 마귀를 물리치고자 하는 절박한 모습이 있고; 황송하고 놀라 두려워하며, 부끄럽고 후회함이 교차하고,

---

753 「內自訟」: '자기 스스로 마음속에 개인적인 잘못을 털어놓다'의 의미이다. 출전《論語 · 公治長》:「子曰:『已矣乎! 吾未見能見其過, 而內自訟者也.』(공자께서 말씀하시기를: 『이제 끝났구나! 나는 아직까지 자신의 과오를 보고 내면을 스스로 책망하는 사람을 본 적이 없다.』라 하셨다.)

754 「滅此而朝食」: '원수를 격퇴시킨 후에 아침을 먹는다'. '적을 물리치고자 하는 마음이 절박함'을 비유한다. 《左傳 · 成公傳二年》:「齊侯曰:『余姑翦滅此而朝食.』(齊侯가 가로되:『내가 잠깐 동안에 이들을 전멸시키고 나서 아침 밥을 먹겠노라.』라고 하셨다.)

755 「委辦譯本, Delegates' Version」마태복음 5장 4절 참고:「애통한 자는 복이 있나니 그들이 위로를 받을 것임이요.」이사야서 53장 5절:「그가 찔린 것은 우리의 악행 때문이고 그가 으스러진 것은 우리의 죄악 때문이다. 우리의 평화를 위하여 그가 징벌을 받았고 그의 상처로 우리는 나았다.」사도행전 1장 8절:「오직 성령이 너희에게 임하시면 너희가 권능을 받고….」

핍박에 견디지 못하여, 소리 질러 크게 울어도, 그 까닭을 알지 못한다. 혼미함 가운데서, 문득 예수 메시아께서 외쳐 말씀하심을 들으니: 「애통한 자는 복이 있으리라! 네가 어찌 머리를 들어 내 수족의 못 자국을 보지 않느냐? 어찌 머리를 숙여 나의 흘린 핏자국을 보지 않느냐? 너희의 죄악 때문에, 내가 해를 당하였고; 너희의 재앙과 실패 때문에, 내가 채찍을 맞았으며; 너희의 너무나도 큰 죄악 탓으로, 내가 참혹한 죽음에 이르렀으니; 죄의 대가로, 내가 이미 너희를 위하여 몸으로 그것을 받았느니라! 죄악이 이미 제거되었으니, 너희는 분발하라. 나는 장차 성령으로 너희에게 베푸리니, 너희가 새로움에 이르도록 구원하리라.」 이것이 곧 애통으로 위로를 받는 참된 복인 것이다.

「溫柔者福, 以其將得土」者, 何謂也?

此之所謂「溫柔」者, 是指悅服之性而言也. 昔上帝責猶大逆命之民, 常曰斯民强項[756]不馴, 此强不馴, 卽此溫柔之反面. 蓋人受聖神陶鎔, 經哀慟受慰之後, 自能生此溫柔之性, 以悅服上帝之命, 如七十子之服孔子, 有過之無不及焉, 如古詩篇之首章云: 「以耶和華之律法爲悅, 思之維之, 夜以繼日[757]」者. 夫上帝之律, 非止束人之身, 直是束人之心. 凡未經聖神感化之人, 雖能面從, 斷難革心, 誠以上帝之律, 禁遏情欲故也. 且上帝撫御萬方, 亭毒[758]羣品, 其陰隲[759]之道, 恆至損身而益神, 以爲天國地步, 如

---

756 「强項」: '목을 꼿꼿이 세우다'. '사람의 성정이 강직하여 굴복하기를 원치 않는 모습'을 가리킨다. 《後漢書·楊震列傳》: 「帝不悅曰: 『卿强項, 眞楊震子孫.』(황제가 불쾌하여 가로되: 『경이 목을 꼿꼿이 세우니, 진실로 楊震의 자손입니다.』)」

757 「以耶 … 繼日」은 「委辦譯本, Delegates' Version」 시편 1편 1절에서 인용되었다.

758 「亭毒」: '양육하다, 화육하다'의 의미이다. 《老子》: 「道之尊, 德之貴, 夫莫之命而常自然. 故道生之, 德畜之. 長之育之, 亭之毒之, 養之覆之.(道가 존경받을 수 있고, 德이 귀하게 여겨지는 것은, 무릇 그것을 명령하듯 하지 않고 항상 스스로 그렇게 하도록 하는 것이다. 그러므로 道는 만물을 낳고, 德은 그것을 쌓는다. 성장케 하고 육성케 하며, 화

孟子所謂「生於憂患, 死於安樂」者, 故其命常爲肉, 情所不甘, 如舍生取義之類, 非有此溫柔悅服之性, 何以臻此. 然不獨悅服上帝之命而已也, 又悅服君上之治命, 父師之正命; 亦悅服先民之矩矱,[760] 亦樂偕天下之人; 而敬順上帝之命焉, 所謂善與人同也.

「온유한 자는 복이 있나니, 그들이 땅을 기업으로 받을 것이라」라는 것은, 무엇을 말하는 것인가?

여기서의 이른바 「온유」는, '기쁜 마음으로 순종하는 성품'을 지칭하여 말하는 것이다. 옛날에 하나님께서는 유대인들을 '명을 거역한 백성'이라 책망하셨는데, 흔히 말하기를 이 백성은 성정이 강직하여 온순하지 않다고 말하니, 즉 이 '온유'와는 상반되는 면인 것이다. 무릇 사람은 성령의 교화를 받고, 애통으로 위로받음을 거친 후에, 스스로에게 이 온유의 성품이 생겨나서, 하나님의 명령에 기쁘게 복종할 수 있는 것인데, 가령 칠십 명의 제자들이 공자에게 순종하였는바, 지나치면 지나쳤지 못미치지는 않는데, 예를 들어 시편 첫 장에서 이르되: 「오직 여호와의 율법을 즐거워하며, 그의 율법을 주야로 묵상하는도다」라 하였다. 하나님의 율법은, 사람의 몸을 속박하는 데만 그치는 것이 아니라, 사람의 마음까지도 직접 묶는 것이다. 무릇 성령의 감화를 경험하지 않은 사람은, 비록 겉으로는 복종할 수 있으나, 마음을 고치기란 절대로 어려운 일이니, 진실로 하나님의 율법으로, 정욕을 억제해야 하는 것이다. 게다가 하나님께서 온 세상을 어루만져 다스리시고, 만사 만물을 양육하시는데, 그 음덕(陰德)의 道가, 몸을 해치지만 심령을 이롭게 하는 데까지 항상 이르면, 천국의 지경이라고 여기는 것이니, 가령 맹자가 말한 「근심과 재난에

육하고 해독하며, 기르거나 뒤집는다.)」
759 「陰隲」: '숨겨져 겉으로 드러나지 않는 덕행'.
760 「矩矱」: '본보기, 법식'의 의미. 「矱」, '척도, 표준'.

처하면 사람이나 나라를 생존시킬 수 있고, 안일과 향락에 처하면 사람이나 나라를 소멸시킬 수 있다.」라고 하는 것은, 고로 그 생명이 항상 육신만을 위한다면, 감정이 달가워하지 않는바, 생명을 버리고 의를 취함과 같은 것으로서, 이 온유하여 기쁘게 순종하는 성정이 있지 않다면, 어찌 이러한 지경에 도달할 수 있겠는가. 그러나 단지 하나님의 명에 기쁘게 순종할 뿐만 아니라, 군주의 명과, 어른의 바른 명령에도 기쁘게 복종하고; 또한 선조들의 본보기도 기쁘게 따르며; 천하 사람들과 함께 즐겁게 조화를 이루고; 하나님의 명을 존경하고 순종하면, 이른바 '善與人同(선을 남과 함께하다)'이 되는 것이다.

景尊定之曰「溫柔者福矣!」得土之言, 乃猶太之諺語. 伊昔上帝, 以猶太古祖亞伯拉罕之信己也, 許之曰:「如爾子孫, 守我誡命, 我將以迦南福地賜之爲業.[761]」 其後逐成諺語. 迨先知代出, 則明指迦南爲上帝之國, 蓋其意義漸深, 譬之舜流四凶於遠裔,[762] 是失土之理. 四裔非無土也, 而去禮樂敎化所自出之土則已遠矣! 維時愈久, 意見愈深. 衆先知皆知彌施訶必臨斯土, 立天國於人心, 卽彌施訶聖會是也. 至景尊臨世之時, 猶太國中雖婦孺皆知有此土, 觀約翰福音四章記撒馬利亞婦人之言, 謂我知彌賽亞將至之語, 是可證矣! 景尊當日之是言, 實當時家喩戶曉, 不須如今日之費解

---

761 「如爾 … 爲業」, 창세기 17장 7-8절에서 인용:「내가 내 언약을 나와 너 및 네 대대 후손 사이에 세워서 영원한 언약을 삼고 너와 네 후손의 하나님이 되리라. 내가 너와 네 후손에게 네가 거류하는 이 땅 곧 가나안 온 땅을 주어 영원한 기업이 되게 하고 나는 그들의 하나님이 되리라.」

762 「舜流四凶於遠裔」: '舜임금은 渾敦, 窮奇, 檮杌, 饕餮 등 네 凶族을 변방으로 추방해 버렸다'. 출전《左傳 · 文公傳十八年》:「舜臣堯, 賓於四門, 流四凶族: 渾敦, 窮奇, 檮杌, 饕餮, 投諸四裔, 以禦螭魅. 是以堯崩而天下如一, 同心戴舜.(舜임금이 堯임금의 신하가 되어서는, 四門을 활짝 열어 손님을 맞아들이고, 四凶의 무리인 渾敦, 窮奇, 檮杌, 饕餮을 유배하여, 사방 변두리로 내쳐서, 도깨비들의 재해를 막게 하였다. 이로써 堯임금이 세상을 떠난 후 한 사람처럼 한 마음으로 舜임금을 받들어 모셨다.)」

也. 迨夫旣歸景尊之後, 則無人不知得土之言, 實指復生之時, 得一靈體,
永居於天國樂土矣! 昔景尊告其徒曰:「爾心勿戚戚, 當信上帝, 亦信我矣!
我父家多第宅, 否則我必告爾, 我往爲爾備所居, 若往備所居, 則必復來接
爾歸我; 我所在, 使爾亦在.[763]」此應許之言, 卽得土之正義矣!

예수께서 확정하여 말씀하신「온유한 자는 복이 있도다!」, '땅을 얻을
것'이라는 말씀은, 유대인들의 속담이다. 그 옛날 하나님께서는, 유대의
옛 선조 아브라함의 믿음으로 인하여, 허락하시어 말씀하시기를:「만일
네 자손이, 나의 계명을 지키면, 내가 가나안 온 땅을 주어 영원한 기업
이 되게 하리라.」라고 하셨고, 그 후에 이것이 마침내 속담이 되었다. 선
지자들이 계속하여 나오면서, 가나안 땅이 하나님의 나라임을 명백히 지
시하였고, 대개 그 의미가 점점 깊어졌으니, 가령 舜임금이 네 부족 오랑
캐들을 먼 변방으로 추방해 버린 것, 이것이 땅을 잃는 이치인 것이다.
네 변방이라고 땅이 없는 것은 아니나, 예악과 교화가 스스로 나온 땅으
로부터 이미 멀어져 버린 것이다! 시간이 오래될수록, 뜻과 견해는 더욱
깊어지는 법이다. 뭇 선지자들이 모두 메시아가 반드시 이 땅에 강림하
셔서, 사람들 마음속에 천국을 세우실 것이라는 것을 알고 있었으니, 메
시아의 성회(聖會)가 바로 이것이다. 예수 강림의 때에 이르러, 유대 나라
의 부인과 아이들이 모두 이 땅에 대해 알고 있었고, 요한복음 4장에 기
록된 사마리아 여인의 말을 보면, '메시아가 곧 오실 것'이라는 말을 내가
알고 있다고 하였으니, 이 말이 바로 증거가 될 것이다! 예수께서 그날
하신 이 말씀은, 실로 당시의 모든 사람들이 다 알고 있었기 때문에, 오
늘날처럼 힘들여 이해할 필요는 없었다. 이미 예수에게로 귀의한 후로

---

763 「爾心 … 亦在」는「委辦譯本, Delegates' Version」요한복음전 14장 1-3절에서 인용되었
다. 그중「則必復來接爾歸我」는 이 번역본에서는「則」자가 없다.

는, '땅을 얻을 것'이라는 말을 모르는 사람이 없었고, 이는 실로 부활의 때에, 신령스러운 몸을 얻어, 천국 복락의 땅에서 영원히 거하게 됨을 가리키는 것이었다! 옛날 예수께서는 제자들에게 이르시기를 : 「너희는 마음에 근심하지 말라. 하나님을 믿으니, 또 나를 믿으라. 내 아버지 집에 거할 곳이 많도다. 그렇지 않으면 너희에게 일렀으리라. 내가 너희를 위하여 거처를 예비하러 가노니, 가서 너희를 위하여 거처를 예비하면, 내가 다시 와서 너희를 내게로 영접하여, 나 있는 곳에 너희도 있게 하리라.」라고 하셨다. 이 응낙의 말씀이야말로, '땅을 얻는다'라는 말의 바른 의미인 것이다!

「饑渴慕義者福, 以其將得飽」者, 何謂也?

夫人情之最眞者, 莫甚於饑渴, 人旣悅服上帝之命, 則其心之渴慕情殷, 勢不能淺嘗輒止. 將胥[764]上帝之義而厭飫[765]焉, 斯其福爲何如也? 夫八境之度皆義也, 而立義之極者, 景尊彌施訶也. 昔景尊告人曰:「我乃生之糧, 凡就我者, 決不饑; 信我者, 永不渴.[766]」又曰:「食而不死者, 天降之糧也. 我乃生之糧, 天降者也, 食此則永生.[767]」又曰:「人渴, 宜就我飲; 信我者, 其腹必流活水如川 文見約翰福音六, 七章.[768]」凡此通指饑渴慕義之人, 皆將飽乎

---

764 「胥」: '기다리다'의 의미.《孟子·萬章上》:「帝將胥天下而遷之焉.(堯임금은 천하의 인심을 살펴서 舜에게 천하를 물려주려고 하였다.)」
765 「厭飫」: '만족하다'의 의미이다. 「厭」, '배불리 먹다, 만족하다'로 해석한다. 「飫」, '포식하다'의 의미이다.
766 「我乃 … 不渴」은 「委辦譯本, Delegates' Version」 요한복음전 6장 35절에서 인용되었다. 그중 「我乃生之糧」 중의 「乃」는 이 번역본에서 「即」으로 쓰여 있으며; 「糧」자는 「餅」으로 표기되어 있다.
767 「食而 … 永生」은 「委辦譯本, Delegates' Version」 요한복음전 6장 50-51절에서 인용되었다. 그중 「糧」자는 이 譯本에서 모두 「餅」으로 표기되어 있다.
768 「人渴 … 如川」은 「委辦譯本, Delegates' Version」 요한복음전 7장 37-38절에서 인용되었다.

上帝之義, 神氣浩然, 非食前方丈之福所能曁其萬一也.

「의에 주리고 목마른 자는 복이 있나니, 그들이 배부를 것임이요.」는 무엇을 말하는 것인가?

무릇 인간의 감정에서 가장 진실된 것은, 배고프고 목마른 것만 한 것이 없으니, 사람이 이미 하나님의 명령에 기쁘게 복종하면, 그 마음속의 간절한 사모의 정이, 가볍게 맛보고 그만둘 수는 없는 것이다. 장차 하나님의 뜻을 받들어 만족하게 되면, 그 복이 어찌 이와 같겠는가? 무릇 '八境之度(천하가 준수할 여덟 가지 법칙)'는 모두 의롭지만, 의의 극치를 세우시는 이는 예수 메시아이신 것이다. 옛날 예수께서 사람들에게 말씀하시되: 「나는 생명의 양식이니, 내게 오는 자는, 결코 주리지 아니할 터이요; 나를 믿는 자는, 영원히 목마르지 아니하리라.」 또 이르시되: 「하늘에서 내려오는 떡이니, 사람으로 하여금 먹고 죽지 아니하게 하는 것이니라. 나는 하늘에서 내려온 살아 있는 떡이니, 사람이 이 떡을 먹으면 영생하리라. 내가 줄 떡은, 곧 세상의 생명을 위한 내 살이니라.」 또 이르시되: 「누구든지 목마르거든 내게로 와서 마시라; 나를 믿는 자는, 그 배에서 생수의 강이 흘러나오리라.^{요한복음 6,7장}」 무릇 이것은 '의에 주리고 목마른 자'를 가리키는 것과 통하며, 모두 하나님의 의로 충만해져서, 기색이 넓고 성대해지니, '食前方丈(가득 차려진 음식)'의 복은 그 만분의 일에도 이르지 못할 것이다.

「矜恤者福, 以其將見矜恤」者, 何謂也?

夫人心旣爲公義之神所充, 則其心之所成者, 莫先於矜恤. 慨自元祖引惡入世, 而罪惡乘權世宙之夙孼山積.⁷⁶⁹ 上帝監觀萬國人心之所蓄, 其能

---

769 「夙孼山積」: '평소의 죄악이 산더미처럼 쌓여 있다'의 의미이다. 「夙」, '줄곧의'. 「孼」,

免上帝詰責震怒，而反蒙嘉許祝福者，有幾人哉？今之世宙所以保全者，端賴上帝矜恤之心也．昔聖神預示先賢撒加利亞，使知景尊卽日臨世，撒加利亞頌云：「可頌哉！主以色列之上帝也，眷顧其民而贖之，爲我挺拯救之角^{角指大力}，於其臣大闢家，如主托古聖先知所言，救我脫於敵人，惡我者之手^{敵人惡我者，指狥世從欲而言}．矜恤我祖，念其聖命，卽與我祖亞伯拉罕所矢之誓，謂將拯我於敵手^{敵指娑殫}．畢生在主前，以虔以義，無懼而事之．此子^{指景聖施洗約翰而言}將稱至上者之先知，爲主^{主指救主景尊而言}前驅，以備其道^{卽悔改信主之道}．示民知拯救，卽在赦罪也．賴吾上帝，以矜恤之心，使旭日自上臨我，居幽暗陰翳者光照之，導我履平安之道矣^{文見路加一章}！770」

「긍휼히 여기는 자는 복이 있나니, 그들이 긍휼히 여김을 받을 것임이요」는, 무슨 의미인가?

무릇 사람의 마음은 이미 공의의 하나님으로부터 채워진 것이니, 그 마음의 이루어진 바로는, 긍휼만 한 것이 없다. 대략 시조가 세상에 악을 끌어들인 이래로, 죄악이 권세를 타고 온 세상에 산더미처럼 쌓여 있게 되었다. 하나님께서는 온 세상 인간 마음속의 축적된 것을 감시하시나니, 하나님의 질책과 진노를 면하면서, 오히려 칭찬과 축복을 받을 수 있는 자가, 과연 몇 명이나 되겠는가? 지금 세상에서 온전하게 유지하고자 하는 자는, 진실로 하나님의 긍휼의 마음에 의지해야 한다. 옛날에 성령께서는 선지자 스가랴에게 예시하시어, 메시아가 곧 세상에 강림할 것을 알게 하셨으니, 스가랴가 송축하여 이르되: 「찬송하리로다! 주 이스라엘의 하나님이여, 그 백성을 돌보사 속량하시며, 우리를 위하여 구원의 뿔^{뿔은 '큰 힘'을 가리킴}을, 그 종 다윗의 집에 일으키셨으니, 이것은 주께서 예로

'죄과(罪過)'.

770 「可頌 … 道矣」는 「委辦譯本, Delegates' Version」 누가복음전 1장 68-79절에서 인용되었다.

부터 거룩한 선지자의 입으로 말씀하신 바와 같이, 우리 원수에게서와 우리를 미워하는 모든 자의 손에서 구원하시는 일이라.^{적이 나를 미워한다는 것은, '세상에 얽매여 욕심을 따른다'는 것을 가리켜 말한 것임.} 우리 조상을 긍휼히 여기시며, 그 거룩한 언약을 기억하셨으니, 곧 우리 조상 아브라함에게 하신 맹세라. 우리가 원수^{원수는 사탄을 가리킴}의 손에서 건지심을 받고, 종신토록 주의 앞에서, 성결과 의로 두려움이 없이, 섬기게 하리라 하셨도다. 이 아이여,^{세례요한을 지칭함} 네가 지극히 높으신 이의 선지자라 일컬음을 받고, 주^{主는 구주 예수를 가리킴} 앞에 앞서가서, 그 길을 준비하여,^{회개하고 主의 道를 믿으라.} 주의 백성에게 그 죄 사함으로 말미암는 구원을 알게 하리니, 이는 우리 하나님의 긍휼로 인함이라. 이로써 돋는 해가 위로부터 우리에게 임하여, 어둠과 죽음의 그늘에 앉은 자에게 비치고, 우리 발을 평강의 길로 인도하시리로다 하니라!^{누가복음 1장}」

景尊設譬曰:「天國猶人君, 與其臣會計. 計時, 有曳負千萬金者, 旣無可償, 主命鬻其身, 與妻孥, 及其所有以償, 其臣俯伏拜曰:『主寬我,[771] 我將盡償.』主憐而釋之, 免其債. 其臣出, 遇同僚, 負十金, 執之, 扼其吭曰:『爾所負者, 當償我.』同僚俯伏求曰:『請寬我, 我將盡償.』弗許, 下之獄, 責償所負. 諸同僚見之, 憂甚, 以其事赴愬於主. 主召之曰:『惡哉! 臣也, 爾所負求我, 我則免之. 不當矜恤同僚, 亦猶我矜恤爾乎?』由是主怒, 交之獄吏, 責償所負. 若爾衆不心赦兄弟之過, 則我天父視爾亦將如是^{文見馬太十八章}.」[772] 按此凡人蒙上帝以景尊贖罪之恩者, 必有矜恤之德; 有矜恤之德者, 必蒙赦罪之恩. 其德之所充, 或矜憫罪人, 或哀矜愚民, 或憐憫難人,

---

771 「主寬我」, 이 구절은 「委辦譯本, Delegates' Version」에서 「請主寬我」로 쓰여 있다.
772 「天國 … 如是」는 「委辦譯本, Delegates' Version」 마태복음전 18장 23-35절에서 인용되었다.

或賙恤窮民. 矜恤之義甚廣, 誠難盡錄. 然其首要則在赦罪, 此乃救世之大權, 福音之正旨. 上帝赦人罪, 人更當互相赦罪; 人互相赦罪, 景尊亦樂得引人之罪歸之於己. 在十字架案內, 盡塗抹之, 成一天國白之良民, 生安死樂, 其福德之裕, 如有非罪犂中人所能夢見者.

예수께서 비유를 들어 말씀하셨다:「천국은 그 종들과 결산하려 하던 어떤 임금과 같으니, 결산할 때에, 만 달란트 빚진 자 하나를 데려오매, 갚을 것이 없는지라. 주인이 명하여 그 몸과 아내와 자식들과 모든 소유를 다 팔아 갚게 하라 하니, 그 종이 엎드려 절하며 이르되:『내게 참으소서. 다 갚으리이다.』하거늘, 그 종의 주인이 불쌍히 여겨 놓아 보내며, 그 빚을 탕감하여 주었더니, 그 종이 나가서 자기에게 백 데나리온 빚진 동료 한 사람을 만나 붙들어 목을 잡고 이르되:『빚을 갚으라.』하매, 그 동료가 엎드려 간구하여 이르되:『나에게 참아 주소서, 갚으리이다.』하되, 허락하지 아니하고, 이에 가서 그가 빚을 갚도록 옥에 가두거늘, 그 동료들이 그것을 보고, 몹시 딱하게 여겨 주인에게 가서 그 일을 다 알리니, 이에 주인이 그를 불러다가 말하되:『악한 종아! 네가 빌기에 내가 네 빚을 전부 탕감하여 주었거늘, 내가 너를 불쌍히 여김과 같이, 너도 네 동료를 불쌍히 여김이 마땅하지 아니하냐?』하고, 주인이 노하여 그 빚을 다 갚도록 그를 옥졸들에게 넘기니라. 너희가 각각 마음으로부터 형제를 용서하지 아니하면, 나의 하늘 아버지께서도 너희에게 이와 같이 하시리라.^{마태복음 18장}」이에 근거하면 무릇 사람은 예수를 통한 하나님의 속죄의 은혜를 입었으니, 반드시 긍휼의 덕을 가져야 하며; 긍휼의 덕을 가진 자는, 반드시 죄 사함의 은혜를 받게 될 것이다. 그 덕의 충만한 바는, 죄인을 불쌍히 여기거나, 어리석은 백성을 가엾게 여기거나, 어려운 사람을 동정하거나, 가난한 사람을 구휼하는 것이다. 긍휼의 의미는 매우 넓어서, 실로 다 기록해 내기가 어렵다. 그러나 가장 중요한 것은 죄 사함에 있는 것이니, 이것은 세상을 구원하는 위대한 권세이자, 복음의 바른 뜻인 것이다. 하나님께서 죄를 사해 주시면, 사람은 더더욱 서로의 죄를 용서해 주어야 하는 것이고; 사람들이 서로 죄를 사해 주면, 예수께서도 또한 인간의 죄를 기꺼이 자기에게로 돌리시는 것이다. 십자가 사건으로 인하여, 그것을 다 덧칠해 지워 버리면, 천국의 깨끗하고 어진 백성이 되어, 삶이 평안하고 죽음이 즐거우며, 그 복과 덕이 넉넉하니, 죄악 가운데 있지 아니한 자가 꿈꿀 수 있는 바이다.

「淸心者福, 以其將見上帝」者, 何謂也?

夫人旣備五福, 則其心將次淸潔矣! 然正未易言也. 蓋淸心云者, 純全之謂也. 是乃天工, 非人力所能及也. 蓋人蒙上帝矜恤, 錫以聖神洗滌, 成聖稱義. 其心充滿聖神, 欲念都消. 其愛上帝也, 神專氣一, 如景聖保羅所云: 「誰能絕我於基督之愛? 或患難, 或阨窮, 或窘逐, 或饑餓, 裸裎, 或艱危, 白刃乎? 如經云: 『我緣主終日見殺, 如羊就死地. 然我賴愛我者, 故勝諸事而有餘. 蓋我知或生, 或死,[773] 或執政…, 或今時將來, 或高卑受造之物, 皆不能絕我於上帝之愛文見羅馬書八章[774].』」其愛人也, 天理渾然, 如保羅所謂寬忍, 慈愛, 不妒, 不誇, 不衒,[775] 不妄行, 不爲己, 不暴怒, 不逆詐; 不喜非義, 乃喜眞理. 隱惡信善, 望人之美, 忍己之難.

「마음이 청결한 자는 복이 있나니, 그들이 하나님을 볼 것이요.」란, 무

---

773 「蓋我知或生, 或死」는 「委辦譯本, Delegates' Version」에서 「蓋我知或死生, 或天使」로 기록되어 있다.
774 「誰能 … 之愛」는 「委辦譯本, Delegates' Version」 使徒保羅達羅馬人書(사도바울로마서) 8장 35-39절에서 인용되었다.
775 「不衒」: '과시하지 않다'의 의미이다.

엇을 말하는가?

무릇 사람이 이미 다섯 가지 복을 가졌다면, 그 마음이 곧 깨끗해질 것이다! 그러나 이것은 쉬운 말이 아니다. 무릇 '맑은 마음'이라 하는 것은, '순전함'을 이르는 것이다. 이것은 하늘의 일이지, 사람의 힘으로 미칠 수 있는 것이 아니다. 사람은 하나님께서 주신 긍휼과 성령의 세례를 받아, 거룩해지고 의롭다 여김을 받는 것이다. 그 마음이 성령으로 충만하면, 욕념이 모두 사라져 버린다. 그가 하나님을 사랑함에, 온 마음을 모두어야 하니, 사도 바울이 말한 바와 같다: 「누가 우리를 그리스도의 사랑에서 끊으리요? 환난이나, 곤고나, 박해나, 기근이나, 적신이나, 위험이나, 칼이랴? 기록된 바: 『우리가 종일 주를 위하여 죽임을 당하게 되며, 도살당할 양같이 여김을 받았나이다 함과 같으니라. 그러나 이 모든 일에 우리를 사랑하시는 이로 말미암아, 우리가 넉넉히 이기느니라. 내가 확신하노니, 사망이나 생명이나 천사들이나 권세자들이나 현재 일이나 장래 일이나 능력이나 높음이나 깊음이나, 다른 어떤 피조물이라도, 우리를 우리 주 그리스도 예수 안에 있는 하나님의 사랑에서 끊을 수 없으리라. ^{로마서 8장}』」 사람을 사랑함에 있어서도, 하늘의 이치가 완정해야 하니, 바울이 말한, 관용과, 자애와, 질투하지 않음과, 자랑하지 않음과, 과시하지 않음과, 망동하지 않음과, 이기적이지 않음과, 격노하지 않음과, 속이지 않음을 행해야 하고; 불의를 좇지 말고, 진리에 기뻐해야 하는 것이다. 악을 숨기고 선을 믿으며, 타인의 잘됨을 바라고, 자신의 어려움을 참아야 하는 것이다.

「其賙濟也, 以丹心;⁷⁷⁶ 其治理也, 以懇懃; 其矜恤也, 以喜樂. 愛無僞,

---

776 「丹心」: '참되고 정직한 마음'. 《宋史 · 趙鼎》: 「丹心未泯, 誓九死以不移.(나라를 향한 충

惡惡, 親仁. 論悌弟則相友; 論長長則相讓; 論勤則勿怠; 論志則宜銳;[777]
論主則當事.[778] 懷望[779]以喜, 遭難以忍, 祈禱以恒. 聖徒所需, 供之; 遠人
之來, 柔[780]之; 窘逐爾者,[781] 祝之. 宜祝勿詛, 樂與同樂, 哭與同哭. 意宜
同, 志勿高. 惟謙是從, 勿智是恃, 勿以惡報惡. 衆所善者, 則務之; 有可和
衆, 則盡力與之和. 凡我良朋, 毋伸己寃, 寧寬爾怒.[782] 記有之, 主曰:『仲
寃在我,[783] 我必報之. 敵饑則飼之, 渴則飲之. 猶以爇炭集厥首, 勿使惡勝
善, 宜以善勝惡.』^{文見羅馬書十二章784}」如是是之謂清心之福.

「구제하는 자는, 성실함으로; 다스리는 자는, 부지런함으로; 긍휼을 베
푸는 자는, 즐거움으로 할 것이니라. 사랑에는 거짓이 없나니, 악을 미워
하고, 선에 속하라. 형제를 사랑하여 서로 우애하고; 존경하기를 서로 먼
저 하며; 부지런하여 게으르지 말고; 열심을 품고; 주를 섬기라. 소망 중
에 즐거워하며, 환난 중에 참으며, 기도에 항상 힘쓰며, 성도들의 쓸 것
을 공급하며, 먼 곳에서 온 이에게, 손 대접하기를 힘쓰라; 너희를 박해
하는 자를 축복하라. 축복하고 저주하지 말라. 즐거워하는 자들과 함께
즐거워하고, 우는 자들과 함께 울라. 서로 마음을 같이하며, 높은 데 마

직한 마음은 아직도 사라지지 않았는데, 이로 인해 여러 번 죽더라도 그 마음 변함이
없습니다.)」

777 「銳」: '명백하다, 뚜렷하다'의 의미이다. 《舊唐書 · 張廷珪》: 「皆以事危則誌銳, 情迫則思
深.(모두가 일이 위급해지면 뜻이 명백해지고, 사정이 급박해지면 생각이 깊어지는 까
닭입니다.)」

778 「論主則當事」: '일을 주관하는 사람은 용감하게 일을 맡아야 한다'의 의미이다.

779 「懷望」: '간절한 마음을 품다'의 의미이다.

780 「柔」: '위로하다'의 의미. 《禮記 · 中庸》: 「嘉善而矜不能, 所以柔遠人也.(어진 사람을 후
하게 대접해 주고 능력이 모자란 자를 불쌍히 여기는 것은, 멀리 떨어져 있는 사람을
회유하는 방법이다.)」

781 「窘逐爾者」: '당신을 궁핍하게 하고 핍박하는 사람'.

782 「寧寬爾怒」는 「委辦譯本, Delegates' Version」에서 「寧待主怒」로 기록되어 있다.

783 「仲寃在我」의 「仲」은 「委辦譯本, Delegates' Version」에서 「伸」으로 쓰여 있다.

784 「其贐 … 勝惡」은 「委辦譯本, Delegates' Version」 使徒保羅達羅馬人書(사도바울로마서)
12장 8-21절에서 인용되었다.

음을 두지 말고, 도리어 낮은 데 처하며, 스스로 지혜 있는 체하지 말라. 아무에게도 악을 악으로 갚지 말고, 모든 사람 앞에서 선한 일을 도모하라. 할 수 있거든, 너희로서는 모든 사람과 더불어 화목하라. 내 사랑하는 자들아, 너희가 친히 원수를 갚지 말고, 하나님의 진노하심에 맡기라. 기록되었으되, 주께서 말씀하시기를:『원수 갚는 것이 내게 있으니, 내가 갚으리라. 네 원수가 주리거든 먹이고, 목마르거든 마시게 하라. 그리함으로 네가 숯불을 그 머리에 쌓아 놓으리라. 악에게 지지 말고, 선으로 악을 이기라.』^{로마서 12장}」이와 같으니 이를 일러 '淸心之福(마음이 청결한 복)' 이라 하는 것이다.

見上帝者, 非見上帝之形, 上帝本無形可見; 所見者, 乃上帝道成人身, 而誕降之景尊彌施訶也. 所謂見者, 亦非見景尊之形, 實卽見景尊之天心; 亦非肉眼見景尊之心, 實卽道心見景尊之心. 我之道心與景尊之心相印, 景尊之心與上帝之心相印, 此卽見上帝之道也. 見上帝者, 不問而知其福氣之隆盛矣!

하나님을 본다는 것은, 하나님의 형상을 보는 것이 아니니, 하나님께서는 본래 볼 수 있는 형상이 없는 분이며; 본 것은, 즉 하나님의 말씀이 육신이 되어, 탄생하신 예수 메시아인 것이다. 이른바 보았다는 것은, 또한 예수의 형상을 본 것이 아니라, 실제로는 예수의 천심을 보는 것이며; 또한 예수의 마음을 육안으로 보는 것이 아니라, 실제로는 道心(*譯者註: 도덕의식에서 우러나오는 마음.)으로 예수의 마음을 보는 것이다. 나의 道心과 예수의 마음이 서로 부합하면, 이것이 곧 하나님의 道를 보는 것이다. 하나님을 보는 자는, 묻지 않고도 그 복의 융성함을 알게 되는 것이다!

「和平者福, 以其將稱爲上帝子」者, 何謂也?

按此「和平」二字, 原文只是一「和」字, 譯本加「平」字足文耳! 然此「和」字意義甚深, 道貫天人, 乃神悅人和之意. 然此四字仍不能盡達其意, 神悅自是獨指上帝言. 神悅之言, 有父子如初之意; 人和之言, 有於變時雍,[785] 道一風同之意. 然神悅人和之言, 亦非太和之意, 乃指一有福之人, 用力致太和之意, 此乃上帝子之氣象也. 是以景尊稱爲和平之主, 平康[786]之君. 彼淸心有福之人, 上與上帝合德, 下與天良合法, 自有致太和之能事著明.

「화평케 하는 자는 복이 있나니, 그들이 하나님의 아들이라 일컬음을 받을 것임이요」란, 무엇을 말하는가?

이「和平」이라는 두 글자는, 원문에는 단지「和」한 글자인데, 역본에서는「平」자를 넣어 단어를 충족시킨 것이다! 그러나 이「和」자는 의미가 매우 깊어서, '道貫天人(道가 하늘과 사람을 연잇다)'이라 하여, '신이 기뻐하고 사람이 화합한다(神悅人和)'라는 뜻이다. 그러나 이 네 글자는 여전히 그 뜻에 다 이르지 못하나니, '神悅'은 이로부터 하나님의 말씀만을 가리키는 말이다. '神悅'이란 말은, '父子가 처음과 같다'의 의미이며; '人和'라는 말은, '변하여 화목해지다'의 뜻으로서, '道一風同(천하가 모두 대덕을 지키고 민간의 풍속이 하나되다)'의 의미이다. 그러나 '神悅人和'라는 말은, 또한 '太和(순응하여 조화하다)'의 의미가 아니라, 하나의 '복이 있는 사람'을 가리키며, '힘써 太和에 이른다'의 뜻인 것이다. 이것이 곧 하나님의 아들의 타고난 성정인 것이다. 이로써 예수는 '화평의 주'요 '평강의 임금'이라

---

785 「時雍」: '천하가 태평한 모습'을 지칭한다. 《尚書·虞書·堯典》:「百姓昭明, 協和萬邦, 黎民於變**時雍**.(백성들이 밝게 되자, 만방의 제후국을 화목하게 하였고, 백성들이 태평한 모습으로 변하게 되었다.)」《昭明文選·誄上·曹植 王仲宣誄》:「世祖撥亂, 爰建**時雍**.(世祖가 어지러운 세상을 바로잡아 다스렸으니, 이에 태평한 천하가 이루어졌다.)」
786 「平康」: '평안하다'의 의미.

불리는 것이다. 그 '마음이 청결하여 복이 있는 사람'은, 위로 하나님과 한뜻이 되고, 아래로는 양심이 법에 맞아, 자연히 '太和'의 뛰어난 능력이 명백히 드러나게 되는 것이다.

伊昔上帝, 與猶太列祖約曰:「如爾果聽我命,[787] 守我約, 則於列國中, 以爾爲寶,[788] 亦爲祭司之國, 成聖之民^{祭司, 謂代萬國祈禱眞上帝; 成聖, 謂爲萬國萬民所取}^{則.}[789]」文見出埃及記十九章. 又約曰:「如弗遵我命,[790] 蔑我禮儀, 侮我法度, 干我誡命, 背我盟約,[791] 我必使爾觳觫,[792] 身瘝體癉, 以至心憂目盲^供^{指身靈兩體而言.}[793]」文見利未記廿六章. 惜乎猶太古人屢代犯法, 背道甚速, 數與上帝失和, 招災惹禍, 孽報殊慘.

그 옛날 하나님은, 유대의 역대 조상들에게 언약의 말씀을 주셨다:「너희가 내 말을 잘 듣고, 내 언약을 지키면, 너희는 모든 민족 중에서, 내 소유가 되겠고, 너희가 내게 대하여 제사장 나라가 되며, 거룩한 백성이 되^{'제사장'은, 하나님께 드리는 만국의 기도를 대신함을 말하며; '거룩한'이란 만국 만민에게 모범이 됨을 이}리라._{른다.}」이 구절은 출애굽기 19장에 나온다. 또 약속하여 이르시되:「그러나 너희가 내게 청종하지 아니하여, 이 모든 명령을 준행하지 아니하며, 내 규례를 멸시하며, 마음에 내 법도를 싫어하여, 내 모든 계명을 준행하지 아니하며, 내 언약을 배반할진대, 내가 이같이 너희에게 행하리니, 곧

787 「如爾果聽我命」중의 「命」은 「委辦譯本, Delegates' Version」에서 「言」이다; 또한 「如」자가 없다.

788 「以爾爲寶」는 「委辦譯本, Delegates' Version」에서는 앞에 「我必」두 글자가 있다.

789 「如爾 … 之民」은 「委辦譯本, Delegates' Version」출애굽기 19장 5-6절에서 인용되었다.

790 「如弗遵我命」중의 「如」는 「委辦譯本, Delegates' Version」에서는 누락되어 있다.

791 「背我盟約」중의 「背」는 「委辦譯本, Delegates' Version」에서는 「違」로 쓰여 있다.

792 「觳觫」:「胡束」과 음이 같으며, '겁에 질려 온몸을 후들후들 떠는 모습'을 말한다. 《孟子·梁惠王上》:「吾不忍其觳觫, 若無罪而就死地.(내가 차마 그 觳觫하는 바를 참지 못하겠구나. 죄도 없이 사지로 가는 것 같다.)」

793 「如弗 … 目盲」은 「委辦譯本, Delegates' Version」레위기 26장 14-16절에서 인용되었다.

내가 너희에게 놀라운 재앙을 내려, 폐병과 열병으로 눈이 어둡고 생명
이 쇠약하게 할 것이라.」 이 구절은 레위기 26장에 기록되어 있다. 애석
하게도 옛 유대인들은 여러 대에 걸쳐 법을 어겼고, 道를 어김이 너무 빨
랐으므로, 하나님과의 사이가 나빠져, 재앙을 부르고 화를 초래하였나
니, 죄악의 업보가 참으로 참담하였다.

景尊之所謂和者, 蓋謂前者, 人欲與天命爭衡. 今以三一之化力, 薰陶浣
沐,[794] 自臻淸心之妙境, 而於上帝之心, 若符節之相合焉, 此眞神人以和
之天福也. 神人旣和, 則乖戾不生; 和風所及, 天下一家. 智者化, 愚者亦
化; 君子化, 小人亦化. 都無逆詐, 關防[795]之苦, 和之至, 上帝之子也, 景尊
之同氣也. 曰「上帝子」者, 則其福之誠厚, 不問可知矣!

예수의 이른바 '和'는, 전자를 가리키는 것으로서, 사람이 하늘의 명에
부합하고자 하는 것이다. 지금 삼위일체의 교화의 능력으로써, 또 덕으
로 훈도하고 몸과 마음을 깨끗이 하여, 스스로 맑은 마음의 오묘한 경지
에 이르렀으니, 하나님의 마음에, 정확히 부합하게 되면, 이것이 진실로
신과 인간이 '和'하는 하늘의 복인 것이다. 신과 인간이 이미 화하였으니,
도리에 어긋남이 생기지 않고; '和'의 바람이 불어와, 천하가 하나가 된
다. 지혜로운 자가 변화하고, 어리석은 자도 변화하며; 군자가 변화하고,
소인배도 변화한다. 모두에게 횡포함과 간악함이 없고, 고통을 굳게 방
비하며, '和'에 이르게 되니, 하나님의 아들, 예수의 성정과 같은 것이다.
「하나님의 아들」이라 말하면, 그 복의 돈후함을, 묻지 않아도 알 수 있는
것이다!

---

794 「浣沐」: '세탁하고 목욕하다'. 의미는 '몸과 마음의 더러움을 깨끗이 씻다'이다.
795 「關防」: '굳게 방비하다'의 의미이다.

次八境曰:「爲義而見窘逐者福」. 以天國乃其國, 爲我而受人詬誶窘逐, 惡言誹謗者福, 當欣喜歡樂, 以在天爾得賞者大者, 何謂也?

그다음 八福의 여덟 번째 경지에서 이르되:「의를 위하여 박해를 받은 자는 복이 있도다」. '천국이 그들의 것임이라. 나로 말미암아 너희를 욕하고 박해하고, 거짓으로 너희를 거슬러 모든 악한 말을 할 때에는, 너희에게 복이 있나니, 기뻐하고 즐거워하라. 하늘에서 너희의 상이 큼이라'는 무엇을 말하는가?

夫「義」者, 上帝生民之大經, 國家政事之至本, 鄕黨維持之公理, 人民交涉之準繩. 道者, 義之體; 義者, 道之用. 義者, 義也; 景尊, 道也. 一而二, 二而一者也.

무릇「義」는, 하나님께서 백성을 만드신 큰 道이며, 국가 정사의 지극한 근본이고, 고향이 유지되는 공리이며, 백성들이 교류하는 준칙이다. '道'는, 義의 몸체이며; '義'는 道의 효용이다. '義'는 의로움이며; 예수는 '道'이다. 하나이자 둘이며, 둘이자 하나인 것이다.

傳道救民, 義之最大者也, 然不便於小人, 是以有絶糧沮尼[796]之患; 保民直諫, 義之最正者也, 然不便於暴君, 是以有剖腹見心之臣; 證正闢邪, 義之最極者也, 然不便於孔壬,[797] 是以有釘十字架之害. 若乃因此反成贖罪救靈之極功, 自是上帝化臭腐爲神奇, 至于不可思議之全能, 於梟獍[798]無

---

796 「沮尼」: '저지하다, 가로막다'.
797 「孔壬」: '간사하여 아첨을 잘하는 사람'이다. 《尙書·虞書·皐陶謨》:「能哲而惠, 何憂乎驩兜? 何遷乎有苗? 何畏乎巧言令色孔壬?(능히 밝고 은혜로우면, 어찌 驩兜를 걱정하며, 어찌 有苗를 귀양보내며, 어찌 교언영색으로 크게 간악함을 품은 사람을 두려워하리오?)」
798 「梟獍」: '불효 막심하거나 흉포하고 의리를 저버리는 무리'를 비유한다. 「梟」, '어미를

與也.

道를 전하고 백성을 구하는 일은, '義'에서 가장 큰 것이지만, 소인에게는 불편한 것으로서, 이 때문에 양식이 떨어질 걱정이 있으며; 백성을 부양하고 직언으로 간하는 것은, '義'의 가장 올바른 바이나, 폭군에게는 불편하여, 이 때문에 배를 갈라 심장을 보는 신하가 있는 것이고(*譯者註: 比干의 고사.); 정의를 증명하고 사악함을 물리치는 것은, '義'의 가장 지극한 경지이지만, 간사하여 아첨하는 자에게는 불편하여, 이 때문에 십자가의 박해가 있었던 것이다. 만일 당신이 이것으로 인하여 오히려 속죄와 영혼구원의 지극한 공로가 된다면, 이로부터 하나님께서 썩은 것을 신기한 것으로 변화시키시고, 불가사의한 전능에까지 이르게 하시어, 불의한 무리에 함께하지 못하게 하시는 것이다.

景尊之言「爲我」者, 爲道也. 我之爲我者, 代死贖罪之道也. 代死之道者, 仁義之道也. 曷言乎仁義之道也? 景尊以一身成全上帝之仁義也. 惡乎成之? 上帝律者, 至聖至嚴者也. 人犯天律, 必正典刑義[799]也; 而景尊以至尊至貴之聖體, 伏法而死, 以贖懼法當死悔罪之人, 是景尊成全上帝之公義矣!

예수께서 말씀하신 「爲我(나를 위하여)」는 '道를 위하여'이다. 나의 '나를 위하여'란, 죄를 대속하여 죽는 '道'인 것이다. '죽음을 대신하는' 道는, 仁義의 道이다. 인의의 도는 무엇을 말하는가? 예수께서는 온몸으로 하나님의 인의를 완전하게 이루셨다. 그것을 어찌 이루었단 말인가? 하나님의 율법은, 지극히 거룩하고 지극히 엄한 것이다. 사람이 하늘의 계율을

잡아먹는 새'; 「獍」, '아비를 잡아먹는 맹수'.
799 「正典刑義」: '법에 따라 형벌이나 사형을 집행하다'의 의미이다.

범하면, 반드시 법에 따라 형벌을 집행하는 것인데; 그러나 예수는 지극히 존귀하신 성체로, 법에 순종하여 죽으셨고, 속죄하며 죽음으로 죄를 회개하는 사람이 되었으니, 이것으로 예수께서는 하나님의 공의를 완전하게 이루신 것이다!

　仁者, 上帝之心也. 今天下之人, 日犯天父之法, 爲法所不容, 行將死於法. 而爲法所逼, 以至於沉淪, 實傷天考[800]之心. 乃景尊以一身負厥咎戾, 爲之受刑, 銷其罪案. 生死人, 肉白骨;[801] 以挽其天良, 俾其自新, 毅然爲人, 是景尊成全上帝之至仁矣! 則「上帝」待人仁至義盡之情, 皆於「景尊」一身而畢顯, 此卽所謂「我」[802]也. 「我」之爲「我」也如此, 爾之爲「我」而受人詬誶窘逐, 惡言誹謗, 無異乎「我」之所受. 「我」則究竟如何? 惟此「上帝」躋之無上, 錫以顯名, 超乎萬有, 使天地幽冥之人, 聞耶穌名, 無膝不屈, 無口不稱耶穌爲主, 榮父上帝^{文見腓立比書二章}[803] 爾之爲「我」而受辱受死, 究竟如何? 亦若「我」而觀止矣! 是福也, 若何而至於此也? 蓋人心爲基督之神所充積, 自生一種負罪引慝之性, 視天下溺猶己溺之情, 常思有以拯之, 雖歷九死而不悔. 橫逆之來, 早已預卜. 雖非樂人之以橫逆相加以取戾, 然欲無橫逆之來, 除是自甘鄉愿乃可, 非然者, 伐檀削跡[804]之禍不旋

800　「天考」: '天父'라는 의미이다. 「考」, 본래 '돌아가신 아버지'를 지칭하며, 여기서는 '하나님'을 말한다.

801　「生死人, 肉白骨」: '죽은 이를 부활시키고, 마른 뼈에 살이 돋게 하다'. 에스겔서 37장 5-6절: 「주 여호와께서 이 뼈들에게 이같이 말씀하시기를 『내가 생기를 너희에게 들어가게 하리니 너희가 살아나리라. 너희 위에 힘줄을 두고 살을 입히고 가죽으로 덮고 너희 속에 생기를 넣으리니 너희가 살아나리라; 또 내가 여호와인 줄 너희가 알리라 하셨다 하라.』」

802　「我」: '예수 자신'을 지칭한다.

803　「上帝 … 上帝」는 「委辦譯本, Delegates' Version」 빌립보서 2장 9-11절에서 인용되었다.

804　「伐檀削跡」: '탐욕으로 화를 일으켜 자취를 감춰 버리다'의 의미이다. 「伐檀」, 《詩經》의 편명이며, 詩로써 탐욕스러운 사람을 비꼬고 있다. 《詩經·國風·魏·伐檀》詩序: 「伐檀, 刺貪也. 在位貪鄙, 無功而受祿, 君子不得進仕爾.(〈伐檀〉은 탐욕스러움을 풍자한 詩

躋矣! 際兩難之間, 籌之已熟,[805] 是以欣然樂受之而不辭, 爲其與景尊古
聖同一轍迹[806]也. 若此者, 可以膺厚福矣!

　'仁'이란, 하나님의 마음이다. 오늘날 천하의 사람들은, 날마다 하나님 아버지의 법을 범하고, 법의 용서를 받지 못하여, 곧 법으로 죽음에 이르게 된다. 그러나 법에 의해 핍박 받고, 깊은 고통에 빠지는 것은, 실로 하나님 아버지의 마음을 상하게 하는 것이다. 곧 예수는 한 몸으로 그들의 죄악을 짊어지고, 그들로 인해 형벌을 받아, 그 죄를 청산하였다. 죽은 이를 살리고, 마른 뼈에 살이 돋게 하였으며; 그들의 양심을 되돌리시고, 그들 자신을 새롭게 하시어, 의연히 사람이 되었나니, 이는 예수가 하나님의 지극하신 仁을 완전하게 이루신 것이다! 즉 「하나님」께서는 인간의 '仁至義盡(타인에게 인의를 다함)'의 정을 기다리시어, 모두 「예수」 한 몸에서 마침내 드러내셨으니, 이것이 이른바 「나」인 것이다. 「나」의 「나」 되는 것이 이러하였으니, 너희들이 「나」로 인하여 욕과 박해를 당하고, 악한 말과 비방을 받는 것은, 「내」가 받은 바와 다르지 않은 것이다. 「나」는 도대체 어떠한가? 오로지 이것은 「이러므로 하나님이 그를 지극히 높여, 모든 이름 위에 뛰어난 이름을 주사, 하늘에 있는 자들과, 땅에 있는 자들과, 땅 아래 있는 자들로, 모든 무릎을 예수의 이름에 꿇게 하시고, 모든 입으로 예수 그리스도를 주라 시인하여, 하나님 아버지께 영광을 돌리게 하셨느니라.^{빌립보서 2장}」이다. 너희가 「나」로 말미암아 모욕과 죽임을 당한다는 것은, 도대체 어떠한가? 또한 「나」와 같은 것이니 매우 훌륭

　　이다. 높은 지위에 있으면서 탐욕스럽고, 비루하여 공이 없는데도 녹을 받으니, 군자가 나아가 벼슬을 얻지 못하였다.)」
805　「籌之已熟」: '계획이 이미 마련되었으니, 일을 하기 전에 이미 고려가 되어 있다'의 의미이다.
806　「同一轍跡」: '같은 길로 들어선다'는 의미를 비유하고 있다. 그러나 이 「道」는 '하나님을 믿는 진실된 道'를 지칭한다. 「轍跡」, '차 바퀴가 굴러간 흔적'을 말한다.

하도다! 이 복이 어떠하길래 여기에까지 이르렀는가? 무릇 사람의 마음은 그리스도의 정신으로 충족되나니, 잘못을 인정하고 자책하는 속성이 스스로 생겨서, 천하의 미혹됨이 마치 자기의 미혹됨으로 보이고, 항상 그것을 구원하고자 생각하여, 비록 구사일생을 겪더라도 후회하지 않는다. 횡포와 패역이 온다 함은, 일찍이 예견된 바이니, 비록 사람이 횡포한 모습으로 기꺼이 죄를 취하는 것은 아니지만, 그러나 이 횡포와 패역을 없애려면, 이 스스로 기꺼이 위선자가 되려는 마음을 없애면 가능한 것이며, 그렇지 않은 자는, 나무가 잘리고 발자취가 지워지는 화가 어느새 다가오리라! 두 가지 어려움 사이에서, 계책이 이미 성숙해지고, 이로써 흔연히 받아들이고 거절하지 않으면, 그로 인하여 예수, 옛 성현과 동일한 흔적을 남기게 되는 것이니, 이와 같이 하면, 복을 두텁게 할 수 있는 것이다!

觀八福之境, 如此其眞也; 八境之度, 如此其大也. 人之欲自爲上帝者, 其能錫如是之大福以與人乎? 所錫者, 無乃「作福, 作威, 玉食[807]」之類乎? 無乃「堂高數仞, 榱題數尺」, 「食前方丈, 侍妾數百[808]」之類乎? 無乃石

---

807 「作福, 作威, 玉食」: '세력에 기대어 남을 업신여기고, 맛있는 음식을 탐하다'의 의미이다. 출전《尚書 · 周書 · 洪範》:「惟闢作福, 惟闢作威, 惟辟玉食. 臣無有作福作威玉食. 臣之有作福作威玉食, 其害于而家, 凶于而國.(오직 군주만이 복을 누릴 수 있고, 오직 군주만이 위세를 부릴 수 있으며, 오직 군주만이 진귀한 음식을 먹을 수 있다. 신하는 作福, 作威, 玉食을 할 수 없으니, 만일 신하가 복을 내리거나, 위엄을 보이거나, 성찬을 받을 수 있다면, 그 피해가 자기 집에 미치고, 그 흉함이 나라에 미치게 될 것이다.)」
808 「堂高數仞 … 侍妾數百」, '지위가 높고 권세 있는 자가 부귀영화의 흐름을 누릴 수 있지만, 이것이 뜻이 있는 군자의 행위는 아닌 것이다'라는 뜻이다. 출전《孟子 · 盡心下》:「孟子曰:『說大人, 則藐之. 勿視其巍巍然, 堂高數仞, 榱題數尺; 我得志, 弗爲也. 食前方丈, 侍妾數百人; 我得志, 弗爲也.』(맹자가 말씀하시기를:『大人을 설득할 때에는, 그를 가볍게 보되, 그의 높은 위세를 보지 말라. 높이가 여러 길이나 되고, 서까래가 여러 척이 되는 집은; 내가 뜻을 이루었더라도 하지 않는다. 사방 10자 음식상을 차려 놓고, 첩 수백 명이 시중드는 짓은; 내가 뜻을 이루었더라도 하지 않는다.』)

崇,[809] 鄧通[810]之類乎? 無乃蓬萊, 方丈, 瀛洲[811]之類乎? 無乃西方極樂世界[812]之類乎? 此皆塵心之境也. 若景尊者, 眞爲救世之主矣!

팔복의 경지를 보면, 이렇듯 진실되고; '八境之度(천하가 준수할 여덟 가지 법칙)'는 이렇듯 크다. 인간이 스스로 하나님이 되고자 하였다면, 능히 인간에게 이와 같은 큰 복을 주실 수 있겠는가? 하사하신 바는, 「복을 누리고, 위세를 부리며, 맛있는 음식을 탐하는」 따위의 것들이지 않겠는가? 「높고 화려한 집」, 「맛있는 음식상과 수백 명의 시첩」 따위가 아니겠는

---

809 「石崇」: 字는 季倫(249-300)이며, 兒名은 齊奴, 晉나라 南皮縣(지금의 河北省 南皮縣 東北쪽) 사람이다. 石崇은 石苞의 아들로서 어릴 적에 총명하고 지혜로웠다. 장성하여 吳나라를 정벌한 공로로 安陽鄕侯에 봉해졌으나, 후에 散騎常侍 등의 직책으로 여러 차례 옮겨 다녔다. 그러나 훗날 점차 사치 풍조에 빠져들어, 먼 곳에서 온 상인들을 겁탈하여 부를 쌓았다. 《晉書·石苞》:「財産豐積, 室宇宏麗. 後房百數, 皆曳紈繡, 珥金翠. 絲竹盡當時之選, 庖膳窮水陸之珍. 與貴戚王愷, 羊琇之徒以奢靡相尙.(재산이 풍부하게 쌓이고, 집이 몹시 넓고 화려하여, 뒤에 있는 처첩의 방이 백 개가 넘었고, 처첩들 모두 수놓은 비단 옷을 걸치고, 금과 비취의 귀고리를 장식했다. 음악 소리는 당시의 최고로 뽑힌 것들이며, 부엌의 음식은 바다와 육지의 보배로운 진미를 다하였다. 황제의 인척인 王愷, 그리고 羊琇의 무리와 함께 분수에 넘치는 사치스러움을 서로 자랑하였다.)」

810 「鄧通」: 漢나라 南安(지금의 四川省 夾江縣 西北쪽) 사람이다. 漢 文帝는 鄧通을 총애하여 銅山을 하사하였으며, 그는 거기서 나는 銅으로 돈을 마음대로 주조하여 지역의 제일가는 부자가 되었다; 漢 景帝 때에 이르러 가산을 탕진하고 굶어 죽었다. 《漢書·鄧通》:「上使善相人者相通, 曰:『當貧餓死.』上曰:『能富通者在我, 何說貧?』於是賜通蜀嚴道銅山, 得自鑄錢. 鄧氏錢布天下, 其富如此….(황제께서 관상을 잘 보는 이에게 鄧通의 관상을 보게 했더니, 관상쟁이가 말하되:『가난해서 굶어 죽을 상입니다.』라 하였다. 황제께서 말씀하시기를:『鄧通에게는 부자로 만들어 줄 수 있는 내가 있는데, 어찌 가난해진다고 하는가?』그리하여 鄧通에게 蜀 땅의 嚴道에 있는 구리 광산을 주어서 마음대로 돈을 만들어 쓸 수 있게 해 주었다. 이때부터 그가 만든 鄧氏錢이 천하에 널리 퍼졌다고 하니, 얼마나 부유했겠는가….)」

811 「蓬萊」, 「方丈」, 「瀛洲」: 전해 오는 바로는 모두 渤海 지역 신선들이 살던 산으로, 산 안에는 불사약이 있었다고 전해지는데, 단만 漢代에 이르러서는 가까이할 수 있는 사람이 없었다고 한다. 출전 《史記·始皇二十八年》:「齊人徐市等上書, 言海中有三神山, 名曰蓬萊, 方丈, 瀛洲, 僊人居之.(齊나라 사람 徐市가 상소를 올려, 바다 가운데에 삼신산이 있는데, '蓬萊, 方丈, 瀛洲'라 부르고, 신선이 살고 있다고 하였다.)」

812 「西方極樂世界」: 불교에서는 '阿彌佛陀가 거처하는 곳'이라고 부른다. 「西天」이라고도 부른다.

가? 石崇이나 鄧通 따위는 아니겠는가? '蓬萊, 方丈, 瀛洲' 따위는 아니겠는가? 서방 극락 세계 따위가 아니겠는가? 이러한 것들은 모두 속된 마음의 경지이니, 예수와 같은 분만이, 진실로 세상을 구원할 구주이신 것이다!

영원불변 三常의 문을 여셨고, 생명을 여시고, 죽음을 멸하셨다(啓三常之門, 開生滅死)

此言景尊開天國之門, 塞陰府之路也. 「三常」者, 信也, 望也, 仁也. 卽景聖保羅謂:「所存於今者, 信也, 望也, 仁也, 三者之中仁爲大之言^{文見哥林多前書十三章813}」, 是其義矣! 門者, 天國之門也; 天國之門者, 景尊是也. 景尊設譬曰:「入羊牢不由其門, 而從他處踰者, 竊也, 盜也. 由門入者, 羊牧也. 司門者爲之啓, 羊聽其聲, 遂呼羊名, 引之出. 出則先之行, 羊識其聲而從焉. 羊不從他人而避之者, 以不識其聲也. 耶穌設此譬, 人不知其云何? 耶穌曰:『我誠告爾, 我卽羊之門. 不由門入者, 竊也, 盜也. 羊不之聽, 我卽門也, 由我入者得救, 出入得芻. 盜至, 特以攘, 以殺, 以滅. 我至, 使羊得生且盛^{文見約翰福音十章.814}』」按此譬所謂門者, 卽能興人信, 望, 仁之關鍵也. 羊者, 信徒也; 芻者, 眞道也.⁸¹⁵ 竊盜者, 魔鬼, 異端, 僞善也.

이것은 예수께서 하늘의 문을 여시고, 음부의 길을 막으셨음을 말하는

---

813 「所存 … 之言」은「委辦譯本, Delegates' Version」고린도전서 13장 13절에서 인용되었다.
814 「入羊 … 且盛」은「委辦譯本, Delegates' Version」요한복음전 10장 1-10절에서 인용되었다.
815 「芻者, 眞道也」: '하나님의 참된 道로 기르다'의 의미이다. 「芻」, '사육하다, 기르다'의 의미이다.

것이다. 「三常」이란, '믿음', '소망', '사랑'이다. 즉 경교 성인 바울이 말하기를:「그런즉 믿음, 소망, 사랑, 이 세 가지는 항상 있을 것인데, 그중의 제일은 사랑이라.^{고린도전서 13장}」라 하였으니, 이것이 그 의미이다! '門'은, 천국의 문이며; 천국의 문은, 바로 예수이다. 예수께서 비유를 들어 말씀하셨다:「문을 통하여 양의 우리에 들어가지 아니하고, 다른 데로 넘어가는 자는, 절도며, 강도요, 문으로 들어가는 이는, 양의 목자라. 문지기는 그를 위하여 문을 열고, 양은 그의 음성을 듣나니, 그가 자기 양의 이름을 각각 불러, 인도하여 내느니라. 자기 양을 다 내놓은 후에 앞서 가면, 양들이 그의 음성을 아는 고로 따라오되, 타인의 음성은 알지 못하는 고로, 타인을 따르지 아니하고 도리어 도망하느니라. 예수께서 이 비유로 그들에게 말씀하셨으나, 그들은 그가 하신 말씀이 무엇인지 알지 못하니라. 그러므로 예수께서 다시 이르시되:『내가 진실로 진실로 너희에게 말하노니, 나는 양의 문이라. 나보다 먼저 온 자는, 다 절도요, 강도니, 양들이 듣지 아니하였느니라. 내가 문이니, 누구든지 나로 말미암아 들어가면 구원을 받고, 또는 들어가며 나오며 꼴을 얻으리라. 도둑이 오는 것은, 도둑질하고 죽이고 멸망시키려는 것뿐이요. 내가 온 것은, 양으로 생명을 얻게 하고 더 풍성히 얻게 하려는 것이라.』」 이 비유에서 말한 '門'이라는 것은, 즉 사람의 믿음, 소망, 사랑을 일으킬 수 있는 관건이다. '羊'은, 신도이며; '芻(기르다)'는, 참된 道이다. '竊'과 '盜'는, 마귀요, 이단이며, 위선이다.

「開生滅死」者, 謂三常之門旣開; 而入之者皆永生之人, 死亡無所用之. 如景聖保羅謂:「基督身猶幔, 撤之, 則爲我闢永生之新路. ^{文見希伯來書十章二十} ^{節. 「幔例」見出埃及記二十六章三十三節. 816}」 原此幔乃猶太上帝殿中之幔, 間於聖所, 至聖所之間. 至聖所之地, 乃上帝榮光臨格之所, 千百年來舉國無一人能

入其地者, 例也. 緣有罪之人, 不能入上帝至聖之所也. 迨景尊在十字架
上氣絕之時, 殿慢自上至下, 忽裂爲二.^{事見馬太二十七章五十一節} 蓋此異兆卽上
帝以人信景尊代死贖罪之恩, 則可毅然入至聖所矣! 保羅所指, 蓋謂此也.

「開生滅死(생명을 열고 죽음을 멸하다)」는, '三常의 문'이 이미 열렸음을 말
하는 것이며; 들어오는 자는 모두 영생하는 사람이니, 사망이 소용없는
것이다. 가령 사도 바울이 이르되:「그리스도의 몸은 휘장과 같은데, 그
것을 거두어 버렸으니, 즉 우리를 위하여 열어 놓으신 영생의 새로운 길
이다. ^{히브리서 10장 20절에서 볼 수 있음.「휘장」의 예는 출애굽기 26장 33절}」본래 이 휘장은 유
대 하나님 성전의 휘장으로서, 성소와 지성소 사이에 있다. 지성소 자리
는, 하나님께서 영광스럽게 임하시는 곳으로서, 수천 수백 년 동안 온 나
라에 그 땅에 들어갈 수 있는 사람이 하나도 없었다. 인간은 죄가 있는
까닭에, 하나님께서 성스럽게 임하시는 곳에 들어갈 수 없는 것이다. 예
수가 십자가에서 숨이 끊어진 때에 이르러, 성전의 휘장이 위에서 아래
로, 홀연히 갈라져 둘이 되었다. ^{마태복음 27장 51절} 무릇 이 기이한 징조는 바
로 하나님께서 인간에게 예수의 대속의 은혜를 믿으면, 의연히 성소에
들어갈 수 있게 해 주신 것을 말하는 것이다! 바울이 가리키는 것은, 바
로 이것을 말하는 것이다.

又謂:「我以奧妙示爾, 吾衆無盡死, 而悉能化. 瞬息間, 末世角響矣! 角
一響, 死者甦, 生者化, 皆爲無壞. 時可壞者,⁸¹⁷ 加以不壞; 死者, 加以不
死.⁸¹⁸ 壞者旣加以不壞, 死者旣加以不死, 則經言,⁸¹⁹ 死無權而消滅, 應

---

816 히브리서의 작자가 누구인가에 대해서는 학계의 정설이 없다고 할 수 있으며, 다수의
    사람들이 바울일 것이라고 추정하고 있다.
817 「時可壞者」: '당시에는 아직 죽지 않았지만, 실제로 몸이 점차 부패해져 가는 사람'이
    란 뜻이다. 또한 '모든 살아 있는 사람'이란 뜻이기도 하다.

矣! 死之爲害何在? 陰府之克我何在? 死爲害者罪也; 罪克我者法也. 謝上帝, 因吾主耶穌基督, 賜我得勝. _{文見哥林多前書十五章820}」凡此經文卽景淨所謂「開生滅死」矣!

또 이르되:「보라 내가 너희에게 비밀을 말하노니, 우리가 다 잠잘 것이 아니요, 마지막 나팔에 순식간에 홀연히 다 변화되리라! 나팔 소리가 나매, 죽은 자들이 썩지 아니할 것으로 다시 살아나고, 우리도 변화되리라. 이 썩을 것이, 반드시 썩지 아니할 것을 입겠고; 이 죽을 것이 죽지 아니함을 입으리로다. 이 썩을 것이 썩지 아니함을 입고, 이 죽을 것이 죽지 아니함을 입을 때에는, 사망을 삼키고 이기리라고 기록된 말씀이, 이루어지리라! 사망아 너의 승리가 어디 있느냐? 사망아 네가 쏘는 것이 어디 있느냐? 사망이 쏘는 것은 죄요; 죄의 권능은 율법이라. 우리 주 예수 그리스도로 말미암아, 우리에게 승리를 주시는 하나님께 감사하노라. _{고린도전서 15장}」이 경문이 바로 예수께서 말씀하신「開生滅死(생명을 열고 죽음을 멸하다)」인 것이다!

啟三常之門者, 何謂也? 謂景尊畢生之神蹟聖訓, 降生受死, 復生升天, 遣聖神, 諸大事皆有上帝之鈐記,[821] 證據確鑿. 經愚夫愚婦, 稚子村童, 亦可以與知與能, 而克信其顯著之榮光應許, 亦足以使人絕欲以求之, 若大旱之望雲霓. 迨夫信旣篤, 望旣專, 不覺已居於仁矣! 此三常之道, 景尊未臨世之前, 早已默運神功, 披榛闢梗.[822] 及景尊臨世, 遂大闢厥門, 而成坦

---

818 「加以不死」: '몸은 이미 죽었지만, 그를 부활시키다'의 의미를 나타낸다.
819 「則經言」, 이 구절은「委辦譯本, Delegates' Version」에서「則經所言」으로 쓰여 있다.
820 「我以 … 得勝」은「委辦譯本, Delegates' Version」고린도전서 15장 51-57절에서 인용되었다.
821 「鈐記」: 본래는 '淸代의 관청에서 사용하던 관인(官印)'을 지칭하며, 여기서는 '하나님께서 약속을 세우신 표징'을 비유하고 있다.

蕩之途矣!

'三常의 문'을 연다는 것이, 무엇을 말하는 것인가? 예수 필생의 신비한 이적과 성스러운 가르침, 강생하여 죽임을 당함, 부활 승천, 성령을 보내심을 말하는 것으로서, 모든 큰일에는 하나님의 표징이 있고, 증거가 확실한 것이다. 평범한 사람과 어린아이들을 통해서도, 또한 지혜와 능력을 베풀 수 있고, 그분의 현저하고도 영광스러운 응낙을 믿을 수 있으며, 또한 사람들로 하여금 욕망을 끊고 그것을 구할 수 있게 할 수 있으니, 큰 가뭄에 구름과 무지개를 바라는 것과 같다. 무릇 믿음이 이미 돈독하고, 바라는 바가 이미 한곳에 이르면, 모르는 사이에 이미 '仁'에 거하게 된 것이다! 이 '三常의 道'는, 예수가 세상에 임하기 전에, 일찍이 하나님의 공력이 비밀리에 운행되고, 온갖 어려움을 물리치고 근간이 세워졌음을 뜻하는 것이다. 예수가 세상에 임하셨으니, 마침내 그 문을 크게 여셨고, 이에 평탄의 길이 이루어진 것이다!

三常之首曰「信」. 昔景聖保羅歷舉古人之信跡, 以詔後世, 其文載在本經希伯來書十一章, 文曰:「信則所望若旣得, 未見而可憑. 古人若此, 而得嘉許. 吾惟信, 知天地以上帝命而造, 有形由無形而出. 亞伯有信, 獻祭上帝,[823] 較該隱尤善, 故上帝嘉其義, 許其禮; 是以亞伯雖沒, 其言不朽. 以諾有信, 不死而接於天, 爲上帝所接, 後人不復見之; 未接之先, 見悅,[824] 而獲嘉許. 苟不信, 不能爲上帝所悅; 蓋謁上帝之人, 必信有上帝, 賞賚夫求之者. 挪亞得上帝默示未來之事, 信而畏之, 遂造方舟, 以救其眷屬, 於

---

822 「披榛闢梗」: '온갖 어려움을 물리치고 근간을 세우다'의 의미를 표현한다. 「榛」, '무성한 초목'; 「梗」, '식물의 줄기'.
823 「獻祭上帝」는 「委辦譯本, Delegates' Version」에서 「獻祭與上帝」로 표기되어 있다.
824 「見悅」, 이 구절은 「委辦譯本, Delegates' Version」에서 「見悅於上帝」로 기록되어 있다.

是挪亞罪此世, 信而得稱義. 亞伯拉罕有信, 遵上帝命, 出故鄉; 至後所得之地, 當時,[825] 不知所往, 爲旅於上帝許賜之地, 猶在異邦. 以撒, 雅各亦蒙上帝所許, 與亞伯拉罕各居於幕, 俟上帝所建造鞏固之邑. 撒拉有信, 雖老, 上帝賜之誕育,[826] 以爲所許者言出惟行. 是以一人血氣雖衰, 生育蕃衍, 如衆星之在天, 如海沙之無量.[827] 此皆有信, 雖至沒, 未得所許之眞福,[828] 第遙望欣喜以晉接,[829] 自謂於世若賓旅;[830] 如是者, 明言其欲得土. 彼若思所出之故鄉, 則有轉機; 然其所慕者, 於天有至樂之國, 故上帝雖爲彼上帝, 不以爲恥[831]…. 亞伯拉罕被試時, 有信, 而獻子以撒於上帝; 彼有嫡子以撒一人,[832] 雖蒙上帝許, 惟出自以撒者得爲爾裔,[833] 而亦獻之; 自以爲上帝能由死甦之. 由是觀之,[834] 則謂其死而復生也可. 以撒有信, 論及未來事,[835] 爲雅各祝嘏.[836] 雅各有信臨沒時, 猶扶杖拜上帝, 爲約瑟二子祝嘏.[837] 約瑟有信, 臨終預言以色列民得離埃及, 因命挈骸骨以歸. 摩

---

825 「當時」는「委辦譯本, Delegates' Version」에서「當出時」로 기록되어 있다.

826 「上帝賜之誕育」, 이 구절은「委辦譯本, Delegates' Version」에서는「之」와「誕」사이에「懷妊」두 글자가 더 쓰여 있다.

827 「如海沙之無量」중의「如」는「委辦譯本, Delegates' Version」에서는「猶」로 쓰여 있다.

828 「未得所許之眞福」, 이 구절은「委辦譯本, Delegates' Version」에서는「不得所許之福」이다.

829 「晉接」: '접촉하다'의 의미이다. 《明史·意大里亞》:「公卿以下重其人, 咸與晉接.(公卿 이하가 그 사람을 중히 여겨, 모두가 함께 접촉하였다.)」

830 「自謂於世若賓旅」의「賓」은「委辦譯本, Delegates' Version」에서는「賓」이다.

831 「不以爲恥」는「委辦譯本, Delegates' Version」에서「而不以爲恥」로 기록되어 있다.

832 「彼有嫡子以撒一人」, 이 구절은「委辦譯本, Delegates' Version」에서는「以撒」두 글자가 없다.

833 「惟出自以撒者得爲爾裔」, 이 구절은「委辦譯本, Delegates' Version」에서「言出自以撒者爲其爾裔」로 기록되어 있다.

834 「由是觀之」는「委辦譯本, Delegates' Version」에서는「由是而觀」이다.

835 「論及未來事」는「委辦譯本, Delegates' Version」에서「論及未來之事」로 기록되어 있다.

836 「爲雅各祝嘏」, 이 구절은「委辦譯本, Delegates' Version」에서는「雅各各掃祝嘏」로 기록되어 있다.

837 「爲約瑟二子祝嘏」, 이 구절은「委辦譯本, Delegates' Version」에서는「瑟」과「二」사이에「之」자가 있다. 「祝嘏」: 본래 '제사 지낼 때 축원을 비는 글'을 가리킨다. 이는 '축복을 비는 말씀'을 지칭한다. 「嘏」, '사람에게 축복하는 말'을 뜻한다.

西生時, 其父母有信, 見子歧嶷,[838] 匿之三月, 不畏王禁令. 摩西長而有信, 不欲稱爲王女義子,[839] 願與上帝民, 共受艱辛, 不敢暫享淫樂, 自謂爲基督受詬誶,[840] 較之埃及獲利倍蓰,[841] 望賞賚故也. 摩西有信…, 不懦王怒, 其恒心如見無形之上帝. 摩西有信, 守踰越節,[842] 用灑血禮, 恐殘賊埃及之長子, 波及以色列. 以色列民有信, 涉紅海如行陸地, 惟埃及人試之,[843] 則沈淪.[844] 以色列民有信, 巡耶利哥城歷七日, 城垣果圮. 妓喇合有信, 接偵者以平康, 故不與不信者偕亡. <small>已上事皆見創世記, 出埃及記二書之中, 巡耶利哥城事見約書亞記六章.</small> 是豈言可盡哉? 有若其田, 巴勒, 參孫, 耶弗大, 大闢, 撒母耳, 及諸先知, 如欲言之, 日亦不足. 彼有信故能服敵國, 行公義, 獲所許之福; 箝獅口, 使火焰不傷, 鋒刃可避; 弱而強, 戰而勇, 破敵陳. 有婦, 子死而得復生; 有人受酷刑而不苟免, 惟望復生盡美之福; 有人受欺侮, 遭鞭朴,[845] 陷縲絏,[846] 困囹圄, 以歷試之; 有石擊鋸解, 試以禍福, 刺以鋒刃, 衣綿羊, 山羊之皮, 遨遊無方, 困窮, 患難, 艱辛, 流離遷徙,[847] 或荒野, 或山巓, 或地

---

838 「見子歧嶷」의 「歧」는 「委辦譯本, Delegates' Version」에서 「岐」로 표기되어 있다. 「岐嶷」, '아이가 총명하기 그지없음'을 형용하는 말이다. 《晉書‧齊王攸》: 「少而**岐嶷**. 及長, 清和平允, 親賢好施.(어리지만 총명하기 그지없었다. 장성하여서는, 맑고 온화하며 공평한 것이 마땅하였으니, 어진 이를 가까이하였고 베풀기를 좋아하였다.)」

839 「不欲稱爲王女義子」 중의 「王」은 「委辦譯本, Delegates' Version」에서 「法老」로 표기되어 있다.

840 「詬誶」: '치욕, 욕설을 퍼붓다'의 의미이다.

841 「較之埃及獲利倍蓰」, 이 구절은 「委辦譯本, Delegates' Version」에서는 「之」자가 없다. 「獲利倍蓰」, '몇 배의 이익을 획득하다'의 의미이다. 「蓰」, '다섯 배'.

842 「守踰越節」 중의 「踰」는 「委辦譯本, Delegates' Version」에서는 「逾」이다.

843 「惟埃及人試之」, 이 구절은 「委辦譯本, Delegates' Version」에서 「試」와 「之」 사이에 「行」자가 있다.

844 「則沈淪」 중의 「淪」은 「委辦譯本, Delegates' Version」에서 「溺」으로 기록되어 있다.

845 「遭鞭朴」의 「朴」은 「委辦譯本, Delegates' Version」에서는 「扑」으로 쓰여 있다. 여기서 「朴」으로 쓴 것은 구절의 의미에 부합하지 않으며, 따라서 잘못 베껴 쓴 것이다.

846 「縲絏」: 옛날 '죄인을 묶던 검은 끈'이다. 훗날 '감옥'을 비유하는 데 사용되었다. 《論語‧公冶長》: 「雖在**縲絏**之中, 非其罪也.(비록 감옥에 갇힌 적은 있었으나, 그의 죄는 아니었다.)」

847 「流離遷徙」 중의 「遷」은 「委辦譯本, Delegates' Version」에서 「轉」으로 쓰여 있다.

穴, 若此之人, 世不足以居之.⁸⁴⁸ 此皆稱有信, 但未得上帝所許. 蓋上帝爲
我備至善之福, 然古人不有我今日, 則福不備.⁸⁴⁹ 觀者雲集圍我, _{謂天上神神,}
_{地下萬民, 旣陰府魔鬼萬類} 當釋累我之重負, 去縈我之私欲, 所命我之前途, 恒心
竭力趨之, 吾儕始信終克信, 皆本乎耶穌, 宜專望之.⁸⁵⁰」

'三常'의 첫째는 「믿음」이라고 한다. 옛날 사도 바울은 옛사람들의 신
비한 이적을 적시하여, 후세에 가르침을 주었는데, 그 글은 신약 히브리
서 11장에 실려 있다. 가로되:「믿음은 바라는 것들의 실상이요, 보이지
않는 것들의 증거니, 선진들이 이로써, 증거를 얻었느니라. 믿음으로, 모
든 세계가 하나님의 말씀으로 지어진 줄을 우리가 아나니, 보이는 것은
나타난 것으로 말미암아 된 것이 아니니라. 믿음으로 아벨은 가인보다
더 나은 제사를 하나님께 드림으로, 의로운 자라 하시는 증거를 얻었으
니, 하나님이 그 예물에 대하여 증언하심이라. 그가 죽었으나, 그 믿음으
로써 지금도 말하느니라. 믿음으로 에녹은 죽음을 보지 않고 옮겨졌으
니, 하나님이 그를 옮기심으로, 다시 보이지 아니하였느니라. 그는 옮겨
지기 전에, 하나님을 기쁘시게 하는 자라 하는 증거를 받았느니라. 믿음
이 없이는, 하나님을 기쁘시게 하지 못하나니; 하나님께 나아가는 자는,
반드시 그가 계신 것과 또한 그가 자기를 찾는 자들에게 상 주시는 이심
을 믿어야 할지니라. 믿음으로 노아는 아직 보이지 않는 일에 경고하심
을 받아, 경외함으로 방주를 준비하여, 그 집을 구원하였으니, 이로 말미
암아 세상을 정죄하고, 믿음을 따르는 의의 상속자가 되었느니라. 믿음

---

848 「世不足以居之」, 이 구절은 「委辦譯本, Delegates' Version」에서 「之」자가 누락되어
   있다.
849 「則福不備」의 「不」은 「委辦譯本, Delegates' Version」에서는 「弗」로 기록되어 있다.
850 「信則 … 不備」는 「委辦譯本, Delegates' Version」 히브리서 11장에서 인용되었고, 「觀
   者 … 望之」는 히브리서 12장 1-2절에서 인용되었다.

으로 아브라함은 부르심을 받았을 때에, 순종하여 장래의 유업으로 받을 땅에 나아갈새; 갈 바를 알지 못하고 나아갔으며, 믿음으로 그가 이방의 땅에 있는 것같이, 약속의 땅에 거류하여, 동일한 약속을 유업으로 함께 받은 이삭 및 야곱과 더불어 장막에 거하였으니, 이는 그가 하나님이 계획하시고 지으실 터가 있는 성을 바랐음이라. 믿음으로 사라 자신도 나이가 많아 단산하였으나, 잉태할 수 있는 힘을 얻었으니, 이는 약속하신 이를 미쁘신 줄 알았음이라. 이러므로 죽은 자와 같은 한 사람으로 말미암아, 하늘의 허다한 별과 또 해변의 무수한 모래와 같이, 많은 후손이 생육하였느니라. 이 사람들은 다 믿음을 따라 죽었으며, 약속을 받지 못하였으되, 그것들을 멀리서 보고 환영하며, 또 땅에서는 외국인과 나그네임을 증언하였으니; 그들이 이같이 말하는 것은, 자기들이 본향 찾는 자임을 나타냄이라. 그들이 나온바 본향을 생각하였더라면, 돌아갈 기회가 있었으려니와; 그들이 이제는 더 나은 본향을 사모하니, 곧 하늘에 있는 것이라. 이러므로 하나님이 그들의 하나님이라 일컬음 받으심을 부끄러워하지 아니하시고…. 아브라함은 시험을 받을 때에, 믿음으로 이삭을 드렸으니; 그는 약속들을 받은 자로되, 그 외아들을 드렸느니라. 그에게 이미 말씀하시기를 네 자손이라 칭할 자는 이삭으로 말미암으리라 하셨으니; 그가 하나님이 능히 이삭을 죽은 자 가운데서 다시 살리실 줄로 생각한지라. 비유컨대, 그를 죽은 자 가운데서 도로 받은 것이니라. 믿음으로 이삭은 장차 있을 일에 대하여, 야곱과 에서에게 축복하였으며, 믿음으로 야곱은 죽을 때에, 요셉의 각 아들에게 축복하고, 그 지팡이 머리에 의지하여 경배하였으며, 믿음으로 요셉은 임종 시에 이스라엘 자손들이 떠날 것을 말하고, 또 자기 뼈를 위하여 명하였으며, 믿음으로 모세가 났을 때에, 그 부모가 아름다운 아이임을 보고, 석 달 동안 숨겨 왕의 명령을 무서워하지 아니하였으며, 믿음으로 모세는 장성하여, 바로의 공주의 아들이라 칭함 받기를 거절하고, 도리어 하나님의 백성과 함께 고난 받기를, 잠시 죄악의 낙을 누리는 것보다 더 좋아하고, 그리스도를 위하여 받는 수모를, 애굽의 모든 보화보다 더 큰 재물로 여겼으니, 이는 상 주심을 바라봄이라. 모세가 믿음으로…, 애굽을 떠나 왕의 노함을 무서워하지 아니하고, 곧 보이지 아니하는 자를 보는 것같이 하여 참았으며, 믿음으로 유월절과 피 뿌리는 예식을 정하였으니, 이는 장자를 멸하는 자로 그들을 건드리지 않게 하려 한 것이며, 믿음으로 그들은 홍해를 육지 같이 건넜으나, 애굽 사람들은 이것을 시험하다가 빠져 죽었으며, 믿음으로 칠 일 동안 여리고를 도니 성이 무너졌으며, 믿음으로 기생 라합은 정탐꾼을 평안히 영접하였으므로, 순종하지 아니한 자와 함께 멸망하지 아니하였도다. 이상의 일들은 모두 〈창세기〉, 〈출애굽기〉에 나오며, 여리고성을 둘러보는 일은 여호수아기 6장에서 볼 수 있다. 내가 무슨 말을 더 하리요? 기드온, 바락, 삼손, 입다, 다윗 및 사무엘과 선지자들의 일을 말하려면, 내게 시간이 부족하리로다. 그들은 믿음으로 나라들을 이기기도 하며, 의를 행하기도 하며, 약속을 받기도 하며; 사자들의 입을 막기도 하며, 불의 세력을 멸하기도 하며, 칼날을 피하기도 하며; 연약한 가운데서 강하게 되기도 하며, 전쟁에 용감하게 되어 이방 사람들의 진을 물리치기도 하며, 여자들은 자기의 죽은 자들을 부활로 받아들이기도 하며, 또 어떤 이들은 더 좋은 부활을 얻고자 하여, 심한 고문을 받되 구차히 풀려나기를 원하지 아니하였으며; 또 어떤 이들은 조롱과 채찍질뿐 아니라, 결박과 옥에 갇히는 시련도 받았으며; 돌로 치는 것과 톱으로 켜는 것과 시험과 칼로 죽임을 당하고, 양과 염소의 가죽을 입고 유리하여, 궁핍과 환난과 학대를 받았으니, 이런 사람은 세상이 감당하지 못하느니라. 그들이 광야와 산과 동굴과 토굴에 유리하였느니라. 이 사람들은 다 믿음으로 말미암아 증거를 받았으나, 약속된 것을 받지 못하였으니, 이는 하나님이 우리를 위하여 더 좋은 것을 예비하셨은즉, 우리가 아니면 그들로 온전함을 이루지 못하게 하려 하심이라. 이러므로 우리에게 구름같이 둘러싼 허다한 증인들이 있으니, _{천상의 만신, 지하의 만민, 지옥의 수많은 마귀들.} 모든 무거운 것과 얽매이기 쉬운 죄를 벗어 버리고, 인내로써 우리 앞에 당한 경주를 하며, 믿음의 주요 또 온전하게 하시는 이인 예수를 바라보자.」

上所引經, 皆景聖保羅博引之, 以發明三常之信道者. 然古人之信, 皆以亞伯拉罕爲宗; 而今人之信, 則以基督使徒爲法. 非關道有異同, 不過古人信未臨世彌施訶之義, 今人信已臨世彌施訶之恩, 如斯而已矣!

위에서 인용한 경전은, 모두 사도 바울이 널리 인용하여, '三常'이라는 믿음의 道를 만들어 낸 것이다. 그러나 옛사람들의 믿음은, 모두 아브라함을 근본으로 삼았는데; 오늘날 사람들의 믿음은, 그리스도의 사도를 준거로 삼는다. 道에 공통점과 차이점이 있는 것과 관계 없이, 옛사람들은 아직 강림하지 않은 메시아의 의미를 믿었을 뿐이며, 오늘날 사람들은 이미 강림하신 메시아의 은혜를 믿고 있음이, 단지 이와 같을 뿐이로다!

三常之樞要曰「望」. 望之爲道, 則啟自應許, 應許由於上帝之愛. 然必先之以應許者, 則出自上帝救人之智慧矣! 凡應許皆所以驗吾人之信, 滿吾人之望, 定吾人之志, 輔吾人之仁者, 神人交關之際, 皆以景尊爲應許希望之樞紐. 景經記上帝應許之事甚多, 有關乎猶太一國者, 有關於萬國萬民者, 茲舉其關於天下者言之, 則其大要有六:

'三常'의 관건은 「소망」이라 말한다. 소망이 道가 됨은, 약속으로부터 시작되는 것이고, 약속은 하나님의 사랑으로 인한 것이다. 그러나 반드시 먼저 약속한다 함은, 사람을 구원하시는 하나님의 지혜에서 나오는

것이다! 무릇 약속은 모두 우리들의 믿음을 검증하는 바로서, 우리들의
소망을 가득 채우고, 우리들의 뜻을 정하며, 우리들의 인자함을 돕는 것
이니, 신과 인간이 관계될 때에는, 모두 예수로서 희망을 약속하는 중추
로 삼는 것이다. 경교 경전은 하나님께서 약속하신 많은 일들을 기록하
고 있는데, 유대라는 한 나라에 관해서, 만국 만민에 관해서는, 천하에서
말하고 있는 요점들을 여기서 예로 들면, 그 큰 요지는 여섯 가지가 있다:

一曰降生救主之應許.^{事見創世記三章.} 文曰:「我以生釁之心, 置爾與婦之衷,
爰及苗裔, 彼將傷爾首, 爾將傷其踵.⁸⁵¹」此文所謂「我」者, 上帝也.「爾」
者, 魔鬼也.「婦」者, 一指始祖母夏娃, 一指聖母馬利亞也.「生釁之心」
者, 理欲相克也.「苗裔」者, 一指萬國萬民, 一指景尊及信徒也.「彼將傷
爾首」者, 謂景尊敗魔鬼之大權, 聖徒亦克勝己私也.「爾將傷其踵」者, 謂
猶太人受魔鬼之篝, 害景尊之身, 信徒受惡人之難也. 閱時旣久, 人將失
望, 上帝特選老而無子之亞伯拉罕, 天癸⁸⁵²已絕之撒拉, 許之曰:「天下兆
民, 將藉爾裔而受福祉⁸⁵³」, 所謂爾裔者, 景尊彌施訶也. 惟雖應許, 猶俟
一十八年, 而嫡子以撒生; 又歷四十一代, 而後景尊臨世. 是以保羅論亞伯
拉罕之信與望云:「亞伯拉罕本絕望, 因信而有望, 得爲萬民父, …如上帝
云:『爾之後裔, 將若星然.』雖近百齡, 血氣衰, 弗顧也; 雖撒拉絕孕, 亦弗
顧也. 絕不疑上帝所應許, 稍懷不信心, 惟信彌篤, 歸榮上帝. 其信之篤者,
以上帝所許, 終必能成也. 故卽其信而稱義. 經言此, 蓋不第爲亞伯拉罕,

---

851 「我以 … 其踵」은「委辦譯本, Delegates' Version」창세기 3장 15절에서 인용되었다.
852 「天癸」: '여성의 생식을 촉진하는 물질'을 가리킨다. 또한「元陰」,「天一之氣」,「癸水」,
「入月」이라고도 칭하며, 후에는 '여성의 월경'을 지칭하는 말로 쓰이게 되었다.
853 「天下 … 福祉」는「委辦譯本, Delegates' Version」창세기 12장 3절에서 인용되었다. 단
지「將藉爾裔而受福祉」이 구절은 본 역본에서는「裔」자가 없다;「祉」는 또한「焉」으
로 기록되어 있다.

亦爲我儕也. 我儕若信, 使吾主耶穌復生之上帝, 則亦可稱義矣!^{文見羅馬四}^{章854}」此卽望之正義也.

첫째는 '구주를 내려보내신다는 약속'이다.^{창세기 3장.} 성경에서 이르되: 「내가 너로 여자와 원수가 되게 하고, 네 후손도 여자의 후손과 원수가 되게 하리니, 여자의 후손은 네 머리를 상하게 할 것이요, 너는 그의 발꿈치를 상하게 할 것이니라.」 여기서 말하는 「나」는, 하나님이시다. 「너」는, 마귀이다. 「여자」는, 시조 하와를 가리키기도 하고, 성모 마리아를 가리키기도 한다. 「生釁之心(분란을 일으키는 마음)」은, 도리와 욕망이 서로 싸우는 것이다. 「苗裔(후손)」은, 만국 만민을 가리키기도 하고, 예수와 신도들을 지칭하기도 한다. 「彼將傷爾首(여자의 후손이 네 머리를 상하게 할 것이다)」는, 예수께서 마귀의 대권을 패퇴시키시어, 성도들이 또한 자신의 사욕을 이길 수 있음을 말한다. 「爾將傷其踵(너는 그의 발꿈치를 상하게 할 것이다)」은, 유대인들이 마귀의 부추김을 받아, 예수의 몸을 해치고, 신도들이 악한 이들의 재난을 당함을 말하는 것이다. 경험한 시간이 오래되면, 사람들은 실망할 것이, 하나님은 특별히 늙고 자식이 없는 아브라함과, 월경이 이미 끊어져 버린 사라를 선택하시고는, 약속하여 말씀하셨다:「땅의 모든 족속이, 너로 말미암아 복을 얻을 것이라」, 이른바 '네 후손'이란, 예수 메시아인 것이다. 비록 약속하셨으나, 18년을 기다려서야, 적자인 이삭이 태어났고, 또 41대를 거쳐, 후에 예수가 세상에 임하였다. 이로써 바울이 아브라함의 믿음과 소망에 대해 말하였다:「아브라함이 바랄 수 없는 중에, 바라고 믿었으니, 이는 네 후손이 이같으리라 하신 말씀대로 많은 민족의 조상이 되게 하려 하심이라, …하나님이 말

---

854 「亞伯拉罕 … 義矣」는「委辦譯本, Delegates' Version」使徒保羅達羅馬人書(사도바울로마서) 4장 17-25절에서 인용되었다.

씀하신 대로:『너의 후손들이, 별처럼 많아지리라.』비록 나이가 백 세에 가까워, 혈기가 쇠하였으나, 아랑곳하지 않았고; 사라도 비록 임신할 수 없었으나, 또한 신경 쓰지 않았다. 믿음이 없어 하나님의 약속을 의심하지 않고, 믿음으로 견고하여져서 하나님께 영광을 돌리며, 약속하신 그것을 또한 능히 이루실 줄을 확신하였으니, 그러므로 그것이 그에게 의로 여겨졌느니라. 그에게 의로 여겨졌다 기록된 것은, 아브라함만을 위한 것이 아니요, 의로 여기심을 받을 우리도 위함이니, 곧 예수 우리 주를 죽은 자 가운데서 살리신 이를 믿는 자니라. 예수는 우리가 범죄한 것 때문에 내줌이 되고, 또한 우리를 의롭다 하시기 위하여 살아나셨느니라.^{로마서 4장}」이것이 바로 '소망'의 바른 의미인 것이다.

其二曰望贖罪赦罪之應許.

伊古以來, 天下有禮樂教化之國凡六, 曰巴比倫, 曰中夏, 曰波斯, 曰埃及, 曰猶太, 曰印度, 其郊天之典禮胥同, 俱流純犧[855]之血, 燔犧升臭.[856] 代遠年湮, 各國後人誤解祭義者多矣! 然其義實指人在上帝之前, 負罪當死, 獻此純犧, 代死以贖罪, 卽在上帝前表明信賴將來之救主, 代民贖罪以受死耳! 此禮, 影也; 景尊, 形也. 自開闢之初, 肇立人祖, 譜之可考者, 凡六十二世. 而景尊臨世, 形至而影可以不講矣! 昔景尊臨世之日, 耶路撒冷^{猶太京都之名}有名西面者, 義且敬, 素仰慕夫慰藉以色列民者.^{卽望教主是也.} 聖神臨之, 得聖神默示, 言未及死, 必見主之基督. 是時, 感於神, 進殿, 適耶穌父母抱嬰入, 欲循例而行, 西面接嬰, 頌讚上帝曰:「今如主所言, 可釋僕

---

855 「純犧」: '의례에서 사용하는 순결한 무결점의 가축'을 의미한다.
856 「升臭」: '제물의 고혈을 태워 신에게 바치다'. 《詩經·小雅·北山之什·信南山》:「執其鸞刀, 以啟其毛, 取其血膋.(방울 칼을 손에 쥐고, 소의 털을 깎아, 피와 지방 덩어리를 취한다.)」「膋」는「寮」와 같은 음이며, '지방(脂肪)'이라는 의미이다.

安然以逝, 以我目擊救主, 爾特簡於衆民前, 光照異邦, 爲爾以色列民之榮.^{文見路加福音二章.857}」觀此而知, 古人望救贖應許之神通有如此者, 亦可知形見而影可以廢矣!

둘째는 '속죄와 사죄의 약속'에 대한 소망이다.

예로부터, 천하에 예악과 교화가 있는 나라는 여섯이 있으니, 바빌론, 중국, 페르시아, 이집트, 유대, 인도라고 불렀는데, 하늘에 제사를 드리는 의식이 서로 같았으니, 모두 순전한 희생의 피를 흘리고, 제물을 태워 신에게 바치는 습속이 있었다. 너무 오래되어 시간이 불분명하지만, 각국의 후손들 중 제사를 오해하는 이들이 많았다! 그러나 그 의미는 실로 사람이 하나님 앞에서는, 죄를 지어 죽어야 마땅하니, 이 순결한 희생 제물을 바쳐서, 대신 죽음으로 속죄하는 것을 가리키는 것이며, 하나님 앞에서 미래에 오실 구주가, 백성들을 대신하여 죽음으로써 죄를 대속함을 믿는다는 것을 표명하는 것이다! 이 '禮'는 '그림자'요; '예수'는 '형상'이다. 천지 창조 이래로, 처음으로 사람의 조상을 세우셨으니, 계보를 살펴보면, 무릇 62世에 이른다. 그러나 예수께서 세상에 임하심은, 형상이 먼저 이른 것이니 자취는 말하지 않아도 될 것이다! 옛날 예수께서 세상에 임하시던 날, 예루살렘^{유대의 수도 이름}에 시므온이라 이름하는 사람이 있었는데, 의롭고 경건한 사람이었으니, 평소에 이스라엘 백성 위로하기를 앙모하였다.^{즉 구주를 기다림이 이것이다.} 성령께서 임하셨고, 성령의 계시를 받았으니, 그리스도를 보기 전에는 죽지 아니하리라 하였다. 이때, 성령의 감동으로, 성전에 들어가매, 마침 예수를 부모가 안고 들어오며, 율법의 관례대로 행하고자 하였고, 시므온이 아기를 영접하며, 하나님을 찬송하여

---

857 「今如 … 之榮」은「委辦譯本, Delegates' Version」누가복음전 2장 29-32절에서 인용되었다.

가로되:「주재여, 이제는 말씀하신 대로, 종을 평안히 놓아주시는도다. 내 눈이 주의 구원을 보았사오니, 이는 만민 앞에 예비하신 것이요, 이방을 비추는 빛이요, 주의 백성 이스라엘의 영광이니이다.^{누가복음 2장}」 이를 보면 알 수 있듯이, 옛사람들은 구속을 약속하신 신통력이 이와 같기를 갈망하였으며, 또한 형상이 드러나면 자취는 폐할 수 있음을 알 수 있었던 것이다!

其三曰永生之應許.

昔以諾古聖不死而上昇,^{事見創世記五章858} 古聖以利亞不死而上昇,^{事見列王紀下二章859} 亞伯拉罕, 以撒, 雅各死已久矣! 而上帝語摩西曰:「我乃亞伯拉罕之上帝,⁸⁶⁰ 以撒之上帝, 雅各之上帝.⁸⁶¹」是上帝非死者之上帝, 乃生者之上帝也^{事見出埃及記三章.862} 義出〈馬太福音〉廿二章. 景尊告猶太人曰:「爾探索諸經, 思其中有永生; 然經所證者我也^{文見約翰福音五章.863}」古經利未記廿章文云:「我耶和華乃聖, 已區別爾曹, 異於凡民; 爾旣屬我, 故當成聖.⁸⁶⁴」古詩百零三篇云:「世人如草,⁸⁶⁵ 其榮如花;⁸⁶⁶ 草枯花謝⁸⁶⁷…, 惟主道永存.⁸⁶⁸」景聖彼得引此經以證永生之道.^{文見彼得前書首章} 惟景尊則明告

---

858 「委辦譯本, Delegates' Version」창세기 5장 21-24절 참고.

859 「委辦譯本, Delegates' Version」열왕기하 2장 11절 참고.

860 「我乃亞伯拉罕之上帝」, 이 구절은「委辦譯本, Delegates' Version」에서는「我」자가 없다.

861 「我乃 … 上帝」는「委辦譯本, Delegates' Version」출애굽기 3장 6절에서 인용되었다.

862 「委辦譯本, Delegates' Version」마태복음전 22장 32절 참고.

863 「爾探 … 我也」는「委辦譯本, Delegates' Version」요한복음전 5장 39절에서 인용되었다.

864 「我耶和華 … 成聖」은「委辦譯本, Delegates' Version」레위기 20장 26절에서 인용되었다.

865 「世人如草」는「委辦譯本, Delegates' Version」에서는「人之生也, 譬若草萊」로 기록되어 있다.

866 「其榮如花」는「委辦譯本, Delegates' Version」에서는「欣欣以向榮兮」로 기록되어 있다.

867 「草枯花謝」는「委辦譯本, Delegates' Version」에서「疾風一吹, 立見凋枯, 無從覓跡兮」로 기록되어 있다.

868 「世人 … 永存」은「委辦譯本, Delegates' Version」시편 103편 15-17절에서 인용되었다. 「惟主道永存」, 이 구절은「委辦譯本, Delegates' Version」에서는「自亙古迄季世兮」로 기

世人曰:「信我者, 有永生. ^{文見約翰福音六章869}」 又告馬大曰:「復生者我, 生命者亦我. 信我者雖死必生, 生而信我, 永不死. ^{文見約翰十一章870}」 凡諸永生之應許, 皆所以使信徒希望成仁者.

셋째는 '영생의 약속'이라고 한다.

옛날에 에녹이라는 성인은 죽지 않고도 하늘로 올라갔으며,^{창세기 5장} 엘리야도 죽지 않고 하늘로 올라갔고,^{열왕기하 2장} 아브라함, 이삭, 야곱은 죽은 지 이미 오래되었다! 하나님께서 모세에게 말씀하시기를:「나는 네 조상의 하나님이니, 아브라함의 하나님, 이삭의 하나님, 야곱의 하나님이니라.」 이는 하나님께서 죽은 자의 하나님이 아니라, 살아 있는 자의 하나님이라는 것이다.^{출애굽기 3장} 이 내용은 마태복음 22장에도 나온다. 예수께서 유대인에게 가르쳐 말씀하셨다:「너희가 성경에서 영생을 얻는 줄 생각하고 성경을 연구하거니와, 이 성경이 곧 내게 대하여 증언하는 것이니라.^{요한복음 5장}」 구약 레위기 20장에서 이르되:「너희는 나에게 거룩할지어다. 이는 나 여호와가 거룩하고, 내가 또 너희를 나의 소유로 삼으려고, 너희를 만민 중에서 구별하였음이니라.」 시편 103편에서 이르되:「인생은 그날이 풀과 같으며, 그 영화가 꽃과 같도다; 그것은 바람이 지나가면 없어지나니…, 여호와의 인자하심은 영원하리로다.」 경교 성인 베드로는 이 경문을 인용하여 영생의 道를 증명하였다.^{베드로전서 첫 장} 오직 예수는 세상 사람들에게 분명히 말씀하셨다:「나를 믿는 자는, 영생을 얻

록되어 있다.

869 「信我者, 有永生」은 「委辦譯本, Delegates' Version」 요한복음전 6장 47절에서 인용되었다. 이 두 구절은 「委辦譯本, Delegates' Version」에서는 「凡見子而信之, 得永生」으로 기록되어 있다.

870 「復生 … 不死」는 「委辦譯本, Delegates' Version」 요한복음전 11장 25-26절에서 인용되었으며, 문장 내에서 말한 요한복음전 6장에서 인용된 것은 아니다. 「生而信我」의 「我」 뒤에, 「委辦譯本」에서는 「者」자가 있다.

으리라.^{요한복음6장}」 또 마태에게 말씀하셨다: 「나는 부활이요 생명이니, 나를 믿는 자는 죽어도 살겠고, 무릇 살아서 나를 믿는 자는 영원히 죽지 아니하리라.^{요한복음11장}」 무릇 모든 영생의 약속은, 믿는 이로 하여금 사랑을 이루기를 바라는 바인 것이다.

其四曰聖神之應許.

義詳「設三一淨風」句下, 此則使人希望成聖者.

넷째는 '성령의 약속'이라 한다.

「設三一淨風(삼위일체 하나님의 능력을 밝힘)」이란 구절 아래에 의미가 상세히 나와 있으니, 이는 즉 사람들로 하여금 거룩해지기를 희망하게 하는 것이다.

其五曰復生之應許.

斯道爲天下古今人心所同具, 然絶無端緒⁸⁷¹之可尋. 蓋造化之權, 非世人所能妄窺也; 修煉之說, 壯健而已; 飛昇之說, 欺誑而已. 信史所傳, 古今帝王之求飛昇者衆矣! 從未聞有帝王飛昇者, 以天子崩不可以飛昇誑人也. 非然者, 則謝家雞犬亦上昇矣! 斯道也, 亦非佛氏輪廻復生人世之謂也, 乃指自開闢以至世末之人, 必有一日復生, 以受上帝之審判也. 無論死於水火, 死於暴獸, 葬於塚墓, 葬於魚腹, 其生命之本, 必不能滅. 時至上帝有命, 億兆復生, 若爬蟲之殭, 蛹有化五彩斑斕之蚨蝶⁸⁷²焉, 有化搏攫螫噬之蚊類焉. 景尊告人曰:「勿以此爲奇, 時至, 凡墓內者, 將聞人子之聲而出.^{人子景尊自稱, 聲猶命也.} 爲善者, 復起以得生; 爲惡者, 復起以受罪.^{文見約翰}

---

871 「端緒」: '단서, 실마리'의 의미.
872 「蚨蝶」: 곤충강 인시목. 「蝴蝶」, 「胡蝶」이라고도 한다.

다섯째는 '부활의 약속'이라고 한다.

이 道는 천하 고금의 사람들 마음속에 함께 갖고 있는 것이지만, 결코 그 실마리를 찾을 수 없는 것이다. 무릇 창조의 권세는, 세상 사람들이 함부로 엿볼 수 있는 것이 아니며; 수련을 쌓는다는 말은, 웅장하기만 할 뿐이며; 날아오른다는 말은, 거짓말일 뿐인 것이다. 정확히 기록된 역사에 의하면, 고금의 제왕들은 승천하기를 구한 자들이 많았었다! 제왕이 승천했다는 것을 들어 보지 못하였으니, 천자가 붕어함으로 승천했다고 사람들을 속일 수는 없는 것이다. 그렇지 않다면, 고관대작의 집에 있는 닭과 개도 또한 승천할 수 있는 것이다! 이 道는, 또한 부처가 윤회하여 인간 세상에 다시 태어남을 말하는 것이 아니라, 스스로 개척하여 세상 종말에 온 사람이, 필연히 하루 동안의 부활이 있었고, 하나님의 심판을 받은 것을 말하는 것이다. 물이나 불로 죽든, 포악한 맹수에게 죽든, 무덤에 묻히든, 물고기 뱃속에 갇히든, 그 생명의 근본은, 반드시 멸망할 수가 없는 것이다. 때가 이르러 하나님의 명령이 있었고, 억조 창생이 다시 살아났으니, 파충류처럼 견고할지라도, 번데기는 오색찬란한 부나비로 변화하기도 하고, 달려들어 빼앗고 사람을 찌르는 모기류로 변화하는 것도 있는 것이다. 예수께서 가르쳐 말씀하셨다:「이를 놀랍게 여기지 말라. 무덤 속에 있는 자가 다 그의 음성을 들을 때가 오나니, '人子'는 예수의 자칭이며, '음성'은 '명령'과 같다. 선한 일을 행한 자는 생명의 부활로, 악한 일을 행한 자는 심판의 부활로 나오리라. 요한복음 6장 」

---

873 「勿以 … 受罪」는 「委辦譯本, Delegates' Version」 요한복음전 5장 28-29절에서 인용되었다. 따라서 원서의 「六章」은 「五章」을 잘못 기록한 것이다.

或問死者如何復生? 彼憑何身而甦歟? 景聖保羅答之曰:「愚哉! 爾所播之種, 必化而後生, 所播之體, 與所生之體異, 播者或麥, 或百穀一粒而已.[874] 上帝隨意賜體, 各殊其形, 體不一; 有人獸魚鳥之不同, 有天物, 地物. 天物之榮, 異於地物之榮, 日之榮, 異於月, 月之榮, 異於星, 一星之榮, 異於衆星, 復生之理亦然. 播能壞, 甦不能壞; 播辱而甦榮, 播柔而甦強. 播者, 血氣之身; 甦者, 神靈之體.文見哥林多前書十五章[875]」景尊亦曰:「夫復生之際不飲, 不食, 不嫁, 不娶, 如上帝之使者在天[876]」, 此皆復生之應許. 景尊先由死復生以爲證, 將以使天下萬民希望出死以求生者, 是故景聖保羅告羅馬人曰:「兄弟乎! 我念上帝憐憫, 勸爾獻身爲活祭, 成聖, 此上帝所喜, 當然之役也.文見羅馬書十二章[877]」又告哥林多人曰:「凡我良朋, 旣爲主所許, 當自潔乃身, 去一切有形無形之污, 畏上帝而成聖.文見哥林多後書第七章[878]」又曰:「曷不自知, 爾乃上帝殿, 上帝之神在爾中;[879] 人毀上帝殿, 上帝必毀之. 上帝殿聖, 而殿卽爾曹.文見哥林多前書第三章[880]」 此皆望復生之時, 得榮耀之體也.

어떤 이가 묻기를 죽은 자가 어떻게 부활하는가? 그들은 어떤 몸에 근거하여 다시 살아나는가? 경교 성인 바울이 대답하였다:「어리석은 자

---

874 「播者或麥, 或百穀一粒而已」, 이 구절은「委辦譯本, Delegates' Version」에서는 문두에「所」자가 있다.

875 「愚哉 … 之體」는「委辦譯本, Delegates' Version」고린도전서 15장 36-46절에서 인용되었다.

876 「夫復 … 在天」은「委辦譯本, Delegates' Version」마태복음전 22장 30절에서 인용되었다. 단지「夫復生之際不飲, 不食, 不嫁, 不娶」, 이 구절은 이 역본에서는「不飲, 不食」네 글자가 없다.

877 「兄弟 … 役也」는「委辦譯本, Delegates' Version」使徒保羅達羅馬人書(사도바울로마서) 12장 1절에서 인용되었다.

878 「凡我 … 成聖」은「委辦譯本, Delegates' Version」고린도후서 7장 1절에서 인용되었다.

879 「上帝之神在爾中」중의「在」는「委辦譯本, Delegates' Version」에서는「居」이다.

880 「曷不 … 爾曹」는「委辦譯本, Delegates' Version」고린도전서 3장 16-17절에서 인용되었다.

여! 네가 뿌리는 씨가 죽지 않으면 살아나지 못하겠고, 또 네가 뿌리는 것은, 장래의 형체를 뿌리는 것이 아니요, 다만 밀이나 다른 것의 알맹이 뿐이로되, 하나님이 그 뜻대로, 그에게 형체를 주시되, 각 종자에게 그 형체를 주시느니라; 육체는 다 같은 육체가 아니니, 하나는 사람의 육체요, 하나는 짐승의 육체요, 하나는 새의 육체요, 하나는 물고기의 육체라. 하늘에 속한 형체도 있고, 땅에 속한 형체도 있으나, 하늘에 속한 것의 영광이 따로 있고, 땅에 속한 것의 영광이 따로 있으니, 해의 영광이 다르고, 달의 영광이 다르며, 별의 영광도 다른데, 별과 별의 영광이 다르도다. 죽은 자의 부활도 그와 같으니, 썩을 것으로 심고, 썩지 아니할 것으로 다시 살아나며; 욕된 것으로 심고, 신령한 몸으로 다시 살아나니, 육의 몸이 있은즉, 또 영의 몸도 있느니라.^{고린도전서 15장}」예수께서 또 이르시되:「부활 때에는 장가도 아니 가고, 시집도 아니 가고, 하늘에 있는 천사들과 같으니라.」이것은 모두 부활의 약속인 것이다. 예수께서는 먼저 죽음에서 다시 살아나심으로 증거를 삼으셨고, 천하 만민들로 하여금 죽음에서 나와 생명을 구하도록 하셨으니, 이리하여 바울이 로마인들에게 말하였다:「그러므로 형제들아! 내가 하나님의 모든 자비하심으로 너희를 권하노니, 너희 몸을 하나님이 기뻐하시는 거룩한 산 제물로 드리라. 이는 너희가 드릴 영적 예배니라.^{로마서 12장}」또한 고린도 사람들에게 말하였다:「그런즉 사랑하는 자들아, 이 약속을 가진 우리는 하나님을 두려워하는 가운데서, 거룩함을 온전히 이루어, 육과 영의 온갖 더러운 것에서 자신을 깨끗하게 하자.^{고린도후서 7장}」또 이르되:「너희는 너희가 하나님의 성전인 것과 하나님의 성령이 너희 안에 계시는 것을 알지 못하느냐; 누구든지 하나님의 성전을 더럽히면, 하나님이 그 사람을 멸하시리라. 하나님의 성전은 거룩하니, 너희도 그러하니라.^{고린도전서 3장}」이것은 모두 부활의 때에, 영광의 몸을 얻기를 바라는 것이다.

其六曰天國之應許.

景尊告其徒曰:「時義者, 將輝光如日, 在其父之國. ^{文見馬太十三章}[881] 又曰:
「當人子乘榮, 偕諸聖使而至…, 萬民集其前, 遂區別之, 猶牧者別綿羊,
離山羊, 置綿羊於右, 山羊於左. 王謂在右者曰『爾見寵於我父, 可前而
得國, 乃創世以來, 爲爾所備者也. 蓋我饑, 爾食我; 我渴, 爾飲我; 我爲
旅, 爾館我; 我裸, 爾衣我; 我病, 爾顧我; 我在獄, 爾視我焉.』義者將應之
曰:『主, 我何時見爾饑而食,[882] 渴而飲? 何進見爾旅而館, 裸而衣? 何時
見爾病? 或在獄, 而視爾乎?』王必謂之曰:『旣行之於我兄弟至微之一, 旣
行之於我也.』^{文見馬太二十五章}[883] 又曰:「爾心勿戚戚, 當信上帝, 亦信我矣!
我父家指天父言多第宅, 否則我必告爾. 我往爲爾備所居, 若往備所居, 則
必復來接爾歸我. ^{文見約翰福音十五章}[884] 此天國之許, 皆使人心仰望將來之天
國, 以勝萬般誘惑; 凡諸應許皆能使人生機活潑, 妙莫能名者.

여섯째는 '천국의 약속'을 말한다.

예수께서 제자들에게 이르시되:「그때에 의인들은, 자기 아버지 나라
에서, 해와 같이 빛나리라.^{마태복음 13장}」 또 이르시되:「인자가 자기 영광으
로 모든 천사와 함께 올 때에 자기 영광의 보좌에 앉으리니…, 모든 민족
을 그 앞에 모으고, 각각 구분하기를, 목자가 양과 염소를 구분하는 것같
이 하여, 양은 그 오른편에, 염소는 왼편에 두리라. 그때에 임금이 그 오
른편에 있는 자들에게 이르시되:『내 아버지께 복 받을 자들이여, 나아와

---

881 「時義 … 之國」은「委辦譯本, Delegates' Version」마태복음전 13장 43절에서 인용되었다.
882 「我何時見爾饑而食」, 이 구절은「委辦譯本, Delegates' Version」에서는 문두에「我」자
가 없다.
883 「當人 … 我也」는「委辦譯本, Delegates' Version」마태복음전 25장 31-40절에서 인용되
었다.
884 「爾心 … 歸我」는「委辦譯本, Delegates' Version」요한복음전 14장 1-3절에서 인용된
것이지 15장의 인용이 아니다. 또한「則必復來接爾歸我」, 이 구절은 본 역본에서는 문
두에「則」자가 없다.

창세로부터 너희를 위하여 예비된 나라를 상속받으라. 내가 주릴 때에 너희가 먹을 것을 주었고, 목마를 때에 마시게 하였고, 나그네 되었을 때에 영접하였고, 헐벗었을 때에 옷을 입혔고, 병들었을 때에 돌보았고, 옥에 갇혔을 때에 와서 보았느니라.』이에 의인들이 대답하여 이르되:『주여, 우리가 어느 때에 주께서 주리신 것을 보고 음식을 대접하였으며, 목마르신 것을 보고 마시게 하였나이까? 어느 때에 나그네 되신 것을 보고 영접하였으며, 헐벗으신 것을 보고 옷 입혔나이까? 어느 때에 병드신 것이나, 옥에 갇히신 것을 보고, 가서 뵈었나이까?』임금이 대답하여 이르시되:『내가 진실로 너희에게 이르노니, 너희가 여기 내 형제 중에 지극히 작은 자 하나에게 한 것이, 곧 내게 한 것이니라.』^{마태복음 25장}」 또 이르시되:「너희는 마음에 근심하지 말라. 하나님을 믿으니 또 나를 믿으라. 내 아버지 집에 거할 곳이 많도다. 그렇지 않으면, 너희에게 일렀으리라. 내가 너희를 위하여 거처를 예비하러 가노니, 가서 너희를 위하여 거처를 예비하면, 내가 다시 와서 너희를 내게로 영접하여, 나 있는 곳에 너희도 있게 하리라.^{요한복음 15장}」 이 천국의 약속은, 모두 사람들의 마음으로 하여금 장래의 천국을 앙망하여, 온갖 유혹을 이겨 낼 수 있도록 하는 것이며; 무릇 모든 약속은 사람들의 삶의 희망을 생기 있게 해 주나니, 그 오묘함이 이를 데 없는 것이다.

　三常之歸宿曰「仁」. 夫仁乃景尊妙體之一, 吾人本難窺測, 誠如保羅所謂基督之仁愛, 人不可測者, 按景義三常之仁, 當是上帝拯救罪人出死入生之心法, 眞難以言語形容, 姑就人所共見者而約畧言之.

　'三常'의 귀착점을 「사랑」이라고 부른다. 무릇 '사랑'은 예수의 오묘한 본체 중의 하나로서, 우리들은 본래 추측하기가 어렵고, 실로 바울이 언급한 그리스도의 인애하심은, 인간이 추측할 수가 없는 것으로서, 경교의 三常 중의 '사랑'은, 마땅히 하나님께서 죄인을 구원하시어 죽음에서 생명으로 건져 주시는 심법인 것이니, 정말 말로는 형용하기가 어려운 것이어서, 우선 인간이 공통으로 인식하는 것을 취하여 그 대략을 말해 보고자 한다.

夫景尊以天上至尊, 至大, 至聖, 至榮之上帝子, 而乃誕降於惡人之世, 此屈己之仁也. 旣爲人, 不生於帝王之家, 而乃作木工之子. ^{文見馬太十三章末885} 嗚呼深矣! 天生孔子不爲君而爲師. 夫士者, 人所同; 君者, 人所獨. 獨則不類, 不類則不化; 同則類, 類則相觀而善. 唐虞之世,[886] 茅茨土階,[887] 等威[888]無辨, 君民類也. 故善化, 周秦之際, 畫棟雕樑, 等威明辨君子也, 可望而不可親; 小人也, 惟衣食生聚是務. 上下隔絶, 觀感難通. 非有聖師興於民類之中, 將何以善百世之後乎? 迨夫世祿之家, 鮮克由禮, 君子益貴, 小人益賤. 亢龍之象, 不可悔已,[889] 則景尊之生於賤工之家, 其乃正天道下濟之至仁者乎!

무릇 예수는 하늘의 지극히 존귀하시고, 위대하시며, 거룩하시고, 영화로우신 하나님의 아들로서, 악인의 세상에 태어나셨으니, 이는 자신을 낮추신 '사랑'인 것이다. 사람으로 오심이, 제왕의 가문에서 태어나시지

---

885 마태복음 13장 53-58절 참고.
886 「唐虞之世」: '唐堯와 虞舜 두 황제 시기'.
887 「茅茨土階」: '풀로 집을 짓고, 흙으로 쌓아 계단을 만들다'. '누추한 집'을 비유하고 있다.
888 「等威」: '위엄 있는 지위에 등차가 있다'의 의미이다. 옛날에는 제위, 관록, 작위 등으로 위엄 있는 지위를 구별하였다.
889 「亢龍之象, 不可悔已」: '군주의 지위가 지극히 높으니, 자만하여 패망의 화를 초래해서는 아니됨'을 비유한다. 「亢」, '지극히 높다'; 「龍」은 옛날 '帝位'를 비유하였다. 출전 《周易·乾》: 「亢龍有悔, 盈不可久也.(높이 오른 용은 회한이 있다라는 것은, 가득 차면 오래 가지 못한다는 것이다.)」

않고, 목수의 아들로 나신 것이다. ^{마태복음 13장 끝} 오호 깊도다! 공자는 태어나서 군주가 되지 않고 스승이 되었다. 무릇 선비는, 사람과 함께하는 바이지만; 군주는 사람으로서 홀로인 것이다. 홀로이면 어울리지 못하고, 어울리지 못하면 변화하지 않는다; 함께하면 섞이고, 섞이면 서로 보고 선량해진다. 唐堯와 虞舜 두 황제 시기에는, 누추한 집의 흙 계단이어도, 위엄 있는 지위와 등차를 가리지 않아, 군주와 백성이 함께하였다. 그리하여 잘 교화하였으나, 周秦 시기에, 채색 장식이 있는 매우 화려한 집을 만들어, 위엄 있는 지위와 등차로 군자를 명확히 분별하였으니, 우러러보기만 할 뿐 가까이할 수는 없었다; 백성은 오로지 입고 먹고 인구를 늘리는 데에 힘을 쓰는 것인데, 위아래가 단절되어, 보고 느끼는 것이 통하기가 어렵고, 거룩한 스승이 백성의 부류 가운데에서 일어나지 않는다면, 장차 어찌 백세 이후까지 우애롭게 할 수 있겠는가? 무릇 대대로 벼슬아치가 된 집안에서, 예교를 따르는 일이 드물어지면, 군자는 더욱 귀해지고, 백성은 더욱 비천해지는 것이다. 군주의 지위가 지극히 높다고, 자만하여 패망의 화를 초래해서는 아니 되나니, 즉 예수가 천한 일꾼의 집에서 태어났음은, 바로 하늘의 道가 베풀어 주신 지극한 사랑인 것이로다!

景尊之生也, 父母未識其品位, 乃景尊則弢光⁸⁹⁰以承順, 此孝至之仁也.
事見路加二章⁸⁹¹

예수의 생애는, 부모가 그 품격과 지위를 알지 못하였으나, 예수가 빛을 감추고 순종하였으니, 이러한 효는 지극한 사랑이었다. ^{누가복음 2장}

---

890 「弢光」: '빛을 감추다'. '사람이 재능을 감추고 밖으로 드러내지 않음'을 비유한다. 「弢」, 독음이 「淘」와 같으며, '감추다'의 의미이다; 「韜」와 통한다.
891 누가복음 2장 41-52절 참고.

兄弟亦未識其爲上帝子, 乃和光以教之, 此仁親之仁也. ^{事見約翰福音七章892}

형제도 그를 하나님의 아들로 알아보지 못하였으나, 재지(才智)를 감추고 가르쳤으니, 이것이 인자하고 다정한 사랑이라. ^{요한복음 7장}

鄉人亦不受其警惕, 迫欲置之死, 景尊則優容避去, 此睦隣之仁也. ^{事見路加四章893}

마을 사람들이 또한 그의 경계를 받지 않고, 그를 핍박하여 죽음의 자리에 놓으려 하자, 예수는 관용을 베풀어 슬며시 피하여 버렸으니, 이것은 선린(善隣)의 사랑인 것이다. ^{누가복음 4장}

撒馬利亞者, 猶太之隣省也, 與猶太人世不相能. 景尊服色類於猶太, 偶經其地, 暮夜之際, 竟不能借一枝之棲,⁸⁹⁴ 至動門人之公憤. 乃景尊則責門徒, 而改適⁸⁹⁵他鄉. 此寬大之仁也. ^{事見路加九章896}

사마리아는, 유대의 이웃 성인데, 유대인과 화목하지 않았다. 예수의 옷 색깔이 유대인과 비슷하였는데, 우연히 그 땅을 거치는 중, 저녁이 되었을 때, 결국 잠시 거처할 곳을 빌리지 못하였고, 제자들의 공분을 일으키기에 이르렀다. 예수께서 곧 제자들을 책망하시고는, 함께 다른 마을로 가셨다. 이것은 관대한 사랑인 것이다. ^{누가복음 9장}

---

892 요한복음 7장 1-9절 참고.
893 누가복음 4장 16-30절 참고.
894 「一枝之棲」: '잠시 한 구석에 처하여 걱정 없이 살 곳을 마련하다'의 의미이다. [晉] 左思, 《詠史詩》之八: 「巢林棲一枝, 可爲達士模.(숲에서 굴뚝새가 둥지를 트는 것은 나무가지 하나이니, 그것은 가히 선비들이 본받아야 할 일이다.)」
895 「適」: 여기서는 '가다, 이르다'의 의미이다.
896 누가복음 9장 51-56절 참고.

國人不忍羅馬之挾制也, 常思恢復, 而士子則欲假此以坑陷景尊, 乃景尊則以妙理訓之, 此弭禍之仁也.^{事見馬太二十二章897}

나라 사람들이 로마의 협박과 압제를 견디지 못하였고, 늘 회복을 생각하였지만, 바리새인들이 이를 빌려 예수를 함정에 빠뜨리려 하였으나, 예수는 오묘한 이치로 훈계하였으니, 이는 화를 멈추는 사랑인 것이다.^마태복음 22장

猶太出妻⁸⁹⁸之俗, 已相沿成習. 景尊則正之以元始造化之道, 此敦倫⁸⁹⁹之仁也.^{文見馬太十九章900}

유대인들의 아내를 내쫓는 습속은, 이미 오랫동안 이어져 풍습이 되어버렸다. 예수는 태초의 창조의 道로써 그것을 바로잡았으니, 이는 부부교합의 사랑인 것이다.^{마태복음 19장}

猶太祭司之族, 恒以享祀豊潔之故, 侵百姓父母之養, 而以非道之道⁹⁰¹文飾, 景尊則以上帝聖誡闢之, 此救弊之仁也.^{事見馬太十五章902}

유대 제사장 족속은, 항상 풍족하고 청결한 제사를 지내면서, 백성들의 부모에 대한 양육을 침범하였고, 하나님의 道가 아닌 것으로 외식(外飾)하였는데, 예수께서 하나님의 거룩한 계명으로 그들을 배척하셨으니,

---

897 마태복음 22장 15-22절 참고.
898 「出妻」: '남편이 아내에게 이혼장을 써 주면서 떠나라고 하다'의 의미이다.
899 「敦倫」: '부부가 交合하다'의 의미이다. 「委辦譯本」 마태복음전 19장 4-5절 참고: 「사람을 지으신 이가 본래 그들을 남자와 여자로 지으시고 말씀하시기를:『사람이 그 부모를 떠나서 아내에게 합하여 그 둘이 한 몸이 될지니라.』」
900 마태복음 19장 1-12절 참고.
901 「非道之道」: '결코 하나님의 가르침에서 나온 것이 아니라, 사람이 정한 규례에서 나온 것이다'라는 의미이다.
902 마태복음 15장 1-20절 참고.

이것은 폐단을 구하는 사랑인 것이다. ^{마태복음 15장}

猶太士人視稅吏之流爲罪人,　棄之如涕唾,　乃景尊則常就其家以敎之,
此悲憫之仁也.[903]

유대의 바리새인들은 세리와 같은 부류의 사람들을 죄인으로 여겨, 콧
물과 침처럼 그들을 버렸는데, 예수는 항상 그들의 집안에 들어가 가르
쳤으니, 이는 불쌍히 여기는 사랑인 것이다.

世人皆以瘋疾之人爲極穢, 而景尊則用造化之權以救其信者, 此再造之
仁也. ^{事常見於四福音書904}

세상 사람들이 모두 미친병 있는 사람을 극도로 추악하게 여겼으나,
예수는 창조의 권세로써 그 믿는 자들을 구하였으니, 이는 다시 창조해
내는 사랑인 것이다. ^{사복음서에 자주 보인다.}

景尊生平所顯之神跡, 如使瞽者明, 跛者行, 癱者起, 啞者言, 聾者聰,
癩[905]者潔, 死者甦, 雖皆各具甚深微妙之理, 然其粗跡, 亦保民之仁也. ^{事常}
^{見於四福音書}

예수의 일생에 나타난 신묘한 이적들, 예를 들어 눈먼 자를 밝게 하고,
절름발이가 걸으며, 마비된 사람이 일어나고, 벙어리가 말을 하며, 귀머
거리가 듣게 되고, 문둥병 걸린 사람이 깨끗해지며, 죽은 자가 살아나고
하는 일들이, 비록 모두 매우 깊고 미묘한 이치를 지니고 있지만, 그러나

903　마태복음 9장 10-13절 참고.
904　마태복음 8장 1-4절 참고.
905　「癩」: '한센병, 문둥병'. 일종의 피부병으로서, 피부가 붉게 부어오르고, 심지어는 털
　　색이 하얗게 변하여 신경 말초를 손상시키며, 전염되는 질병이다.

그 거친 흔적들은, 또한 백성들을 보호하는 사랑인 것이다. ^{사복음서에 자주 보인다.}

昔猶太民就聽於景尊者, 常至數千人. 野外無所食, 景尊窺見民隱, 恐其
困也, 乃以五餠二魚飽五千人. ⁹⁰⁶ 此雖另有造化之深意存焉, 亦博施濟衆
之仁也. ^{事見馬太十四章}

옛날 유대의 백성들은 예수에게로 나아와 들었는데, 그 수가 항상 수
천 명에 달했다. 야외에서 먹을 것이 없자, 예수께서 백성들의 은밀함을
엿보시고는, 그 어려움을 염려하시어, 곧 떡 다섯 개와 물고기 두 마리로
5천 명을 배불리 먹이셨다. 이것은 비록 다른 창조의 깊은 뜻이 존재하
는 것이기는 하지만, 또한 많은 사람들을 널리 구제하신 사랑인 것이다.
마태복음 14장

禮聞來學, 不聞往教, 景尊乃周流猶太, 足跡殆遍焉. 常曰:「狐狸有穴,
飛鳥有巢, 惟人之子, 無枕首之所也.」 此撫字之仁也. ^{文見馬太八章907}

예법상 듣는 이가 와서 배우는 것이지, 가르치는 자가 가서 가르치는
것을 듣지 못했다 했는데, 예수께서는 몸소 유대의 온 지역을 두루 돌아
다니심으로, 발자취가 거의 모든 곳에 이르렀다. 예수께서 자주 말씀하
셨다:「여우도 굴이 있고, 공중의 새도 거처가 있으되, 오직 인자는 머리
둘 곳이 없도다.」 이것은 백성에 대한 위로와 배려의 사랑인 것이다. ^{마태복}
^{음 8장}

婦女者, 猶太人所易忽者也. 景尊亦施教誨焉, ⁹⁰⁸ 此父母之仁也^{事見路加}

---

906 마태복음 14장 14-21절 참고.
907 마태복음 8장 20절 참고.

부녀자는, 유대인들이 소홀히 하기 쉬운 사람들이었지만, 예수께서는 또한 가르침을 베푸셨으니, 이는 부모로서의 사랑인 것이다._{누가복음 10장}

孩提者, 人所易視者也. 乃景尊則取以爲訓, 尤加以祝福, 此慈幼之仁 也._{事見馬可十章910}

어린아이는, 사람들이 쉽게 대하는 이들이었으나, 예수께서는 그들로 인하여 교훈을 얻으셨고, 더욱이 축복해 주셨으니, 이는 어린이에게 자애를 베푸시는 사랑인 것이다._{마가복음 10장}

怙惡⁹¹¹者, 神天之所疾惡者也. 日者, 景尊望見猶太之都城, 遽然哭曰: 「今猶爲爾日, 及是時, 而知關爾平安之事, 則幸, 過此, 隱於爾目矣! 日至, 敵必築壘環繞, 四面困爾, 夷爾及赤子, 不遺石於石上, 以爾不知眷顧之日 也.⁹¹²」此悲天憫人之仁也._{事見路加十九章}

---

908 「婦女 … 誨焉」, 이 단락은 '예수가 마르다라는 여자의 집에 있을 때, 그의 자매 마리아가 예수의 발 앞에 앉아 그의 가르침을 경청해야만 했던 일'을 말하고 있다. 「委辦譯本, Delegates' Version」 누가복음전 10장 38-42절: 「예수께서 한 촌에 들어가시매 마르다라 이름하는 한 여자가 자기 집으로 영접하더라. 그에게 마리아라 하는 동생이 있어 주의 발 아래 앉아 그의 말씀을 듣더니, 마르다는 준비하는 일이 많아 마음이 분주한지라. 예수께 나아가 가로되:『주여 내 동생이 나 혼자 일하게 두는 것을 생각지 아니하시나이까. 저를 명하사 나를 도와주라 하소서.』주께서 대답하여 가라사대:『마르다야 마르다야 네가 많은 일로 염려하고 근심하나, 그러나 몇 가지만 하든지 혹 한 가지만이라도 족하니라. 마리아는 이 좋은 편을 택하였으니 빼앗기지 아니하리라.』하시니라.」

909 누가복음 10장 38-42절 참고.

910 마가복음 10장 13-16절 참고.

911 「怙惡」: '죄악에 의지하다'. 「怙」, '의지하다'. 《明史 · 唐樞》: 「薛良怙惡, 誠非善人.(薛良은 죄악에 의지하는 자이니, 진실로 선한 사람이 아니다.)」

912 「今猶 … 日也」는 「委辦譯本, Delegates' Version」 누가복음전 19장 42-44절에서 인용되었다.

죄악에 의지하는 것은, 하나님의 미워하시는 바이다. 지난날, 예수께서 유대의 도성을 바라보시고, 갑자기 우시며 이르시되:「너도 오늘 평화에 관한 일을 알았더라면 좋을 뻔하였거니와 지금 네 눈에 숨겨졌도다. 날이 이를지라. 네 원수들이 토둔을 쌓고 너를 둘러 사면으로 가두고, 또 너와 및 그 가운데 있는 네 자식들을 땅에 메어치며 돌 하나도 돌 위에 남기지 아니하리니, 이는 네가 보살핌 받는 날을 알지 못함을 인함이니라.」이것은 세상을 비탄하고 백성의 질고를 불쌍히 여기시는 사랑이다. 누가복음 19장

逞凶捕害者, 人之所疾惡者也. 敵傷於刃而景尊醫之, 此化仇之仁也.^{事見} 路加二十二章913

흉악함을 과시하고 해악을 저지르는 자는, 사람의 미워하는 바이다. 적이 칼에 상하였으나 예수께서 그를 치료해 주셨으니, 이는 원수를 변화시키는 사랑이다. 누가복음 22장

弑逆者, 人之所極惡, 罪在不赦者也. 乃景尊遇害之際, 反爲之禱曰: 「父歟914! 眾不知所爲, 其赦之915」, 此不測之仁也.^{事見路加二十三章}

임금을 시해하는 자는, 사람들이 극히 미워하는 바이니, 죄는 용서받지 못하는 것이다. 예수가 해를 입었을 때에, 도리어 그를 위해 기도하여 말씀하셨다:「아버지여! 저들을 사하여 주옵소서. 자기들이 하는 것을 알지 못함이니이다.」, 이것은 추측할 수 없는 사랑인 것이다. 누가복음 23장

---

913 누가복음 22장 47-51절 참고.
914 「父歟」중의 「歟」는「委辦譯本, Delegates' Version」에서「乎」로 기록되어 있다.
915 「父歟 … 赦之」는「委辦譯本, Delegates' Version」누가복음전 23장 34절에서 인용되었다.

罪孽者, 爲天律所不容, 上帝所震怒者也. 而景尊以一身負厥罪愆, 服於法下, 甘受極刑以一死, 爲萬民請命, 永銷罪案, 上回天怒, 下挽天良, 此乃眞不可測之深仁, 拯救之絶大者矣!

죄악은, 하늘의 율법에 용납되지 아니하나니, 하나님께서 진노하시는 바이다. 그러나 예수는 한 몸으로 그 죄악을 짊어지심으로써, 법 아래에 굴복하시며, 기꺼이 극형을 받아 죽임을 당하셨으니, 만민을 위해 명을 청하시어, 죄를 영원히 없애시고, 위로 하나님의 분노를 되돌리시고, 아래로는 하늘의 어진 백성으로 되돌리셨으니, 이는 진실로 헤아릴 수 없는 깊은 사랑이며, 구원의 절대자이신 것이다!

總而言之, 基督之仁愛, 人不可測, 乃上帝之盛德顯著於其身, 爲人開永生之門, 塞死亡之路. 凡信上帝者, 無不望基督之所許, 體景尊之深仁, 恆於三常, 自强不息. 夫仁乃上帝之妙品, 人得之以爲神靈之生命者. 失上帝之仁, 是無生法; 得上帝之仁, 是無死法. 啟三常門者, 景尊也. 景尊者, 天途也, 眞理也, 生命也. 入是門者, 死無權而消滅也決矣! 景淨所以著此文也.

결론적으로 말하자면, 그리스도의 인애하심은, 사람이 측량할 수 없는 것이니, 하나님의 훌륭하신 품덕이 그 몸에 현저히 드러나서, 인간을 위해 영생의 문을 여시고, 사망의 길을 막은 것이라 할 수 있다. 무릇 하나님을 믿는 자는, 그리스도의 약속을 바라는 것이니, 예수의 깊은 사랑을 체험하고, 언제나 三常 가운데서, 스스로 노력하기를 게을리하지 말아야 한다. 무릇 사랑이란 하나님의 오묘한 품덕이시니, 사람이 그것을 얻어 신령한 생명이라고 여기는 것이다. 하나님의 사랑을 잃으면, 생명의 법이 없는 것이요; 하나님의 사랑을 얻으면, 죽음의 법이 없는 것이다. 三常

의 문을 여신 분은, 예수이시니, 예수는, 하늘의 길이요, 진리요, 생명이시다. 이 문으로 들어가는 자에게는, 사망은 권세가 없으니 소멸돼 버리면 그만인 것이다! 景淨이 이 글을 쓴 까닭이 이러하다.

큰 빛을 비추시어 어둠을 깨뜨리셨으니, 마귀의 망령됨이 여기에서 모두 부숴져 버렸다(懸景日以破暗府, 魔妄於是乎悉摧)

此言罪惡入世以來,「魔妄」彌綸,[916] 此是彼非, 譸張[917]爲幻, 施羅布網, 昏夜迷人. 迨夫景尊臨世, 如日正中天, 凡前人遭困之境, 無論若何機巧陷阱,[918] 皆得以盡發其覆, 而燭其奸.[919] 攻其堅, 有若山崩崖墜之形; 陷其陣, 有若摧枯拉朽[920]之象也.

이 말은 죄악이 세상으로 들어온 이래로,「마귀의 망령됨」이 덮여서, 이것이 옳고 저것이 그르다 하며, 속여 현혹시키고, 그물을 쳐 두어서, 어두운 밤으로 사람을 미혹시킴을 말하는 것이다. 무릇 예수가 세상에 임하실 때에는, 해처럼 하늘 한가운데에 계셨으니, 옛사람들이 곤경에

---

916 「彌綸」: '통합하다, 덮다'의 의미. 《周易 · 繫辭上》:「易與天地準, 故能彌綸天地之道.(易은 천지의 법도를 따르는 고로, 천지의 道를 능히 엮어서 드러낸다.)」
917 「譸張」: '사기치다, 속이다'의 의미. 《宋史 · 河下》:「徼幸盜功, 或取此捨彼, 譸張昧理.(요행히 공적을 훔치며, 이것을 취하고 저것을 버려서, 터무니없는 거짓말로 사리를 어둡게 한다.)」「譸」는「周」와 독음이 같으며, '속이다, 기만하다'의 의미이다.
918 「機巧陷阱」: '교활하게 속여 사람을 해치려는 계책을 음모하다'.
919 「燭其奸」: '그의 음험하고 교활함을 통찰하다'.「燭」, '조사 판명하다'의 의미이다.
920 「摧枯拉朽」: '마른 나무의 썩은 부분을 꺾어 버리다'. '일이 매우 쉽게 이루어진다'는 의미를 비유한다. 출전《漢書 · 異姓諸侯王表》:「鐫金石者難爲功, 摧枯拉朽者易爲力, 其勢然也.(쇠와 돌을 새기는 자는 공격하기 어려운데, 마른 나무의 썩은 부분을 꺾어 버리는 일은 힘을 쓰기 쉬우니, 그 형세가 그러하기 때문이다.)」

처한 경지가, 어떠한 계략과 음모에 있든 간에, 모두 그 장애물을 제거해 냄으로써, 그 간악함을 환히 밝히셨다. 그 견고함을 공격하니, 산과 절벽이 무너지는 듯한 모습이 있고; 그 적진을 함락시키니, 마른 나무 썩은 가지를 잘라 버리는 듯한 형상이 있다.

思景尊之法力, 何以至于是也? 有二道焉, 一, 明證上帝之律, 絲毫不能苟免; 二, 故縱魔鬼竭盡智謀, 而畢勝之. 斯二者, 景尊所以覆巢搗穴, 而成救世之大功也.

예수의 신통력을 생각해 보면, 어찌 여기에까지 이르겠는가? 여기에는 두 가지 길이 있으니, 첫째, 하나님의 계율을 명확히 증명하면, 털끝만치라도 모면을 꾀할 수 없다; 둘째, 마귀가 지혜와 계략을 다하도록 놓아주어, 완전히 그를 이겨 버린다. 이 두 가지는, 예수가 둥지를 뒤엎고 굴을 막아 버리는 격이니, 세상을 구원하는 큰 공을 이루는 것이다.

曷言乎「明證上帝之律」也? 則以景尊自誕生以至遇害, 皆守全上帝之法, 無間隙之可尋, 故其言曰:「勿以我來壞律法及先知也, 我來非以壞之, 乃以成之.[921]」又曰:「天地未廢, 律法一點一畫不能廢, 皆得成焉. ^{文見馬太五章922}」如是人遂不能視律法爲上帝苦人之具. 景尊旣爲吾人守全天律, 而魔鬼遂不得以上帝律法之威嚴, 沮喪吾人之心志, 更不得誘人文法[923]以自欺, 故雖日翻波浪, 而信徒總有一守全聖律之神在心. 雖遭震盪, 瞬息之間即復景尊守法面目, 而誘人犯法之技窮矣! 蓋犯法者, 人之所不免者也; 刑罰者, 人之所極畏者也. 刑罰愈施, 人心愈離, 魔鬼遂得挾禍福之術以籠絡

921　「勿以 … 成之」는「委辦譯本, Delegates' Version」마태복음전 5장 17절에서 인용되었다.
922　「天地 … 成焉」은「委辦譯本, Delegates' Version」마태복음전 5장 18절에서 인용되었다.
923　「文法」: '법률을 개정하다'의 의미이다.「文」, '꾸미다, 단장하다'.

人心. 而指物託宗, 禱祀邀福之害, 流毒蒼生, 乃景尊則以一死爲衆受刑, 以全律法之義. 如漢高之馳奪韓信將印,[924] 遂操赦罪之權, 開律法之網再造乾坤, 爲第二世新民之祖. 如是, 罪人得免刑罰, 而反登天國, 魔鬼不能訟人, 而詧上帝以不義, 則狐假虎威之術又窮矣!

「明證上帝之律(하나님의 계율을 명확히 증명한다)」은 무엇을 말하는 것인가? 예수가 태어나서 죽임을 당하기까지는, 모두 하나님의 법을 완전하게 지킴으로, 찾을 수 있는 틈이 없었으니, 그가 이르시되:「내가 율법이나 선지자를 폐하러 온 줄로 생각하지 말라. 폐하러 온 것이 아니요, 완전하게 하려 함이라.」 또 이르시되:「진실로 너희에게 이르노니, 천지가 없어지기 전에는, 율법의 일점 일획도 결코 없어지지 아니하고, 다 이루리라.」^{마태복음 5장} 이처럼 인간은 율법을 하나님께서 인간을 괴롭히시려 한 도구로 보아서는 아니 된다. 예수께서는 우리들을 위해 하늘의 계율을 이미 완전케 하셨으나, 마귀는 마침내 하나님의 율법의 위엄을 얻지 못하여, 우리들의 마음을 낙담케 하였고, 더더욱 스스로의 속임으로 사람을 꾀어 계율을 고치지 못하게 되었으니, 그리하여 비록 날마다 파도가 칠지라도, 신도들 마음속에는 항상 거룩한 계율을 완전케 하시는 하나님이 계시는 것이다. 비록 진탕을 만날지라도, 순식간에 계율을 지키는 예수의 면목을 회복하나니, 사람을 유혹하여 계율을 범하는 기술이 구차하기만 하도다! 무릇 계율을 범하는 것은, 사람으로서 피할 수 없는 일이며; 형벌은, 사람이 극도로 두려워하는 바이다. 형벌이 시행될수록, 사람의 마음은 더욱 멀어지고, 마귀는 결국 화와 복의 술수를 얻어 사람들의

---

924 「如漢高之馳奪韓信將印」: '漢 高祖 劉邦이 韓信의 장수 인장을 급히 탈취한 것처럼'의 의미이다. 《史記 · 十一年》:「春, 淮陰侯韓信謀反關中, 夷三族.(봄, 淮陰侯 韓信이 關中에서 모반하자, 그의 삼족을 멸했다.)」 이것은 '예수가 마귀 사탄을 땅에 떨어뜨려 세상의 권력을 장악하신다'는 내용을 비유하고 있다.

마음을 농락해 버린다. 그러나 각자가 믿는 종파로, 복의 해악을 기도하며 바라면서, 백성들에게 해독을 끼치니, 예수는 죽음으로써 백성을 위해 형벌을 받고, 율법의 의미를 완성하였다. 漢 高祖 劉邦이 韓信의 장수 인장을 급히 빼앗은 것처럼, 마침내 죄를 사해 줄 권리를 장악하고, 율법의 그물을 열어 하늘과 땅을 다시 창조하여, 제2세 새로운 백성의 조상이 되었다. 이와 같이, 죄인은 형벌을 면해야, 하늘나라에 올라갈 수 있는 것인데, 마귀가 사람을 책망할 수 없자, 불의로써 하나님을 비방하니, 남의 권세를 빌려 위세를 부리는 술수가 또한 구차한 것이다!

疾病者, 罪孽之所累, 雖聖人亦不免於波及, 而魔鬼得乘機以恣其威逼, 於是乎禱祀焉, 祈禳[925] 焉, 諂媚焉, 禮懺[926]焉, 趨避焉, 禁壓[927]焉, 移禍[928]焉. 其術彌工, 其喪心彌慘. 惟景尊一臨, 而羣鬼震慴.[929] 久纏之病魔不敵景尊赦罪之權,事見馬可二章[930] 由是而世人皆知疾病之牽纏, 皆天心之督責. 而務爲修省以迓[931]天休,[932] 雖有祈禳, 諸魔道在, 然終無過問者. 則魔鬼雖虐, 終亦徒呼荷荷[933]而已.

---

925 「祈禳」: '복을 내려 재앙을 없애 줄 것을 기도하다'.「禳」, '재앙을 없애 줄 제사를 드려 간구하다'.《新唐書 · 劉怦》:「乃衣食浮屠數百人, 晝夜祈禳.(이내 수백 명의 승려들에게 의복과 음식을 후하게 주고, 주야로 제사 드려 재앙을 없애 달라 간구하였다.)」
926 「禮懺」: 불교에서 '사람들이「佛, 法, 僧」三寶를 숭배하여, 죄지은 업을 참회하는 儀式으로 삼는다'라는 의미이다.
927 「禁壓」: '육체의 욕망을 단속하는 儀式'.
928 「移禍」: '화를 남에게 전가하다'.
929 「震慴」: '두려워 겁먹다'.
930 마가복음 2장 1-12절 참고.
931 「迓」: '영접하다'.《清史稿 · 崇德七年》:「濟爾哈朗等奏明遣馬紹儀來議和, 遣使迓之.(濟爾哈朗 등이 황제에게 馬紹儀를 보내 화친을 의논하자고 명확히 의견을 올리니, 사신을 보내 그를 영접하였다.)」
932 「天休」: '하늘이 내리신 은택'. 여기서의「天」은 '上帝 하나님'을 비유한다.
933 「荷荷」: 원한의 소리이다.

질병은, 죄악이 쌓인 것인데, 비록 성인일지라도 또한 그 파급을 면치 못하는지라, 마귀가 기회를 타서 제멋대로 위협을 하나니, 그래서 이에 신께 제사를 지내고, 복을 내려 재앙을 없애 줄 것을 기도하며, 아첨하여 달라붙고, 죄지은 업을 참회하며, 재빨리 피하기도 하고, 욕망을 억제하며, 남에게 화를 전가하기도 한다. 그 술수가 정교해질수록, 그 상심은 더욱 비참해진다. 오로지 예수가 한번 임해야, 뭇 귀신들이 두려워 겁을 먹는 것이다. 오랫동안 시달린 병마라 할지라도 예수의 죄 사하는 권능을 당해 내지는 못하지만,^{마가복음 2장} 이로 말미암아 세상 사람들은 모두 질병의 끈덕짐을 알고 있으며, 모두가 천심의 감독이 되는 것이다. 수양과 성찰에 힘써 하늘이 내리신 은택을 맞이하고, 비록 기복의 기도를 드릴지라도, 여러 사악한 道가 존재하기 마련이지만, 결국은 이를 따져 묻는 이는 없다. 즉 마귀가 비록 잔인하기는 하나, 종국에는 그저 원한의 곡소리만을 외칠 뿐인 것이다.

其甚者, 則有死亡焉, 死之爲害大矣哉! 擧天下古今之智愚, 凡聖, 善惡, 富貴, 貧賤, 英雄, 豪傑, 茸闒,⁹³⁴ 瑣靡,⁹³⁵ 同歸於一邱.⁹³⁶ 問其作何究竟, 則曰腐臭而已矣! 泥土而已矣! 江流日下, 滔滔不返. 仙曰飛昇, 佛曰圓寂, 或曰尸解,⁹³⁷ 或曰移宅, 矯揉萬端, 文飾一世, 然終不能免於一死.

---

934 「茸」: '무능하고 우둔한 무리'를 지칭한다. 《蔡中郎集 · 再讓高陽侯印綬符策表》: 「況臣螻蟻無功德, 而散怠茸闒, 何以居之?(하물며 臣은 힘이 약하여 공덕이 없고, 게으르고 산만하며 무능할 뿐인데, 어찌 그곳에 거하겠나이까?)」
935 「瑣靡」: 아마도 「靡瑣」 두 글자를 바꾸어 쓴 듯하며, '하는 일이 자질구레하여 공헌이 매우 적다'는 의미인 듯하다.
936 「邱」: '매장하는 곳'. 《列女傳 · 晉圉懷嬴》: 「夫鳥飛反鄕, 狐死首邱, 我其首晉而死, 子其與我行乎?(무릇 새는 날아서 고향으로 돌아가고, 여우도 죽을 때 그 머리를 먼저 살던 언덕을 향하여 죽는다고 하였소. 나 역시 이 머리를 晉나라 쪽을 향해서 죽고 싶소. 그대는 나와 함께 떠나지 않으시렵니까?)」
937 「尸解」: 도교에서 '사람이 득도하면 신선이 되어 인골을 벗어 버린다'는 의미로 쓴다.

그 심한 것으로는, 사망이 있는데, 죽음의 해악은 실로 크도다! 온 천하 고금의 지혜와 우매함, 범속과 거룩함, 선과 악, 부와 귀, 가난과 천함, 영웅, 호걸, 무능과 비천함 등은, 모두 한곳으로 귀속된다. 도대체 무엇을 하느냐고 물으면, 이르되 썩은 냄새일 뿐이고! 진흙일 뿐이라고 할 것이다! 강물이 나날이 아래로 내려가면, 도도히 흘러 돌아오지 않는 법이다. 신선을 비승(飛昇)이라 하고, 부처를 원적(圓寂)이라 하며, 시해(尸解)라고 하거나, 이택(移宅)이라고 하니, 갖가지 것을 끌어 바로잡아, 한 시대를 꾸며 내지만, 결국은 죽음을 면할 수는 없는 것이다.

昔希利尼國有一奇士, 時皆目之爲仙, 而彼亦毅然以仙自居也, 雖國君亦不敢不致敬盡禮焉. 一日, 自思令聞[938]如此, 何以善其後也? 乃決計遁入深山, 縱火自焚, 擧國以爲仙去矣![939] 一日, 樵夫於灰燼之餘得一鐵履, 遂發其覆, 緣奇士平生好穿鐵履故也. 好生之心, 人皆有之, 逃死心勝, 而魔鬼得以售其奸, 誠以上帝造生, 未常造死, 死卽人之敵. 仙佛之流, 未可盡掃, 以爲痴也. 蓋無法則無犯法, 有法此有刑, 有刑此有死, 法與刑出自上帝, 魔鬼遂得而乘機以致人於死. 法不私親,[940] 雖以天父之慈, 亦不能爲斯人廢法也. 魔鬼於是乎張犯法之機, 乘死亡之權, 開陰司[941]之路, 驅天下古今之人入於絕望之域, 畢生精力盡耗於名利, 權位, 聲色, 嗜欲之中, 循至乎爭地爭城, 肝腦塗地, 率土地而食人肉.[942] 時而弑父與君, 時而

---

938 「令聞」: '아름다운 명성'. 「令」, '아름답다, 훌륭하다'.
939 恩培多克勒(Empedocles, BC 490-430) 참고. 고대 그리스의 철학자이며, 전설에 의하면 그는 자신의 神性을 증명하기 위해 에트나(Aetna) 화산에 투신했다가 죽었다.
940 「法不私親」: '법률은 사사로운 정 때문에 법을 어기지는 않는다'의 의미이다. 《舊唐書 · 王行瑜》: 「誅叛賞順, 王者大綱, 法不私親.(배반하는 자는 주살하고 순종하는 자는 상을 주어, 왕으로서의 큰 기강을 세우고, 법은 사사로운 정에 치우쳐서는 아니 된다.)」
941 「陰司」: '사람이 죽은 후 영혼이 떨어지는 곳'. 「地獄」과 같은 의미이다.

欺天虐民. 萬姓閴閴, 日以爭榮, 奪利, 縱欲爲事. 蓋至於死, 其望卽絶, 不得不幷日[943]以求之也. 人求不爲地獄之鬼, 不可得矣!

옛날 그리스에는 기이한 선비가 한 사람 있었으니, 그때 모두가 신선이라고 여겼는데, 그도 또한 의연히 신선이라고 자처하였으며, 비록 임금이라 할지라도 감히 예와 경의를 표하지 않을 수 없었다. 하루는, 스스로 생각하기를, 명성이 이와 같이 훌륭하니, 어떻게 그 후손에게 멋지게 보일 것인가 하였다. 깊은 산속에 숨어 들어가, 불을 질러 스스로 태우면, 온 나라가 신선이 떠난 줄로 여기겠구나라고 마음먹었다! 어느 날, 나무꾼이 남은 잿더미 사이에서 쇠로 된 신발을 하나 얻었는데, 마침내 그 덮인 것을 열어 제거해 보니, 기이한 선비가 평생 신기를 좋아했던 쇠신발이었다. 잘 살고 싶은 마음은, 사람마다 누구나 가지고 있으니, 죽음을 회피하려는 마음이 우세하면, 마귀는 그 간계함을 팔 수 있는데, 실로 하나님은 생명을 만드셨지, 죽음을 창조하신 적이 없으니, 죽음은 곧 인간의 적이다. 신선이나 부처 같은 부류를, 아직 다 없애 버리지 못했으니, 미련하다고 여기는 것이다. 무릇 법이 없으면 법을 범함도 없고, 법이 있으니 이로써 형벌이 있으며, 형벌이 있으니 죽음이 있는 것이니, 법과 형벌은 하나님으로부터 나오는 것이며, 마귀는 마침내 기회를 얻어서 사람을 죽음에 이르게 하는 것이다. 법은 사사로운 정으로 인하여 법을 어기지는 않으니, 비록 하늘 아버지의 자비하심으로도, 또한 이런 사람

---

942 「率土地而食人肉」: '땅을 차지하기 위해 인육을 먹다'. 이는 '포학무도함'을 형용하는 의미이다. 출전《孟子・離婁上》: 「爭地以戰, 殺人盈野; 爭城以戰, 殺人盈城, 此所謂率土地而食人肉, 罪不容於死.(땅을 빼앗고자 전쟁을 하면, 죽은 사람이 들판에 가득하고; 성을 빼앗고자 전쟁을 하면, 죽은 사람이 성에 가득하니, 이를 일러 '땅을 차지하기 위해 인육을 먹는다' 하는 것이니, 죄가 죽음을 면치 못할 것이다.)」

943 「幷日」: '매일, 연일'. 「幷」은 「並」과 같음.《禮記・儒行》: 「易衣而出, 幷日而食.(옷을 바꾸어 입고 나오며, 매일 밥을 먹는다.)」

들을 위하여 법을 폐할 수는 없는 것이다. 마귀는 그리하여 법을 범할 기회들을 늘어놓고서, 사망의 권능에 편승하여, 지옥의 길을 열어 놓고, 천하 고금의 사람들을 몰아 절망의 영역으로 들게 하나니, 필생의 정력을 명리, 권위, 가무와 여색, 향락으로의 욕망 속에 소모하게 하여, 땅을 다 투고 성을 다툼으로써, 간과 뇌가 흙에 범벅이 되게 하며, 땅을 통솔하여 인육을 먹도록 하는 것이다. 때로는 아버지와 임금을 시해하고, 때로는 하늘을 속이고 백성을 학대하기도 한다. 모든 백성이 떠들썩하고, 날로 영광을 다투며, 이익을 빼앗고, 제멋대로 일을 도모하게도 한다. 무릇 죽음에 이르게 되면, 그 희망이 끊어져서, 어쩔 수 없이 매일 그것을 구하게 되는 것이다. 사람이 지옥 귀신이 되지 않기를 구하는 것은, 불가한 일인 것이다!

自景尊以人身而成全上帝之法, 是雖有法, 直如無法; 以基督悅上帝法, 而宗基督者, 遂不與上帝法爲仇. 基督死於法, 而法遂不復能致人於死. 贖罪之詔旣頒, 而罪案注銷; 罪案旣銷, 而律法之大義已伸; 大義已伸, 而律法卸權; 律法卸權, 而恩竊乘權; 恩寵乘權, 誰致人於死? 死亡之路旣塞, 而陰府之敗亡也決矣! 誠以永生在望, 尊榮自得; 主血爲證, 聖神爲質. 常依慈父之懷, 誰復肯與無情之律法作奴僕? 越至于今, 律法不能爲害, 祇[944]能助人爲善耳! 魔鬼其奈之何? 死亡之後壁旣通, 則人爲死所立之祭鬼度亡, 巫覡[945]超幽, 諸妖妄迎風迅掃而一空, 是知景尊法力之宏大, 而魔鬼日卽消亡也有斷然矣!

예수께서 인간의 몸으로 하나님의 법을 완전케 한 이래로, 이는 비록

---

944 「祇」: 옛날에는 「秪」와 같았다. 그러나 「秪」는 또한 옛날 「祇」와 같았고, '그럭저럭 하다'의 의미이다.
945 「巫覡」: '무당'. 「巫」, '여자 무당'을 일컫는다; 「覡」, '남자 무당'을 말한다.

법이 있을지라도, 법이 없는 것과 같이 되었으니; 그리스도가 하나님의 법을 기쁘게 함으로써, 그리스도를 따르는 자는, 결국 하나님의 법과 원수가 되지 않았다. 그리스도는 법으로 죽었지만, 그러나 법은 마침내 다시는 사람을 죽음에 이르게 할 수 없었다. 속죄의 조서가 이미 공포되었으니, 죄의 사건이 무효가 되었으며; 죄의 사건이 이미 사라졌으니, 율법의 큰 의미가 이미 펼쳐졌고; 율법의 큰 의미가 해명되었으니, 율법은 그 권능을 내려놓았으며; 율법이 권능을 내려놓으니, 은총이 권능에 편승하려 엿보았고, 은총이 권능 위에 탔으니, 누가 사람을 죽음에 이르게 할 수 있겠는가? 사망의 길이 이미 막혔으니, 지옥의 패망도 끝난 것이라! 진실로 영생을 바라보니, 존귀와 영광이 스스로 얻어지고; 주의 피가 증거가 되고, 성령이 담보가 된다. 항상 자애로운 아버지의 품에 의지하면, 누가 다시 무정한 율법의 노예가 되려고 하겠는가? 한층 오늘에 이르러, 율법은 해가 될 수 없고, 그저 인간이 선을 행하도록 도와줄 수 있을 뿐이다! 마귀는 어떻게 되는 것인가? 죽음의 뒷벽이 이미 뚫렸으므로, 사람의 제사에 귀신이 와서 임종을 지키고, 무당이 명복을 빌며, 모든 요괴들이 제멋대로 바람을 맞으며 쏜살같이 사라지니, 이것은 예수의 신통력이 웅대함을 아는 것인데, 그러나 마귀는 훌쩍 떠나 그 사라짐이 단호하도다!

曷言乎「故縱魔鬼竭盡智謀而畢勝之」也?

昔景尊受聖神封立之後, 卽引之適野, 見試於魔鬼. 景尊禁食四十日, 夜饑甚, 魔鬼就之曰:「爾若上帝子, 此石可令爲餠.[946]」景尊曰:「人得生, 不惟餠,猶太人尚食麥, 其製皆作餠形 惟上帝所命.文見古經申命記八章[947]」一言而魔鬼敗矣!

---

946 「爾若 … 爲餠」은 「委辦譯本, Delegates' Version」 마태복음전 4장 3절에서 인용되었다.
947 「人得 … 所命」, 「委辦譯本, Delegates' Version」 신명기 8장에서 인용되었을 뿐만 아니라, 마태복음전 4장 4절에서도 인용되었다.

蓋魔鬼乘人飢寒交廹之際誘之, 以不賴天命而賴人謀, 枉道以自給, 古今
來多少英雄豪傑生陷此阱之中, 而蚩蚩之民[948]則放僻邪侈, 無不爲矣! 此
乃魔鬼擄人之常法, 到此境地, 雖有智者, 亦無能爲力矣! 然景尊以饑餓之
餘, 直以人生爲賴天命一語, 盡覆其軍.

「마귀가 지혜와 계략을 다하도록 놓아주어, 완전히 그를 이겨 버린다」
는 무엇을 말하는 것인가?

옛날 예수께서 성령의 세우심을 받은 후, 광야로 이끌리어 가셨고, 마
귀에게 시험을 받으셨다. 예수는 40일 동안 금식하였기에, 밤에 몹시 배
가 고팠고, 마귀가 그에게 나아와 말했다: 「네가 만일 하나님의 아들이어
든, 명하여 이 돌들이 떡덩이가 되게 하라.」 예수께서 가로되: 「사람이
떡으로만 살 것이 아니요, 유대인은 밀을 자주 먹었고, 모두 떡 모양으로 만들었다. 하나님의
입으로 나오는 모든 말씀으로 살 것이니라. 구약 신명기 8장」 이 한마디로 마귀
가 패하였다! 무릇 마귀는 사람이 굶주림과 추위로 사방에서 압박을 당
하는 틈을 이용하여 그들을 유혹하고, 천명에 의지하지 않고 인간의 모
략에 기대도록 함으로써, 스스로 도리를 왜곡하게 하나니, 고금을 통해
수많은 영웅호걸들의 인생이 이 함정에 빠졌고, 돈후하고 성실한 백성들
이 제멋대로 나쁜 짓을 하도록 하였다! 이것은 마귀가 사람을 사로잡는
일반적인 방법인데, 이 지경에 이르면, 비록 지혜로운 사람이라 할지라
도, 또한 할 수 있는 것이 없도다! 그러나 예수는 굶주림 가운데서도, 사
람의 인생은 하늘의 명에 의지해야 한다는 말을 곧게 세움으로써, 그 전
군을 소멸시켜 버렸다.

---

948 「蚩蚩之民」: '돈후하고 성실한 민중'. 《詩經 · 衛風 · 氓》: 「氓之蚩蚩, 抱布貿絲.(미련하고
미련한 백성이, 베를 안고 실을 사러 온다.)」

魔鬼以景尊據古經之利刃以覆其軍也, 心猶未息, 乃携景尊至聖京, 升之殿頂曰:「爾若上帝子, 可投下. 記有之, 主命使者扶爾, 免足觸石.^{文見古詩九十一章949}」景尊曰:「記亦有之, 勿試主爾之上帝.^{文見申命記六章950}」一言而魔鬼之强兵又覆矣! 何也? 蓋魔鬼所引之經文本義, 謂人苟在上帝所命之正道而行, 雖有不測, 主命天使默佑, 不至陷罪傾覆之意. 惟魔鬼故意遷就文義, 誘景尊以急功近效, 行險徼幸,⁹⁵¹ 而試上帝之靈佑, 以敗救世之大事.

마귀는 예수가 구약 말씀의 날카로운 칼날로 전군을 소멸시켜 버리자, 마음이 평정되지 못하여, 곧 예수를 데리고 거룩한 도성에 이르러, 성전 꼭대기에 올리고는 말하였다:「네가 만일 하나님의 아들이어든, 뛰어내리라. 기록되었으되, 주가 사자들에게 명하여 너를 부축하여 발이 돌에 부딪히지 않게 하리로다.^{시편 91편}」예수께서 이르시되:「또 기록되었으되, 주 너의 하나님을 시험치 말라 하였느니라.^{신명기 6장}」한마디 말로써 마귀라는 강한 병사가 또 패하였도다! 왜 그런 것인가? 무릇 마귀가 인용한 경전 말씀의 본뜻은, 사람이 만일 하나님께서 명하신 올바른 길에서 행동한다면, 비록 예측할 수 없는 일일지라도, 주께서 천사들에게 명하여 은밀히 보호해 주시고, 죄에 빠져 쓰러지지 않도록 해 주신다는 뜻인 것이다. 오로지 마귀는 고의로 문장의 의미를 달리 취하고, 예수를 유인하

---

949 「爾若 … 觸石」은 「委辦譯本, Delegates' Version」 마태복음전 4장 6절에서 인용되었다. 「主命使者扶爾, 免足觸石」은 또한 시편 91편 11-12절에서 인용되었고, 단지 이 역본에서는 「主必命其使, 四周扞衛兮, 以手扶持, 免足觸石兮.(주께서 반드시 천사에게 명하사, 네 모든 길에서 너를 지키게 하심이라. 손으로 너를 붙들어, 발이 돌에 부딪치지 않게 하리라.)」로 기록되어 있다.

950 「記亦 … 上帝」, 이 구절은 「委辦譯本, Delegates' Version」 마태복음전 4장 7절에서 인용되었다. 그리고 「勿試主爾之上帝」, 이 구절은 또한 신명기 6장 16절에서 인용되었으며, 단지 이 역본에서는 「勿試耶和華, 爾之上帝.」로 기록되어 있다.

951 「徼幸」:'부당한 수단으로 탐하다'. 「徼」, '절취하다, 훔치다'의 의미이다. 《禮記·中庸》:「故君子居易以俟命, 小人行險以**徼幸**.(그러므로 군자는 순리대로 생활하면서 그 결과를 기다리고, 소인은 위태롭게 행동하면서 부당한 수단으로 탐한다.)」

여 눈앞의 것에 급급하도록 하며, 위험을 무릅쓰고 부당한 이익을 탐하도록 한 것이니, 하나님의 신령한 보우하심을 시험하여, 세상 구원의 대업을 망치게 하려는 것이었다.

詭哉! 古今來絕頂聰明之人, 墮此魔臼而不自覺, 流毒蒼生而不自知者, 皆斯術所致也. 何也?「固哉! 高叟之爲詩[952]」者, 無論已援儒入墨, 援佛入儒, 老者曰:「孔子, 吾師之弟子也」; 佛者曰:「孔子, 吾師之弟子也」, 爲孔子者亦曰:「吾師亦嘗師之云爾」, 夫豈無所遷就而爲是言哉! 良以絕頂聰明, 厭故喜新, 紊亂古訓, 捃擊[953]前人. 以張風力, 以邀名譽. 或舒己臆, 或以驚愚, 或便己私, 或文大奸. 若衰周之策士,[954] 尚論古人; 若新莽之金縢大誥;[955] 若晉魏之揖讓受禪. 上焉者, 若漢人之僞經讖緯,[956] 若宋人之新

---

952 「固哉! 高叟之爲詩」: '高子라는 늙은이의 시는 정말로 융통성이 없구나!'라는 의미이다. 출전《孟子·告子下》:「公孫丑問曰:『高子曰:〈小弁〉, 小人之詩也.』孟子曰:『何以言之?』曰:『怨』曰:『固哉! 高叟之爲詩也. 有人於此, 越人關弓而射之, 則己談笑而道之; 無他, 疏之也. 其兄關弓而射之, 則己垂涕泣而道之; 無他, 戚之也.〈小弁〉之怨, 親親也, 親親, 仁也.』」(公孫丑이 묻기를:『高子가 말하기를: 詩經〈小弁〉은 小人의 詩이다.』라고 하더이다. 맹자가 가로되:『왜 그렇게 말하는가?』대답하기를:『원망했기에 그렇습니다.』맹자가 가로되:『고지식하도다! 高子의 시의 해석은! 여기에 어떤 사람이 있는데, 越나라 사람이 활을 끌어당겨 쏘아 죽이려 할 때, 그가 껄껄 웃으면서 상대자를 타이르는 것은; 다름이 아니라 그를 다른 사람으로 치워 버리는 까닭이요. 그의 형이 활을 끌어당겨 쏘아 죽이려 할 때, 그가 눈물을 뚝뚝 떨어뜨리면서 그 형을 타이르는 것은; 다름이 아니라, 그를 혈족으로 여기기 때문이다.〈小弁〉의 詩를 원망함은 친척을 친애하는 까닭이요, 친척을 친애함은 곧 仁인 것이다.』」
953 「捃擊」: '공격하다'의 의미.「捃」, '비난하다, 규탄하다'.《明史·李東陽》:「更有織造內官, 縱群小捃擊.(다시 직조내관을 두었는데, 뭇 소인들을 풀어 주고 공격하였다.)」
954 「策士」: '계책이나 방도를 제시하는 사람'.《史記·孫甘羅》:「雖非篤行之君子, 然亦戰國之策士也.(비록 품행이 성실한 군자는 아닐지라도, 그러나 또한 戰國시대의 책사였다.)」
955 「若新莽之金縢大誥」: '王莽이 왕위를 찬탈하고, 스스로 封典을 수여하였으니, 이는 거짓일 뿐 근거가 없다'라는 뜻이다.《漢書·王子侯表第三下》:「元始之際, 王莽擅朝, 僞褒宗室.(시조 시기에, 王莽이 국정을 제멋대로 하고, 종실을 거짓으로 어지럽혔다.)」
956 「讖緯」: '도참(圖讖)과 위서(緯書)'. 모두 점을 쳐 징조를 찾아내는 책이다.《後漢書·桓譚》:「蓋天道性命, 聖人所難言…, 今諸巧慧小才伎數之人, 增益圖書, 矯稱讖記, 以欺惑貪

義周官;957 下焉者, 則筆所難書, 惟恐傷時, 是皆生陷魔鬼之阱, 且流毒無窮也. 然景尊以一言而覆其軍, 則凡魔鬼, 自古以來, 坑陷一切聰明學博, 志大心高之人之術, 又照破矣! 其迂王任霸, 急功近效, 枉尺直尋958之技亦窮矣!

괴이하도다! 고금 이래 최고로 총명한 사람들이, 이 마귀의 구덩이에 떨어져도 알지 못하고, 백성들에게 해독을 끼쳐도 스스로 알지 못한 것은, 모두 이 술수의 소치인 것이다. 무엇 때문인가? 「고지식하도다! 高子의 시의 해석이여!」는, 이미 유가를 묵가로 끌어들였든, 불교를 유가로 끌어들였든, 노자의 제자가:「공자는, 우리 스승의 제자였다」; 불가의 제자가:「공자는, 우리 스승의 제자였다」, 공자를 공부하는 자들이:「우리 스승도 또한 일찍이 그들에게 학습하셨다」와 같은 것들을 막론하고, 무릇 의미를 달리함 없이 어찌 이런 말들을 하겠는가! 어진 사람들이 최고의 총명함으로, 낡은 것을 싫어하고 새것을 좋아하며, 옛사람의 교훈을 문란케 하고, 선인들을 공격하였다. 문사(文辭)의 풍격과 필력을 펼침으로써, 명예를 구했으며, 자신의 생각을 풀거나, 어리석은 사람을 놀라게

邪.(무릇 하늘의 도와 생명, 성인의 말하기 어려운 바는…, 지금 여러 교묘한 지혜를 가진 못난 자들 여러 명이, 圖書를 늘리고 讖記를 가장하여, 사람들을 속이고 미혹시키며 사악함을 탐하고 있다.) [唐] 李賢等 注云:「圖書即讖緯符命之類也.(圖書는 즉 도참과 위서의 종류들이다.)」

957 「周官」: 즉《周禮》이며,《周官》이 본명이다.

958 「枉尺直尋」: '한 자를 구부려 여덟 자를 얻고자 하다'. '큰 이익을 바라면서 작은 이익을 버리는 것'을 비유한다. 「尋」, 약 여덟 자에 해당한다. 출전《孟子·滕文公下》:「陳代曰:『不見諸侯, 直若小然…, 且志曰:『枉尺而直尋』宜若可爲也.』孟子曰:『且夫枉尺而直尋者, 以利言也如以利, 則枉尋直尺, 而利亦可爲與? …枉己者, 未有能直人者也.』」(陳代가 말하기를:『제후를 만나시지 않는 것은, 아무래도 좀 좁게 생각하시는 것 같습니다. …, 또한 옛 글에도 이르기를:'한 자를 굽혀 한 길을 펴는 것이다' 이런 말이 있는데, 한 번 그렇게 해봄 직합니다.』라고 하였다. 맹자가 말하기를:『또 '한 자를 굽혀서 여덟 자를 편다'는 것은, 이익으로써 말한 것이니 만일 이익을 가지고 따진다면, 여덟 자를 굽혀서 한 자를 펴더라도, 이롭기만 하다면 또한 하겠는가? …자기를 굽히는 사람으로 남을 바로잡을 수 있는 사람은 없는 법이다.』)

하거나, 자신의 편리를 도모하거나, 커다란 간악함을 감추곤 하였다. 쇠락한 周나라의 책사가 옛사람을 논한 것과 같고; 王莽이 왕위를 찬탈하고 스스로 封典을 수여한 것과 같으며; 魏晉이 예를 다하여 임금 자리를 물려받은 것과도 같다. 위로는, 漢나라 사람들의 위경(僞經)인 도참(圖讖)과 위서(緯書)와 같고, 宋나라 사람들의 《周官新義》와 같고; 그 아래의 것으로는, 글로써 다 써내기가 어렵고, 오직 그 시기를 놓칠까 두려우니, 이는 모두 살아서 마귀의 함정에 빠지는 것이요, 그 해악이 무궁한 것이로다. 그러나 예수가 단 한 마디로써 그 군대를 모두 궤멸시켜 버렸으니, 무릇 마귀는, 자고 이래로, 모든 총명하고 박학하며, 원대한 포부와 높은 기상을 가진 사람들의 술수를 함정에 빠뜨렸고, 또한 널리 비추어 깨뜨려 버렸도다! 그들이 어설프게 왕을 칭하여 제멋대로 하고, 눈앞의 효과에 급급하며, 큰 이익을 위해 작은 이익을 버리는 기교가 또한 무궁하도다!

然魔鬼之奧援, 猶未殲也, 故又「攜景尊登峻峭之山, 以天下列國尊榮示之, 曰:『若俯伏拜我, 悉以予爾.』景尊曰:『娑殫退, 記有之, 當拜主爾之上帝, 獨崇事焉.[959]』於是乎娑殫之全軍盡覆矣!事見馬太四章

그러나 마귀의 오묘한 끌어당김은, 아직 섬멸되지 않았기에, 그리하여 또「마귀가 또 그를 데리고 지극히 높은 산으로 가서, 천하 만국과 그 영광을 보여 이르되:『만일 내게 엎드려 경배하면, 이 모든 것을 네게 주리라.』이에 예수께서 말씀하시되:『사탄아 물러가라, 기록되었으되, 주 너의 하나님께 경배하고 다만 그를 섬기라.』」이리하여 사탄의 전군이 모두 소멸되어 버렸다!마태복음 4장

---

959 「攜景 … 事焉」은 「委辦譯本, Delegates' Version」 마태복음전 4장 8-10절에서 인용되었다. 이 중 「景尊」은 이 역본에서는 「耶穌」로 표기되어 있다.

曷爲其然也? 伊古以來, 英雄豪傑之士, 拔山蓋世之雄; 伊呂,[960] 周召[961] 之才, 管仲,[962] 樂毅[963]之學; 負大志, 不遇明時, 而終能樂天知命, 遯世無悶者, 有幾人哉? 抑當王霸雜用之秋, 決大疑, 定大計, 而能善處, 善因, 善變, 計道而不計功, 計義而不計利者, 又幾人哉? 湯庶幾能取信於後人, 武則稍有後言矣! 首陽之案,[964] 至今猶未結也. 劉項之爭也, 當彼之時猛將如雲, 謀臣如雨, 顧曰:「而翁卽若翁, 汝烹而翁, 幸分我一杯羹[965]」. 唐太

---

960 「伊呂」: '商나라의 伊尹과 周나라의 呂尚'을 가리킨다. 두 사람 모두 군왕을 보좌한 어진 신하이다.《後漢書・陳蕃》:「故湯武唯聖, 而興起於伊呂.(옛날 湯왕과 武왕이 오로지 성스러울 수 있었던 것은, 伊尹과 呂尚의 보좌와 함께 흥기했기 때문이다.)」

961 「周召」: '周公 旦과 召公 奭'을 가리킨다. 두 사람 모두 周 成王을 보좌한 신하이다.《後漢書・郎顗》:「文武創德, 周召作輔, 是以能建天地之功.(文武로 德을 창조하고, 周公 旦과 召公 奭이 보좌하였으니, 이로써 천지의 공을 세울 수 있었다.)」

962 「管仲」: 즉 '管夷吾'를 말하며, 字는 仲(?-BC644)이다. 春秋시대 齊나라 潁上 사람이다. 齊나라 桓公 때의 승상으로서 왕실의 존엄을 창도하고 오랑캐를 물리칠 계책을 만드는 등 齊 桓公을 잘 받들어 齊나라를 춘추시대 가장 막강한 맹주로 만들었다.

963 「樂毅」: '戰國시대 燕나라의 상장군'이다. 일찍이 趙, 楚, 燕, 韓, 魏 다섯 나라를 거느리고 燕나라에 공을 세웠으니, 昌國君에 봉해졌다. 昭王이 죽자 惠王이 즉위하였는데, 혜왕이 齊나라의 반간계(反間計)에 말려들어 樂毅를 의심하고 대장군의 직위를 박탈하자, 樂毅는 趙나라로 망명해 버렸고, 趙나라에서 望諸君에 봉해졌다.

964 「首陽之案」: '殷나라 紂王 때의 伯夷와 叔齊'를 말하는데, 이들이 義로 인해 周나라의 곡식을 먹지 않겠다고 首陽山에서 굶어죽은 일화를 말하는 것이다. 무릇 伯夷와 叔齊가 신하로서의 義를 다하기는 했으나, 천하 백성에 대한 대의는 없었다고 할 수 있다. 한편 周 武王이 殷 紂王의 폭정을 끝내고 천하를 안정시켰으니, 천하에 대한 大義는 있었으나 신하로서의 충절은 다하지 못한 것이라 할 수 있다. 출전《史記・伯夷列傳第一》:「伯夷, 叔齊叩馬而諫曰:『父死不葬, 爰及干戈, 可謂孝乎? 以臣弑君, 可謂仁乎?』… 武王已平殷亂, 天下宗周, 而伯夷, 叔齊恥之, 義不食周粟, 隱於首陽山, 采薇而食之. 及餓且死.」(伯夷와 叔齊가 말고삐를 붙잡고 간언하였다:『아버지가 돌아가셨는데 장례도 지내지 않고, 창칼을 들다니, 효자라고 할 수 있겠습니까? 신하로서 임금을 죽이는 것을, 어진 사람이라 할 수 있겠습니까?』…. 武王이 殷나라의 난리를 평정하자, 천하가 周나라를 받들었지만, 伯夷와 叔齊는 그것을 부끄럽게 여겼으니, 周나라의 곡식을 먹지 않고, 수양산에 숨어들어, 고비를 따서 먹으며 살다가, 굶어 죽었다.)

965 '漢 高祖 劉邦의 分羹(국을 나누어 먹다)'의 고사를 말한다. 출전《宋史・呂端》:「昔項羽得太公, 欲烹之, 高祖曰:『願分我一杯羹.』夫舉大事不顧其親, 況繼遷悖逆之人乎?」(옛날 項羽가 劉邦의 부친 太公을 붙잡아 그를 삶아 죽이려 하자, 한 고조 劉邦이 말하기를:『원컨대 나에게도 국 한 그릇을 나누어 주시오.』라고 하였습니다. 대사를 도모하는 사람은 그 부모도 돌보지 않는다 했는데, 하물며 李繼遷 같은 패역의 죄인은 말할 필요가 있겠습니까?)」

宗, 英主也; 羣下, 賢輔也. 父子兄弟之間, 慙德多矣! 履帝位而不疚, 難言也. 大抵后羿以後, 魔道漸行, 至于戰國, 不可問矣! 秦漢以詐, 晉魏以竊, 六朝以篡, 五代以奪, 是皆俯伏拜鬼而得九五之尊, 勝國之榮. 卽所以開一代斁倫[966]敗俗之風, 世代相承, 積重難返, 至于今日. 微景尊, 吾其地獄之鬼矣!

　어찌 그리할 수 있었던가? 고대 이래로, 영웅호걸의 선비들은, 산을 뽑아 세상을 덮을 만한 웅혼함이 있었고; 伊尹과 呂尙, 周公과 召公의 재주, 管仲과 樂毅의 학문이 있었지만; 큰 뜻을 품었으나, 밝은 때를 만나지 못하여, 결국 하늘의 뜻에 순응하여 자기의 처지에 만족하며, 속세를 피해 은거했던 자가, 몇 명이었던가? 아니면 덕치와 법치를 함께 실시하던 시기에, 큰 의혹을 해결하고, 큰 계략을 세우며, 선한 처리, 선한 인연, 선한 변화로, 도리를 생각하여 공을 따지지 않고, 의를 고려하여 이익을 따지지 않던 사람이, 또 몇 명이나 되었던가? 湯임금은 후세 사람들에게 거의 신임을 얻을 수 있었지만, 武則天에게는 약간의 뒷말이 있는 것이다! 首陽의 사건은, 지금까지도 아직 끝나지 않았다. 劉邦과 項羽의 싸움도, 그들의 때에는 맹장이 구름과 같았고, 신하들이 대단히 많았는데, 돌이켜 말하기를:「나의 아버지는 곧 너의 아버지이기도 하니, 네가 나의 아버지를 삶으려거든, 나에게도 국 한 그릇을 나누어 주기 바란다.」唐 太宗은 영명한 군주였으니; 뭇 신하들이 현명히 보필하였다. 부자 형제 사이에, 부끄러운 덕이 많도다! 제위에 올라 병폐가 없다는 것은, 말로 표현하기가 어렵다. 대저 后羿 이후로, 사악한 道가 점차 행해져, 戰國 시기에 이르렀음은 물을 수조차 없도다! 秦나라와 漢나라는 사기로, 晉나라와 魏나

---

966 「斁倫」: '윤리 도덕을 해치다'. 「斁」는 「度」와 음이 같으며, '파괴시키다, 손상시키다'의 의미이다.

라는 도적질로, 六朝는 제위 찬탈로, 五代는 약탈을 자행하였으니, 이는 모두 귀신에게 엎드려 절하여 군주의 자리를 얻어 낸바, 멸망한 전대(前代) 왕조의 영광이로다. 즉 윤리 도덕과 풍속을 해치는 일대의 바람을 열어젖혔고, 대대로 이어져 내려옴으로, 적폐(積弊)를 고치기 어렵고, 오늘에까지 이르렀다. 미약한 예수여, 나는 그들의 지옥 귀신이로다!

今日者, 文章不見重於主司,[967] 則通關節,[968] 倩鎗替,[969] 飛外卷,[970] 帶藍本.[971] 一縣之間, 應試者三千人, 而鎗手則有八百之多. 搜之不勝搜, 防之不勝防. 遂使掄才之吉地, 返成荊棘之場. 若法廷之上, 訟占不吉, 尤有不敢言者, 是皆拜鬼而獲售, 得直者也. 等而下之, 學不成, 關節不通, 鎗替無力, 館穀極微, 則流於星算, 拜鬼以覓食. 本不豐, 不足以居奇, 則務爲欺騙, 拜鬼以求富, 是豈言之可盡哉? 乃基督竟以一言而覆其全軍, 眞可謂神威莫測矣!

오늘날은, 문장이 과거시험의 시험관에게 주목받지 못하면, 힘 있는 자에게 은밀히 뇌물을 주거나, 대리 시험을 저지르며, 부정한 쪽지를 쓰고, 시험장에 아예 답안지 초고를 끼고 들어가기도 한다. 하나의 현(縣)에, 응시자가 3천 명인데, 대리 시험자가 800여 명이나 된다. 뒤져도 뒤질 수가 없고, 막으려 해도 막을 수가 없다. 마침내 인재 선발의 길지를, 험한 가시밭으로 되돌려 놓아 버린 것이다. 만일 법정에서, 소송의 예측

---

967 「主司」: '과거시험의 주 시험관'. [唐] 李白,《送楊少府赴選》詩: 「夫子有盛才, 主司得球琳.(당신은 남보다 지닌 재주가 많으니, 시험관이 귀한 보배를 얻는 것입니다.)」
968 「通關節」: '부당한 수단으로 남몰래 결탁하여 부정을 저지르다'.
969 「倩鎗替」: '다른 사람이 명의를 사칭하여 시험장에 나가 시험을 치르다'. 「鎗」은 「사격수」를 의미하며, 「鎗手」라고도 한다; '이름을 사칭하여 대리시험을 치르는 자'를 뜻한다.
970 「飛外卷」: '시험에 몰래 끼고 들어가 부정을 저지르는 종이 조각'을 뜻한다.
971 「藍本」: '문자를 편집 수리할 때 근거로 삼는 원본'을 의미한다.

결과가 불길하고, 특히 감히 말하지 못하는 자가 있다면, 이것은 모두 귀신에게 절하여 과거에 급제하려는 것이니, 상소가 접수되는 것이다. 그보다 못해지면, 배움을 이루지도 못하고, 뇌물 주는 일도 통하지 않으며, 대리 시험이 무력해지고, 훈장에게 주는 사례금도 극히 미약해지면, 곧 천문 역수로 흘러서, 귀신에게 절하여 먹을 것을 찾게 된다. 본래 풍족하지 못하면, 매점매석 하기에도 충분치 않은 법인데, 사람을 속이는 데에만 힘을 쓰고, 귀신에게 절하여 부를 구하고 있으니, 이것을 어찌 말로 다 해낼 수 있겠는가? 그리스도가 결국 한마디 말로써 전군을 궤멸시켜 버렸으니, 진실로 하나님의 위엄은 헤아릴 수가 없다고 말할 수 있노라!

夫景尊以一介平民, 內具聖神之能, 上有得民得國之命, ^{文見古詩二章, 四十五章,} ^{馬太二章, 路加一章.972} 下有萬民推戴之心. ^{文見約翰福音六章973} 無惑乎魔鬼以天下列國之尊榮, 幻呈於景尊之前, 以搖蕩其心志. 然景尊殲厥醜類,⁹⁷⁴ 亦終不失天下列國萬世之尊榮, 則魔鬼終亦枉勞心力而計窮矣! 魔鬼不得志於景尊也, 遂轉而譖猶太人與景尊爲仇. 其始也, 憚景尊之威嚴, 則搖蕩猶太人心, 以爲景尊將壞猶太人所賴之上帝律法及先知也. 凡景教流行於禮樂教化之國, 魔鬼必用此術以恐嚇古教之人, 眞蓋儒往矣! 魔鬼得以售其奸也. 景尊告衆曰:「勿以我來壞律法及先知也. 我來非以壞之, 乃以成之. 我誠告爾, 天地未廢, 律法一點一畫不能廢, 皆得成焉. 故毀此誡^{指十條天律言} 至微之一, 又以之教人者,⁹⁷⁵ 在天國必謂之至微, 遵此誡而教人者, 在天國必謂之大矣!」⁹⁷⁶ 如是而魔鬼之術又窮矣! 又轉而以法利賽人之僞善, 與景

---

972 시편 2편 7-8절, 45편 16-17절; 마태복음 2장 5-6절; 누가복음 1장 46-55절 참고.
973 요한복음 6장 15절에서 인용되었다.
974 「醜類」: '惡人'을 의미한다.《晉書・任城景王陵》:「于時醜類實繁, 凶威日逞.(그때 악인들이 실로 번성하였고, 흉악한 위엄이 날로 드러났다.)」
975 「又以之教人者」 중의 「之」는 「委辦譯本, Delegates' Version」에서는 「是」이다.

尊爲仇. 法利賽者, 敎名也, 乃娑殫伐善驕鬼之雄軍盡破矣!

무릇 예수는 한 사람의 평민으로서, 안으로 성신(聖神)의 능력을 지니고 있었으며, 위로는 백성과 나라를 얻으라는 명^{시편 2편, 45편, 마태복음 2장, 누가복음 1장}을 받았고, 아래로는 만민이 추대하고자 하는 마음을 가지고 있었다. ^{요한복음 6장} 마귀가 천하 열국의 존귀와 영광으로, 예수 앞에 환영으로 나타나, 그의 심지를 흔들었으나, 미혹되지 않았다. 예수는 그 악의 무리들을 섬멸하였고, 또한 천하 열국 만세의 존귀와 영광을 끝내 잃지 않았으니, 마귀도 결국 마음과 힘을 헛되이 쓰고는 계략이 궁핍해져 버렸다! 마귀는 예수에게 뜻을 이루지 못하고는, 마침내 방향을 바꾸어 유대인을 부추겨서 예수와 원수를 지도록 만들었다. 그 시작은, 예수의 위엄을 두려워하도록 하여, 유대인들의 마음을 흔들어 버렸고, 예수가 장차 유대인들이 신봉하는 하나님의 율법과 선지자를 상하게 할 것이라고 여기게 하였다. 무릇 경교가 예악 교화의 나라에서 널리 행해졌지만, 마귀는 반드시 이러한 술수로 옛 기독교 사람들을 협박했을 것이니, 실로 유학의 과거 전통을 가려 버린 것이다! 마귀는 간계함을 팔아먹을 수 있는 것이다. 예수께서 무리에게 이르시되:「내가 율법이나 선지자를 폐하러 온 줄로 생각하지 말라. 폐하러 온 것이 아니요, 완전하게 하려 함이라. 진실로 너희에게 이르노니, 천지가 없어지기 전에는, 율법의 일점 일획도 결코 없어지지 아니하고, 다 이루리라. 그러므로 누구든지 이 계명^{십계명을 말함.} 중의 지극히 작은 것 하나라도 버리고, 또 그같이 사람을 가르치는 자는, 천국에서 지극히 작다 일컬음을 받을 것이요, 누구든지 이를 행하며 가르치는 자는, 천국에서 크다 일컬음을 받으리라.」이와 같이 마귀의 술

---

976 「勿以 … 大矣」는「委辦譯本, Delegates' Version」마태복음전 5장 17-20절에서 인용되었다.

수가 또한 궁핍해졌도다! 또 선회하여 바리새인들의 위선을 이용하여, 예수와 원수가 되도록 하였다. '바리새'란, 유대교 교파의 이름인데, '사탄' 즉 교만하여 우쭐대는 강력한 군대가 다 깨져 버린 것이다!

又轉而別策酷烈[977]之謀, 與猶太人約. 凡稱耶穌爲基督者, 必逐之出會堂, 此則甚於中國出族[978]百倍矣! 以擧國會堂皆不與之交接故也. 景尊布命曰:「人就我而不過於愛父母, 妻子, 兄弟, 姊妹, 與己生命者, 不得爲我徒, 不負十字架而從我者,[979] 亦不得爲我徒文見路加十四章.[980]」如是而魔鬼之雄關盡失矣! 戰功之烈, 未有甚於此關者. 蓋牽制之師, 卽父母, 妻子, 兄弟, 姊妹之棄絕, 與一己之生命不保. 彌施訶, 誠上帝哉! 非上帝不能破此關矣! 魔鬼不得已而爲背城借一[981]之謀, 激猶太祭司之族, 士子, 長老之輩, 羣起而攻之, 致景尊於死. 乃景尊以不測之神機, 直受之而不辭, 逾時, 十字架功成. 葬於墳墓, 降於陰間. 陰間不能受, 乃由死復生, 仍爲其聖徒, 暫留四十日於人間. 人間義不能留, 乃以復生神妙之肉體升天, 今坐全能永生上帝之右, 永掌救世大權. 於是萬世之罪債已償, 律法之威嚴頓息, 赦罪之門大開, 魔鬼之死亡消滅, 信者不復知暗府沈淪之害, 此景淨所以著

---

977 「酷烈」: '잔인하고 포악하다'의 의미이다. 《荀子·議兵篇》:「秦人其生民郟陿, 其使民也**酷烈**.(秦나라 사람은 그 백성들이 사는 땅은 좁고 험한데, 그 백성을 부리는 데는 잔인하고 포악하다.)」《新唐書·劉建鋒傳》:「殷與建鋒同里人, 凡宗權黨散爲盜者, 皆以**酷烈**相矜, 時通名『蔡賊』云.(殷은 建鋒과 같은 고향 사람인데, 무릇 宗權의 무리가 도적으로 흩어졌고, 모두 잔인함과 포악함으로 서로 잘난 체하였으니, 그때 『蔡賊』이라 이름하였다.)」

978 「出族」: '죄인을 변방으로 귀양 보내는 것'을 의미한다.

979 「不負十字架而從我者」, 이 어구는 「委辦譯本, Delegates' Version」에서는 「負」가 「任」으로 표기되어 있으며;「而」자가 없다.

980 「人就 … 我徒」는 「委辦譯本, Delegates' Version」 누가복음전 14장 26-27절에서 인용되었다.

981 「背城借一」: '원수와 결사항전하다'의 의미이며, 「背城一戰」이라고도 한다. 《左傳·成公傳二年》:「請收合餘燼, **背城借一**.(남아 있는 병사들을 모아, 성을 등지고 일전을 청하겠습니다.)」

「懸景日以破暗府」之文也.

또 방향을 선회하여 특별한 계책으로 잔인하고 포악한 계략을, 유대인과 약속하였다. 무릇 예수를 그리스도라 부르는 자를, 반드시 회당에서 내쫓아 버리는 것인데, 이것은 중국에서의 귀양 보내는 것보다도 백 배는 더 심한 것이다! 전국의 회당들이 모두 그와 교제하지 못하기 때문인 것이다. 예수께서 명령을 선포하여 말씀하셨다:「무릇 내게 오는 자가 자기 부모와 처자와 형제와 자매와 더욱이 자기 목숨까지 미워하지 아니하면, 능히 내 제자가 되지 못하고, 누구든지 자기 십자가를 지고 나를 따르지 않는 자도, 능히 내 제자가 되지 못하리라.^{누가복음 14장}」이와 같이 마귀의 험준한 관문이 모두 사라져 버렸도다! 전쟁에서 공을 세우는 격렬함이, 이 관문보다도 심한 것은 없다. 무릇 견제의 본보기, 즉 부모, 아내, 형제, 자매를 버리는 것과 자기 한 몸의 생명이 보장되지 않는 것이다. 메시아, 신실하신 하나님이시여! 하나님이 아니시라면, 이 관문을 깨뜨릴 수 없나이다! 마귀는 부득이하게도 결사 항전의 계략을 만들어, 유대 제사장 족속, 문사(文士), 장로의 무리를 격동시키고, 봉기하게 하여 그를 공격하였으니, 결국 예수를 죽음에 이르도록 만들었다. 곧 예수께서는 예측할 수 없는 신묘한 기지로써, 그것을 그대로 받아들이고 거절하지 아니하였으니, 오래지 않아, 십자가의 공을 이루어 내셨다. 무덤에 묻히시어, 저세상으로 내려가셨다. 저승이 받아들일 수 없으니, 곧 죽음에서 다시 살아나셨으며, 여전히 그 성도들을 위하여, 인간 세상에서 40일을 잠시 머무르셨다. 인간으로서의 의미는 남기지 아니하시고, 부활의 신묘한 육체로서 하늘로 올라가셨으며, 이제 영생의 전능하신 하나님 우편에 앉으셔서, 세상 구원의 위대한 권능을 영원히 관장하고 계신다. 이리하여 만세의 죄의 빚을 이미 갚으셨고, 율법의 위엄이 잠시 멈추었으며, 죄 사함의 문이 활짝 열리고, 마귀의 사망이 소멸되었으며, 믿는 사람들은 암부의 깊은 해악을 다시 알지 못하게 되었으니, 이것이 바로 景淨이 저술한「큰 빛을 비추시어 어둠을 깨뜨리셨다.」라는 문장인 것이다.

자비의 배를 저어 밝은 궁전으로 올랐으니, 영성을 가진 인류가 여기서 이미 구원을 얻었다(掉慈航以登明宮, 含靈於是乎旣濟)

此言景尊身作「慈航」, 以受萬姓, 安渡苦海, 返於帝鄕之義也. 此文乃假借內典,[982] 道書文字以爲文, 讀者不以文害辭, 不以辭害意, 可慈航之喩內典, 以照空五蘊爲義, 景義非也.「含靈」之文, 內典指一切有生, 有情, 有覺者而言, 景義獨指人而言已.「明宮」之文, 道書指玉京[983]金闕, 言景義亦非也. 景義所謂「慈航」者, 讀古經創世記挪亞傳,[984] 而知慈航之事; 讀本經彼得前書三章論挪亞方舟事,[985] 然後知慈航之義. 在景淨等當日要作如許妙文, 故不能不假借, 今則據景經而釋之.

이것은 예수께서 친히 만드신「慈航(자비의 배)」이라는 말로서, 온 백성을 받아들여, 고통의 바다를 무사히 건너, 하나님의 곳으로 돌아온다는

---

982 「內典」: '불교 전적(典籍)'을 가리킨다.《北史 · 蕭》:「所著文集十五卷, 內典華嚴, 般若, 法華, 金光明義疏三十六卷.(저술한 문집이 50권이며, 불교 전적은 〈華嚴〉, 〈般若〉, 〈法華〉, 〈金光明義疏〉 36권이다.)」

983 「玉京」: 도교에서 '天帝가 거처하는 곳'을 말한다.《隋書 · 道經》:「每至天地初開, 或在玉京之上, 或在窮桑之野, 授以秘道.(매번 천지가 열릴 때가 되면, 玉京 위에 있기도 하고, 窮桑의 들에 있기도 하면서, 祕術을 전해 준다.)」

984 창세기 '노아 방주'에 관한 내용이다. 창세기 6-9장 참고.

985 베드로전서 3장 20-22절 참고.

의미인 것이다. 이 문장은 불교 전적과 도교 책의 문자를 빌려서 지은 것이니, 독자는 문자에 얽매여 내용을 오해하거나, 내용에 얽매여 의미를 오해하지 말아야 한다. 불교 전적에서의 '慈航'(*譯者註: 부처가 자비심을 가지고 중생을 제도하는 것을 배의 운항에 비유하여 이르는 말.)이라는 비유는, '헛된 것을 비추는 五蘊(色, 受, 想, 行, 識)'이라는 의미로서, 경교의 의미가 아닌 것이다. 「含靈」은, 불교 전적에서 모든 '살아 있는 것, 중생, 존재'를 가리켜 말하는 것인데, 경교에서는 유독 '사람'을 지칭하여 말할 뿐이다. 「明宮」은, 도교 전적에서 '天帝가 거처하는 금궐'을 말하는데, 또한 경교에서의 의미를 말하는 것은 아니다. 경교에서의 의미가 말하는 「慈航」이라는 것은, 구약 창세기 노아 방주 부분을 읽어 보면, '자비의 배'에 관한 내용을 알 수 있고; 신약 베드로전서 3장에서 노아의 방주를 언급한 내용을 읽어 보면, '자비의 배'의 의미를 알 수 있다. 景淨 등이 당일 이처럼 많은 기묘한 문장을 지으려 하면서, 다른 곳의 문장을 빌려 쓰지 않을 수 없었을 터이니, 지금은 경교 경전에 근거하여 해석하였을 뿐이다.

按創世記挪亞傳, 可知世間曾經大變, 蓋以開闢之初, 人俱長壽, 動至千百歲, 未及二千年, 而人民繁衍於中亞, 西亞之間者, 不知凡幾. 惟是殘忍暴虐, 不稱人類, 惟挪亞一人謹守道義而已. 上帝震怒, 預命挪亞創造極大方舟, 備六畜百獸之糧, 如是者一百卄年. 挪亞傳道義而人不信, 屆期, 上帝命挪亞一家八口三子三媳咸登方舟, 生物雌雄牝牡[986]各存其種. 於是霪雨四旬,[987] 晝夜不息, 洪水氾濫, 中亞細亞之山爲之湮沒者, 一丈有五. 地

---

986 「牝牡」: '새와 짐승의 암컷과 수컷'. 《荀子·非相》: 「夫禽獸有父子而無父子之親, 有牝牡而無男女之別.(무릇 금수는 아버지와 자식이 있으면서도 부자 간의 가까움이 없고, 암수는 있으면서도 남녀 간의 구별이 없다.)」
987 「四旬」: '40일'. 「旬」, '10일'.

下人物, 凡有鼻可通呼吸者, 咸就死亡. 越一年, 水退盡而高原始現, 上帝命挪亞出方舟, 挪亞築壇獻祭上帝. 挪亞一家身歷大災, 畏天明命, 創垂家法而文字興焉, 此伏犧以前事也. 伊古以來, 即以上帝爲挪亞預備方舟, 以救信者脫於水災之事, 是乃上帝爲世人預備彌施訶, 以救信者免於沈淪之象. 此方舟, 即挪亞一家之慈航; 此彌施訶, 即天下萬國信者之慈航. 其義見於彼得前書三章, 文云:「昔挪亞造方舟, 拯八人脫於水厄, 時衆不信從, 上帝姑待之, 後囚於獄, 基督以神往彼傳道矣![988]」今我賴耶穌基督之復生, 而受洗不在潔身去垢, 乃誠心籲上帝, 以此得救. 故作巨舟一事觀可也, 此景淨等所謂慈航之正義也. 然航之所以爲慈航者, 以能安渡苦海也. 思苦海之爲難, 其畧有七:

창세기 노아의 방주 부분에 근거하면, 이 세상은 일찍이 큰 변고를 겪었음을 알 수 있는데, 무릇 창조의 초기에는, 인간이 장수를 누려, 긴 세월을 살 수 있었으나, 2천 년에는 미치지 못하였고, 그리하여 백성들이 중앙아시아와 서아시아 사이에 번성함이, 얼마인지는 알 수가 없다. 단지 이 잔인함과 포악함이, 인류에게는 어울리지 않았고, 오로지 노아 한 사람만이 삼가 道義를 지켰을 뿐이다. 하나님께서 진노하시어, 노아에게 거대한 방주를 짓고, 육축(*譯者註: 말, 소, 양, 닭, 개, 돼지.)과 온갖 짐승의 양식을 준비하라고 미리 명령하셨는데, 이와 같이 하는 데에 120년이 걸렸다. 노아가 道義를 전하였으나 사람들이 믿지 않았고, 기한이 되어, 하나님께서 노아에게 명하시어 아들 셋과 며느리 셋을 포함한 한 가족 여덟 명 모두 방주에 오르라 명하셨고, 생물은 새와 짐승의 암컷과 수컷 각 종자들을 보존하셨다. 이리하여 40일 간 폭우가 쏟아졌고, 주야로 그치지 않

---

988 「昔挪 … 道矣」는「委辦譯本, Delegates' Version」베드로전서 3장 19-22절에서 인용되었다.

앉으니, 홍수가 범람하여, 중앙아시아의 산이 그로 인해 잠겼으며, 물은 그러고도 열다섯 자나 불어났다. 땅 아래 사람과 사물, 무릇 코로 숨 쉬는, 모든 것들이 죽었다. 일 년을 넘기고서, 물이 물러가고 고원이 비로소 보이기 시작했으니, 하나님께서 노아에게 배에서 나오라 명하셨고, 노아는 제단을 쌓아 하나님께 제사를 드렸다. 노아 일가는 몸으로 큰 재난을 겪으면서도, 하나님의 뜻을 두려워하였고, 집안의 규율을 세워 후세에 전함으로 문자가 일어났으니, 이는 복희씨(伏羲氏) 이전의 일인 것이다. 예로부터, 하나님께서 노아를 위해 방주를 준비하신 일, 믿는 자들을 구원하시어 홍수의 재해로부터 건지신 일, 이는 바로 하나님께서 세상 사람들을 위하여 메시아를 예비하시어, 믿는 자들을 고통과 죄악으로부터 건져 내신 것이다. 이 방주가, 바로 노아 일가의 '자비의 배'인 것이며; 이 메시아가, 즉 천하 만국 믿는 자들의 '자비의 배'인 것이다. 이 뜻은 베드로전서 3장에서 볼 수 있으니, 이르되:「옛날 노아가 방주를 짓고, 여덟 명을 물의 재앙에서 구원하였다. 그때 복종하지 아니하던 자들이 있었는데, 하나님이 오래 참고 기다리셨고, 후에 그리스도께서 옥으로 가셔서 그 영들에게 道를 선포하셨노라!」 지금 우리는 예수 그리스도의 부활에 의지하지만, 세례를 받는 것은 때를 제거하여 몸을 정결히 함에만 있지 않고, 진실된 마음으로 하나님을 외쳐 부르며, 이로써 구원을 받는 것이다. 그러므로 거대한 배를 지은 일을 통해 알 수 있으니, 이것은 景淨 등이 말한 '慈航'의 바른 의미인 것이다. 그러나 '航'을 '慈航'이라 한 것은, 고통의 바다를 평안히 건널 수 있기 때문이다. '고통의 바다의 어려움'을 고찰해 보면, 그 대략은 일곱 가지가 있다:

一曰與死爲隣, 謂肉身之生死不測, 良心之存亡頃刻也. 二曰浮蕩無依, 謂身無定業, 心無止境也. 三曰糧盡堪虞, 謂身遇旱乾水溢, 心遇晦盲否

塞[989]也. 四曰波濤兇險, 謂身遇水火盜賊, 心遇世情叵測[990]也. 五曰風暴
難防, 謂身遇干戈四起, 心遇異端邪說也. 六曰觸礁擱淺, 謂身遇疾病, 心
遇憂危也. 七曰景況淒涼, 謂身遇晚景蕭條, 心覺彌天罪孽也.

첫째는 '죽음과 이웃함'이라는 것인데, 육신의 생사는 예측할 수 없는
것이니, 양심의 존망이 경각에 달려 있음을 말하는 것이다. 둘째는 '떠돌
아다녀 의지할 곳이 없음'이라고 하는 것인데, 몸에는 정해진 업이 없고,
마음에는 머물 곳이 없음을 말하는 것이다. 셋째는 '양식이 다할까 염려
됨'인데, 몸이 가뭄과 수재를 만나고, 마음이 국가의 혼란으로 백성들의
고통이 군주에게 상달되지 아니한 상황에 처함을 말한다. 넷째는 '파도
가 험악함'을 말하는데, 몸이 물과 불 그리고 도적을 만나고, 마음이 예측
할 수 없는 세상의 상황을 겪게 됨을 말하는 것이다. 다섯째는 '폭풍을
막기 어려움'이라고 하는데, 몸이 사방에서 일어나는 전쟁을 만나고, 마
음이 이단 사설을 만나게 됨을 말하는 것이다. 여섯째는 '암초에 부딪혀
좌초함'인데, 몸이 질병을 만나, 마음이 근심하고 위태로움을 말하는 것
이다. 일곱 번째는 '형편이 처량함'인데, 몸이 어두워질 무렵의 스산한 경
치를 만나고, 마음속에 하늘 가득한 죄악을 느끼는 것을 말한다.

凡此七端, 雖未能盡苦海之慘傷, 然亦可以觀其槪矣! 擧世之人, 日在苦
海之中而不自覺. 間有覺者, 或逃於老, 或逃於佛. 旣乃身入空門, 苦海之
因緣未息, 而僧侶之勢利, 愈增其苦. 佛無把握, 仙更難逢; 六根難斷, 六

---

989 「晦盲否塞」: '국가가 혼란하여 백성들의 고통이 집권자에게 상달되지 아니하다'. [宋]
朱熹, 《四書章句集注 · 大學章句 · 大學章句序》: 「使其君子不幸而不得聞大道之要, 其小人
不幸而不得蒙至治之澤, <u>晦盲否塞</u>.(위정자로 하여금 불행히도 大道의 요체를 얻어듣지
못하고, 백성들로 하여금 불행히도 세상이 매우 잘 다스려지는 은택을 얻어 입지 못하
게 하여, 백성들의 고통이 집권자에게 상달되지 아니한다.)」
990 「叵測」: '예측할 수 없다'. 「叵」, '~할 수 없다'.

親已絶. 嗚呼冤哉! 此蓋苦海之風波, 眞有罄竹難書者, 則景尊果何以宏濟其艱乎!

무릇 이 일곱 가지가, 비록 고해의 참상을 다 표현하지는 못할지라도, 그래도 또한 그 대략은 볼 수 있는 것이다! 온 세상 사람들은, 나날이 고해 가운데에서 자기도 모르게 지내고 있다. 사이에 선각자들이 있었으니, 어떤 이들은 노자에게로 도피하였고, 어떤 이들은 불교로 도피하였다. 이미 몸이 공허한 문으로 들어갔으니, 고해의 인연이 멈춰지지 못하고, 승려들의 권세와 이익만, 갈수록 그 고통을 증가시켜 버렸다. 부처에게 성공의 가능성이 없으니, 신선은 더욱 만나기가 어렵고; 육근(*譯者註: 眼根, 耳根, 鼻根, 舌根, 身根, 意根.)을 끊기 어려우니, 육친(*譯者註: 父, 母, 兄, 弟, 妻, 子.)은 이미 단절되어 버렸다. 원통하도다! 이는 무릇 고해의 풍파이니, 정말로 필설로는 다 표현할 수가 없는데, 예수께서는 과연 무엇으로 그 어려움을 크게 구제하실 수 있겠는가!

査挪亞當日之方舟, 日在巨浸之中者凡一年, 舟中一家八口所賴以生者, 惟上帝之恩而已! 此外惟見人物之屍骸出沒於洪濤之中, 是眞與死爲鄰也. 然賴上帝之恩, 終免沈淪之苦, 乃景尊則歷九死[991]而卒, 保首領, 服咒詛而終不沈淪; 歸窀穸[992]而竟然復生, 降陰府而超然上昇. 蓋其良心與元始生命之道混而爲一, 無間隙之可尋, 則凡宗基督者, 皆不屬於死也, 以在基督故也.

노아의 그날의 방주를 살펴보면, 거대한 물 가운데에서 무려 일 년을

---

991 「九死」: '여러 차례 죽음의 위험에 직면하다'. 《楚辭·離騷》: 「亦余心之所善兮, 雖九死其猶未悔.(또한 내 마음이 선하니, 여러 번 죽더라도 후회하지 않으리라.)」

992 「窀穸」: 독음이 「諄夕」과 같으며, '묘혈(墓穴)'의 의미이다. 《後漢書·劉陶》: 「死者悲於窀穸, 生者戚於朝野.(죽은 자는 묘혈에서 비통해하고, 산 자는 朝野에서 슬퍼한다.)」

지냈으니, 배 속의 일가 여덟 식구가 생을 의지한 것은, 오로지 하나님의 은혜일 뿐이로다! 이 외에 사람의 시체들이 거센 파도 속에서 출몰하는 것만을 보았을 터이니, 이것이 실로 '죽음과 이웃함'인 것이다. 그러나 하나님의 은혜에 의지하여, 끝내 물에 빠지는 고통을 면한 것은, 즉 예수가 구사일생을 겪으며 죽음을 맞이했지만, 생명을 지켰고, 저주에 복종하였으나 끝내 침몰하지는 않았으니; 묘혈로 돌아가 뜻밖에도 다시 살아났고, 음부로 내려갔다가 다시 초연하게 하늘로 올라갔다. 무릇 그 어진 마음과 태초의 생명의 道가 하나로 융합되어, 찾을 수 있는 간극이 없으면, 즉 그리스도를 근본으로 좇는 자는, 죽음에 예속되지 않으니, 모두 그리스도에 속해 있는 까닭이다.

在基督, 則其良心生命亦與基督而俱濟矣! 何以濟流蕩無依之難也? 讀挪亞傳而知當日水勢橫流雖甚, 然賴上帝恩, 方舟祇溯洄於亞喇臘山之間. 山在今俄羅斯藩屬亞偏美尼部 景尊告其徒曰:「狐狸有穴, 飛鳥有巢; 惟人之子,景尊自稱 無枕首之所也.文見路加九章993」然景尊身總不離聖殿, 心總不離天父, 是非流蕩無依也.

그리스도 안에서는, 그 양심과 생명이 또한 그리스도와 함께 구제되는 것이다! 유랑하며 의지할 데 없는 어려움을 어떻게 구제할 수 있는 것인가? 창세기 노아 부분을 읽어 보면, 그날 물살이 비록 매우 거세게 흘렀지만, 하나님의 은혜에 의지하여, 방주는 그저 아라랏산산은 지금의 러시아 속국 아르메니아에 있다. 사이로 거슬러 올라갔던 것이다. 예수께서 제자들에게 말씀하셨다:「여우도 굴이 있고, 공중의 새도 집이 있으되, 인자예수의 자칭는 머리 둘 곳이 없도다.누가복음 9장」 그러나 예수의 몸은 결국 성전을 떠나지

---

993 「狐狸 … 所也」는「委辦譯本, Delegates' Version」누가복음전 9장 58절에서 인용되었다.

않았고, 마음은 천부를 떠나지 않았으니, 이것은 '유랑하며 의지할 데 없는 것'이 아닌 것이다.

則凡宗基督者, 身雖旅世,[994] 業雖餬口; 然身總不離乎聖會, 心總不離乎上帝, 是非茫無止境也.

무릇 그리스도를 존숭하는 자는, 몸이 비록 세상에 기거하고, 업이 비록 입에 풀칠할 정도로 근근이 살아갈지라도; 그러나 몸은 항상 거룩한 교회를 떠나지 않고, 마음이 항상 하나님을 떠나지 않으니, 이것은 '망망하기 그지없음'이 아닌 것이다.

何以濟糧絶之虞也? 査挪亞當日奉命造舟之時, 上帝命積糧於舟中, 以備人物之食. 至出方舟之日, 尚綽有餘饒, 籽種無憂, 永爲子孫萬世之業. 景尊之訓曰:「勿慮何以食, 何以飮, 何以衣, 此皆世俗人所求.[995] 天父知爾需之, 惟上帝之國與義是求, 則此物自加諸爾.[996]」又曰:「試觀飛鳥不稼不穡,[997] 無積無廩,[998] 天父且養之, 爾豈不貴於鳥乎?文見馬太六章[999]」信徒篤信聖訓, 何憂乎旱乾水溢也?

'양식이 다할까 염려됨'이란 무엇인가? 노아가 당일 방주를 만들라는

---

994 「旅世」: '세상에서 기거하다'의 의미이다. 「旅」, '기거(寄居)하다'의 뜻이다.

995 「此皆世俗人所求」 중의 「世俗」은 「委辦譯本, Delegates' Version」에서는 「異邦」으로 기록되어 있다.

996 「勿慮 … 諸爾」는 「委辦譯本, Delegates' Version」 마태복음전 6장 31-33절에서 인용되었다.

997 「不稼不穡」: '심지도 않고 곡물을 수확하지도 않다'. 「稼」는 '경작하다', 「穡」은 '수확하다'. 《詩經 · 國風 · 伐檀》:「<u>不稼不穡</u>, 胡取禾三百廛兮.(심지도 않고 수확하지도 않는데, 어찌 수많은 볏섬을 취할 것인가.)」

998 「廩」: '곡물 창고'. 《宋史 · 淳化元年》:「京師貴糴, 遣使開<u>廩</u>減價分糴.(수도에서 식량을 비싸게 사야 했으니, 관리를 보내 곡물 창고를 열고 값을 낮추어 나누어 주었다.)」

999 「試觀 … 鳥乎」는 「委辦譯本, Delegates' Version」 마태복음전 6장 26절에서 인용되었다.

명을 받았을 때를 살펴보면, 하나님께서는 방주 안에 양식을 쌓아 사람과 동물들의 먹을 것을 준비하라고 명하셨다. 방주를 나갈 날이 되었으나, 아직 넉넉히 남음이 있었고, 종자도 걱정이 없었으니, 영원히 자손만세의 업이 되었다. 예수께서 훈계하여 말씀하셨다: 「무엇을 먹을까, 무엇을 마실까, 무엇을 입을까 하지 말라. 이는 다 이방인들이 구하는 것이라. 너희 하늘 아버지께서 이 모든 것이 너희에게 있어야 할 줄을 아시느니라. 그런즉 너희는 먼저 그의 나라와 그의 의를 구하라. 그리하면 이 모든 것을 너희에게 더하시리라.」 또 이르시되: 「공중의 새를 보라. 심지도 않고 거두지도 않고, 창고에 모아들이지도 아니하되, 너희 하늘 아버지께서 기르시나니, 너희는 이것들보다 귀하지 아니하냐?^{마태복음 6장}」 신도들이 거룩한 말씀을 신실하게 믿으면, 가뭄과 수해를 어찌 근심하겠는가?

景尊以道成人身, 居於聖徒之間,^{見約翰福音一章1000} 其上帝之盛德悉充於基督.^{文見哥羅西書二章1001} 道德之糧較之挪亞舟中養生之糧而有餘, 其遺跡猶有古經卅九卷, 本經廿七卷充實於聖會之中, 足以使萬世信徒優游釃飫於其間, 又何憂乎晦盲否塞也?

예수는 말씀으로 육신이 되시어, 성도들 사이에 거하시니,^{요한복음 1장} 그 하나님의 성덕이 모두 그리스도의 육체 안에 충만하다.^{골로새서 2장} 도덕의 양식은 노아의 방주 안에 있는 양생의 양식에 비해서도 남음이 있어서, 그 흔적이 구약 39권과 신약 27권에 아직 남아 있어서 거룩한 교회들 가

1000 요한복음 1장 14절 참고.
1001 골로새서 2장 9절 참고. 「哥羅西書(골로새서)」의 편명이 「委辦譯本, Delegates' Version」에서는 使徒保羅達哥羅西人書(사도바울골로새서)로 표기되어 있다. 「新標點和合本」과 「現代中文譯本(수정판)」에서는 모두 '歌羅西書'이다.

운데에 충실하며, 만세의 신도들이 그 안에서 넉넉하고 배부르기에 충분하니, 또한 사람의 양심과 학문이 어두워지고 행해지지 않음에 무슨 걱정이 있겠는가?

何以解波濤兇險之厄也? 原得救於方舟之中者, 乃挪亞一家八口; 老夫老妻, 三子, 三媳, 同在大難之中, 無日不寅畏敬愼,[1002] 以曁得救. 至親一家尙何有水火盜賊, 世情叵測之事. 景尊之訓曰:「在世爾有患難, 然爾無懼, 我己勝世矣![文見約翰十六章1003]」 又告其徒曰:「我遺爾以安, 卽以我之安賜爾. 我所賜, 非如世所賜, 爾心勿憂勿懼.[文見約翰十四章1004]」 又曰:「我示爾新誡, 卽爾相愛是也. 故爾宜相愛, 猶我愛爾焉. 爾若相愛, 衆識爾爲我徒.[文見約翰十三章1005]」 故凡今之信徒, 皆以上帝爲父, 以世人爲上帝所造, 以信徒爲上帝所復生之子. 信者, 天下一家, 聖會一人; 基督爲元首, 聖會爲四肢百體. 同一天父, 同一救主, 同一聖神, 同一信服, 同一心志, 同一潔禮, 同一聖餐, 同一願望, 同一仁愛. 道義之交, 他山之錯;[1006] 周而不比,[1007] 和而不同,[1008] 無傷也. 何患於波濤兇險之不濟也?

1002 「寅畏敬愼」은 「嚴畏敬愼」과 같으며, '제사를 지낼 때는 마음을 엄숙하게 경외해야 하며, 몸가짐을 단정하고 신중해야 한다'는 의미이다.

1003 「在世 … 世矣」는 「委辦譯本, Delegates' Version」 요한복음전 16장 33절에서 인용되었다.

1004 「我遺 … 勿懼」는 「委辦譯本, Delegates' Version」 요한복음전 14장 27절에서 인용되었다.

1005 「我示 … 我徒」는 「委辦譯本, Delegates' Version」 요한복음전 13장 34-35절에서 인용되었다.

1006 「他山之錯」: '외부의 힘을 빌려 결점을 고친다'라는 내용을 비유한다. 「錯」, '숫돌'. 《詩經 · 小雅 · 鶴鳴》:「它山之石, 可以爲錯.(다른 산의 돌이, 숫돌이 될 수 있다네.)」

1007 「周而不比」: '君子의 언행은 충직하고 믿음직해야 하며, 작당하여 사리를 도모하지 않는다'. 「周」, '충직하고 믿음직하다'; 「比」, '당파(黨派)에 의지하여 따르다'. 《論語 · 爲政》:「君子周而不比, 小人比而不周.(군자는 두루 사랑하고 편당하지 않으며, 소인은 편당하고 두루 사랑하지 않는다.)」

1008 「和而不同」: '사람들과 화목하게 지내야 하지만, 맹목적으로 부화(附和)하지는 않는다'. 《論語 · 子路》:「君子和而不同, 小人同而不和.(군자는 조화를 추구하고 획일적이지 않으며, 소인은 획일적이고 조화를 추구하지 않는다.)」

파도의 흉험한 재난을 어떻게 풀 수 있겠는가? 원래 방주로 구원받은 자들은, 노아 일가 여덟 명이었는데; 늙은 남편과 아내, 세 아들과 세 며느리가 큰 재난 가운데에 함께하였고, 매일 신중한 마음과 경외하는 태도로, 구원을 얻었다. 한 가족에 물불 도적이 또한 어디 있겠는가? 세상의 사정은 헤아릴 수 없는 일인 것이다. 예수께서 가르치시어 말씀하셨다: 「세상에서는 너희가 환난을 당하나, 담대하라. 내가 세상을 이기었노라!요한복음 16장」 또 그 제자들에게 이르기를: 「평안을 너희에게 끼치노니, 곧 나의 평안을 너희에게 주노라. 내가 너희에게 주는 것은, 세상이 주는 것과 같지 아니하니라. 너희는 마음에 근심하지도 말고, 두려워하지도 말라.요한복음 14장」 또 이르시되: 「새 계명을 너희에게 주노니, 서로 사랑하라. 내가 너희를 사랑한 것같이, 너희도 서로 사랑하라.요한복음 13장」 그러므로 무릇 지금의 신도들은, 모두 하나님을 아버지로 삼고, 세상 사람들을 하나님의 피조물로 여기며, 신도들을 하나님께서 다시 살리신 아들로 삼는다. 신자는, 천하의 일가이며, 성회의 한 사람이고; 그리스도는 머리이며, 성회는 온몸인 것이다. 동일한 하나님, 동일한 구주, 동일한 성령, 동일한 믿음과 순종, 동일한 의지, 동일한 성결의 예, 동일한 성찬, 동일한 바람, 동일한 인애이다. 道義의 교제, 타산지석; 주위와 화목하며 나쁜 일을 하지 않음, 화합하며 부화뇌동하지 않음 등에, 저촉됨이 없다. 험난한 파도로 구제하지 못함에 무슨 어려움이 있겠는가?

何以禦風暴之災也? 夫挪亞以至親骨肉同處一舟之中, 自無干戈四起之患, 而目擊得救之道, 乃在上帝之恩, 家主之信與義, 則亦無異端邪說之可生. 基督有言: 「殺身而不能殺魂者, 勿懼; 惟能殺身及魂於地獄者, 甚可懼也. 二雀非一分金售乎?1009 然爾父弗許, 其一不隕地, 爾髮亦且見數. 故勿懼, 爾比多雀貴焉.文見馬太十章1010」 篤信此言, 何憂乎干戈四起之患也?

폭풍의 재난을 어떻게 다스릴 수 있겠는가? 무릇 노아는 육친 혈육과 한 배에 함께 탔으니, 사방에서 일어나는 다툼의 염려가 없었고, 구원을 얻는 길을 목격하면서, 하나님의 은혜 가운데에 거하였으며, 가장의 믿음과 의리를 다하였고, 또한 이단 사설의 발생도 없었다. 그리스도께서는 말씀하셨다: 「몸은 죽여도 영혼은 능히 죽이지 못하는 자들을 두려워하지 말고, 오직 몸과 영혼을 능히 지옥에 멸하실 수 있는 이를 두려워하라. 참새 두 마리가 한 앗사리온에 팔리지 않느냐. 그러나 너희 아버지께서 허락하지 아니하시면, 그 하나도 땅에 떨어지지 아니하리라. ^{마태복음 10장}」 이 말씀을 굳게 믿는데, 어찌 사방의 전쟁의 환난을 걱정할 수 있겠는가?

基督又言:「凡樹非我天父所樹者, 將拔其根. ^{指異端言. 文見馬太十五章1011}」 又曰:「眞理之神至, 將導爾悉知眞理. ^{文見約翰十六章1012}」 又告其徒曰:「西門! 西門! 撒但欲簸爾曹若麥. 然我爲爾祈, 使爾信不渝. 反正後, 可堅爾兄弟. ^{文見路加卄二章1013}」 如是, 又何憂乎異端邪說之患也?

그리스도께서 또 말씀하셨다: 「심은 것마다 내 하늘 아버지께서 심으시지 않은 것은 뽑힐 것이라. ^{이단의 말을 가리킴. 마태복음 15장}」 또 이르시되: 「진리의 성령이 오시면, 그가 너희를 모든 진리 가운데로 인도하실 것이라. ^{요한복음 15장}」 또 제자들에게 이르시되: 「시몬아! 시몬아! 보라 사탄이 너희를 밀 까부르듯 하려고 요구하였으나, 그러나 내가 너를 위하여, 네 믿음이

1009 「二雀非一分金售乎」 중의 「售」는 「委辦譯本, Delegates' Version」에서는 「購」이다.
1010 「殺身 … 貴焉」은 「委辦譯本, Delegates' Version」 마태복음 10장 28-31절에서 인용되었다.
1011 「凡樹 … 其根」은 「委辦譯本, Delegates' Version」 마태복음전 15장 13절에서 인용되었다.
1012 「眞理 … 眞理」는 「委辦譯本, Delegates' Version」 요한복음전 16장 13절에서 인용되었다.
1013 「西門 … 兄弟」는 「委辦譯本, Delegates' Version」 누가복음전 22장 31-32절에서 인용되었다.

떨어지지 않기를 기도하였노니, 너는 돌이킨 후에 네 형제를 굳게 하라. _{누가복음 22장}」 이와 같은데, 또 무슨 이단 사설의 환난을 걱정하겠는가?

求免觸礁擱淺之難, 則又如何考挪亞登舟之日, 上帝恩膏叠沛. 是以舟中百物皆備, 惟未聞備藥, 以是知無疾病也. 擧世在上帝震怒之中, 而挪亞一家獨沾恩寵, 以是知心無憂患也. 乃景尊備歷艱難, 然未聞有病; 九死一生, 然未聞恐怖, 更以一言而疾病除, 邪神出. 如是, 信徒身遇疾病, 無不知天心之督責, 而務爲修省; 仁者不憂, 勇者不懼. 景聖保羅有言曰:「我儕知萬事沓來, 無非益諸愛上帝者.¹⁰¹⁴」又云:「誰能絶我於基督之愛? 或患難, 或阨窮, 或窘逐, 或饑餓, 或裸裎, 或艱危, 白刃乎?¹⁰¹⁵」又云:「蓋我知或死生, 或天使, 或執政, 或有能, 或今時將來, 或高卑受造之物, 皆不能絶我於上帝之愛._{文見羅馬書八章}1016」審乎此, 則信徒實無憂危之可患, 其有可患者, 惟憂世憂民而已.

암초에 부딪혀 좌초되는 어려움을 면하려면, 노아가 배에 오르는 날에 하나님의 은혜가 어떻게 충만하였는가를 또한 생각해 보아야 한다. 이로써 배 안에는 온갖 물건들이 모두 준비되어 있었지만, 약을 준비했다는 말은 들어 보지 못했으니, 이 때문에 질병이 없는 것으로 알고 있다. 온 세상이 하나님의 진노 가운데에 있었으나, 노아 일가만이 은총을 홀로 받았기 때문에, 이로써 마음에 우환이 없었음을 알 수 있다. 예수는 험난한 일을 많이 겪었지만, 병이 있었다는 것을 들어 보지 못하였다; 구사일

1014 「我儕 … 帝者」는「委辦譯本, Delegates' Version」 使徒保羅達羅馬人書(사도바울로마서) 8장 28절에서 인용되었다.

1015 「誰能 … 刃乎」는「委辦譯本, Delegates' Version」 使徒保羅達羅馬人書(사도바울로마서) 8장 35절에서 인용되었다.

1016 「蓋我 … 之愛」는「委辦譯本, Delegates' Version」 使徒保羅達羅馬人書(사도바울로마서) 8장 38-39절에서 인용되었다.

생을 경험하였지만, 그러나 두려움을 들어 보지 못했고, 더욱이 한마디 말로써 질병을 없애고, 악한 귀신을 나가게 하셨다. 이와 같았으니, 신도들은 몸에 질병을 만나면, 천심의 감찰과 책문을 모르는 사람이 없었고, 그리하여 수양하고 성찰하는 데에 힘을 썼다; 어진 자는 근심하지 않고, 용감한 자는 두려워하지 않는다. 경교 성인 바울이 말하였다:「우리가 알거니와, 하나님을 사랑하는 자, 곧 그의 뜻대로 부르심을 입은 자들에게는, 모든 것이 합력하여 선을 이루느니라.」또 이르되:「누가 우리를 그리스도의 사랑에서 끊으리요. 환난이나, 곤고나, 박해나, 기근이나, 적신이나, 위험이나, 칼이라.」또 이르되:「내가 확신하노니, 사망이나, 생명이나, 천사들이나, 권세자들이나, 현재 일이나, 장래 일이나, 능력이나, 높음이나, 깊음이나, 다른 어떤 피조물이라도, 우리를 우리 주 그리스도 예수 안에 있는 하나님의 사랑에서 끊을 수 없으리라.^{로마서 8장}」이를 자세히 살펴보면, 신도들은 정말로 근심할 만한 위험이 없는데, 걱정할 것이 있다면, 오로지 세상을 근심하고 백성을 걱정할 뿐인 것이다.

若至景況淒涼之苦, 又將何以爲慰也? 想挪亞當暮年之際, 經此大災, 舉世人物淪胥以亡.[1017] 然剝極而復,[1018] 否極而泰,[1019] 惡之終, 善之始, 反有維新之象. 從前惡藪火坑, 頓變清涼世界. 自上帝觀之, 挪亞之家可賀而不可弔, 淒涼之境, 直如安樂之窩. 是在上帝恩施而已矣! 當景尊臨世

1017「淪胥以亡」: '완전히 멸망하다'.「淪胥」, '완전히 상실하다'.《晉書 · 卷八七 · 述志賦》:「搢紳淪胥而覆溺.(벼슬아치가 완전히 상실되어 파묻혀 버렸다.)」

1018「剝極而復」: '극도의 곤경에 처하고 나면 반드시 좋은 환경으로 돌아설 것이다'라는 내용을 비유한다.「剝」과「復」은 모두《周易》64괘 중의 하나이다;「剝」은 '벗겨지다'의 의미가 있다.「復」, '운명이 순환한다'는 의미이다.

1019「否極而泰」: '극한의 역경을 만난 후에는 반드시 순조로운 환경으로 들어감'을 비유한다.「否」와「泰」는 모두《周易》64괘 중의 하나로서,「泰」는 '천지가 교류하여 기가 통하다'의 의미이다.

之日, 猶太之世道人心可謂否極矣! 然景尊自有回春手段. 上昇之日, 門弟子獲新生命者, 竟有五百之多.^{事見哥林多前書十五章1020} 日者, 有人負病三十八年, 無人助之, 其晚境蕭條之苦, 可謂極矣! 景尊憫之, 沈痾¹⁰²¹ 立起.^{事見約翰福音五章1022} 一日, 景尊宴於士人之家, 邑有惡婦跡景尊所止, 立其後而哭. 景尊謂之曰:「爾信救爾, 安然以歸¹⁰²³」,「爾罪赦矣!^{事見路加七章1024} 夫久病衰暮之廢人, 終被恩光所照; 而自訟痛哭之惡婦, 亦蒙赦罪之恩. 故凡事上帝之國, 於無告之民, 尤加之意焉; 聖會之中, 於悔罪改過之人, 視如信徒焉. 則景況凄涼之苦, 又何不可以安然竟渡哉!

만일 형편이 처량해지는 고통에 이른다면, 또 어떻게 위로할 수 있을 것인가? 노아가 노년을 맞이하였을 때를 생각해 보면, 이렇게 큰 재난을 겪으면서, 온 세상 사람들이 모두 완전히 멸절돼 버렸다. 그러나 극한을 딛고 일어나면 다시 돌아오고, 극도의 어려움을 이기면 평안을 얻게 되나니, 악이 끝나고, 선이 시작되어, 오히려 새롭게 변화되는 이미지가 생기는 것이다. 예전 죄악의 불구덩이가, 갑자기 청량한 세계로 변화하는 것이다. 하나님의 관점으로 보면, 노아의 가정은 축하할 만하였지 위문할 일이 아니었고, 그 처량한 경지는, 곧 안락의 보금자리와도 같은 것이었다. 이는 하나님의 은혜일 뿐이로다! 예수께서 세상에 임하시던 날에, 유대의 세도와 인심은 불운이 극에 달하였다고 말할 수 있다! 그러나 예수는 스스로 봄날로 되돌리는 수단을 가지고 있었다. 승천하던 날에는, 제자들 중 새 생명을 얻은 자가, 무려 오백여 명이나 되었다.^{이 일은 고린도전서}

1020 고린도전서 15장 3-8절 참고.
1021 「沈痾」: '오랫동안 치료하지 못한 병'. 「痾」는 '중병(重病)'이다.
1022 요한복음 5장 1-9절 참고.
1023 「爾信 … 以歸」는 「委辦譯本, Delegates' Version」누가복음전 7장 50절에서 인용되었다.
1024 「爾罪赦矣」, 이 구절은 「委辦譯本, Delegates' Version」누가복음전 7장 48절에서 인용되었다.

15장에서 볼 수 있음. 하루는, 38년 동안 병을 앓아 온 어떤 사람이 있었는데, 도와주는 사람이 없었고, 그 만년의 적막한 처지가, 이를 데 없이 고통스러웠다! 예수께서 그를 불쌍히 여기셨으니, 오랜 중병 들린 자가 일어나 걸었다. 요한복음 5장 어느 날, 예수께서 한 바리새인의 집에서 함께 드셨는데, 동네에 죄를 지은 한 여자가 있어, 예수의 뒤로 그 발 곁에 서서 울고 있었다. 예수께서 말씀하셨다:「네 믿음이 너를 구원하였으니, 평안히 가라.」「네 죄 사함을 받았느니라!누가복음 7장」 무릇 오랜 병으로 쇠약해진 폐인은, 결국 은혜의 빛을 받았고; 스스로 통곡하던 죄 지은 여자도 죄 사함의 은혜를 받았다. 그러므로 모든 일에 하나님의 나라는, 매우 불행한 백성에게, 특별히 그 뜻을 더하시며; 거룩한 교회에서는, 죄를 회개하고 잘못을 뉘우치는 자에게는, 신도처럼 대해 준다. 처량한 형편의 고통을, 또한 어찌 다투어 편안히 건너지 않을 수 있겠는가!

是知景尊之所以安渡萬姓, 歸于帝鄉者, 非以毀倫滅性, 苦空之道度人; 實以上帝之鴻恩, 無價之寶血, 生命之正道, 無量之聖神, 於性情, 倫理, 苦難, 罪惡, 死亡之中, 拯救萬民, 出死入生者, 是以景淨著此文也.

이것으로 예수께서 만백성을 편안히 건너게 해 주시어, 고향으로 돌아가게 하셨음을 알 수 있는데, 윤리를 훼손하여 인간성을 상실하거나, 인간 세상의 모든 고통으로 사람을 제도(濟度)한 것이 아니라; 실로 하나님의 크신 은혜와, 값을 매길 수 없는 보혈, 생명의 바른 道, 측량할 수 없는 성령의 은총으로써, 성정, 윤리, 고난, 죄악, 죽음의 가운데에서, 만민을 구원하시고, 사망으로부터 구해 내셨으니, 이로써 景淨이 이러한 문장을 지은 것이다.

권능의 일을 이에 마치시고, 정오에 참 神으로 승천하셨다
(能事斯畢, 亭午昇眞)

此言景尊勝死亡之權, 完天律之案, 成救世之工, 塞陰司之路, 證生人之
旨之事也.

所謂「能事」者, 按本經哥羅西書二章文云:「繩我儕者, 儀文之券, 以基
督釘十字架, 塗抹去之. 基督釘十字架,[1025] 勝諸權力, 明徇[1026]於衆而凱
旋.[1027]」是其義矣!

이것은 예수께서 사망의 권세를 이기시고, 하늘의 계율을 완성하셨으
며, 세상 구원의 과업을 이루시었고, 지옥의 길을 막으셨으며, 사람을 살
리시려는 뜻을 증명하셨음을 말하고 있다.

소위 「能事(권능의 일)」라는 것은, 신약 골로새서 2장에서 이르되:「우리
를 거스르고 불리하게 하는 법조문으로 쓴 증서를 지우시고, 제하여 버
리사, 십자가에 못 박으시고, 통치자들과 권세들을 무력화하여 드러내
어, 구경거리로 삼으시고, 십자가로 그들을 이기셨느니라.」이것이 그
의미이도다!

蓋犯法者死, 上帝主之; 犯法取死, 人自主之. 上帝不能廢法, 人自不能
絶欲. 魔鬼復勤於搆煽,[1028] 如是律法之嚴, 私欲之熾, 魔鬼之誘, 三者合
而爲死亡之大權. 古今萬國之聖賢豪傑, 無有能解其厄者. 乃景尊以一死
贖犯法之罪, 銷其罪案; 以一死絶萬民之欲, 挽其天良; 以一死破魔鬼之

1025 「基督釘十字架」 중의 「釘」은 「委辦譯本, Delegates' Version」에서는 「在」이다.
1026 「徇」은 '대중에게 선포하다'의 의미이다.
1027 「繩我 … 凱旋」은 「委辦譯本, Delegates' Version」 골로새서 2장 14-15절에서 인용되었다.
1028 「搆煽」: '선동하다, 부추기다'의 의미이다.

術, 覆其全軍, 此所謂能事也.

무릇 법을 어기는 자는 죽나니, 하나님이 주관하시는 것이며; 법을 어기고 죽음을 취하는 것은, 사람이 스스로 하는 것이다. 하나님은 법을 폐할 수 없고, 사람은 스스로 욕망을 끊을 수 없다. 마귀는 반복해서 선동하는 데에 부지런하니, 이처럼 율법의 엄격함, 사사로운 욕망의 치열함, 마귀의 유혹, 세 가지가 합쳐져 사망의 큰 권세가 된다. 고금 만국의 성현과 호걸들은, 그 액운을 풀 수 있는 자가 없다. 예수가 죽음으로써 법을 어긴 죄를 속죄하여, 그 죄의 사건을 없애 버렸고; 죽음으로써 만민의 욕망을 끊어 내어, 그 양심을 끌어올렸으며; 죽음으로써 마귀의 술수를 깨뜨리고, 전군을 궤멸시켰으니, 이것이 '권능의 일'을 말하는 것이다.

又按約翰福音十章記景尊之言云:「父指天父言愛我, 以我捐命而復生. 我命非人所奪, 我自捐之; 我能捐, 亦能復, 是我奉父之命也.[1029]」

또 요한복음 10장에서 예수가 말씀하셨다:「내가 내 목숨을 버리는 것은 그것을 내가 다시 얻기 위함이니, 이로 말미암아 아버지께서하나님을 지칭함 나를 사랑하시느니라. 이를 내게서 빼앗는 자가 있는 것이 아니라, 내가 스스로 버리노라; 나는 버릴 권세도 있고, 다시 얻을 권세도 있으니, 이 계명은 내 아버지에게서 받았노라.」

又馬太廿七章記云:「耶穌復大聲而呼, 氣遂絶. 倏[1030]見殿幔自上至下裂爲二.解見前 地震, 磐裂, 墓啟, 而旣逝之聖, 其身多復起出墓者. 迨耶穌

1029 「父愛 … 命也」는 「委辦譯本, Delegates' Version」 요한복음전 10장 17-18절에서 인용되었다.
1030 「倏」: '신속하다'의 의미이다.

甦後，入聖京，多人見之，百夫長及同守耶穌者見地震與所歷之事，懼甚，曰：『此誠上帝子也．』」

또 마태복음 27장에 기록되기를: 「예수께서 다시 크게 소리 지르시고, 영혼이 떠나시니라. 이에 성소 휘장이 위로부터 아래까지 찢어져 둘이 되고^{이전 주해 참고}, 땅이 진동하며, 바위가 터지고, 무덤들이 열리며, 자던 성도의 몸이 많이 일어나되, 예수의 부활 후에, 그들이 무덤에서 나와서, 거룩한 성에 들어가 많은 사람에게 보이니라. 백부장과 및 함께 예수를 지키던 자들이 지진과 그 일어난 일들을 보고 심히 두려워하여 이르되: 『이는 진실로 하나님의 아들이었도다.』」

二十八章記云：「七日之首日，黎明，¹⁰³¹ 抹大拉之馬利亞至，¹⁰³² 欲觀其塋，¹⁰³³ 倏見地大震．主^{謂上帝}之使者，自天而下，¹⁰³⁴ 前移墓門之石，而坐其上，容光如電，衣白如雪．守者恐懼，戰慄若死．使者謂婦曰：『勿懼，我知爾尋釘十字架之耶穌．彼不在此，已復生，如其言．爾來觀主葬處，速往告其徒，言彼由死復生．先爾往加利利，在彼得見之，我曾告爾矣！』婦急離墓，懼且大喜，趨報門徒．¹⁰³⁵」

28장에 기록되었다: 「안식 후 첫날이 되려는 새벽에, 막달라 마리아와 다른 마리아가, 무덤을 보려고 갔더니, 큰 지진이 나며, 주^{하나님을 말함}의 천사가, 하늘로부터 내려와, 돌을 굴려 내고, 그 위에 앉았는데, 그 형상이

1031 「黎明」은「委辦譯本, Delegates' Version」에서는 문말에「時」자가 들어 있다.

1032 「抹大拉之馬利亞至」, 이 구절은「委辦譯本, Delegates' Version」에서는「抹大拉之馬利亞, 及他馬利亞至」로 기록되어 있다.

1033 「塋」: '묘지'.

1034 「自天而下」중의「自」는「委辦譯本, Delegates' Version」에서는「由」이다.

1035 「七日 … 門徒」는「委辦譯本, Delegates' Version」마태복음전 28장 1-8절에서 인용되었다.

번개 같고, 그 옷은 눈같이 희거늘, 지키던 자들이 그를 무서워하여 떨며
죽은 사람과 같이 되었더라. 천사가 여자들에게 말하여 이르되:『너희는
무서워하지 말라. 십자가에 못 박히신 예수를 너희가 찾는 줄을 내가 아
노라. 그가 여기 계시지 않고, 그가 말씀 하시던 대로 살아나셨느니라.
와서 그가 누우셨던 곳을 보라. 또 빨리 가서 그의 제자들에게 이르되,
그가 죽은 자 가운데서 살아나셨고, 너희보다 먼저 갈릴리로 가시나니,
거기서 너희가 뵈오리라 하라. 보라 내가 너희에게 일렀느니라!』그 여
자들이 무서움과 큰 기쁨으로 빨리 무덤을 떠나 제자들에게 알리려고 달
음질하였다.」

景聖保羅亦云:「昔上帝所許, 託先知記諸聖經者^{指古經言}, 乃專言其^{指上帝言}
子也. 以其^{指景尊言}身論之, 由大闢^{古猶太王之名}裔而生; 以聖神論之, 復生而有
大權. 明證爲上帝子, 卽吾主耶穌基督.[1036]」是凡此諸經, 皆景淨所謂能
事也.

사도 바울이 또 말하였다:「이 복음은 하나님이 선지자들을 통하여, 그
의 아들에 관하여 성경구약 말씀 가리킴에 미리 약속하신^{하나님의 말씀을 가리킴}
것이라. 그의 아들에 관하여 말하면^{예수의 말씀을 가리킴}, 육신으로는 다윗^{옛 유대}
^{왕의 이름}의 혈통에서 나셨고, 성결의 영으로는, 죽은 자 가운데서 부활하
사, 능력으로 하나님의 아들로 선포되셨으니, 곧 우리 주예수 그리스도시
니라.」이 여러 경전의 말씀들은, 모두 景淨이 말한 '권능의 일'인 것이다.

蓋基督不復生, 則救世之功不全, 陰府之權不滅. 觀景尊遇害之時, 雖至

1036 「昔上帝 … 基督」은 「委辦譯本, Delegates' Version」 使徒保羅達羅馬人書(사도바울로마
    서) 1장 2-4절에서 인용되었다.

剛之門徒,¹⁰³⁷ 不敵一婢¹⁰³⁸之攻詰事見馬太廿六章末. 迨復生之後, 卽舉國之權,
刑驅勢迫, 而反爲使徒所詰折, 是可證也.事見使徒行傳四章1039 匪特此也, 觀羅
馬八章, 文云:「『誰能訟上帝選民乎? 上帝稱義之矣! 誰能罪之乎? 基督死
而復生, 居上帝右, 恒保我矣! 誰能絶我於基督之愛? 或患難, 或阨窮, 或
窘逐, 或饑餓, 或裸裎,¹⁰⁴⁰ 或艱危, 白刃乎?』如經云:『我緣主終日見殺,
如羊就死地.』然我賴愛我者, 故勝諸事而有餘.¹⁰⁴¹」據此, 則景尊之能事,
更有能以其神力降於信徒之衷, 使亦同具此能事, 而後景尊絶大能事也.

　무릇 그리스도가 다시 살아나지 않았으면, 세상 구원의 공이 완전해지
지 못했고, 음부의 권세도 소멸되지 않았을 것이다. 예수께서 죽임을 당
할 때를 보면, 비록 지극히 강직한 사도였다 할지라도, 한 여종의 비난을
당해 내지 못하였다.^{마태복음 26장 끝 부분} 부활 이후에는, 온 나라의 권세와, 형
벌의 기세가 긴박해지면서, 도리어 사도들에게 힐문과 변론이 가해졌으
니, 이것이 증거가 될 수 있다.^{사도행전 4장} 단지 이것뿐만이 아닌데, 로마서
8장을 보면, 이르되:「『누가 능히 하나님께서 택하신 자들을 고발하리
요? 의롭다 하신 이는 하나님이시니, 누가 정죄하리요? 죽으실 뿐 아니
라 다시 살아나신 이는 그리스도 예수시니, 그는 하나님 우편에 계신 자
요, 우리를 위하여 간구하시는 자시니라. 누가 우리를 그리스도의 사랑
에서 끊으리요? 환난이나, 곤고나, 박해나, 기근이나, 적신이나, 위험이

1037 「至剛之門徒」: '지극히 정직한 사도'. 이는 '예수의 사도 베드로'를 가리킨다. 그는 대제
　　사장 가야바가 예수를 심문할 때, 멀리서 기다리다가 제사장의 여종에게 들켰을 때 두
　　려워 감히 예수의 동역자임을 인정하지 못하였다.
1038 「一婢」: '한 여종'. 이것은 대제사장 가야바의 여종을 말하며, 그녀는 뜰 한쪽에 앉아있
　　는 베드로가 예수의 동역자임을 가리켰다. 마태복음 26장 69절에서 인용되었다.
1039 사도행전 4장 1-21절 참고.
1040 「或裸裎」, 이 구절은「委辦譯本, Delegates' Version」에서는「或」자가 없다.
1041 「誰能 … 有餘」는「委辦譯本, Delegates' Version」 使徒保羅達羅馬人書(사도바울로마서)
　　8장 33-37절에서 인용되었다.

나, 칼이랴?』 기록된바: 『우리가 종일 주를 위하여 죽임을 당하게 되며, 도살당할 양같이 여김을 받았나이다.』 함과 같으니라. 그러나 이 모든 일에 우리를 사랑하시는 이로 말미암아, 우리가 넉넉히 이기느니라.』 이에 따라, 예수의 권능의 일은, 더욱이 그 신력으로 신도들의 마음속에 자리 잡을 수 있었고, 또한 이 권능의 일을 갖추게 할 수 있었으니, 이후 예수의 절대적인 권능의 일인 것이다.

斯畢之文, 義出約翰福音十九章, 文云:「耶穌受醯[1042]曰^{羅馬決犯之所常用醋和}^{胆飲之, 以減其痛苦, 景尊受醯而不受胆, 甘受痛苦故也.}:『事畢矣!』俯首氣絕.[1043]」蓋此經記景尊臨終之言. 而曰「事畢」者, 以景尊臨世三十三年, 至此而大功告成, 贖罪之工已畢, 救世之道大全. 誠以天道雖極昭明, 如無代死贖罪之實據, 罪案終未能銷也. 按景尊事畢之言, 與創世記第一章畢其事之文同義. 按其文云:「天地萬物旣成, 七日工竣, 乃憩息, 是日上帝畢其事而安息, 故以七日爲聖日, 而錫嘏焉.[1044]」此畢其事之文與彼事畢矣之言, 意義脣同, 但彼則畢開闢之工, 此則畢救世之工而已.

이 '畢'이라는 글자는, 요한복음 19장에 의미가 나오는데, 문장에서 이르되:「예수께서 신 포도주를 받으신 후에 이르시되:『다 이루었다!』하시고, 머리를 숙이니, 영혼이 떠나가시니라.」이 경전의 기록은 예수의 임종을 말하고 있다. 그러나「事畢(일을 마치다)」이라는 것은, 예수가 세상에 임한 지 33년이 되었고, 이에 이르러 큰 공의 완성을 알리셨으며, 속

1042 「醯」: '식초'. 《舊唐書 · 任迪簡》:「行酒者誤以<u>醯</u>進.(酒宴을 주관하는 사람이 잘못하여 식초로써 나아가게 하였다.)」
1043 「耶穌 … 氣絕」은「委辦譯本, Delegates' Version」요한복음전 19장 30절에서 인용되었다.
1044 「天地 … 嘏焉」은「委辦譯本, Delegates' Version」창세기 2장 1-3절에서 인용되었으며, 창세기 1장은 아니다.

죄의 일을 이미 마쳤고, 세상 구원의 道가 크게 완전해진 것이다. 실로 하늘의 도리가 지극히 명백하다 할지라도, 만일 대신 죽음으로 속죄한 실증이 없었다면, 죄의 사건은 끝내 사라지지 않았을 것이다. '예수가 일을 끝마치셨다'라는 말은, 창세기 제1장의 '그의 일을 끝마치시고'라는 문장과 같은 의미이다. 그 글에 의하면: 「천지와 만물이 다 이루어지니라. 하나님이 그가 하시던 일을 일곱째 날에 마치시니, 그가 하시던 모든 일을 그치고, 일곱째 날에 안식하시니라. 하나님이 그 일곱째 날을 복되게 하사, 거룩하게 하셨으니, 이는 하나님이 그 창조하시며 만드시던 모든 일을 마치고, 그날에 안식하셨음이니라.」 '이가 그 일을 마쳤다'라는 문장과 '그의 일을 마치셨다'라는 말은, 의미가 모두 같지만, 그러나 '그'는 창조의 일을 마치신 것이고, '이'는 세상 구원의 일을 마친 것일 뿐이다.

「亭午[1045]昇眞[1046]」事見使徒行傳一章, 文云:「耶穌受害後, 以多確據顯其復生, 凡有四旬, 現於使徒,[1047] 論上帝國之道. 耶穌集使徒, 命之云: 『勿離耶路撒冷, 以待父所許者, 卽爾聞於我也. 蓋約翰施洗以水, 惟爾受洗於聖神不遠矣!』 又曰:『聖神臨時, 爾則有才, 爲我作證於耶路撒冷,[1048] 擧猶太, 撒馬利亞, 以至地極.』 耶穌言畢, 升天, 衆觀有雲蔽之, 而不見. 耶穌升時, 衆注目仰天, 有二人, 白衣, 傍立曰:『加利利人乎! 胡爲仰天而立? 此耶穌別爾升天也. 依爾見如是升天, 後必如是而來矣!』[1049]」 此卽所

1045 「亭午」: '정오'. 「庭午」라고도 한다. 《舊唐書·天寶十五載》:「上憩於宮門之樹下, 亭午未進食.(황상께서 궁문의 나무 아래에서 쉬시니, 정오에 御饌을 들이지 않았다.)」
1046 「昇眞」: '본래의 神聖의 상태로 돌아가다'. 「眞」은 본래 道家에서 말하는 '득도하여 신선이 된 사람'이다; 예수는 본래 神聖이었으나, 죽음에서 부활하여 반드시 죽을 수밖에 없는 육체를 변화시켰고 '神聖不死'의 본성으로 되돌아갔다.
1047 「現於使徒」 중의 「現」은 「委辦譯本, Delegates' Version」에서는 「見」으로 쓰여 있다.
1048 「爲我作證於耶路撒冷」, 이 구절은 「委辦譯本, Delegates' Version」에서는 문두에 「且」자가 더 추가되어 있다.

謂「亭午昇眞」之事也.

「정오에 참 神으로 승천하셨다.」라는 일은 사도행전 1장에 나오는데, 문장에서 이르되:「그가 고난 받으신 후에, 또한 그들에게 확실한 많은 증거로 친히 살아 계심을 나타내사, 사십 일 동안, 그들에게 보이시며, 하나님 나라의 일을 말씀하시니라. 사도와 함께 모이사, 그들에게 분부하여 이르시되:『예루살렘을 떠나지 말고, 내게서 들은바, 아버지께서 약속하신 것을 기다리라. 요한은 물로 세례를 베풀었으나, 너희는 몇 날이 못 되어, 성령으로 세례를 받으리라!』또 이르되:『오직성령이 너희에게 임하시면, 너희가 권능을 받고, 예루살렘과 온유대와 사마리아와 땅끝까지 이르러, 내 증인이 되리라 하시니라.』이 말씀을 마치시고, 그들이 보는데 올려져 가시니, 구름이 그를 가리어 보이지 않게 하더라. 올라가실 때에 제자들이 자세히 하늘을 쳐다보고 있는데, 흰 옷 입은 두 사람이 그들 곁에 서서, 이르되:『갈릴리 사람들아! 어찌하여 서서 하늘을 쳐다보느냐? 너희 가운데서 하늘로 올려지신 이 예수는, 하늘로 가심을 본 그대로 오시리라 하였느니라.』」이것이 이른바「亭午昇眞」의 일인 것이다.

夫景尊不可以不死, 不死不足以贖萬民之罪. 旣死, 不可以不復生; 不復生, 不足以證萬世之信; 旣復生, 不可以不升天; 不升天, 不足以證生人之旨. 蓋上帝之意, 本爲人而造天地萬物, 亦爲天國而造萬民. 雖以罪尊之故, 不免於一死, 然上帝終使彌施訶臨世, 歷盡艱苦受害而死. 然後由死復生, 以爲萬民死而復生者之始, 如是證明死之爲道, 大非一局. 迨至骨敗肉銷之時, 終有克覲上帝之日. 使天下萬世之人, 灼見眞知, 修德行仁, 以備審判之際. 其法雖極奧, 其理則極眞. 辨乎此, 則凡天下古今萬國之聖賢

1049 「耶穌 … 來矣」는 「委辦譯本, Delegates' Version」 사도행전 1장 3-11절에서 인용되었다.

豪傑遺思在人者, 元惡大憝[1050]之考終命[1051]者, 志士仁人之從容就義者, 愚夫愚婦之負屈枉死者, 萬物之靈, 而與禽獸同歸於盡者, 千古懊惱疑團, 一時頓釋, 皆大解脫, 非若涅槃, 尸解之模糊, 宗廟祐繹[1052]之傍徨也.

무릇 예수는 죽지 않으면 안 되었고, 죽지 않았으면 만민의 죄를 씻을 수가 없는 것이었다. 죽었다가, 다시 살아나지 않으면 안 되었고; 다시 살아나지 않으면, 만세의 믿음을 증명할 수가 없는 것이었으며; 다시 태어났으면, 승천하지 않으면 안 되는 것이었고; 승천하지 않으면, 인간을 낳으신 뜻을 증명하기에 부족한 것이었다. 무릇 하나님의 뜻은, 본래 인간을 위해 천지 만물을 지으신 것이고, 또한 천국을 위해 천하 만민을 만드신 것이다. 비록 죄악으로 인해, 죽음을 면치 못하였으나, 하나님은 결국 메시아를 세상에 임하게 하시고, 온갖 고난을 겪고 죽음에 이르게 하셨다. 그리고는 죽음에서 다시 살아남으로, 만민이 죽었다가 다시 살아나는 것의 시작으로 여기게 하였으며, 이처럼 죽음의 道 됨을 증명하셨으나, 확실히 마무리된 것은 아니다. 뼈가 부서지고 살이 녹을 때가 되면, 결국 하나님을 만나 뵐 수 있는 날이 있는 것이다. 천하 만세 사람들로 하여금, 진정한 지혜를 명확히 깨닫게 하시고, 덕을 닦고 인을 실천하여, 심판의 때를 대비하게 하셨다. 그 법이 비록 지극히 심오할지라도, 그 이치는 지극히 진실된 것이다. 이를 분별하고자, 무릇 천하 고금 만국의 성현 호걸들이 사람들 마음속에 남기도 하고, 극악무도한 원흉들이

1050 「元惡大憝」: '극악무도한 원흉'. 「憝」, '간악하다'. 《後漢書 · 楊震列傳》: 「元惡大憝, 終爲 國害.(극악무도한 원흉이, 마침내 나라의 해악이 되었다.)」

1051 「考終命」: '천수를 다하고 집안에서 죽다'. 「考」, '장수(長壽)'.

1052 「祐繹」, '제사 드리는 장소'. 《宋書 · 禮志三》: 「天子諸侯祭於祐而繹, 繹又祭也. 今廟祠闕 送神之祼, 將移祭於祐繹.(천자와 여러 제후들이 祐과 繹에서 제사 드리고, 繹에서 또한 제사를 드렸다. 지금 사당과 궁궐의 送神 풍속이 드러났으니, 祐繹으로 제사를 옮기려 한다.)」

제 명대로 살다가 편안히 죽기도 하며, 자애롭고 지조 있는 사람이 정의를 위해 희생하기도 하고, 평범한 사람들이 억울한 누명으로 죽기도 하며, 만물의 영장이, 짐승과 함께 죽기도 하고, 천고에 뉘우쳐 한탄하다가, 마음속 쌓인 의문들이, 한순간 깨달음을 얻고 하는 것들이, 모두 커다란 해탈이므로, 이는 열반과 尸解(*譯者註: 도교에서 몸은 남겨 두고 혼백만 빠져나가 신선이 된다는 도술.)의 모호함과 종묘 제례의 배회함과는 같지 않은 것이다.

경전 27部가 세상에 남겨졌고, 대자연 운행의 지혜를 밝혀 인간의 영성을 발하였다(經留廿七部, 張元化以發靈關)

此言本經之能事妙用也.「張」, 廣;「元」, 仁元;「化」, 上帝赦罪之恩化;「靈關」, 良心發動之機關, 聞道立信之樞紐.

이것은 신약의 '能事妙用'을 말하는 것이다.「張」은 '넓히다'이고;「元」은 '仁의 으뜸'이며;「化」는 '하나님의 죄 사함의 은덕이 백성들에게 미침'이고;「靈關」은 '양심이 발동하는 기관'으로서, 말씀을 듣고 믿음을 세우는 중추인 것이다.

蓋謂景尊上昇之後, 聖使徒序次景尊臨世之神跡聖訓, 所以拯救萬民諸大事, 與使徒受命立教之始基, 及使徒治會傳道之筆札, 暨聖神默示之預言, 勒爲成書, 則有十七卷. 此經之妙用, 則能請上帝之恩化, 以啟發人之靈明. 使篤信上帝, 仰賴基督; 恒藉聖神, 改惡遷善; 不恃禮法之儀文, 惟藉三常以稱義. 是乃景經之能事, 仁化之妙用也. 然此不過初步啟發工夫, 若論景經之廣大精微, 雖合天下古今萬國之哲士, 窮年累月而鑽研不盡,

豈一言所能槪乎?

무릇 예수의 승천 후를 말하자면, 예수가 세상에 임하여 펼치신 신묘한 이적과 거룩한 말씀들, 만민을 구제하시던 여러 큰 일들, 사도들이 명을 받아 종교를 세우던 기초, 사도들이 교회를 치리하고 전도했던 서신들, 그리고 성령의 묵시와 예언 등을, 거룩한 사도들이 차례로 새겨서 책으로 만들었으니, 총 27권이 되었다. 이 경전의 신묘한 작용은, 하나님의 은덕을 청할 수 있었고, 사람들의 영명함을 계발할 수 있었다. 그들로 하여금 신실하게 하나님을 믿고, 그리스도에게 의지하게 하였으며; 항상 성령을 빌려, 악을 고쳐 선으로 바꾸었고, 예법의 의례문을 믿지 않고, 오직 '三常'을 빌려 의롭다 여김을 받도록 하였다. 이는 곧 경교 경전의 권능이고, 인화의 신묘한 작용인 것이다. 그러나 이것은 초보적인 계발의 작용에 지나지 않는 것이며, 만일 경교 경전의 광범위하고도 정밀한 것을 논한다면, 천하 고금 만국의 철학자들을 합쳐 놓는다 하더라도, 몇 년이든 몇 개월이든 장기간 깊이 연구하지 못한다면, 어찌 한마디 말로써 개괄해 낼 수 있겠는가?

景聖保羅論古經, 嘗謂:「本上帝默示,[1053] 有益於教誨, 督責, 正己, 學義, 使事上帝之之人,[1054] 無不練達, 百善悉備. 文見提摩太後書三章[1055]」 夫以舊典律法之榮且如此, 況新約上帝恩詔之榮乎!

[1053] 「本上帝默示」, 이 구절은 「委辦譯本, Delegates' Version」에서는 「本上帝所默示」로 되어 있다.

[1054] 「使事上帝之之人」 중의 「使」는 「委辦譯本, Delegates' Version」에서는 「俾」로 표기되어 있으며; 또한 이 역본에서는 그중 두 개의 「之」자가 없으니, 이는 분명 잘못 추가되었을 것이다.

[1055] 「本上帝 … 悉備」는 「委辦譯本, Delegates' Version」 디모데후서 3장 16-17절에서 인용되었다.

바울이 구약을 논하면서, 일찍이 이르기를: 「모든 성경은 하나님의 감동으로 된 것으로, 교훈과 책망과 바르게 함과 의로 교육하기에 유익하니, 이는 하나님의 사람으로 온전하게 하며, 모든 선한 일을 행할 능력을 갖추게 하려 함이라.」 무릇 구약 율법의 영광이 또한 이와 같으니, 하물며 신약의 하나님께서 주신 은혜의 말씀의 영광은 어떠하랴!

廿七部者: 首曰馬太福音傳, 凡二十八章; 次曰馬可福音傳, 凡十六章; 三曰路加福音傳, 凡二十四章; 四曰約翰福音傳, 凡二十一章; 五曰使徒行傳, 凡二十八章; 六曰保羅達羅馬人書, 凡十六章; 七曰保羅達哥林多前書, 凡十六章; 八曰後書, 凡十三章; 九曰保羅達加拉太書, 凡六章; 十曰保羅達以弗所書, 凡六章; 十一曰保羅達腓立比書, 凡四章; 十二曰保羅達哥羅西書, 凡四章; 十三曰保羅達帖撒羅尼迦前書, 凡五章; 十四曰後書, 凡三章. 十五曰保羅達提摩太前書, 凡六章; 十六曰後書, 凡四章; 十七曰保羅達提多書, 凡三章; 十八曰保羅達腓利門書, 凡一章; 十九曰保羅達希伯來書, 凡十三章; 廿曰雅各書, 凡五章; 廿一曰彼得前書, 凡五章; 廿二曰後書, 凡三章; 廿三曰約翰一書, 凡五章; 廿四曰二書, 凡一章; 廿五曰三書, 凡一章; 廿六曰猶大書, 凡一章; 廿七曰默示錄, 凡二十二章.

스물일곱 부는 이러하다: 첫 번째는 '마태복음전'이라고 하는데, 모두 28장이며; 다음은 '마가복음전'이라 하고, 모두 16장이고; 세 번째는 '누가복음전'이라고 하는데, 모두 24장이며; 네 번째는 '요한복음전'이라 하고, 총 21장이며; 다섯째는 '사도행전'이며, 모두 28장이고; 여섯째는 '바울이 로마인에게 보내는 서신'이라 하는데, 모두 16장이며; 일곱 번째는 '바울 고린도 서신 전서'라고 하는데, 모두 16장이고, 여덟 번째는 후서인데, 모두 13장이며; 아홉 번째는 '바울 갈라디아 서신'으로서, 모두 6장이고; 열 번째는 '바울 에베소 서신'으로서, 총 6장이며; 열한 번째는 '바울 빌립보 서신'으로서, 모두 4장이고; 열두 번째는 '바울 골로새서'로서, 모두 4장이며; 열세 번째는 '바울 데살로니가 전서'로서, 총 5장이고; 열네 번째는 '후서'로서, 모두 3장이며; 열다섯 번째는 '바울 디모데 전서'라고 하는데, 총 6장이고; 열여섯 번째는 '후서'인데, 모두 4장이며; 열일곱 번째는 '바울 디도서'라고 하는데, 모두 3장이고; 열여덟 번째는 '바울 빌레몬서'로서, 1장이며; 열아홉 번째는 '바울 히브리서'라고 하는데, 총 13장이고; 스무 번째는 '야고보서'로서 총 5장이며; 스물한 번째는 '베드로 전서'라 하여, 총 5장이고; 스물두 번째는 '후서'로서, 총 3장이며; 스물세 번째는 '요한1서'라 하고, 총 5장이고; 스물네 번째는 '2서'로서, 총 1장이며; 스물다섯 번째는 '3서'로서, 총 1장이고; 스물여섯 번째는 '유다서'로서, 총 1장이며; 스물일곱 번째는 '묵시록'으로서, 총 22장이다.

總卄七卷, 皆書於景尊門人之手, 亦爲高年之使徒, 訂就成帙, 萬分珍重. 伊古以來, 尊爲聖經, 各國經解家無敢擅爲加減一字; 景教傳於列邦, 皆以此經爲立教之本. 今已繙譯三十餘國文字, 三百餘土方言. 如中國, 則有文理者,[1056] 有北京方言[1057]者, 有上海方言[1058]者, 有羊城方言[1059]者

[1056] 「文理」는 '文言文으로 쓰여진 성경'을 가리키며, '深文理'와 '淺文理' 두 종류가 있다. '深文理'는 1854년에 쓰여졌고, 일반적으로 「委辦譯本, Delegates' Version」이라 불리며; '淺文理'는 여러 가지 판본이 있으니, 가령 1885년의 「楊格非淺文理譯本」과 1902년의 「施約瑟淺文理譯本」 등이 있다. 陳少蘭 編, 《中文聖經翻譯簡史》(香港: 環球聖經公會, 2005年, 2006年第二印), 3쪽.

[1057] 「北京方言」: 1866년에 출판된 「北京官話譯本」을 가리킨다.

[1058] 「上海方言」의 번역본은 清 道光 27년(1847년)에 선교사 메드허스트(Walter Henry Medhurst)가 최초로 요한복음을 완성하였다. 「《上海社會科學志》第九編, 第六章, 第一節: 學科發展」(http://goo.gl/1qIJjh) 참고. 완전한 上海語 신구약 성경은 1928년 미화성경회(美華聖經會)에서 출판한 판본을 참고할 수 있다.

[1059] 「羊城方言」은 '廣州話(현재 「廣東話」로 통칭하며, 廣西지구는 「白話」라고 한다)'로서, 1862년에 최초로 출판된 마태복음이며, 선교사 Charles Finney Preston이 번역하였다.

是也. 經中奧義, 雖聖人亦有仰高鑽堅之歎; 然其大旨, 則婦孺亦可以與知與能. 惜乎天主敎會堅執, 恐人誤解聖經貽害不淺之說, 故入中國數百年, 至今猶不肯繙譯全書. 其所擇譯者, 如《聖經直解》[1060]之類, 實不及聖經百中之一. 中國敎友所賴以崇信者, 不過主敎, 神父等所著經類之書. 究其實, 聖經如日晷, 人手所著經類之書如鐘表; 鐘表不能全恃, 必賴日晷, 時時正之, 始能不誤. 故天主敎會傳道於各國, 恒以師承爲重. 阿羅本時, 雖不若今日天主敎之甚, 然其見解正復相類. 故譯無多, 存此大秦文之景經於諸州景寺之中, 通者能有幾人? 故遭五代之亂, 敎士西歸, 敎友離散, 典籍不存, 於是乎絕矣!

총 27권은, 모두 예수의 제자들이 썼고, 또한 고령의 사도를 위하여, 수정하여 서적으로 만들었으니, 매우 소중한 것이다. 예로부터, '성경(聖經)'으로 존숭되었으며, 각국의 경전 해석가들이 감히 한 글자도 늘리거나 줄이지 못했고; 경교가 열방에 전해지면서, 모두 이 경전을 입교(立敎)의 근본으로 삼았다. 지금 이미 30여 개국의 문자와 300여 개의 방언으로 번역되었다. 예를 들어 중국에는, 문언문으로 된 것이 있고, 북경 방언으로 된 것이 있으며, 상해 방언으로 된 것이 있고, 광동어로 된 것도 있다. 경전 중의 오묘한 의미는, 비록 성인이라 할지라도 仰高鑽堅(* 譯者註: 열심히 공부하고 깊이 연구하여 높은 수준에 도달하도록 힘쓰다.)의 찬탄이 있고; 그러나 그 큰 취지는, 아녀자와 어린이들도 더불어 알고 더불어 할 수 있는 것이다. 애석하게도 천주교회가 고집하기를, 아마도 사람들이 성경을 오해하여 해 끼침이 적지 않다고 여기므로, 중국에 들어온 지 수백 년이 되었지만, 지금까지도 여전히 전체 경전을 번역하지 않고 있다. 번역하기로 택한 것

1060 「《聖經直解》」는 明末 시기에 중국에 온 예수회 선교사 陽瑪諾(마누엘 디아즈, 1574-1659)이 번역한 것이다.

은, 《聖經直解》 같은 부류로서, 실로 성경의 백분의 일에도 미치지 못한다. 중국의 교우들이 의지하여 신봉하는 것은, 주교와 신부들이 저술한 경전류의 책들에 불과하다. 사실 성경은 해시계와 같고, 사람들이 손에 잡는 경전류의 책들은 시계와 같아서; 시계는 완전히 믿을 수는 없으니, 반드시 해시계에 의존해야 하고, 때때로 바로잡아 주어야, 비로소 오차가 없는 것이다. 그러므로 천주교회는 각국에서 전도하면서, 항상 스승의 가르침을 중시하였다. 阿羅本 때는, 비록 오늘날 천주교의 심각성만큼은 아니지만, 그 견해들이 마침 또한 비슷하였다. 그러므로 번역이 많지 않았는데, 여러 주의 경교 사원 안에 이 大秦文으로 된 경교 경전을 보관해 두었으니, 능통할 수 있는 사람이 몇 명이나 있을 수 있겠는가? 그리하여 五代의 亂을 겪고서, 선교사들이 서쪽으로 돌아가 버렸고, 교우들이 흩어져 버렸으며, 전적이 존재하지 않으니, 이에 멸절돼 버린 것이로다!

물과 성령으로 세례 의식을 행하여, 헛된 부귀영화를 씻어 정결하고 청정케 한다(法浴水風, 滌浮華而潔虛白)

此言景教潔禮之要義也. 聖會凡接人入教之時, 教師必托聖父, 聖子, 聖神尊名, 施水禮於受道者. 其施洗之儀法, 有全身浴於水中者; 有浴一次者; 有浴三次者; 有領洗之人鞠躬拱手, 教師以水自顙[1061]滴其手及足者; 有以水滴其額者. 法不一, 各隨時地之宜.

이것은 경교의 성결한 예식의 요지를 말하고 있다. 성회가 무릇 사람을 받아들여 입교시킬 때에는, 교사가 반드시 성부, 성자, 성령의 존귀하

1061 「顙」: 이것은 '머리'를 가리킨다.

신 이름에 의탁하여, 물세례를 베풀어야 한다. 그 세례 의식은, 전신을 물속에 담그는 경우가 있고; 한 번 담그는 경우가 있으며; 세 번 담그는 경우가 있고; 세례를 이끄는 사람이 허리를 굽혀 공수하고, 교사가 물로 머리에서부터 그 손과 발에 떨어뜨리는 경우도 있으며; 그 이마에 물을 떨어뜨리는 경우도 있다. 방법이 한 가지가 아니니, 각각 때와 장소의 적당함에 따른다.

惟用水之意, 則關要義. 尼氏會規, 乃浴於水中三次者. 而風亦與水同義, 秖分內外,[1062] 故曰「法浴水風」. 「風」謂元風, 卽上帝之聖神洗滌人心者.

'오로지 물을 사용한다'는 뜻은, 중요한 의미를 갖고 있다. 네스토리우스회의 규칙은, 물속에 세 번 담그는 것이다. 그러나 바람은 또한 물과 같은 의미이고, 단지 안팎으로 구분할 뿐이므로,「물과 성령으로 세례 의식을 행한다.」라고 부른다.「風」은 '元風(성령)'을 말하므로, 하나님의 성령이 사람의 마음을 씻어 내는 것이다.

「浮華」謂人心所慕世間之利祿, 權位, 聲色, 名譽之屬.「虛白」[1063]乃人之元姓未染私欲時之本名.

「浮華」는 사람의 마음이 사모하는 세상의 '이익과 관록, 권위, 가무와 여색, 명예' 같은 것들을 말한다.「虛白」은 사람의 본래 성정이 아직 사사로운 욕망으로 물들지 않았을 때의 본래 이름인 것이다.

1062 「秖分內外」: '벼가 처음 익은 것'을 '秖'라 하며, '곡물이 익기 시작하는 데에는 안과 밖이 있다'는 뜻이다.

1063 「虛白」: '마음속이 청정하고 공명한 상태'를 말한다.《隋書·徐則》:「悅性沖玄, 怡神虛白.(성정을 기쁘게 하니 욕심이 없이 고요하고, 정신을 유쾌하게 하니 마음속이 청정하다.)」

「水風」之義, 原出路加福音傳三章, 文云:「亞那該亞法, 爲祭司長時, 撒加利亞, 子居於野.[1064] 上帝之命降之, 乃來約但四方, 傳悔改之洗禮, 俾得罪赦. 如書載先知以賽亞, 言云:『野有聲^{約翰居野}呼云: 備主道, 直其徑; 諸谷塡之, 岡陵卑之; 屈曲使直, 崎嶇使平.』凡有血氣者, 得見上帝救主. ^{俱指預備人心歸向救主.} 衆出受洗. 約翰曰:『蝮類[1065]乎? 誰示爾避後日之刑乎? 故當結菓, 以彰悔改, 勿自以爲亞伯拉罕吾祖也.[1066] 吾語汝, 上帝能起此石, 爲亞伯拉罕子孫焉! 今斧置樹根, 凡樹不結善菓者, 卽斫[1067]之委火.[1068]』」

「水風」의 의미는, 본래 누가복음 3장에 나오는데, 이르기를:「안나스와 가야바가 대제사장으로 있을 때에, 하나님의 말씀이 빈 들에서 사가랴의 아들 요한에게 임한지라. 요한이 요단 강 부근 각처에 와서, 죄 사함을 받게 하는 회개의 세례를 전파하니, 선지자 이사야의 책에 쓴바:『광야에서 외치는 자의 소리가 있어 이르되: 너희는 주의 길을 준비하라; 그의 오실 길을 곧게 하라; 모든 골짜기가 메워지고, 모든 산과 작은 산이 낮아지고; 굽은 것이 곧아지고, 험한 길이 평탄하여질 것이요.』모든 육체가 하나님의 구원하심을 보리라 함과 같으니라. 요한이 세례 받으러 나아오는 무리에게 이르되:『독사의 자식들아? 누가 너희에게 일러 장차 올 진노를 피하라 하더냐? 그러므로 회개에 합당한 열매를 맺고, 속으로 아브라함이 우리 조상이라 말하지 말라. 내가 너희에게 이르노니, 하나님이 능히 이 돌들로도, 아브라함의 자손이 되게 하시리라! 이미 도끼가

1064 「子居於野」, 이 어구는 「委辦譯本, Delegates' Version」에서 「子約翰居於野」로 기록되어 있다.
1065 「蝮類」: '독사의 한 종류'이다. '죄악으로 가득 찬 사람'을 비유한다.
1066 「勿自以爲亞伯拉罕吾祖也」중의 「吾」는 「委辦譯本, Delegates' Version」에서 「我」로 쓰여 있다.
1067 「斫」: '칼이나 도끼로 베어 버리다'.
1068 「亞那 … 委火」는 「委辦譯本, Delegates' Version」 누가복음전 3장 2-9절에서 인용되었다.

나무 뿌리에 놓였으니, 좋은 열매 맺지 아니하는 나무마다, 찍혀 불에 던져지리라.』」라 하였다.

又馬太三章文云:「夫我以水施洗, 俾爾悔改; 但後我來者, 更勝於我, 其履我亦不堪提, 彼將以聖神及火施洗爾. 其手執箕, 盡簸厥禾場,^{禾場喩世界} 斂穀入倉, 而燒糠以不滅之火.^{此文乃景古聖施洗約翰指景尊而言} 時耶穌自加利利至約但河名, 受洗於約翰. 約翰辭曰:『我應受洗於爾, 爾反就我乎?』耶穌曰:『今姑吾許, 吾儕當如是以盡禮.^{蓋以洗禮爲上帝所立故也}』乃許之. 耶穌受洗, 由水而上, 天爲之開, 見上帝之神如鴿,^{謂異光翶翔, 非眞有鴿形也. 此卽景尊受聖神彌施訶之} ^{表也} 降臨其上, 自天有聲云:『此我愛子, 吾所喜悅者也.¹⁰⁶⁹』」

또 마태복음 3장에서 이르되:「나는 너희로 회개하게 하기 위하여 물로 세례를 베풀거니와; 내 뒤에 오시는 이는 나보다 능력이 많으시니, 나는 그의 신을 들기도 감당하지 못하겠노라. 그는 성령과 불로 너희에게 세례를 베푸실 것이요, 손에 키를 들고 자기의 타작마당^{'세상'을 비유함을} 정하게 하사, 알곡은 모아 곳간에 들이고, 쭉정이는 꺼지지 않는 불에 태우시리라.^{이 문장은 세례 요한이 예수를 지칭하여 한 말임.} 이때에 예수께서 갈릴리로부터 요단강에 이르러, 요한에게 세례를 받으려 하시니, 요한이 말려 이르되: 『내가 당신에게서 세례를 받아야 할 터인데, 당신이 내게로 오시나이까?』예수께서 대답하여 이르시되:『이제 허락하라. 우리가 이와 같이 하여 모든 의를 이루는 것이 합당하니라.^{무릇 세례로써 하나님에 의해 세워진 까닭이다.}』이에 요한이 허락하는지라. 예수께서 세례를 받으시고, 곧 물에서 올라오실새, 하늘이 열리고, 하나님의 성령이 비둘기같이 내려,^{신비한 빛이 선회함을}

1069 「夫我 … 者也」는「委辦譯本, Delegates' Version」마태복음전 3장 11-17절에서 인용되었다.

말하며, 실제 비둘기 형상이 있었던 것은 아니다. 이는 즉 예수가 성령을 받은 메시아의 증표인 것이다. 자기 위에 임하심을 보시더니, 하늘로부터 소리가 있어 말씀하시되:『이는 내 사랑하는 아들이요, 내 기뻐하는 자라.』하였다.

又約翰福音三章文云:「有法利賽^{猶太教名}人,[1070] 名尼哥底母, 爲猶太宰, 夜就耶穌, 曰:『夫子, 我儕知爾爲師, 從上帝來者. 蓋爾所行異跡, 非上帝佑, 無能行之.』耶穌曰:『我誠告爾, 人非更生, 不能見上帝國.』尼哥底母曰:『人旣老, 何得更生? 豈重入母腹而生乎?』耶穌曰:『我誠告爾, 人不以水以聖神而生, 不能進上帝國. 由身生者, 身也; 由神生者, 神也. 我言必更生, 勿以爲奇. 風任意而吹, 聽其聲, 不知何來何往, 由聖神生者亦若是[1071].』」

또 요한복음 3장에 기록되었다:「그런데 바리새^{유대교 이름}인 중에, 니고데모라 하는 사람이 있으니, 유대인의 지도자라. 그가 밤에 예수께 와서 이르되:『랍비여, 우리가 당신은 하나님께로부터 오신 선생인 줄 아나이다. 하나님이 함께하시지 아니하시면, 당신이 행하시는 이 표적을 아무도 할 수 없음이니이다.』예수께서 대답하여 이르시되:『진실로 진실로 네게 이르노니, 사람이 거듭나지 아니하면, 하나님의 나라를 볼 수 없느니라.』니고데모가 이르되:『사람이 늙으면, 어떻게 날 수 있사옵나이까? 두 번째 모태에 들어갔다가 날 수 있사옵나이까?』예수께서 대답하시되:『진실로 진실로 네게 이르노니, 사람이 물과 성령으로 나지 아니하면, 하나님의 나라에 들어갈 수 없느니라. 육으로 난 것은 육이요; 영으로 난 것은 영이니, 내가 네게 거듭나야 하겠다 하는 말을 놀랍게 여기지 말라.

1070 「有法利賽人」 중의 「法利賽人」은 「委辦譯本, Delegates' Version」에서는 「㖦唎賽人」으로 쓰여 있다.

1071 「有法 … 若是」는 「委辦譯本, Delegates' Version」 요한복음전 3장 1-8절에서 인용되었다.

바람이 임의로 불매, 네가 그 소리는 들어도, 어디서 와서 어디로 가는지 알지 못하나니, 성령으로 난 사람도 다 그러하니라.』」

馬太卅八章文云:「耶穌前, 謂之曰:『天地諸權, 已與我矣! 爾往招萬民爲徒, 以父, 子, 聖神之名施洗, 敎之守我所命爾者, 且我常偕爾, 至世末焉.』」

마태복음 28장에서 이르되:「예수께서 나아와, 말씀하여 이르시되: 『하늘과 땅의 모든 권세를 내게 주셨으니! 그러므로 너희는 가서 모든 민족을 제자로 삼아, 아버지와 아들과 성령의 이름으로 세례를 베풀고, 내가 너희에게 분부한 모든 것을 가르쳐 지키게 하라. 볼지어다 내가 세상 끝날까지, 너희와 항상 함께 있으리라 하시니라.』」

凡此諸經, 皆景淨所謂「法浴水風」者.
「滌浮華而潔虛白」句, 義出以弗所書四章文云:「蓋爾聞而受敎, 順耶穌眞理. 以前此私欲溺志, 則革其故態, 心神更新. 效上帝以義, 以潔所造之新人.[1072]」

무릇 이 여러 경전들은, 모두 景淨이 말한 「法浴水風」인 것이다.
「滌浮華而潔虛白」이라는 문장은, 그 의미가 에베소서 4장에 나오는데, 이르기를:「진리가 예수 안에 있는 것같이, 너희가 참으로 그에게서 듣고, 또한 그 안에서 가르침을 받았을진대, 너희는 유혹의 욕심을 따라, 썩어져 가는 구습을 따르는 옛사람을 벗어 버리고, 오직 너희의 심령이 새롭게 되어, 하나님을 따라 의와 진리의 거룩함으로, 지으심을 받은 새사람을 입으라.」

[1072] 「蓋爾 … 新人」은 「委辦譯本, Delegates' Version」에베소서 4장 21-24절에서 인용되었다.

又彼得前書一章文云:「爾旣感聖神潔靈府, 順眞理, 友誼無僞, 誠心切愛. 爾所托以重生者, 非可敝之道, 乃永生上帝常存不敝之道.[1073]」二章又云:「旣蒙主召爾出幽暗, 入靈光, 爾當表彰其德.[1074]」三章又云:「今我賴耶穌基督復生而受洗,[1075] 不在潔身去垢, 乃誠心籲上帝, 以此得救.[1076]」

또 베드로전서 1장에서 이르되:「너희가 진리를 순종함으로, 너희 영혼을 깨끗하게 하여, 거짓이 없이 형제를 사랑하기에 이르렀으니, 마음으로 뜨겁게 서로 사랑하라. 너희가 거듭난 것은, 썩어질 씨로 된 것이 아니요, 썩지 아니할 씨로 된 것이니, 살아 있고 항상 있는 하나님의 말씀으로 되었느니라.」 2장에서 또 이르되:「이는 너희를 어두운 데서 불러 내어, 그의 기이한 빛에 들어가게 하신 이의, 아름다운 덕을 선포하게 하려 하심이라.」 3장에서 또 이르되:「물은 예수 그리스도께서 부활하심으로 말미암아, 이제 너희를 구원하는 표니, 곧 세례라. 이는 육체의 더러운 것을 제하여 버림이 아니요, 하나님을 향한 선한 양심의 간구니라.」

又羅馬書六章文云:「豈不知受耶穌基督洗者, 乃效其死而受洗也? 效其死而受洗, 是與基督同葬矣! 父以赫赫之權, 使基督復生, 則吾儕作事, 亦生命維新也.[1077]」

또 로마서 6장에서 이르되:「무릇 그리스도 예수와 합하여 세례를 받은 우리는, 그의 죽으심과 합하여 세례를 받은 줄을 알지 못하느냐? 그러

1073 「爾旣 … 之道」는「委辦譯本, Delegates' Version」베드로전서 1장 22-23절에서 인용되었다.
1074 「旣蒙 … 其德」은「委辦譯本, Delegates' Version」베드로전서 2장 9절에서 인용되었다.
1075 「今我賴耶穌基督復生而受洗」, 이 구절은「委辦譯本, Delegates' Version」에서는「督」과「復」자 사이에「之」자가 추가되어 있다.
1076 「今我 … 得救」는「委辦譯本, Delegates' Version」베드로전서 3장 21절에서 인용되었다.
1077 「豈不 … 新也」는「委辦譯本, Delegates' Version」로마서 6장 3-4절에서 인용되었다.

므로 우리가 그의 죽으심과 합하여 세례를 받음으로 그와 함께 장사되었나니, 이는 아버지의 영광으로 말미암아, 그리스도를 죽은 자 가운데서 살리심과 같이, 우리로 또한 새생명 가운데서, 행하게 하려 함이라.」

又哥林多後書五章文云:「宗基督者, 是爲新造之人, 往事已非, 諸事更新, 萬事本乎上帝.[1078]」

또 고린도후서 5장에서 이르되:「그런즉 누구든지 그리스도 안에 있으면, 새로운 피조물이라. 이전 것은 지나갔으니, 보라 새 것이 되었도다. 모든 것이 하나님께로서 났느니라.」

又哥羅西書三章文云:「爾惟潔淨, 爲上帝所選所愛之民, 故當矜憫, 仁慈, 謙讓, 溫柔, 忍耐. 倘有嫌隙, 宜相恕相赦; 基督赦爾罪, 爾當互相赦罪焉.[1079]」

또 골로새서 3장에서 이르되:「그러므로 너희는 하나님이 택하사, 거룩하고 사랑받는 자처럼, 긍휼과 자비와 겸손과 온유와 오래 참음을 옷 입고, 누가 누구에게 불만이 있거든, 서로 용납하여 피차 용서하되; 주께서 너희를 용서하신 것같이, 너희도 그리하라.」

又提摩太前書二章文云:「亦欲婦女衣素衣, 幽嫻貞靜, 辮髮金珠文繡, 不以爲飾; 惟務善行, 乃崇上帝者所宜.[1080]」

1078 「宗基 … 上帝」는 「委辦譯本, Delegates' Version」 고린도후서 5장 17-18절에서 인용되었다.
1079 「爾惟 … 罪焉」은 「委辦譯本, Delegates' Version」 골로새서 3장 12-13절에서 인용되었다. 「爾當互相赦罪焉」 중의 「互相赦罪」는 「委辦譯本, Delegates' Version」에서는 「如是」 두 글자로 기록되어 있다.
1080 「亦欲 … 所宜」는 「委辦譯本, Delegates' Version」 디모데전서 2장 9-10절에서 인용되었

또 디모데전서 2장에서 이르되:「또 이와 같이 여자들도 단정하게 옷을 입으며, 소박함과 정절로써 자기를 단장하고, 땋은 머리와 금이나 진주나 값진 옷으로 하지 말고, 오직 선행으로 하기를 원하노라. 이것이 하나님을 경외한다 하는 자들에게 마땅한 것이니라.」

又雅各書二章文云:「勿以貌取人. 如有人金鐶美服, 入爾會堂; 亦有貧人, 敝衣並入. 爾顧美服者曰:『坐此上位.』語貧者曰:『且立於旁, 或坐我几下.』豈非別貧富, 而念慮未平乎[1081]?」

또 야고보서 2장에서 이르되:「사람을 차별하여 대하지 말라. 만일 너희 회당에 금 가락지를 끼고 아름다운 옷을 입은 사람이 들어오고; 또 남루한 옷을 입은 가난한 사람이 들어올 때에, 너희가 아름다운 옷을 입은 자를 눈여겨보고 말하되:『여기 좋은 자리에 앉으소서.』하고, 또 가난한 자에게 말하되:『너는 거기 서 있든지, 내 발등상 아래에 앉으라.』하면, 너희끼리 서로 차별하며, 악한 생각으로 판단하는 자가 되는 것이 아니냐?」

總此諸經皆景淨所謂「滌浮華而潔虛白」者.

총괄하면 이 여러 경전들은 모두 景淨이 말한「滌浮華而潔虛白」인 것이다.

다.「乃崇上帝者所宜」, 이 어구는「委辦譯本, Delegates' Version」에서는「崇」과「上」사이에「拜」자가 추가되어 있다.

1081 「勿以 … 平乎」는「委辦譯本, Delegates' Version」야고보서 2장 1-5절에서 인용되었다.

십자가를 손에 표지로 지니고, 널리 사방을 비춤으로써 온전케 하기에 구애됨이 없다(印持十字, 融四照以合無拘)

此已下至洗心反素之文, 皆言尼氏會之儀文也. 此文所云乃尼氏會之異端, 與景道了不相關, 已辨明於「判十字以定四方」句下. 觀此可知今日天主教會佩十字印, 以爲有靈之漸[1082]矣!

이것은 아래로 '洗心反素(마음을 씻어 본래의 상태로 되돌리다)'라는 구절에까지 이르며, 모두 네스토리우스회의 의례문을 말한다. 이 글귀가 말하는 것은 곧 네스토리우스회가 이단이라는 것이며, 경교의 道와는 아무런 상관이 없음이, 이미 「判十字以定四方(十字로 구별하여 四方을 정하다)」이라는 구절에서 판명되었다. 이를 통해 알 수 있는 것은, 오늘날 천주교회가 십자인을 패용하는 것은, 영험의 영향이 있다고 여기는 것이다!

목판을 두드려 인애와 자비의 소리를 떨치고, 동쪽으로 예배하여 생명과 번영의 길로 달려간다. 수염을 보존하는 까닭은 겉으로 품격을 표현하기 위함이요, 정수리를 삭발함은 정욕과 감정을 없애기 위함이라(擊木震仁惠之音, 東禮趨生榮之路存鬚所以有外行, 削頂所以無內情)

此文禮意於景經中絶無來歷, 不過大秦, 波斯之古禮攙入, 於景道絶無關涉.

1082 「漸」: '영향(影響)'.

이 문장에서 의례(儀禮)적인 의미는 경교 경전에 있어서 전혀 내력이 없는 것이고, 大秦과 페르시아의 옛 의례가 섞여 들어간 것에 불과하며, 경교의 道와는 아무런 상관이 없는 것이다.

종을 두지 않음은 사람에게 귀천 없이 균등히 하려는 것이요(不畜臧獲, 均貴賤於人)

此文未妥, 按哥林多前書七章文云:「爾爲奴而見召, 勿以爲奴是慮. 若得釋, 自專[1083]可也. 凡爲人奴, 宗主而見召^{謂信道也}, 是主釋之^{謂身雖爲奴, 心屬天國}; 不爲人奴而見召, 是爲基督僕. 爾曹爲基督所贖, 勿爲人奴.[1084]」

이 글은 타당하지 않은 내용인데, 고린도전서 7장에 의하면 다음과 같이 말하고 있다:「네가 종으로 있을 때에 부르심을 받았느냐, 염려하지 말라. 그러나 네가 자유롭게 될 수 있거든, 그것을 이용하라. 주 안에서 부르심을 받은 자는,'종교를 믿음'을 말함. 종이라도 주께 속한 자유인이요'몸은 비록 노예일지라도, 마음은 천국에 속해 있음'을 말함; 또 그와 같이 자유인으로 있을 때에 부르심을 받은 자는, 그리스도의 종이니라. 너희는 값으로 사신 것이니, 사람들의 종이 되지 말라.」

以弗所書六章文云:「僕從基督之命,^{謂信道也} 則當畏懼戰慄誠心, 以服所事之主.^{指主人言}」又云:「以是知凡行善者, 不論是僕非僕, 必受報於主.^{指上}

1083 「自專」: '스스로 결정하다'. 「專」, '독단적으로 행동하다'.
1084 「爾爲 … 人奴」는 「委辦譯本, Delegates' Version」 고린도전서 7장 21-23절에서 인용되었다.

^{帝言.1085}」又云: 「主之待僕, 亦當馭以寬, 毋恐喝, 因知在天爾亦有主, 無分彼此.¹⁰⁸⁶」

에베소서 6장에서 이르되: 「종들아, 두려워하고 떨며 성실한 마음으로, 육체의 상전^{'주인'을 지칭함.}에게 순종하기를 그리스도께 하듯 하라.^{'종교를 믿음'을 말함.}」 또 이르기를: 「이는 각 사람이 무슨 선을 행하든지 종이나 자유인이나 주^{'하나님'을 말함}께로부터 그대로 받을 줄을 앎이라.」 또 이르되: 「상전들아, 너희도 그들에게 이와 같이 하고, 위협을 그치라. 이는 그들과 너희의 상전이 하늘에 계시고, 그에게는 사람을 외모로 취하는 일이 없는 줄 너희가 앎이라.」

又提摩太前書文云: 「夫旣服役爲奴, 則務敬厥主, 免上帝名與教見譏於人. 有宗教爲爾主者, 勿以同教而生藐視,¹⁰⁸⁷ 必服事維勤, 以其宗教可愛, 宜獲爾益, 此當勸誨焉.¹⁰⁸⁸」

또 디모데전서에서 이르되: 「무릇 멍에 아래에 있는 종들은, 자기 상전들을 범사에 마땅히 공경할 자로 알지니, 이는 하나님의 이름과 교훈으로 비방을 받지 않게 하려 함이라. 믿는 상전이 있는 자들은, 그 상전을 형제라고 가볍게 여기지 말고, 더 잘 섬기게 하라. 이는 유익을 받는 자들이 믿는 자요, 사랑을 받는 자임이라. 너는 이것들을 가르치고 권하라.」

1085 「僕從 … 於主」는 「委辦譯本, Delegates' Version」 에베소서 6장 5, 8절에서 인용되었다.
1086 「主之 … 彼此」는 「委辦譯本, Delegates' Version」 에베소서 6장 9절에서 인용되었다.
1087 「勿以同教而生藐視」, 이 어구는 「委辦譯本, Delegates' Version」에서는 「教」와 「而」 사이에 「兄弟」 두 글자가 더 있다.
1088 「夫旣 … 誨焉」은 「委辦譯本, Delegates' Version」 디모데전서 6장 1-2절에서 인용되었다.

據諸經而參考之, 則知景教無自鬻爲奴之例. 本爲奴而入教, 仍爲未入教之主之奴; 本不爲奴而入教, 則不可將子女賣與人爲奴; 本有家奴而入教之家, 主釋奴不釋, 道不相强,[1089] 惟公平寬馭可矣! 若慮子孫不能寬馭, 恐致虐待, 遽然釋之, 亦盛德之事, 但總以不畜爲宜. 然家主之與雇工人, 亦非無貴賤之別也.

여러 경전들을 통해 참고해 보면, 경교에는 스스로 팔려 노예가 되는 예가 없음을 알 수 있다. 본래 노예로서 입교를 해도, 여전히 입교하지 않은 주인의 노예인 것이며; 본래 노예가 아니면서 입교를 하면, 자녀를 남에게 팔아 노예로 만들 수 없고; 본래 집안에 노예가 있으면서 입교한 가정은, 주인이 노예를 풀어 주느냐 마느냐는, 도리상 강요하지는 않으며, 오로지 공평하고 관대하게 다스리는 것만이 가능하다! 만일 자손이 관대하게 다루지 못할 것을 염려하고, 학대할 것이 걱정되어, 곧바로 석방해 준다면, 또한 덕을 쌓는 일이지만, 어쨌든 부양하지는 않는 것이 마땅하다. 그러나 집주인과 고용인 간에는, 또한 귀천의 구별이 없는 것은 아니다.

재물을 모으지 않음은, 자신에게 남은 재물을 모두 소진토록 가르치는 것이라(不聚貨財, 示罄遺於我)

此文亦當考正景尊之訓曰:「勿積財於地蠹食銹壞, 盜穴而竊之處. 惟積財於天; 蠹不食, 銹不壞, 盜不穴不竊之處. 蓋爾財所在, 爾心亦在焉. 夫燭於身者,[1090] 目也; 目瞭則全身光, 目眊[1091]則全身暗; 爾光若暗, 其暗大

哉! 一人事二主者, 未之有也. 或惡此愛彼, 或重此輕彼. 爾不事上帝,[1092]
又事貨財也.[1093] 文見馬太六章[1094]

이 글은 또한 마땅히 예수의 가르침을 확인하여 말하는 것이니: 「너희를 위하여 보물을 땅에 쌓아 두지 말라. 거기는 좀과 동록이 해하며, 도둑이 구멍을 뚫고 도둑질하느니라. 오직 너희를 위하여 보물을 하늘에 쌓아 두라; 거기는 좀이나 동록이 해하지 못하며, 도둑이 구멍을 뚫지도 못하고, 도둑질도 못 하느니라. 네 보물 있는 그곳에는, 네 마음도 있느니라. 눈은 몸의 등불이니; 그러므로 네 눈이 성하면, 온 몸이 밝을 것이요. 눈이 나쁘면, 온 몸이 어두울 것이니; 그러므로 네게 있는 빛이 어두우면, 그 어둠이 얼마나 더하겠느냐! 한 사람이 두 주인을 섬기지 못할 것이니, 혹 이를 미워하고 저를 사랑하거나, 혹 이를 중히 여기고 저를 경히 여김이라. 너희가 하나님과 재물을 겸하여 섬기지 못하느니라.^{마태복음 6장}」

景尊入耶利哥城, 「徑行時, 有名撒該者, 爲稅吏長而富, 欲見景尊爲何如人, 以人衆不得見, 蓋侏儒也. 意景尊必過此,[1095] 遂趨前, 升桑欲見之.

1090 「夫燭於身者」, 이 어구는 「委辦譯本, Delegates' Version」에서는 「燭」과 「於」 사이에 「照」자가 더 있다.
1091 「眊」: 독음이 「冒」와 같으며, '눈이 보이지 않는 모습'을 뜻한다. 《孟子·離婁上》: 「胸中不正, 則眸子眊焉.(가슴속이 바르지 않으면, 눈동자도 흐릿하다.)」
1092 「爾不事上帝」, 이 어구는 「委辦譯本, Delegates' Version」에서는 「不」과 「事」 사이에 「能」자가 있다.
1093 「又事貨財也」 중의 「貨財」는 「委辦譯本, Delegates' Version」에서는 「財貨」로 기록되어 있다.
1094 「勿積 … 財也」는 「委辦譯本, Delegates' Version」 마태복음전 6장 19-24절에서 인용되었다.
1095 「徑行 … 過此」 중의 「景尊」은 「委辦譯本, Delegates' Version」에서는 모두 「耶穌」로 기록되어 있다.

耶穌至, 仰視曰:『撒該速下, 今日我將主爾家.』遂急下, 喜迎之. 衆非耶穌曰:『何爲宿罪人之家?^{猶太俗惡稅吏}』撒該起, 謂景尊曰:[1096]『主, 我以所有之半濟貧; 誣詐人者, 則四倍償之.』耶穌曰:『今日此家得救, 以其爲亞伯拉罕裔. 蓋人子至, 爲尋救所喪者耳.^{事見路加福音十九章1097}』

　예수께서 여리고로 들어가, 「지나가실 때에, 삭개오라 이름하는 자가 있으니, 세리장이요, 또한 부자라. 그가 예수께서 어떠한 사람인가 하여 보고자 하되, 키가 작고 사람이 많아 할 수 없어, 앞으로 달려가서 보기 위하여, 돌무화과나무에 올라가니, 이는 예수께서 그리로 지나가시게 됨이러라. 예수께서 그곳에 이르사, 쳐다보시고 이르시되:『삭개오야, 속히 내려오라. 내가 오늘 네 집에 유하여야 하겠다.』하시니, 급히 내려와, 즐거워하며 영접하거늘, 뭇 사람이 보고 수군거려 이르되:『저가 죄인의 집에 유하러 들어갔도다.』하더라. 삭개오가 서서, 주께 여짜오되:『주여 보시옵소서. 내 소유의 절반을 가난한 자들에게 주겠사오며; 만일 누구의 것을 속여 빼앗은 일이 있으면, 네 갑절이나 갚겠나이다.』예수께서 이르시되:『오늘 구원이 이 집에 이르렀으니, 이 사람도 아브라함의 자손임이로다. 인자가 온 것은, 잃어버린 자를 찾아 구원하려 함이니라.^{누가복음 19장}』

　景聖保羅亦云:「我出世無所攜來, 逝世無所攜去, 此理昭然. 衣食足, 當知止. 苟圖富有, 陷誘惑, 罹羅網, 溺於無理有害之欲, 終必沉淪. 好利爲萬惡根. 有人慕之, 則背於道, 以多苦自刺. 惟爾事上帝之人, 在所必戒.^{文見提摩太前書六章1098}」

1096 「謂景尊曰」 중의 「景尊」은 「委辦譯本, Delegates' Version」에서 「主」로 쓰여 있다.
1097 「徑行 … 者耳」는 「委辦譯本, Delegates' Version」 누가복음전 1장 21-23절에서 인용되었다.

사도 바울이 또 말하였다: 「우리가 세상에 아무것도 가지고 온 것이 없으매, 또한 아무것도 가지고 가지 못하리니, 우리가 먹을 것과 입을 것이 있은즉, 족한 줄로 알 것이니라. 부하려 하는 자들은, 시험과 올무와 여러 가지 어리석고 해로운 욕심에 떨어지나니, 곧 사람으로 파멸과 멸망에 빠지게 하는 것이라. 돈을 사랑함이 일만 악의 뿌리가 되나니, 이것을 탐내는 자들은, 미혹을 받아 믿음에서 떠나, 많은 근심으로써 자기를 찔렀도다. 오직 너 하나님의 사람아, 이것들을 피하라.^{디모데전서 6장}」

又云：「當諭此世之富者, 心勿傲, 無定之財勿恃; 惟賴永生上帝, 洪賜我眾, 百物以享之. 故命富者爲善…, 喜以賙濟, 樂與眾共. 夫如是, 厚築善基, 預備厥後, 克受永生.^{文見同上1099}」

또 이르되: 「네가 이 세대에서 부한 자들을 명하여, 마음을 높이지 말고, 정함이 없는 재물에 소망을 두지 말고; 오직 우리에게 모든 것을 후히 주사, 누리게 하시는 하나님께 두며, 선을 행하고, 선한 사업을 많이 하고, 나누어 주기를 좋아하며, 너그러운 자가 되게 하라. 이것이 장래에 자기를 위하여, 좋은 터를 쌓아, 참된 생명을 취하는 것이니라.^{디모데전서 6장}」

觀所引經, 則景教處財之道, 光如日星. 若乃矯枉過甚, 罄所有以濟貧, 置父母妻子於不顧, 亦非景教之道也.

경전의 인용을 보면, 경교에서 재물을 다루는 도리는, 해와 별처럼 빛이 난다. 만일 당신이 잘못을 바로잡으려는 것이 너무 지나쳐서, 가난한

1098 「我出 … 必戒」는 「委辦譯本, Delegates' Version」 디모데전서 6장 7-11절에서 인용되었다.
1099 「當諭 … 永生」은 「委辦譯本, Delegates' Version」 디모데전서 6장 17-19절에서 인용되었다.

사람을 구제하는 데에 모든 것을 다 써 버리고, 부모와 처자식을 돌보지 않는다면, 이 또한 경교의 도리가 아닌 것이다.

齋는 생각을 굴복시킴으로써 이루어지고, 戒는 정숙하고 신중함으로써 공고해진다(齋以伏識而成, 戒以靜愼爲固)

此文亦當考正景敎本無齋期, 古經之道, 不過假借食物中之潔與不潔, 分別設禁以示敎, 非所謂齋也.

이 글도 또한 마땅히 경교에는 본래 재계(齋戒)하는 기간이 없음을 확인해 주는 것이니, 옛 경전의 이치는, 음식물 중의 순결함과 불결함을 빌린 것에 불과하며, 각각 금령을 세워 가르치는 데 사용했으므로, 이것을 재(齋)라고 말하지는 않는다.

試擧摩西例中二者言之, 一爲鶴, 一爲豬. 不食鶴者, 謂其身在雲霄之上, 而心則在池沼之魚; 所以敎人不可身在名敎[1100]天道之中, 而心則在肉身之情欲也. 不食豬者, 謂其身處汚泥之中, 口啖臭穢之物; 所以敎人不可自居於下流之地, 而食不義之食也. 此宗義理, 亦非世俗所謂齋也.

모세를 예로 들어 두 가지를 말해 보면, 하나는 학이고, 하나는 돼지이다. 학을 먹지 않는 것은, 그 몸이 높은 하늘 위에 있고, 마음은 늪에 있는 물고기이니; 그리하여 사람을 가르침에 몸이 명분과 교화 그리고 하늘의

1100 「名敎」: '名分과 敎化'. 본래는 '유가에서 지정한 명분과 윤리 도덕'을 가리켰다. 이는 즉 신체와 명예를 학(鶴)에 비유한 것으로서, '하늘로 솟구치는 의지를 마땅히 행해야 함'을 표현한 것이다.

道 속에 있으나, 마음이 육신의 정욕 가운데 있으면 안 된다는 것이다. 돼지를 먹지 않는 것은, 그 몸이 더러운 진흙 속에 처해 있고, 입은 썩어 냄새나는 것을 먹고 있으니; 그래서 사람을 가르침에 저속한 곳에 스스로 거하면서, 불의한 음식을 먹을 수 없다고 하는 것이다. 이는 의리(義理)를 근본으로 하는 것으로서, 또한 세속에서 말하는 재(齋)가 아닌 것이다.

若國家有憂危大事, 如饑荒, 瘟疫, 兵困, 水旱太甚之類, 則有禁食祈禱之道. 此則竟日[1101]不食, 專務祈禱, 認罪悔罪, 求赦求佑, 亦非齋也.

만일 나라에 근심과 위태로운 큰일이 있어, 가령 기근, 전염병, 군대의 사로잡힘, 심한 가뭄 등, 곧 금식하며 기도하는 길이 있다. 이것은 즉 하루 종일 아무것도 먹지 않고, 오로지 기도에 전념하며, 죄를 인정하고 뉘우치며, 용서와 도움을 구하는 것이니, 또한 재(齋)가 아닌 것이다.

迨夫法利賽教興, 自以爲憂國憂民, 任大責重; 遂定七日之中, 而有二日禁食之例. 無病呻吟, 景尊惡其僞也, 闢之而門徒復古矣! 至數百年後, 主教之士多不婚娶, 後竟成例. 惡血食[1102]之助慾也, 於是乎有齋之說. 別食物何者味厚, 何者味薄; 薄者爲齋, 厚者爲戒. 每七日定有二日齋期, 天主教會至今仍之, 而景淨之時, 正當此風之始.

바리새 교파가 흥하면서, 스스로 나라와 백성을 염려하며, 큰 책임을

1101 「竟日」: '하루 종일'. 「竟」, '전체의, 모든'의 의미. 《淸史稿·恆陰》:「東陽大霧, 竟日不散.(東陽 지방에 큰 안개가 끼어, 하루 종일 흩어지지 않았다.)」
1102 「血食」: '피를 함유한 음식물'. 이것은 성경에 기록된 것으로서, 생명이 핏속에 있기 때문에 피를 머금은 고기와 피를 먹는 것을 금하지만, 육식을 금하는 것이 아니라 반드시 피를 내서 땅속에 흘려 버린 후에야 먹을 수 있는 것이다. 레위기 7장 26-27절 참고:「너희가 사는 모든 곳에서 새나 짐승의 피나 무슨 피든지 먹지 말라. 무슨 피든지 먹는 사람이 있으면 그 사람은 다 자기 백성 중에서 끊어지리라.」

진다고 여겼는데; 그리하여 7일 가운데, 이틀을 금식하기로 정하였다. 병도 없이 신음하니, 예수는 그 위선을 증오하면서, 그들을 배척하였고 제자들은 다시 옛날로 돌아갔도다! 수백 년이 지난 후에, 주교들이 대부분 결혼하지 않았고, 후에 결국 관례가 되었다. 피가 든 음식을 증오함으로 욕망을 제거하였으니, 그리하여 齋라는 말이 생겨난 것이다. 먹는 것중 어떤 것이 맛이 진하고, 어떤 것이 맛이 싱겁다 하여 구별하였는데; 싱거운 것은 齋로 삼고, 진한 것은 戒로 삼았다. 칠일마다 이틀의 齋의 기간이 정해져 있으니, 천주교회는 지금까지도 그것을 유지하고 있으나, 景淨의 시기가, 바로 이 풍속의 시작인 때였다.

然按此文所謂「伏識」者, 意義畧深. 「伏」, 蓋謂調伏[1103]也. 「識」, 記也. 內典以色, 受, 想, 行, 識爲五蘊, 以眼見諸色而心有所受. 有所受, 然後有所想; 有所想, 然後有所行; 行之不得, 則識於心而不忘. 是色爲始而識爲終, 淪落生, 老, 疾, 死之輪, 皆識之所使, 是乃佛道之大戒. 景道不然, 如人目擊父母有病, 輾轉在床, 未占[1104]勿藥之喜.[1105] 此心豈能不識, 此識豈能調伏? 齋以伏識而成, 就邪慕言則可, 就佛道言則誤矣!

그러나 이 문장에서 말하는 「伏識(생각을 굴복시키다)」이라는 것에 근거하면, 그 의미가 대략 깊다. 「伏」은, 대략 '항복하다'를 의미한다. 「識」은, '기록함'이다. 불교 전적은 '色, 受, 想, 行, 識'을 五蘊이라 하는데, 눈으로

1103 「調伏」: '항복하다'. 《舊唐書·蜀王愔》: 「禽獸調伏, 可以馴擾於人; 鐵石鑴鍊, 可爲方圓之器.(금수들이 항복하면, 사람에게 길들일 수가 있고; 쇠와 돌을 제련하면, 일정한 무기들을 만들 수 있다.)」

1104 「未占」: '예측할 수가 없다'. 「占」, '징조를 통하여 길흉을 추정하다'.

1105 「勿藥之喜」: '탕약을 쓰지 않아도 나중에 바로 완치할 수 있다'는 의미이다. 출전《周易·妄》: 「無妄之疾, 勿藥有喜. 象曰: 『妄之藥, 不可試也.』」(뜻하지 않은 사이의 질병은 약을 쓰지 않아도 기쁘다. 象이 가로되: 『뜻하지 않은 사이의 약은, 시험할 수가 없다.』)」

여러 색을 보고 마음속으로 받는 것이다. 받는 것이 있고, 그다음에 생각하는 것이 있는 것이며; 생각한 것이 있은 후에야, 행함이 있는 것이고; 행하지 못하면, 마음속에 기록되어 잊어버리지 않는 것이다. 이 色이 시작이고 識은 끝나는 것이니, '生, 老, 疾, 死'의 바퀴 속에 유랑함이, 모두 識의 작용인 것이고, 이것이 곧 佛道에서의 큰 계율인 것이다. 경교의 이치는 그렇지 않아서, 사람이 부모에게 병이 있어, 침대에서 뒤척이는 것을 목격하고도, 약을 쓰지 않고 완치할 수 있음을 예측하지 못하는 것과 같다. 이 마음을 어찌 모를 수 있겠으며, 이 앎을 어찌 조정하여 굴복시킬 수 있겠는가? 齋는 생각을 굴복시킴으로써 이루어진다는 것은, 사악한 동경의 말로는 옳고, 佛道의 말로는 틀린 것이다!

「戒以靜愼爲固」句, 語意渾涵, 未能確指. 景經中提摩太後書二章有云:「戒血氣之欲, 從仁, 義, 信, 與淸心籲主名者相睦.[1106]」景尊之訓曰:「自當謹愼, 勿以饜飮沈湎, 世之憧擾累心.[1107] 恐其日突然臨爾, 如機檻[1108]臨宅土[1109]之人. 故宜儆醒常祈, 得避將來之事, 立人子前矣! 文見路加廿一章[1110]」此經或卽景淨此文之本意歟!

「戒는 정숙하고 신중함으로써 공고해진다.」는 문장은, 의미가 넓고 깊어서, 아직 정확하게 가리지 못하였다. 경교 경전 중 디모데후서 2장에서 이르되:「또한 너는 청년의 정욕을 피하고, 주를 깨끗한 마음으로 부

1106 「戒血 … 相睦」은 「委辦譯本, Delegates' Version」디모데후서 2장 22절에서 인용되었다.
1107 「世之憧擾累心」중의 「憧」은 「委辦譯本, Delegates' Version」에서는 「撞」이다.
1108 「機檻」: '포획하기 위해 설치해 놓은 함정'을 말한다.
1109 「宅土」: '거주하는 토지'. 《隋書·大業十一年》:「事彰往策, 所以宅土寧邦.(일로는 과거의 계책을 현양하나니, 거주하는 토지와 평안한 땅으로써이다.)」
1110 「自當 … 前矣」는 「委辦譯本, Delegates' Version」누가복음전 21장 34-36절에서 인용되었다.

르는 자들과 함께, 의와 믿음과 사랑과 화평을 따르라.」하였고, 예수께
서는 가르쳐 말씀하시기를:「너희는 스스로 조심하라. 그렇지 않으면 방
탕함과 술취함과 생활의 염려로 마음이 둔하여지고, 뜻밖에 그날이 덫과
같이 너희에게 임하리라. 이날은 온 지구상에 거하는 모든 사람에게 임
하리라. 이러므로 너희는 장차 올 이 모든 일을 능히 피하고, 인자 앞에
서도록, 항상 기도하며 깨어 있으라!^{누가복음 21장}」 하였다. 이 경전이 아마
도 景淨이 이 글을 지은 본뜻이 아닐까 한다!

매일 일곱 번 숭경의 예를 드리고, 산 자와 죽은 자를 크게 보살핀다(七時禮讚, 大庇存亡)

使徒之時, 未立焚修¹¹¹¹之所, 獨有七日之會, 會衆聚集於一堂. 誦聖詩,
頌上帝, 讀聖經, 施勸勉, 誠心懇祈, 守主餐祝福而後散. 當耶路撒冷未滅
之前, 聖殿未燬之日, 使徒之居耶路撒冷者, 每日三次上殿祈禱, 教民未有
如尼氏會, 天王¹¹¹²教會等之規模也. 禱告之時, 亦未有爲逝世之人祈禱
者, 數百年後始有之. 此文之禮, 意乃尼氏會中傳道之人, 每日定有禮拜之
時, 頌詩讚美上帝. 祈禱之間, 亦爲君王百官萬民祈禱, 又爲逝世之人籲
禱. 不知者, 以爲佛寺之類, 其實大不同也. 然爲死者祈禱之理, 景經絶無
明證, 故愈久而流弊愈生, 尼氏會尚稍近古, 若天主教會, 則竟有超度¹¹¹³

1111 「焚修」: '향을 피우고 도를 닦다'의 의미이다.
1112 「天王」은 「天主」의 誤記이다.
1113 「超度」: 불교나 도교의 사람들은 法事를 하거나 讀經을 함으로써 죽은 자가 축생도(畜
生道), 아귀도(餓鬼道), 지옥도(地獄道) 등에서 벗어날 수 있도록 도와준다. 본서가 말
하는 '天主教가 超度에 가깝다는 것'은, 곧 천주교가 「諸聖相通功(천주교 교리 C.C.
C.962 참고)」의 교리를 해석하는 데 대한 오해이며, 죽은 자를 위해 기도하는 행위를

之意矣!

사도의 때에는, 향을 피우고 수도하는 곳을 세우지 아니하였으며, 오로지 7일의 모임만이 있었고, 회중들이 회당에 모였었다. 성시를 낭송하고, 하나님을 찬양하며, 성경을 읽고, 권면을 베풀며, 진심으로 기도하고, 주님께서 주시는 음식의 축복을 받은 후 헤어졌다. 예루살렘이 멸망하기 전, 성전이 아직 훼멸되지 않았던 때에, 사도들이 머문 예루살렘에서는, 매일 세 번씩 성전에 올라가 기도하였으며, 믿는 백성들에게는 네스토리우스회, 천주교회 같은 규모가 아직은 없었다. 기도할 때에도, 죽은 사람을 위해 기도하는 사람은 없었는데, 수백 년 후부터 비로소 있게 되었다. 이 문장의 의례는, 네스토리우스회에서 전도하는 사람이, 매일 예배의 때가 정해져 있어, 시를 낭송하며 하나님을 찬미한다는 것을 의미한다. 기도 사이에는, 또한 군왕과 백관, 만민을 위해 기도하고, 죽은 사람을 위해서도 외쳐 기도한다. 잘 모르는 사람들은, 불교의 부류라고 생각하였지만, 사실은 그와 크게 다른 것이다. 그러나 죽은 사람을 위해 기도하는 이치는, 경교 경전에서는 결코 명백한 증거가 없기 때문에, 그리하여 시간이 지날수록 누적되어 온 폐단이 더욱 생겨났는데, 네스토리우스회는 아직 조금 옛것에 가까웠지만, 만일 천주교회라면, 필경 죽은 자를 위해 기도하는 뜻이 있는 것이다!

'超度'라고 해석한다.

칠일마다 예배를 거행하고, 마음을 씻어 내어 본래 자연의 상태로 되돌린다(七日一薦, 洗心反素)

此則與各國禮拜堂之禮拜日大畧相同, 但尼氏會亦不免有繁文縟節, 恒掩眞道之弊. 使徒之初, 禮拜聚集之時, 獨有樂章讚美上帝; 俯伏以致敬, 禱告以通情, 誠懇以乞恩, 精誠以感格,[1114] 認罪以求赦, 講道以養心, 勸勉以進德, 施濟以盡分, 聖餐以念救主, 問安以致愛, 祝福以致祥, 如斯而已矣! 尼氏會中景淨等大致相同, 其有所別者, 只在文質之間而已.

이것은 각국 예배당의 예배일과 대략 동일하지만, 네스토리우스회도 또한 번거롭고 불필요한 예식들이 있었으니, 진정한 도리를 감춰 버리는 폐단이 항상 있었다. 사도 초기에는, 예배로 모일 때, 오로지 하나님을 찬미하는 악장(樂章)만이 있었는데; 엎드려 경의를 표하고, 기도를 통해 하나님과 교류하며, 진실된 간구로써 은혜를 구하고, 정성으로 감화하며, 죄를 인정함으로써 사함을 구하고, 진리를 전함으로써 마음을 기르며, 권면함으로써 덕으로 나아가고, 구제를 베풂에 최선을 다하며, 성찬으로써 구주를 생각하고, 문안함으로 사랑을 드리고, 축복으로 상서로움을 표함이, 이와 같을 뿐이로다! 네스토리우스회 중의 景淨 등도 대체로 같았으나, 그 차이가 있는 것은, 단지 형식과 내용일 뿐이다.

1114 「感格」: '감동하다, 감화하다'의 의미이다.

참되고 영원한 道는, 현묘하여 이름하기 어렵지만, 그 공과 쓰임이 뚜렷하니, 景敎라 칭함이 마땅하다(眞常之道, 妙而難名, 功用昭章, 強稱景敎)

此文用以通頌前章, 歷敍上帝永存之大道, 誠有妙而難名者, 然其救世之大用, 亦已光被四表,[1115] 燦然現於六合[1116]之間. 雖道大莫名, 然不得不假借以爲名, 故強稱眞光之敎也.

이 문장은 앞 장과 통하여 낭독하는 것으로서, 하나님의 영원하신 큰 道를 말하고 있는데, 실로 신묘하고 어려운 이름이기는 하나, 세상을 구원하신 그 큰 효용이, 또한 이미 빛으로 세상을 뒤덮어, 천지 동서남북 사이에서 찬연하게 드러났다. 비록 그 이름이 크게 말로 표현할 수는 없지만, 그러나 하는 수 없이 빌려다 이름 지으니, 진실한 빛의 가르침이라고 부른 것이다.

[1115] 「四表」: '사방이 매우 먼 곳'의 의미로서 또한 '天下'를 지칭하기도 한다. 《尙書 · 虞書 · 堯典》: 「光被四表, 格於上下.(빛이 세상을 뒤덮고, 하늘과 땅에 이르렀다.)」

[1116] 「六合」: '天, 地'와 '東, 西, 南, 北' 사방을 합하여 부르는 이름이다. 《漢書 · 司馬相如傳》: 「是以六合以內, 八方之外, 浸淫衍溢.(이것은 천하 六合의 안과 八方의 밖까지 점차 물이 스며들어 넘쳐흐르는 것과 같다.)」 師古曰: 「天地四方謂之六合.」(顏師古가 가로되: 천지 사방을 일러 六合이라 한다)라 했다.

오로지 道는 성현이 아니면 떨쳐 일으킬 수 없고, 성현은 道가 아니면 위대해질 수 없으니, 道와 성현이 서로 부합하면 천하가 밝아진다(惟道非聖不宏, 聖非道不大. 道聖符契, 天下文明.)

景淨將敍當代帝王尊崇景教, 故著此文以見天下文明之本, 實賴聖君好道; 道自感應, 來積厥躬; 道在聖而宏, 聖體道而大, 將平章[1117]以致雍熙[1118]之盛焉.

景淨은 당대의 제왕이 경교를 존숭했던 것을 서술하려 한 것이기 때문에, 이 글을 지어 천하 문명의 근본을 보도록 하고, 실로 성군의 좋은 가르침에 의지하며; 道가 스스로 감응하여, 그 몸에 와서 쌓이게 하면; 道는 거룩하고 드넓으니, 성체의 道가 커져서, 올바로 다스림에 조화롭고 평안한 성세를 가져오게 하는 것이다.

[1117] 「平章」: '평화롭고 청명하다'의 의미이다. 《尙書·虞書·堯典》: 「九族既睦, 平章百姓.(9대에 걸친 친족이 화목하였으니, 백성들도 올바르게 다스려졌다.)」
[1118] 「雍熙」: '화목하고 즐거운 모양'을 가리킨다. 「雍」, '조화하다'의 의미; 「熙」, '편안하고 즐겁다'. 《魏書·辛雄》: 「天下雍熙, 無非任賢之功也.(천하가 안정되고 조화로운 것은, 모두 어질고 재능 있는 자를 등용한 때문입니다.)」

태종 문황제가, 나라를 빛내고 국운을 열었으며, 밝은 聖
德으로 인재를 등용하였다. 大秦國에 大德이 있었으니'上
德'은 《老子》에 나온다. 노자에서 이르되 「가장 훌륭한 덕은 덕이라고 하지 않으니, 그리
하여 덕이 있다.」라 하였다. 경교의 교리에도 德이 있으나, 자기에게로 돌리지 않고, 모두
하나님께 영광을 돌리는 것이니, 그리하여 '上德'이라고 부른다. 「阿羅本」이라
부르고, 창공의 구름을 타고 진리의 경전을 가지고서이 경전
은 시리아文으로 쓴 것으로서, 글자가 모두 좌에서 우로 쓴 것이니, 유럽의 문장과 상반된
다. 풍속과 율령을 바라며 곤란과 위험을 무릅쓰고 내달아
왔다. 貞觀 9년, 長安에 도착하였다.경교가 중국에 처음 들어옴. 太
宗文皇帝, 光華啟運, 明聖臨人(大秦國有上德上德出《老子》.
彼云:「上德不德, 是以有德.」景道有德, 弗居, 皆歸榮上帝, 故云上德. 曰:「阿羅
本」, 占青雲而□[1119]眞經此經乃秦文所書者, 字皆左行, 正與歐州文相反.
望風律以馳艱險. 貞觀九祀, 至于長安景教始入中國.)

此文已下至祝無愧心之文, 皆頌敘歷代帝王恩遇景教之隆, 而教法則有
十道流通之盛也.

帝使宰臣房公元齡揔仗西郊, 賓迎入內, 翻經書殿,唐有翻經殿 問道禁闈,
深知正眞, 特令傳授. 貞觀十有二年, 秋七月, 詔曰:「道無常名.曰儒, 曰老, 曰
景, 曰佛, 皆可名之爲道, 是道無常名也. 聖無常體大禹袒臂, 孔子時中, 是聖無常體也. 隨方設教舜生東
夷, 文王生西夷, 得道者昌, 是隨方皆可以設教也. 密濟羣生五方風氣不同, 剛柔互異, 而道皆能隨方設教以密
濟之也. 大秦國大德阿羅本, 遠將經像,此時東西教會已有人將景經所載名人事跡, 繪圖具說, 以資
考鏡者矣! 來獻上京. 詳其教旨, 元妙無爲景教雖無爲於政, 然勇於爲道, 黜異端, 拒邪說, 斥鬼

1119 누락된 글자는 景教 碑文과 서로 교감하여 '□'로 표기한다.

神, 攻罪惡, 是亦爲政, 正未可以爲無爲之道也. 觀其元宗, 生成立要此則誠然. 詞無繁說, 理有忘荃忘荃出《莊子》. 彼云:「荃所以在魚, 得魚而忘荃.」 濟物利人, 宜行天下此詔不過通套之辭.」 所司卽於京義寧坊造大秦寺一所, 度僧廿一人僧解見篇首. 此之所度者, 皆主敎監督之類, 非中國入敎之敎友也. 按尼氏會規與今之天主敎敎會畧有不同. 天主敎會自敎皇以至神父, 皆不娶妻; 尼氏會則敎主, 主敎, 監督等不娶, 神父等則旣娶不棄, 未娶不求, 妻死不續, 斯已矣! 宗周德喪, 靑駕西昇. 老子西出函關事. 巨唐道光, 景風東扇.此文甚屬無謂, 徒以唐代人主極尊老子, 故援之以爲標膀耳!

이 글은 아래 '祝無愧心(신께 기원함에 부끄러움이 없다)'이라는 문장까지 닿아 있는데, 모두 역대 제왕의 은혜로 경교가 융성할 수 있는 대접을 받았고, 열 가지 교법이 널리 퍼지는 성황을 이루었음을 송축하여 서술하고 있다.

황제가 재상 방현령에게 명하여 의장대를 거느리고 서쪽 교외로 나가, 영접하여 들이도록 하였고, 궁중 장서각唐나라에는 翻經殿이 있었다.에서 경전을 번역하게 하고, 내전에서 교리를 물었으며, 바른 진리를 깊이 깨달아, 경교의 전파를 특별히 명하시었다. 貞觀 12년, 가을 7월에, 조칙을 내려 말씀하시기를:「道에는 영원한 이름'儒'라고도 하고, '老'라고도 하며, '景'이라고도 하고, '佛'이라고도 하니, 모두 道라 이름할 수 있으나, 이 道는 영원한 이름이 없는 것이다.이 없고, 聖人에게도 평소 일정한 몸이 없다. 大禹는 의복이 소박하였고, 孔子는 성인의 時中이니, 이것이 '성인은 일정한 몸이 없다'이다. 어디에서나 교화를 시행하여,舜은 東夷에서 낳고, 文王은 西夷 출신이니, 道를 얻은 자가 창성하였는데, 이것이 '어디에서나 교화를 시행할 수 있다'는 것이다. 중생들을 면밀히 제도하나니,동서남북 사방과 중앙의 풍조가 달라서, 강함과 유함이 서로 다르나, 道는 모두 어디에서나 교화를 시행하여 중생을 면밀히 제도할 수 있다. 大秦國의 大德 아라본(阿羅本, Alopen)이, 멀리서 경전과 형상을 가지고,이때의 동서 교회에는 이미 경교 경전에 기재된 명인의 사적을, 그림으로 모두 설명하여, 참고로 삼을 수 있도록 한 사람이 있었다! 수도에 와 헌상하였다. 그 敎旨를 자세히 살펴보니, 심오하고 미묘한 자연의 이치이더라. 경교는 비록 정치에 관여하지 않앉으나, 道를 전함에는 과감하였고, 이단을 제거하며, 사악한 이설을 거절하였고, 귀신을 배척하였으며, 죄악을 비난하였으니, 이 또한 정치인 것으로서, 정확히 '無爲의 道'라고 할 수는 없었다.; 그 근본 宗旨를 관찰하니, 생명이 이루어지는 데에 긴요하고,^{이것은 참말이다.} 말씀에 번잡한 설명이 없고, '비움'과 '놓음'의 이치<sup>'忘筌'은《莊子》에 나옴.《莊子》에서 이르되:「고기를 잡고 나면 통발을 잊어버린다.」가 들어 있으며, 만물을 제도하고 인간을 이롭게 하니, 마땅히 천하에 널리 시행하도록 하라.^{이 조칙은 통속적인 격식의 말에 불과하다.}」관장할 곳으로 長安 부근 義寧坊에 大秦寺 사원 한 곳을 지었으니, 승려가 21인에 이르렀다.^{'僧'에 대한 풀이는 전편에서 볼 수 있다.} 이렇게 출가한 사람들은, 모두 주교, 감독 같은 사람들이며, 중국인 입교자가 아닌 것이다. 네스토리우스회 회칙에 따르면 오늘날의 천주교 교회와는 대체로 차이가 있다. 천주교회는 교황으로부터 신부에 이르기까지, 모두 아내를 취하지 않으나; 네스토리우스회는 교주, 주교, 감독 등이 결혼하지 않으며, 신부 등은 이미 결혼했으면 아내를 버리지 않고, 아직 결혼하지 않았으면 구하지 않으며, 아내가 죽어도 재혼하지 않으니, 이것으로 끝이로다! 周나라 종실의 덕이 쇠퇴하니, 老子가 청우거(靑牛車)를 타고 서쪽으로 올라가 버렸고,^{老子가 서쪽 函谷關으로 나간 일} 다시 大唐의 고상한 품성이 멀리까지 전해지니, 景敎의 바람이 동쪽으로 불어왔다.^{이 글은 대단히 의미가 없는 것이며, 단지 당나라 군주가 노자를 극히 존중하였으므로, 그를 인용하여 찬양한 것일 뿐이로다!}

旋令有司將帝寫眞, 轉摸¹¹²⁰寺壁^{如此崇奉, 以是知太宗未嘗眞知景敎之道也.} 天姿汎彩, 英朗景門; 聖跡騰祥, 永輝法界.^{如此恭維, 亦理勢使然, 實無關於景敎之榮辱者也.}

즉시 관리에게 명하여 황제의 모습을 묘사하고, 대진사 벽에 초상을 옮겨 그리게 하였으니,^{이렇게 숭배한 것은, 이로써 太宗이 경교의 교리를 제대로 알지 못했음을 알 수 있는 것이다.} 天子의 풍채가 광채를 발하고, 맑고 투명한 모습이 景門에 가득하였으며; 거룩한 자취가 상서롭게 일어나고, 온 세상에 영원히 밝게

1120 「摸」는 「模」의 誤記이다.

비추었다. 이와 같이 치켜세우는 것은, 또한 이치가 그렇게 되게 한 것이니, 실로 경교의 영욕과는 무관한 것이다.

案《西域圖記》及漢魏史策, 大秦國南統珊瑚之海.^{即紅海} 北極衆寶之山^{黑海}^{之南, 大秦之北, 有名區曰各岐, 各岐北境崇山峻嶺, 綿亘千里, 寶藏極富, 古腓尼基人賴以製造販運於四方之國者.} 西望仙境花林^{大秦之西, 猶太之北, 有利巴嫩山, 自古稱名勝之區, 産栢香木最盛.} 東接長風弱水.^{或指雷書海言.} 其土出火綄布, 返魂香, 明月珠, 夜光壁. 俗無寇盜, 人有樂康. 法非景不行, 主非德不立; 土宇廣闊, 文物昌明.^{案《西域圖記》至此段文字, 全是鋪張揚厲[1121]之辭, 於景教絕無關涉.}

《西域圖記》와 漢, 魏의 역사서에 의하면, 大秦國은 남으로는 산호의 바다즉 홍해를 거느리고, 북으로는 여러 보배로운 산들흑해의 남쪽, 대진의 북쪽, 各岐라 부르는 유명한 지역이 있으니, 各岐의 북쪽 경계는 높은 산과 준령이, 천리에 걸쳐 연달아 있으며, 수장하고 있는 자원이 극히 풍부하여, 고대 페니키아인들이 사방 나라에 제조 판매하는 데 의존하였다.에 끝닿아 있으며, 서쪽으로는 仙境花林대진의 서쪽, 유대의 북쪽에는, 레바논산이 있는데, 예로부터 명승 지역으로 불리웠고, 백향목이 많이 생산된다.을 바라보고 있고, 동으로는 長風弱水어떤 이는 카스 피해라 부른다.와 맞닿아 있다. 그 땅에서는 火浣布와 返魂香, 明月珠, 夜光壁 이 나온다. 도적질하는 풍습이 없고, 사람들은 안락하고 행복하다. 세상의 도리는 景教가 아니면 행하지 아니하며, 군주는 爲政의 德으로써 나라를 세운다. 대지와 가옥이 광활하고, 문물이 번영하고 발달하였다.《서역도기》가 이 부분에 이르면, 전부 과장 확대의 말들을 하고 있으나, 경교와는 절대 관련이 없는 것이다.

高宗大帝, 克恭纘祖,[1122] 潤色眞宗, 而於諸州各置景寺, 仍崇阿羅本爲

1121 「鋪張揚厲」: '과장된 말을 늘어놓아 확대 발전시키기를 바란다'.
1122 「纘祖」: '선조의 遺志를 계승하다'. 「纘」, '계승하다'.

鎭國大法主. 法流十道, 國富元休; 寺滿百城, 家殷景福^{此時唐代版圖之內, 名都大}邑, 皆有景教流傳矣! 聖歷年^{武后年號}, 釋子1123用壯, 騰口於東周.^{武后侫佛之時} 先天末, ^{睿宗末, 玄宗初年號} 下士大笑^{文見《老子》同異章. 彼云:「上士聞道, 勤而行之; 中士聞道, 若存若亡; 下士聞}道, 大笑之, 不笑不足以爲道.」 訕謗於西鎬.^{1124正士風極鄙之日} 有若僧首羅含, 大德及烈, 金方卽西方貴緒, 物外高僧,¹¹²⁵ 共振元綱,¹¹²⁶ 俱維絕紐^{1127景教此時褰困已極, 終}賴西來賢士, 維持不墜.

高宗大帝는, 선조의 대업을 공손히 계승하여, 진리의 종교에 광채를 더하였으니, 그리하여 여러 주에 각각 경교 사원을 설치하였고, 아라본(阿羅本)을 나라를 안정시키는 大法主로 여전히 추앙하였다. 경교의 법이 十道에 퍼져, 나라는 부유해지고 백성은 편안해졌으며, 사원들이 수많은 성읍에 충만하여, 집집마다 커다란 복이 가득하였다.^{이때 唐代의 국가 영역 안에서}는, 유명하고 큰 도시들에, 모두 경교가 널리 퍼져 있었다. 聖歷 연간^{측천무후의 연호}에, 불교 승려들이 힘을 과시하며, 洛陽에서 제멋대로 지껄였으며,^{측천무후 불교의 융성 시기} 先天^{睿宗 말, 玄宗 초의 연호} 말에는 천민들이^{《老子·同異章》에 나옴. 이르기를:「가장 높은 단계의 선비}는 도를 들으면, 그것을 성실하게 실천하지만; 중간 단계의 선비는 도를 들으면, 반신반의하고; 가장 낮은 단계의 선비는 도를 듣고서도, 그것을 크게 비웃어 버리니, 그런 부류가 비웃지 않는다면 오히려 도라고 하기 어려울 것이다.」 長安에서 경교를 비방하였다.^{마침 사대부의 기풍이 대단히 비열했던 때.} 사제의 수장 羅含과 大德 及烈, 그리고 서방에서 온 존귀한 인물, 속세를 벗어난 경

1123 「釋子」: '불교의 출가인'을 가리킨다.
1124 「鎬」: 지금의 陝西省 長安縣 西南쪽에 위치하며, 「西都」혹은 「宗周」라고도 부른다.
1125 「僧首羅含」과 「物外高僧」의 「僧」은 모두 景教의 사람을 가리키며, 불교의 승려를 지칭하는 것이 아니다. 당시에는 중국의 서방 선교사를 어떻게 불러야 할지 몰라서 모두 승려로 이름을 붙여 잠시 빌려 썼을 뿐이다.
1126 「元綱」: '지대한 강령'.
1127 「絕紐」: '탁월한 관건'.《宋書·本紀·武帝劉裕》:「昔簒臣肆逆, 皇綱**絕紐**, 卜世未改.(옛날 권력을 찬탈한 신하와 패역한 자들은, 황제의 강령과 탁월한 관건으로도, 국운이 고쳐지지 않았다.)」

교 지도자들이 있어, 현묘한 도리를 함께 진작하고, 단절된 경교의 유대를 모두 지켜 나갔다. 경교는 이때 곤궁이 이미 극에 달했지만, 마침내 서쪽에서 온 현사들에 의존하여, 계속 유지할 수 있었다.

元宗至道皇帝, 令寧國等五王, 親臨福宇.^{卽禮拜寺也.} 建立壇場.^{此等壇場不過多}
^{誦樂章, 讚美上帝, 爲國爲民祈禱, 獻彌撒聖祭, 畧如今天主教之規模, 但與老佛大不同也.} 法棟暫橈¹¹²⁸而
更崇, 道石時傾而復正.^{尼氏會之興衰, 常視國君爲轉移.} 天寶初,^{玄宗年號} 令大將軍高力
士送五聖寫眞.^{太宗, 高宗, 睿宗, 中宗, 玄宗.} 寺內安置, 賜絹百疋, 奉慶睿圖. 龍髯
雖遠, 弓劍可攀.^{事見華子公仲承問1129}; 日角¹¹³⁰舒光, 天顔咫尺. 三年, 大秦有
僧佶和, 瞻星向化,¹¹³¹ 望日朝尊. 詔僧羅含, 僧普論等十七人, 與大德佶
和於興慶宮修功德.^{此等功德, 不過將頌詩, 祈禱, 獻聖祭等規再加儀文, 與時君酬酢而已. 考之景經, 絕}
^{無所謂功德也.} 於是天題寺榜,¹¹³² 額□¹¹³³龍書; 寶裝璀翠, 灼爍丹霞;¹¹³⁴ 睿札
宏空, 騰凌皦日.¹¹³⁵ 寵賚¹¹³⁶比南山峻極, 沛澤與東海齊深.^{此等酬酢, 在昔視之,}
^{則爲景敎之榮; 及今觀之, 則爲景敎之辱.} 道無不可, 所可可名; 聖無不作, 所作可述.^{將頌}

1128 「法棟暫橈」: '경교가 잠시 좌절을 만났음'을 비유한 표현이다. 「棟」, '건물의 들보'.
　　「橈」, '구부러지다'.
1129 「公仲承問」: 《子華子》라는 책의 편명이다. 《子華子》 총 10권. 春秋 말기에 程本이 편찬
　　하였으며, 내용은 도교의 黃老사상, 儒家 그리고 術法의 학문을 실었다.
1130 「日角」: '제왕이나 귀인의 이마에서 불룩 튀어나온 부분'을 지칭한다. 이곳이 해처럼
　　풍만하다 해서 붙여진 이름이다. 《後漢書·朱祐》: 「長安政亂, 公有日角之相, 此天命也.」
　　(長安에는 정치가 어지러운데, 공은 얼굴의 광대뼈가 日角의 상을 갖고 계시니, 이것은
　　천명입니다.)」
1131 「向化」: '귀순하다'의 의미이다. 《明史·茂州衛》: 「禮部覆, 番人向化, 宜入貢給賞.(禮部
　　가 뒤집히고서, 외국인들이 귀화하였고, 마땅히 공물을 바치니 상급을 주었다.)」
1132 「榜」: '편액(扁額)을 게시하다'.
1133 누락된 글자는 景敎 碑文과 서로 교감하여 '□'로 표기한다.
1134 「灼爍丹霞」: '광휘가 태양이 구름 위에 비추어 생긴 붉은 구름과 같다'.
1135 「皦日」: '눈부신 태양'. 「皦」, '빛나다'. 《三國志·王粲》: 「皦日旣沒, 繼以朗月.(눈부신 태
　　양이 이미 겼으니, 뒤이어 명랑한 달이 밝을 것이다.)」
1136 「寵賚」: '은총이 베풀어지다'.

肅宗, 故發此文.

　玄宗 至道황제는, 寧國 등 다섯 왕에게 명하여, 친히 大秦寺를 방문하고, 즉 예배사이다. 제단을 건립하도록 하였으니,^{이 제단들은 대부분 악장을 낭송하고, 하나님}을 찬미하며, 나라와 백성을 위해 기도하고, 미사를 드리니, 대략 지금의 천주교 규모와 같고, 老佛과는 크게 다르다. 경교의 大道가 잠시 좌절되었다가 다시 숭경을 받게 되었고, 道法의 기틀이 일시 기울었으나 다시 바로 세워졌다.^{네스토리우스회의 흥망성쇠는, 늘 군주의} 변화를 살폈다. 天寶^{玄宗의 연호} 초에는, 대장군 高力士에게 명하여, 다섯 황제^{太宗,} ^{高宗, 睿宗, 中宗, 玄宗}의 초상을 보내, 사원에 안치토록 하였고, 비단 백 필을 하사하시었다. 선조 황제들의 웅대한 계획을 받들어 경하하니, 龍顔이 비록 멀리 있다 하여도, 활과 검을 잡을 만하시고,^{《子華子》公仲承問에 나옴.} 황제의 이마에서 발하는 광채로, 천자의 얼굴이 바로 눈앞에 있는 것과 같다. 天寶 3년에 대진국 경교승 佶和(게오르기스)가 별을 보고 찾아와, 해를 바라보듯 황제를 알현하였다. 황제는 조서를 내려 사제 羅含과 普論 등 17명에게 대덕 佶和와 함께 興慶宮에서 공덕을 닦게 하였다.^{이러한 공덕은, 송시, 기도,} 헌제 등의 규율에 다시 의례문을 더한 것에 불과하며, 당시의 군주와 교제한 것에 불과하다. 경교 경전을 살펴보면, 절대 '공덕'이라 말한 바는 없다. 이에 황제는 大秦寺 문의 게시비(揭示碑)를 친히 題하였고, 현판에 천자의 글씨를 받들어, 빛나는 비취로 장식한 보배인 듯, 선명한 광채가 붉은 노을처럼 환히 비추었으니, 황제의 묵적이 강한 필세를 드러내고, 하늘 높이 솟아올라 태양과 견줄 만하도다. 그 베푸신 은총이 남산의 지극히 높음에 비견되고, 성대한 은택은 동해와 같이 가지런히 깊었다.^{이러한 교제는, 옛날로 보면, 경교의 영광이었지만; 지금에 이르러 보면, 경교의 치욕인 것이}다. 道는 할 수 없는 일이 없고, 할 수 있는 바는 이름 지을 수가 있으니; 황제는 할 수 없는 바가 없고, 행한 바는 기록으로 남길 만하니라.^{肅宗을 송} 축하고자, 이 문장을 쓴 것임.

肅宗文明皇帝, 於靈武¹¹³⁷等五郡, 重立景寺.^{遭安祿山之亂故也.} 元善資而福

祚開, 大慶臨而皇業建.

肅宗 文明황제가, 靈武 등 다섯 郡에 景敎寺를 중건하였는데,^{安祿山의 난을 만}
^{난 까닭이다.} 황제가 큰 선덕과 재물로써 도와 복의 문을 열었으니, 큰 경사
가 임하였고 황제의 대업이 이루어졌다.

代宗文武皇帝, 恢張聖運, 從事無爲. 每於誕降之期, 錫天香以告成功,

頒御饌以光景衆. 且乾以美利,¹¹³⁸ 故能廣生; 聖以體元, 故能亭毒.

代宗 文武황제는, 성스러운 운세를 크게 확장하였고, 無爲의 道를 따랐
다. 매번 황제 탄신일에 天香을 하사하여 治國의 공훈을 알렸고, 御饌을 베
풀어 경교도들을 빛내 주었다. 또한 하늘이 풍성한 이익으로 백성들을 복
되게 하였고, 황제는 하늘의 뜻을 체득함으로써 천지만물을 화육시켰다.

我建中聖神文武皇帝, 披八政¹¹³⁹以黜陟幽明,¹¹⁴⁰ 闡九疇¹¹⁴¹以維新景

1137 「靈武」: 寧夏省 동남부에 위치해 있으며, 黃河의 동쪽 연안에 인접해 있다.

1138 「美利」: '거대한 이익'.

1139 「八政」: '糧食, 財貨, 祭祀, 水土, 敎育, 捕盜, 禮賓, 軍事 등 여덟 가지 일'을 지칭한다. 《尚
書 · 周書 · 洪範》: 「八政, 一曰食, 二曰貨, 三曰祀, 四曰司空, 五曰司徒, 六曰司寇, 七曰賓,
八曰師.('八政': 첫째는 먹는 것이요, 둘째는 재화요, 셋째는 제사요, 넷째는 땅을 다스
리는 것이요, 다섯째는 백성을 가르치는 것이요, 여섯째는 범죄를 다스리는 것이요,
일곱째는 손님을 접대하는 것이요, 여덟째는 군대를 양성하는 것이다.)」

1140 「黜陟幽明」: '어리석고 혼탁한 관리를 파면하고, 어질고 착한 선비를 올려 쓴다'; '지혜
와 우둔함 그리고 선과 악을 통찰한다'. 《尚書 · 虞書 · 舜典》: 「三載考績, 三考黜陟幽
明.(삼 년 간 관리의 치적을 살피는 것을 三考라 하는데, 공이 있고 없고에 따라 상벌의
근거로 삼고, 현명한 관원을 승진시키고 우매한 관원은 쫓아내는 것이다.)」

1141 「九疇」: '하늘이 夏나라 禹임금에게 내려 준 천하를 다스리는 아홉 가지 大法'을 가리킨
다. 출전 《尚書 · 周書 · 洪範》: 「天乃錫禹洪範九疇. 彝倫攸敍. 初一曰, 五行; 次二曰, 敬用
五事; 次三曰, 農用八政; 次四曰, 協用五紀; 次五曰, 建用皇極; 次六曰, 乂用三德; 次七曰,
明用稽疑; 次八曰, 念用庶徵; 次九曰, 嚮用五福, 威用六極.(하늘이 비로소 禹에게 '洪範九
疇'를 주어 사람이 지켜야 할 도리가 펼쳐졌다. 첫째는 '五行'이고, 둘째는 공경하는 데

命; 化通元理, 祝無愧心. 至於方大而虛, 靜專而恕; 廣慈救衆苦, 善貸[1142]
被羣生者善貸出《老子·同異章》, 彼云:「夫唯道, 善貸且成.」 我修行之大猷, 汲引[1143]之階
漸也. 若使風雨時, 天下靜; 人能理, 物能清; 存能昌, 歿能樂;[1144] 念生響
應, 情發自誠者, 我景力能事之功用也. 自方大而虛至此, 皆言景尊之敎, 立於世間. 其關於世
人性情, 心術, 德行, 事業, 生死, 禍福, 今生, 來世, 降祥, 降殃之感, 國運興衰之大, 有如此者.

建中 연간 우리 德宗 聖神文武황제께서는, '여덟 가지 政事'를 펴시어 공
적이 좋은 관리는 승진시키고 나쁜 관리는 내쫓았으며, '아홉 가지 大法'
을 열어 帝位를 주신 天命을 새롭게 하셨다. 현묘한 이치에 통달하고, 신
께 기원함에 부끄러움이 없었다. 正大하고 겸허하며, 순박 돈후하고 자
애로우셨다. 광대한 자비심으로 중생을 고통에서 구하셨고, '善貸'는《老子·同異
章》에 나오는데, 이르기를:「무릇 대도만을, 훌륭히 베풀면서 만물을 생성한다.」 백성들에게 풍족히
베푸셨으니, 우리 수행의 大道가 그들을 점차 일깨우게 되었다. 만일 危
難이 찾아와도, 천하가 안정되고; 사람들이 사리를 분별하게 되고, 만물
이 청정해지며; 산 자들이 창성해지고, 죽은 자들은 안락을 누린다. 관념
이 생겨 서로 호응하고, 정서가 발하여 스스로 성실해지니, 모두 우리 景
敎가 할 수 있는 효용인 것이다. '方大而虛'부터 여기까지는, 모두 예수의 가르침이, 세상에 세워
짐을 말하고 있다. 그것은 세상 사람들의 성정, 계략, 덕행, 사업, 생사, 화복, 이승, 내세, 복과 재앙이 내리는 감

각, 국운의 흥망성쇠에 관한 것들로, 이와 같은 것이 있다.

쓰는 '五事'이고, 셋째는 농사에 쓰는 '八政'이고, 넷째는 화합하는 데 쓰는 '五紀'이고,
다섯째는 세우는 데 쓰는 '皇極'이고, 여섯째는 다스림에 쓰는 '三德'이고, 일곱째는 밝
히는 데 쓰는 '稽疑'이고, 여덟째는 생각하는 데 쓰는 '庶徵'이고, 아홉째는 향유하는 데
쓰는 '五福'과 경외하는 데 쓰는 '六極'이다.)」

1142 「善貸」: '베풀기를 잘한다'는 의미이다. 「貸」, '베풀어 주다'.《左傳·文公傳十六年》:「宋
饑, 竭其粟而貸之.(宋나라에 기근이 들자, 자신이 보유한 곡식을 털어 백성들에게 베풀
어 주었다.)」
1143 「汲引」: '인재를 등용하다'.《舊唐書·孔穎達》:「及登大任, 益有嘉謀, 汲引多才.(대임을
맡게 되어, 훌륭한 지략이 더욱 생기니, 많은 인재를 등용하였다.)」
1144 「存能昌, 歿能樂」: '생시에 번창할 수 있고, 사후에 안락을 누릴 수 있다'.

大施主[1145]金紫光祿大夫,[1146] 同朔方節度副使, 試殿中監, 賜紫袈僧伊

斯, 和而好惠,[1147] 聞道勤行. 遠自王舍之城,[1148] 書來中夏. ^{王舍, 印度古城名. 城有}

^{新舊, 舊城名萍莎王舊城, 新城阿闍世王所建, 法顯曾至於此. 新舊兩城相離不遠, 今已變村落矣! 案此城於佛滅後}

^{一年, 卽有諸大弟子聚集於此, 世稱爲聖城, 地在東印度, 卽今之伯拿地是也.} 術高三代, 藝博十全; 始

效節於丹庭, 乃策名[1149]於王帳. 中書令汾陽郡王郭公子儀, 初摠戎於朔方

也, 肅宗俾之從邁, 雖見親於大內, 不自異於行間. 爲公爪牙, 作軍耳目;

能散祿賜, 不積於家. 獻臨恩. ^{地名未詳.} 之頗黎, ^{卽玻璃.} 布辭懇. ^{地名未詳.} 之金罽.

^{孔雀毡.} 或仍其舊寺, 或重廣法堂. 崇飾廟宇, 如翬斯飛;[1150] 更效景門, 依仁

施利 ^{伊斯或本爲婆羅門人, 或本爲佛教人歸景教, 或在王舍聞道始入中國, 或入中國始聞景道, 皆不可考矣! 然}

^{按聞道勤行之言, 則似聞道始入中國者.} 每歲集四寺僧徒, ^{四寺未詳.} 虔事精供. 備諸五旬,

餒者來而飯之, 寒者來而衣之, 病者來而療之, 死者葬而安之. 清節達娑, ^老

^{佛之徒.} 未聞斯美; 白衣景士, 今見其人. ^{謂伊斯自大施主至, 此皆言景教有人忠於王事, 恒於爲}

^{善也.} 願刻洪碑, 以揚休烈.[1151]

詞曰:

大施主 金紫光祿大夫이며, 북방 節度副使이자, 試殿中監으로서, 자색 袈

裟를 하사받은 사제 伊斯는, 사람됨이 온화하여 은혜 베풀기를 좋아하고,

경교의 道를 따라 부지런히 잘 행하였다. 멀리 王舍之城으로부터 마침내

1145 「施主」: 본래는 '재물이나 음식을 출가한 스님이나 절에 주는 사람'을 뜻했다. 이것은
      '景教에 은혜를 베푸는 사람'을 칭한다.
1146 「金紫光祿大夫」: 魏晉 이후, 光祿大夫에 金印紫綬(금장 자색 인끈)가 추가된 관직이다.
1147 「和而好惠」: '사람들과 화목하고 은혜 베풀기를 좋아하다'.
1148 「王舍之城」: '皇宮이 있는 京城', 즉 '長安'을 가리킨다.
1149 「策名」: '관리로 임명하다'.《舊唐書 · 房玄齡》:「且武德初**策名**伏事, 忠勤恭孝.(또한 武德
      초에 관리로 임명되어 섬겼으니, 충심으로 일하고 공경하며 효성스러웠다.)」
1150 「如翬斯飛」: '가옥이나 전당(殿堂)의 화려함'을 비유한다.「翬」, '오색 무늬를 갖춘 닭의
      품종'.
1151 「休烈」: '아름다운 공로'.《舊唐書 · 哀帝李柷》:「載揚我高祖, 太宗之**休烈**.(우리 高祖와
      太宗의 훌륭한 공적을 책문에 실어 소중히 남긴다.)」

중국에 왔고, '王舍'는, 인도의 옛성의 이름이다. 성에는 신·구가 있는데, 옛성은 '萍莎王舊城'이라 하고, 새로운 성은 '阿闍世王'이 지은 것으로서, 화상 法顯이 일찍이 여기에 왔었다. 신·구 두 성은 서로 멀리 떨어져 있으며, 지금은 이미 촌락으로 변모했다! 이 성은 부처가 열반하고 1년 후, 여러 큰 제자들이 이곳에 모였으므로, 세칭 '거룩한 성'이라 불렸고, 동인도에 위치해 있으니, 지금의 '바라나'땅이다. 박학다재하여 재능이 3대 朝代에 걸쳐 높았으니 많은 칭송을 받았다. 그는 처음에 肅宗의 조정에서 진력을 다하였고, 곧 전쟁터에서 이름을 떨쳤으니, 中書令 겸 汾陽郡 王인 郭子儀가 처음 북방으로 군대를 통솔할 때, 肅宗께서 伊斯로 하여금 副使로서 그를 수행하게 하셨으니, 그는 비록 郭公의 침실에 빈번히 드나들 정도였으나 결코 특별한 신분으로 행동하지 않았고, 郭公의 무신으로서 군대의 눈과 귀가 되었다. 그는 비록 작위와 봉록을 뿌릴 권한이 있었으나, 결코 자신의 주머니를 채우지 않았고, 심지어 獻臨恩^{지명 불상}의 玻璃 ^{즉 유리} 예물과 노령으로 퇴직할 때 받은 금 담요^{공작 담요}까지도 사원에 헌납하였다. 그는 무너져 가는 옛 사원을 重修하기도 하고, 본래의 법당을 넓혀 주기도 하였는데, 행랑과 건물을 아름답게 장식하니, 처마 귀퉁이에 오색의 신비로운 새가 날개를 펴고 나는 듯하였다. 그는 또한 경교를 본받아서, 많은 사람들을 구제하는 선행을 널리 행하였다. 伊斯 혹은 본래의 바라문 사람, 혹은 본래 불교신자였으나 경교로 귀의한 사람, 혹은 王舍에서 교리를 듣고 처음 중국에 온 사람, 혹은 중국에 들어와 처음으로 경교의 교리를 들은 사람, 모두 고찰할 수가 없다! 그러나 교리를 듣고 부지런히 행한다는 말은, 교리를 듣고 처음 중국에 왔다는 말과 비슷하다. 매년 네 사원^{네 사원은 상세히 알 수 없다.}의 경교 사제와 신도들을 모아, 경건히 예배하고, 정성으로 50일 동안 공양하였다. 주린 자가 오면 먹여 주고, 추위에 떠는 자가 오면 입혀 주며, 병자는 치료하여 일어서게 하였고, 죽은 자는 장사지내 안장해 주었다. 고상한 절개를 지닌 수도자^{도교도와 불교도}로서 이렇게 아름다운 일은 들어 보지 못하였으니, 지금 백의를 입은 경교 사제를 보고 있노라니, 伊斯가 大施主로 왔음을 말하고 있으니, 이는 모두 경교도 중 왕의 일에 충성했던 사람이 있고, 항상 선한 일을 행했음을 가리키고 있는

^{것이다.} 이에 큰 비석을 세워 그의 성대한 업적을 드날리고자 함이라.

　　말하기를:

　　眞主無元, 湛寂常然. 權輿¹¹⁵²匠化,^{元始造化之主.} 起地立天. 開天

闢地之神. 分身出代, 救度無邊有信皆可以得救. 日昇暗滅^{魔鬼, 罪}

^{惡, 私欲, 邪俗, 神鬼, 死亡, 一齊照破,} 咸證眞元.^{救道終必化行萬國, 此詞是頌讚景尊者.} 赫

赫文皇,¹¹⁵³ 道冠前王. 乘時撥亂, 乾廓坤張. 明明景教, 言歸我

唐. 翻經建寺, 存歿舟航. 百福皆作, 萬邦之康.^{此頌太宗之辭.} 高宗纂

祖,¹¹⁵⁴ 更築精宇. 和宮敞朗, 遍滿中土. 眞道宣明, 式封法主. 人

有樂康, 物無災苦. 元宗啟聖, 克修眞正. 御牓揚輝, 天書蔚映.

皇圖¹¹⁵⁵璀燦, 率土高敬.¹¹⁵⁶ 庶績咸熙, 人賴其慶.

　　肅宗來復, 天威引駕. 聖日舒晶,¹¹⁵⁷ 祥風掃夜. 祚歸皇室, 祆氛

永謝. 止沸定塵,¹¹⁵⁸ 造我區夏.¹¹⁵⁹ 代宗孝義, 德合天地. 開貸生

成, 物資美利. 香以報功, 仁以作施. 暘谷¹¹⁶⁰來威, 月窟畢萃. 建

1152 「權輿」: '시작하다'. 《晉書·戴若思》:「今天地告始, 萬物權輿.(지금 천지가 시작을 알리
　　고, 만물이 시작된다.)」
1153 「文皇」: '文明의 君主'. 즉 '唐太宗'을 가리킨다.
1154 「纂祖」: '선조를 계승하다'. 「纂」은 '계승하다'의 의미로서 「纘」과 통한다. 《北史·太宗
　　明元帝》:「帝孝心叡略, 權正兼運, 纂業固基.(황제의 효심과 현명한 책략, 권력의 변화와
　　불변의 도리가 함께 운을 맞았으니, 업을 계승하고 기초를 다졌다.)」
1155 「皇圖」: '황제가 다스리는 땅'.
1156 「率土高敬」: '온 나라가 숭배와 존경을 표하다'의 의미이다. 「率土」는 '본국(本國)'.
1157 「舒晶」: '두꺼운 얼음을 녹이다'. '어진 정치가 따뜻한 해와 같이 백성들의 고통을 달래
　　줌'을 비유한 것이다.
1158 「止沸定塵」: '평화로 돌아가서 분쟁이 일어나지 않는다'는 의미이다.
1159 「區夏」: '華夏, 中國'을 일컫는다. 《舊唐書·太廟》:「太宗文皇帝, 神武應期, 造有區夏.(태
　　종 문황제께서는, 뛰어난 무용이 시기의 운세에 순응하여, 중국을 건설하셨다.)」
1160 「暘谷」: '해가 뜨는 곳'. 《尚書·虞書·堯典》:「曆象日月星辰, 敬授人時, 分命羲仲, 宅嵎
　　夷, 曰暘谷.(日·月·星·辰의 운행을 관찰하게 하여, 사람에게 농사의 때를 알려 주게
　　하였고, 羲仲에게 나누어 명하여, 嵎夷에 머물게 하시니, 이곳을 暘谷이라 일컫는다.)」

中統極, 聿修明德. 武肅四溟即四海. 文清萬域. 燭臨人隱, 鏡觀物色. 六合昭蘇, 百蠻取則. ^{己上皆頌聖之辭, 與前幅不同, 前爲頌敘體, 此爲頌讚體.}

道惟廣兮應惟密,^{上帝之諭活潑潑地, 自有功效. 凡神氣骨髓, 無不剖析; 心之意念, 無不監察.} 强名言兮演三一.^{解見上.} 主能作兮臣能述, 建豐碑兮頌元吉. 大唐建中二年, 歲在作噩,¹¹⁶¹ 大¹¹⁶²簇月¹¹⁶³七日, 大耀森文日.^{耀森文, 秦古音譯太陽, 耀森文日, 即太陽日. 古太陽日後變禮拜日, 道變而名不變. 大耀森文日者, 聖禮拜日也. 言非獨禮拜日, 又值聖節在於是日也.} 建立時法主僧寧恕知東方之景衆也.

참된 主는 시작이 없으시며, 고요하고 영원 불변하시도다. 시초부터 교화하시며,^{원시 창조의 주.} 땅을 일으키고 하늘을 세우셨도다.^{하늘과 땅을 여신 神.} 삼위일체로 세상에 나셨으며, 구원하심에 끝이 없어 믿음이 있으면 모두 구원을 얻을 수 있도다. 태양이 떠오르면 어둠이 멸하여지듯,^{마귀, 죄악, 사욕, 사악한 풍속, 귀신, 사망, 모두 일제히} 깨뜨려 버렸다. 모든 진리가 참되고 현묘하도다.^{구원의 도가 마침내 온 땅에 교화로 행해졌다. 이 말은 예수를 찬미하는 것이다.}

혁혁하신 태종 文황제는, 道가 이전 황제들보다 으뜸이시니, 때를 맞춰 난을 평정하시어, 황제의 功業을 확대하셨다. 밝고 밝은 景敎가, 우리 唐나라에 들어왔으니, 경전을 번역하고 교회를 건립하시어, 산 자와 죽은 자가 세상을 구원하는 道를 얻었다. 온갖 복이 모두 이루어져, 만방이 강녕을 얻었다.^{이것은 太宗을 찬}

1161 「作噩」: '십이지(十二支) 중 「酉」의 별칭'이다. 즉 '酉時'를 가리킨다. 《爾雅·釋天》:「在酉曰作噩(그해의 간지가 '酉'에 있으므로 '作噩'이라 한다.)」

1162 「大」는 「太」의 誤記이다.

1163 「太簇月」의 의미:「太簇月 七日: 정월 칠일. 太簇은 『大簇』으로도 쓰며, 12가지 고대 악기 중 하나이기도 하고, 음력 정월을 지칭한다. 耀森文日: 와일리(Wylie)는 『耀森文日』은 페르시아어 『일주일의 첫날』(Yaksambah)에서 왔으며, 예배일을 가리킨다고 했다. 기원 781년 음력 정월 칠일(양력 2월 4일)은 정확히 일요일이다.」 翁紹軍, 《漢語景敎文典詮釋》, 75쪽 참고.

양하는 말이다.

高宗이 선대를 계승하여, 다시 교회를 건축하였고, 화평한 궁궐이 찬란히 밝아서, 중국 땅에 가득하였다. 진리의 도를 명백히 선포하고, 법식대로 주교를 봉하였으니, 사람들은 안락과 행복을 누리고, 물산에는 재난과 고통이 없었다.

玄宗이 현명하고 비범하여, 참되고 바른 道를 능히 완성하셨다. 황제의 편액은 휘황히 날리었고, 천자의 글씨는 문채가 아름답게 비친다. 황제의 초상은 옥구슬처럼 빛나니, 온 나라에서 높이 공경하였다. 수많은 공적이 모두 흥성하니, 백성들이 그 행복에 의지하였다.

肅宗이 나라를 다시 회복하고, 천자의 위엄으로 수레를 이끄니, 성스러운 태양 빛이 수정처럼 펼쳐지고, 상서로운 바람이 어둠을 몰아냈다. 하늘의 복이 황실로 돌아오니, 불길한 기운이 영원히 물러났다. 소란을 잠재우고 세속을 안정시켜서, 우리 중국을 창조하셨다. 代宗은 효성스럽고 의로우셨으니, 그 德이 천지에 부합하였고, 은혜 베푸심이 선천적으로 타고나서, 물자가 풍부하였다. 향으로써 공로를 알렸고, 仁으로써 호의를 베풀었다. 해 뜨는 곳으로 위엄이 찾아왔고, 달 뜨는 곳으로 모두가 모여들었다. 建中에 황위에 등극하시어, 밝은 덕을 닦으셨으며, 武로써 온 세상을 일소하고, 文으로써 만방을 깨끗이 하셨다. 백성들의 고통을 환히 비추었으며, 만물의 모양을 거울처럼 살피셨다. 우주 전체가 생기를 되찾았고, 많은 오랑캐들이 이를 규범으로 삼았다. 이상은 모두 성군을 찬양하는 말로서, 전편과는 다른데, 앞은 頌敍體이지만, 이것은 頌讚體이다.

진리의 道는 넓고 그 반응은 치밀하며, 하나님의 분부하심은 매우 생기가 있는지라, 스스로 효능이 있다. 무릇 신령한 기운과 골수는 쪼개지 않는 것이 없고; 마음의 생각은, 감찰하지 아니하심이 없다. 억지로 이름 지어 말하노니 이는 삼위일체시라. 해석은 윗 부분 참조.

주님은 지으실 수 있으시며 신하는 기록할 수 있으니, 크고 높은 비석을 세워 큰 복을 송축하노라. 大唐 建中 2년, 신유년, 정월 초이레, 예배일에 건립하다. '耀森文(yekshanbe)'은, 시리아어 고음으로 '태양'이며, '예배일', 즉 '태양일'이다. 옛날 태양일이 후에 예배일로 변한 것이니, 道가 변하면 이름도 변하는 것이다. '大耀森文日'은, '성예배일'이다. 비단 예배일 뿐만 아니라, 또한 성스러운 절기에 해당하는 것이 이날에 있다. 당시 총주교 寧恕는 동방의 경교도 무리를 알고 있었다.

按東方聖會史記載, 漢安依娑訶於主降七百七十四年, 即代宗大歷九年, 立爲東方教主, 駐大秦, 而死在大歷十三年, 推景淨立碑時, 實死四年矣! 景淨不知緣尼氏會規, 屆六年教主始有信, 遍通所屬各國支會, 而寧恕則不可考矣!

동방성회사의 기록에 따르면, Halaliśoʿ(法主僧寧恕)가 주 강림 774년, 즉 代宗 大歷 9년에 동방 교주로 세워졌고, 大秦에 머물렀다가, 大歷 13년에 사망하였으니, 景淨이 비 건립을 추진할 때는, 실제로 죽은 지 이미 4년이 되었다! 景淨은 네스토리우스회의 규율을 몰랐던 까닭에, 6년이 되었을 때에 교주로부터 비로소 편지가 있었고, 소속 각국 지회에 두루 알렸지만, 그러나 총주교 寧恕는 고증할 수가 없다!

역주자 임영택 (林永澤)

서울신학대학교 중국언어문화콘텐츠학과 교수
중국 베이징대학교 중국언어문학과 문학박사